古代歷史文化研究輯刊

二三編

王明蓀 主編

第 5 冊

遼金元史論文稿（修訂版）

王明蓀 著

國家圖書館出版品預行編目資料

遼金元史論文稿（修訂版）／王明蓀 著 — 初版 — 新北市：
花木蘭文化事業有限公司，2020〔民 109〕
序 2+ 目 4+294 面；19×26 公分
（古代歷史文化研究輯刊 二三編；第 5 冊）
ISBN 978-986-518-030-0（精裝）
1. 遼史 2. 金史 3. 元史 4. 文集
618   109000466

ISBN-978-986-518-030-0

9 789865 180300

古代歷史文化研究輯刊
二三編　第 五 冊　　　　ISBN：978-986-518-030-0

遼金元史論文稿（修訂版）

作　　者　王明蓀
主　　編　王明蓀
總 編 輯　杜潔祥
副總編輯　楊嘉樂
編　　輯　許郁翎、張雅淋　美術編輯　陳逸婷
出　　版　花木蘭文化事業有限公司
發 行 人　高小娟
聯絡地址　235 新北市中和區中安街七二號十三樓
　　　　　電話：02-2923-1455 ／傳真：02-2923-1452
網　　址　http://www.huamulan.tw 信箱 hml 810518@gmail.com
印　　刷　普羅文化出版廣告事業
初　　版　2020 年 3 月
全書字數　189911 字
定　　價　二三編 21 冊（精裝）台幣 55,000 元

遼金元史論文稿（修訂版）

王明蓀 著

作者簡介

王明蓀，生於 1947 年。中國文化大學國家文學博士，曾任教於淡江、佛光、中興等大學，並曾兼任系所主任、教務長等職。現任中國文化大學史學系兼任教授。發表學術論著七十餘篇，專書十餘種。

自　序

　　本書是由筆者多年來研究遼金元史的部份論文集結而成。此前亦曾出版過關於宋遼金史的研究論文集子，但該書已絕版多年，故將其中遼金史研究的幾篇論文再度收進這本書中；加上多年來研究的一些篇章，合成這本論文稿。本書分成兩個部份，其一是專論，共收了十一篇論文，是本書的主要部份。其二為散論，收有三篇文字，是學術研究普及性的作品，未依學術性的要求而作，故而置入散論中，其中有為對遼金元史教學上的粗淺看法，寫成短文，或存對教學方面拋磚之意。

　　專論的幾篇論文，若非是學術討會所發表之論文，即為學術期刊或國科會計劃改寫而發表之論文。前二篇是關於遼史研究的舊作，〈契丹與中原本土之歷史關係〉是通論性文字，以契丹（遼）建國與南方唐末之際，並五代時期雙方之關係，兼論及契丹之南向發展；其次則以遼與北宋雙方之外交大事作綜述。〈略論遼代的漢人集團〉是討論遼代兩元政治之下，漢人部份的問題，以參與政權之過程，漢人在遼代之地位及其升降為重點。

　　關於金史方面有三篇論文。〈金初的功臣集團及其對金宋關係的影響〉為舊作收錄於本書，探討金初建國之諸多功臣，以其身份地位對金初政治之影響情形，其又涉及對宋和戰之決策，地方貴族將領與中央皇權之衝突等問題。〈論金代之行臺尚書省〉，以金初及金末設行省之緣由、權力、與中央之關係為主要論旨，兼及金代設立的各種行省狀況。〈金代漢臣之政見〉，原為國科會研究計劃改寫而成，探討漢臣在金代提出政見之方式，各種不同內容的類別，觀察漢臣與中央朝廷及帝王間的互動，以說明其間的「對話」關係。〈東北內蒙地區金代之政區及其城市發展〉係探討金承遼之統治，本文即繼之探討金承遼之統治，於東北與內蒙地區原遼之舊壤中，金朝政區之劃分情形，

以及其城郭之制建置狀況，較之遼代庶可明瞭金代於此地區城市之發展。

在元史研究方面的論文有五。〈元史札記〉對於崇儒尊孔、譯印漢籍之問題作概略敘述，並未作更深入之探討，大體顯示出此二方面之像貌。〈元代之吏書〉一文在於對以吏進入仕為多之時代，則吏治大盛情形下，確有關於官吏為政之要的吏書流行，由其中可窺元代吏治之要求與標準何在。〈元史中所載之蒙古舊俗〉是認為元代雖採漢制，但其傳統禮儀習俗應仍在，故就《元史》所載爬梳其存在之處，並參以其他史料加之說解。〈略述元代文化對高麗朝廷之影響〉，以元朝對高麗之強勢支配下，高麗朝廷受到當時中國文化之影響情形為主，其中有蒙、漢二種文化的影響，以及高麗「事大」政策下的反應。〈十三世紀之蒙元帝國與漢文化〉是較通論性之論文，論述元初五朝接觸漢人、漢文化的發展，以及漢人爭取以漢法治漢地的過程，至忽必烈時期始肇建複合體制之模式，而為有元一代所遵循。〈八十餘年以來遼金史研究之方向與課題〉為綜述民國以來八十餘年對遼金元史研究之狀況，包括海峽兩岸在三史中各類研究之大要，約略可見研究之方向以及其間之輕重情形。

散論部份是以筆者研究之基礎或看法與心得而作。〈宋元時期的分裂、統一與正統〉，以遼、宋、夏、金、元五朝（國）為中國有分裂與統一之時期，由此時期各對立政權間之態度、關係著眼，再論及彼此之交往，而涉及認同、正統、統一等觀念。〈河中之戰〉是以成吉思汗西征之緣起，至出征河中地區花刺子模之戰役，作通盤之論述，認為此役乃蒙古在戰略、戰術上表現具有典範之例。〈遼金元史教學之淺見〉是基於對這段時期的歷史教學上經驗的介紹，將個人課程設計的情形提出簡要的說明，祈能喚起注意及就教於學林。

書中各篇文字述論的時間不同，故而引用或參考的資料亦局限於那段時期，各篇文字都保存原狀，並未再修訂，僅有極少的字句、符號規格略作調整。此一則可見筆者研究的過程，一則惕勵自己再作研究發展。疏漏之處，尚祈指正。

二○○四年　冬　序於遲晴樓

目
次

専　論

契丹與中原本土之歷史關係

一、契丹初興時之北亞草原

　　契丹民族最早見於漢文記載者，爲《魏書》所說：「契丹國在庫莫奚東，異種同類，俱竄於松漠之間」〔註1〕，而庫莫奚在《魏書》中說其先世乃東部宇文之別種〔註2〕，除此外，在《隋書》〔註3〕、《北史》〔註4〕、《舊唐書》〔註5〕、《唐書》〔註6〕、《五代史》〔註7〕、《五代史記》〔註8〕等皆有專傳記載，雖然對契丹民族先世之說法間或有異〔註9〕，但諸史皆以其爲長城之外的游牧民族視之，我們再以諸史所載其活動範圍與生活習俗來看；契丹正是中國傳統歷史中，與中原農業民族相對峙的許多北亞游牧民族之一，在勢力未強盛時，活動的範圍略偏向於中國的東北，大致在今吉林、遼北、遼寧、熱河一帶。元魏時，在契丹的周圍還有許多其他的民族，如高麗、奚、勿吉、室韋、庫莫奚等，然而當時能控制北亞及中國北方的政權則爲柔然與元魏。

〔註1〕見《魏書》，卷一○○，〈契丹傳〉，（台北：藝文，以下所引正史皆藝文殿本）。
〔註2〕同前註。
〔註3〕參見《隋書》，卷八四。
〔註4〕參見《北史》，卷九四。
〔註5〕參見《舊唐書》，卷一九九、下。
〔註6〕參見《唐書》，卷二一九。
〔註7〕參見《五代史》，卷一三七。〈外國列傳〉第一。
〔註8〕參見《五代史記》，卷七二，〈四夷附錄〉。
〔註9〕可參見專論著述，如馮家昇，〈契丹名號考釋〉，《燕京學報》十三期。陳述，〈契丹民族之構成〉，《契丹史論證稿》。愛宕松男，〈契丹古代史の研究〉（東洋史研究會，1957年出版）。馮承鈞譯，白鳥庫吉，〈東胡民族考〉，《地學雜誌》，第一、二期，民國23年。

在西元三世紀的末期開始，國史中的五胡亂華時代，使華北擾攘百年之久，西元四世紀末期，鮮卑的拓跋氏興起，拓跋珪建北魏政權，控制了北方，南方的劉裕篡晉爲宋，遂開南北朝之局。北魏原係北亞之游牧民族，在五胡亂華時期也參與中原之逐鹿，拓跋珪乘強權符秦淝水之敗乃興起，西元三八六年自立爲代王，大會諸部於漠南之地，都盛樂（綏遠和林格爾），改國號爲魏，滅國擴土，西元三九八年稱帝，都平城（山西大同），勢力漸南進中原，在他以後的繼任者拓跋嗣、拓跋燾等，逐漸統一華北，當時的北魏，不但是長期統制北方的非漢族政權，也同時是大漠南北諸游牧民族的共主，然而拓跋氏的入主中原，大量採行漢化，用漢法漢制，不久，他們幾乎就被同化於廣大的漢人之中，也就成爲了國史中北方的漢人政權一樣，當這個北亞游牧民族進入中原而成爲漢地的政權之後，原來大漠南北之地成爲權力眞空狀態，接著塡補進原來的勢力則爲柔然民族，柔然對北魏來說，就成爲北亞游牧政權與中原漢族政權的關係了。

柔然的先世說法不一，《南齊書》說是塞外雜胡〔註10〕，《梁書》說是匈奴別種〔註11〕，《魏書》說是東胡之裔〔註12〕，不論如何，柔然正是北亞的游牧民族，當拓跋魏強盛時，柔然是臣服其下的眾多民族之一，諸史中所說的芮芮、蠕蠕，即爲柔然，其所居之地正爲匈奴故地；南鄰北魏，東近朝鮮，北踰大漠，西及焉耆。北亞游牧民族之消長兼併一如中原的漢族政權；北匈奴西走，鮮卑據其地。而鮮卑南進中原，臣屬於北魏之柔然，並未隨之南下，反而在其北境擴展勢力，興起於北亞，漸成爲北魏之邊患。後有魏太祖拓跋珪之出擊，大破柔然，以及突厥系之高車、袁紇。柔然遠遁漠北，在其領袖社崙領導之下，又度重振於北亞，併高車諸部，整軍立法，大破西北匈奴之國，國勢大強，自號丘豆伐可汗〔註13〕，儼然爲控有北亞的政權代表；當然又再度構成中原北魏的北方強鄰。雙方對峙間的和戰以及各自內部政權之變亂轉移，正如秦漢之於匈奴的形態。

契丹起初有奇首可汗者，其地在潢河之西，土河之北〔註14〕，早期的歷史資料非常缺乏，當柔然與北魏對峙之時，也同於其他各民族時而求臣於二

〔註10〕參見《南齊書》，卷五九，〈芮芮虜傳〉。
〔註11〕參見《梁書》，卷五四，〈諸夷傳〉，〈西北諸戎〉，〈芮芮〉。
〔註12〕參見《魏書》，卷一○三，〈蠕蠕傳〉。
〔註13〕參見同前。
〔註14〕參見《遼史》，卷三七，〈地理志〉。

大勢力之間，又常受到高麗、柔然的侵逼。當西元六世紀中葉，北亞草原有突厥漸興起，取代柔然而雄長大漠南北，其勢力所及影響於中原本土，隋唐之際更為強大。契丹生聚於北亞，也臣於突厥，當初，契丹又夾於兩大之間，亦分別款表稱屬，但契丹也時而侵入唐境攻城略地，也時而反抗突厥之統轄，同時還常與他族爭戰以擴充勢力，然則必竟這與契丹同生於北亞草原的突厥的壓力，要遠較出自中原唐帝國的漢族王庭來的巨大與急迫。在貞觀二年，契丹領袖摩會降唐，這種草原民族叛附農業民族的行動，很使身為北亞共主的突厥憤怒，突厥要求以由漢地北奔的梁師都來交換摩會，為唐太宗所拒，契丹乃受中原朝廷之保護，並助唐伐高麗，一時雙方關係良好。到窟哥為契丹領袖時，更舉部內屬，唐特置松漠都督府以之為使，持節十三州諸軍事，並封爵無極男，賜姓李氏〔註15〕。這時的契丹，如同唐邊鎮守的一方之鎮，但親漢的窟哥死後，契丹又與另一游牧民族奚族聯合叛唐，雖然亂事很快結束，也可看出游牧民族之內屬稱臣，應有幾點原因：一、為本身受到其他游牧民族強權之壓力，如摩會、窟哥。二、為本身內部政權之分裂，欲依中原朝廷為援，如南、北匈奴，東、西突厥。而內屬於中原之游牧民族，也有以和平方式表顯出來，未必盡如漢族史載之臣服，如此的情況，乃因雙方對和平通好觀念之差異所致，或許在游牧政權表示休戰通好，而在中原則認為是威服稱臣。畢竟游牧民族的領袖們有機會獨立之時，大多不以內屬於中原朝廷為適合他們的生活方式。窟哥死後，契丹與奚之叛唐，應是如此，國史中各朝代的邊患頻仍，也應是如此，尤其當他們受到漢族的岐視與壓迫時更是如此。武后萬歲通天元年（696），契丹受營州都督趙文翽之迫，乃興起大規模之叛亂，窟哥之孫李盡忠，以松漠都督自號無上可汗，與別部領袖孫萬榮以歸誠州刺史同反，武后以二十八將領大兵往討不利，李盡忠不久即死，其部眾又受到突厥的乘機侵襲而破敗，契丹這次的反唐運動，乃全歸於孫萬榮繼續領導，最後的結果是唐以眾兵聯絡契丹近鄰的奚，首尾夾攻，終使孫萬榮不支而敗死。契丹這次對抗中原朝廷，所受到的壓力最大的敵人，還是來自生聚之地的北亞草原，先是突厥，後是奚，這對游牧民族而言，是內部的敵人。契丹此後元氣潰散不能自立，乃依附了突厥〔註16〕。而後內部爭權襲

〔註15〕參見《遼史》，卷六三，並見《唐書》，卷二一九，〈北狄傳〉。

〔註16〕同前註。關於唐時契丹，可參見許極燉，〈契丹與唐朝的關係〉，（中國文化學院碩士論文，油印本）。

立，由可突于的稱雄各部，到李懷秀的降唐、叛唐，大多是受到中原政權壓力的控制。天寶時期，李懷秀領契丹叛唐，時安祿山正爲唐邊藩鎮，發大兵討契丹失敗，此後，雙方相峙爭戰，勝負互見，但最後是安祿山取得勝勢，他似乎是解除了這個背後的壓力，乃敢於大舉叛唐而南下，這在中原的漢族政權正開始一場動搖國本的政治風暴。安史亂後的唐帝國遂長期陷於武人割據的局面，雖然漢族朝廷的危機已顯，但在中原之外的諸非漢族政權，尚不能入侵中原本土而取代之。回紇、吐蕃、南詔等，對唐室的壓力仍要大於北方的契丹，契丹諸部有受唐召撫者，也有叛唐襲邊者，也有游牧自立者，大體來說，安史亂後的契丹，因北方諸鎮割據勢力之阻，不能與中原朝廷有直接關係，而與河北諸鎮才有爭戰和平的關係。契丹的勢力終究在唐亡之前未能進越河北，一方面契丹實力不強，不但要應付來自中原的討伐，還要周旋於北亞諸民族的自相侵襲。一方面也實因中原漢族政權的強大，鞏固邊防，天寶之後的邊鎮又大多是變相的「胡人」集團，也是當時最具勢力的地方政權，因此，即使是在唐末，中原變亂相乘，而長期與唐帝國爭戰的契丹，就始終未能進入河北之地。

二、耶律阿保機時代

　　唐末的契丹，正是處在一個轉變的時代，中原政權的不穩定，契丹本身的發展力不強，八部各部的大人似乎也推舉不出一個強人來領導契丹此後的方向。《五代史》中的記載說：當時劉仁恭據幽州，他對契丹有很深的了解；「選將練兵，乘秋深入踰摘星嶺討之，霜降秋暮，即燔塞下野草以困之，馬多飢死，（契丹）即以良馬賂仁恭以市牧地」〔註17〕，這是劉仁恭代表漢地政權對契丹的政策，是很成功的戰略，乘著冬臨之前予以襲擊，契丹受到損失，而秋暮冬臨，需要補充物質，又遭到燒荒政策有計劃的打擊，契丹的生計受到嚴重的威脅，尤其是馬匹的損失，使契丹在日常生活中，和依賴之以爲游牧機動性的戰術中，無法發生作用，因此，身爲八部大人的契丹領袖，遙輦部族的聲望頗受非議。時耶律阿保機爲其本部的大人（夷离堇），他的能力及名望開始在契丹各部中崛起，主要的表現在於其征討收服附近各地的勢力，這其中包括有室韋、奚、女眞等塞外各部族，以及河東、河北中原等地州郡，重要的是契丹南方勁敵劉仁恭，曾數度遭到阿保機的擊敗，而中原境內河東李克用，汴京朱全忠等

〔註17〕見註7。

割據強權，皆與之聯好，這樣一個能振奮契丹人心士氣的領袖，在游牧民族的傳統中，往往會得到全體部眾的擁護。當遙輦部最後一任可汗痕德堇死後，耶律氏的阿保機自然而然的受推戴爲八部的大人〔註18〕。

　　阿保機時代，可謂契丹初興而強盛的時代，當時的亞洲大勢，在東南的中原漢地，正是藩鎮擁兵自雄，沿唐末以來割據的形勢。一向爲北亞強權之東、西突厥，回鶻等，也都衰亡式微，似乎大漠南北又成權力眞空，阿保機的迅速崛起，也立刻塡補了這眞空，當然，北亞草原各民族的爭取權勢不斷地在進行，阿保機一則要設法鞏固在契丹本身的領導權，二則要繼續擴張契丹之勢於大漠南北，三則要乘中原本土之分裂而南進關內。在第一方面，他採取當時反傳統的方式，大量收撫河北各地北亡出關的漢人，並將所攻陷漢地州縣，俘獲其人民財產而徙置於其個人控制之漢城，促成了民族融合，生聚相聯的集團〔註19〕，他還重用了一些漢人，如韓知古〔註20〕，康默記〔註21〕，以及後來的韓延徽〔註22〕等人。這些措施足以擴大其政權基礎，也適足以被當時契丹內部認爲是違反傳統的，因爲這在游牧民族的眼光中，無異於是傾向於中原本土的漢化集團，再加上另一個契丹的傳統習慣中，對於可汗領導權之年限防礙了阿保機的政治野心，他又有意不遵守這傳統。但當遭受到其他諸部的聯合抵制，迫使他在沒有把握憑當時的實力平服諸部之時，不能不考慮這個來自契丹內部的強大勢力。他所能自立爲勢者，主要的還在於漢城的部眾，因此他只有率領自己的部族往漢城而去，並開始進行有計劃地反抗傳統。當時機成熟時，以計盡殺諸部大人，又奪回領導契丹部族聯盟可汗之位。至於阿保機的漢化問題，非本文主旨，不擬討論。這裏要提出的，是當時中原戰亂，漢民投奔契丹者甚眾，而阿保機乃採漢法漢制以安撫之，故而「漢人安之不復思歸，阿保機知眾可用……」〔註23〕，似乎在漢民的心目中，只要能安定其生計者，都值得前往歸附，並不在於是否漢人政權。則我們在國史中看見許多漢人北投異域，與許多非漢人入奔中原，都應該是基

〔註18〕同註7，並參見《遼史》，卷一，〈太祖本紀上〉。
〔註19〕同前註。關於漢城問題，可參見姚從吾，〈說阿保機時代的漢城〉，《東北史論叢》，上冊（台北：正中），頁193至216。
〔註20〕參見《遼史》，卷七四。
〔註21〕同前註。
〔註22〕同前註。
〔註23〕同註8。

於有某些共同的觀點了。「夷狄華夏」之分，實由於生活習俗及文化上的不同，但這都應是可以融合並習慣的。

在第二方面，阿保機承襲了游牧民族的一貫作風，以北亞草原各民族爲其主要對象，他仍不斷地征討各個民族部落。除東北的渤海國，女眞、奚、北方的室韋各部皆降服或擊滅，又向西征突厥、吐谷渾、黨項、沙陀等，成爲主宰北亞之強權。

在第三方面表現出來的，正是此一時期北亞游牧政權對中原本土的關係，也是契丹積極策畫南進的時期。西元九〇七年阿保機即帝位，而朱全忠在中原亦篡唐自立爲梁，開五代之始。雖曰改朝換代，但中原之局勢完全同唐末一樣，終五代之世亦皆如此，這給有心進佔漢地的契丹可汗良好的時機。但河北諸鎮一向跋扈，也因其最具實力之故，因之成爲契丹南進政策中最大的阻力；前面述及的盧龍節度使劉仁恭，就是契丹正面的一個勁敵。當阿保機之勢崛起於北，中原各政權實無力開塞出擊，並以契丹之勢足以影響他們在中原雄長之局，反皆欲倚之以爲外援，有些像隋唐之際的突厥對中原的影響力一樣。值梁晉之爭，阿保機採取中立，又以遠交近攻爲謀，助長中原戰亂，實則在伺機打通南進之路，幽薊自當爲其第一目標。後幽州內亂，劉守光囚父仁恭自立，其兄義昌（滄州）節度使劉守文與之攻戰，而平州刺史劉守奇則率眾降於契丹〔註 24〕。劉守光欲騎梁晉之間而有心南面王之，阿保機對劉氏兄弟之爭皆曾援助，但卻無力攻佔幽州，實因幽州內亂，背後又有梁、晉強權爲援，阿保機尙不足下幽州而窺中原。西元九一三年，李克用之子存勗攻拔幽州，殺劉守光，阿保機不救，契丹之未能利用幽州之亂南進，而坐視晉兵奪佔之，恐係內部局勢不穩之故〔註 25〕。晉得幽州之後，以勇將周德威守之，阿保機始將兵南下；河北既爲晉有，契丹與晉之間乃有戰爭。神策元年（916）冬，契丹攻擊朔、蔚、新、武、嬀、儒等州，自代北至河曲踰陰山，而盡有其地〔註 26〕。當時李存勗已得魏博，正欲南下與梁爭天下，有盧文進之叛，引契丹兵入河北，並大敗周德威，進圍幽州百餘日，晉出精兵良將往援，力戰始退契丹〔註 27〕。阿保機的幽州爭奪戰無功而返，但留下盧文

〔註 24〕參見《遼史》，卷一，《五代史》，卷一三五，〈僭僞列傳〉第二。
〔註 25〕參見《遼史》，卷一，〈太祖本紀上〉。太祖六年（912）十月，諸弟刺葛等人的叛服無常，到次年更成大亂，足可說明此點。
〔註 26〕同前註。
〔註 27〕同前註，並參見《五代史》，卷一三七，《通鑑》，卷二七〇。（台北：世界）。

進為幽州留後，以作南進之先導，並且收容許多地方割據勢力，在於擾亂中原局面，以便入侵河北，如張文禮〔註28〕、王處直〔註29〕等。而後契丹又再度南下，但復失利於新城、望都而返，主要原因是親契丹的定州王處直，為其親晉之子王都所廢，重大的打擊了契丹之入侵；後又逢大雪，契丹人馬飢寒多死。這二次大規模的南進，可以說都無功而返，但對中原本土的震撼力是相當強大的，阿保機並未放棄南進的政策，他打算更進一步的大舉入侵，但以當時失敗的教訓中，知道務必傾全國之師始有希望，於是不得不考慮到是否有後方的威脅，撤底掃平可能來自後方的敵人，才能全力南進，而欲去後背之敵，又恐中原政權乘虛出塞而掩其背，故而必先遣使通好中原，契丹大規模南進之軍事行動乃暫時停止。

天贊四年（925），阿保機親征渤海國，其國於唐中葉時，大祚榮建國，已歷二百多年，是東北一大勢力，「地直營州東二千里，南以新羅以泥河為境，東窮海、西契丹」〔註30〕，在此不述其歷史〔註31〕。阿保機的用兵渤海，費時甚短，約半年即完全底定，改為東丹國，即東面契丹國，以皇子突欲為人皇王主其政，實行直接統治，納為國土。而其地因漢化頗深，阿保機以之主政東丹，這也是主要原因之一〔註32〕。滅渤海國後，契丹勢益盛，「地方五千里，兵數十萬，五京十五府六十二州，盡有其眾」〔註33〕，這是新增的勢力。當此後顧之憂消除後，阿保機正可傾力南進，可惜道死於扶餘（吉林農安），這個自契丹建國後，南進中原本土的國策，只得留給後來的繼承者耶律德光來完成了。

但在阿保機死前，史書記載了一則很重要的史料；即後唐使臣姚坤與阿保機會見於慎州（吉林農安以東）的談話〔註34〕，這段談話在此也不作討論，但引數語可見阿保機對南進中原之野心：「（聞後唐莊宗李存勗被弒，李嗣源繼立為明宗）曰：我兒既沒，理當取我商量，新天子安得自立」，「……汝（姚坤）當先歸，吾以甲馬三萬會新天子幽鎮之間，其為盟誓，與我幽州則不復

〔註28〕參見《五代史》，卷六一，〈張文禮傳〉。

〔註29〕參見《五代史》，卷五四，〈王處直傳〉。

〔註30〕見註6。

〔註31〕可參見黃維瀚，《渤海國記》，金毓黻，《渤海國志長篇》。（台北：文海）。

〔註32〕參見《遼史》，卷七二，〈宗室列傳·義宗倍〉。

〔註33〕見《遼史》，卷三四，〈兵衛志上·序文〉。

〔註34〕並參見註7、註8。

侵爾矣」〔註35〕。

三、契丹遼的左右中原政局及其入主中原

西元九二六年阿保機死，其后述律總攝軍國事，稱制十六月。阿保機三子；長子突欲主政東丹，次子德光爲天下兵馬大元帥詔統六軍，最具乃父之風，三子李胡驕縱殘暴，不能成大器。阿保機與述律后皆屬意於德光，乃使之繼承大統爲遼史上之太宗，至於德光與突欲之衝突，主要在於帝位之競爭，但在此似乎也可看出突欲所代表的是漢化集團，他本人及他的東丹國都有很濃厚的漢家皇室味道，而德光代表的正是游牧君長的可汗之風。突欲自德光繼位後，受到許多壓迫，這種契丹內部的糾紛，在中原的唐明宗當然不會放過，乃誘勸突欲出奔內屬；突欲的投靠中原漢人政權的例子，在國史中是可常見的，如匈奴之呼韓邪，柔然的阿那懷父子等。

耶律德光繼位之初，契丹的國力並未比阿保機時代強盛，反而有些投降的漢地將領在此時又投入中原的政權之中，如盧國用、盧文進等的奔唐〔註36〕。這可能有數原因：一是契丹易主之際，執政之述律后忌用叛降且握有兵眾之漢人，二爲後唐明宗招撫之功，三爲二盧本漢地人，其部眾甚或二盧本人思漢心切。這使契丹勢力減色不少的歸漢運動，似乎德光也無力阻止，致當中原後唐政權遭王都之叛時，契丹二度援王都皆無利而返〔註37〕，這固因幽州勇將盧龍節度使趙德鈞之據有戰略地利，也實因無阿保機時代二盧之類的漢地將領，爲之奉命驅馳之故。至於唐明宗時中原強盛不差於契丹，也因李嗣源之力不差於耶律德光之故〔註38〕。契丹南進之策至德光初期仍然受挫，趙德鈞之控有幽燕，正如阿保機時代劉仁恭父子一樣，扼住契丹入河北之門戶。河東方面，昔爲李克用父子之地，現仍爲後唐所守。這兩方面其一的突破，則將是契丹大舉入侵中原之正途，後德光控有中原，就因爲這二方面的政權，都有依契丹以雄據中原的心理，才使德光能伺機得呈。當時唐明宗是五代之世唯一能戰契丹而能和契丹者，若中原之政權能長久如此，則契

〔註35〕同註8。

〔註36〕盧國用事參見《遼史》，卷二，〈太祖紀下〉。盧文進事參見《五代史》，卷九七，《五代史記》，卷四八，《通鑑》，卷二七五。

〔註37〕參見《通鑑》，卷二七六，《五代史記》，卷三九，〈雜傳王處直傳附養子王都〉。

〔註38〕參見《五代史》，卷四四，〈明宗記〉史臣贊言。並參見《五代史》，卷六，〈明宗記〉，歐陽修之論。

丹終不能南進，更何論入主中原乎？惜明宗死後，中原政爭，適予契丹之良機。

耶律德光之南進，起於石敬瑭與李從珂之爭天下。唐明宗死後，三子從厚繼立爲閔帝，時朱弘昭、馮贇二人掌政，但當時位望以鳳翔節度使兼侍中潞王從珂，與河東節度使石敬瑭二人爲高，一爲明宗假子，一爲明宗之婿，「……平汴水滅梁室，致莊宗一統，集明宗大勳，帝（晉高祖石敬瑭）與唐末帝（李從珂）功居其最」〔註39〕，朱、馮二人思剷除石、李之勢，以便能絕對控制中原政權，因之迫使李從珂終以清君側之名入立爲唐末帝，但真正的競爭應是才開始。李、石二人位望相當，及從珂即帝位不免猜忌敬瑭，後終因徙鎮之舉，敬瑭乃反，二人野心之衝突終於公開化。至於唐閔帝、李從珂、石敬瑭三人之關係與當時政情，事專於五代中原之政治史，不欲在此討論，與本文有關者，乃是契丹如何能一再的南進受阻，而終又能入主中原，其間的歷史關係，就因緣於李、石二人的爭奪中原政權。

石敬瑭拒末帝徙鎮之詔前，曾召開幕僚要議，其擬定之反唐原則爲「外告鄰方，北搆強敵」〔註40〕；當時主要參與密計者爲掌書記桑維翰、都押衙劉知遠，所謂外告鄰方，即是爭取反唐的陣容，如安審信〔註41〕、安重榮〔註42〕、王景〔註43〕等人，而坐持兩端的，如張令昭也是削減後唐實力的〔註44〕。北搆強敵則指求援於契丹，石敬瑭此舉實爲五代時中原興兵革者之通例，並非獨創之見，也可看出當時契丹對中原政局之影響力，加以桑維翰的鼓勵說：「契丹素與明帝約爲兄弟，今部落近在雲、應，公誠能推心屈節事之，萬一有急，朝呼夕至，何患無成？」〔註45〕，石敬瑭遂決。其實他的倚契丹之援，李從珂的後唐政權也曾考慮到，呂琦、李崧等人曾建議從珂防止敬瑭的北搆強敵，且提出漢對匈奴之和親納幣故事以消制之；但從珂無見解，遭薛文遇誦「安危托婦人」之誚乃止〔註46〕。而後又有龍敏獻策，以扶立來奔之東丹王突欲遷制德光之援河東，行「以夷制夷」並離間之策，但從

〔註39〕見《五代史》，卷七五，〈高祖本記〉。
〔註40〕同前註。
〔註41〕參見《五代史》，卷一二三，〈安審信傳〉。
〔註42〕參見《五代史》，卷八十，〈安重榮傳〉。
〔註43〕參見《宋史》，卷二五二，〈王景傳〉。
〔註44〕參見《通鑑》，卷二八〇，〈後晉記一‧高祖上〉。
〔註45〕同前註。
〔註46〕參見《五代史記》，卷五六，〈呂琦傳〉。

珂又不能用〔註47〕。由此可以看出中原漢地與契丹接觸久後，對於這個北亞
強權有相當的了解，累積以歷史故事，也能知道以策略應之，惜唐末帝皆不
能用，坐失亡國之禍。

　　當時石敬瑭有心爭天下外，另有幽州趙德鈞父子也欲乘亂取中原而求援於
契丹〔註48〕。耶律德光一因趙延壽嘗力挫契丹南進，二因石晉求援所許條件甚
爲優厚，三因桑維翰出使之力，終允石晉而進兵中原。石敬瑭立國爲後晉政權，
以原約定之條件，並以父禮事契丹王，割盧龍一道、雁門以北諸州。這種條件
當初劉知遠曾反對說：「稱臣可矣，以父事之太過，厚以金帛賂之，自足致其兵，
不必許以土田，恐異日大爲中國之患，悔之無及」〔註49〕，也難怪乎王船山指
桑維翰爲萬世罪人〔註50〕。重要的是割地借兵引契丹控制中原，至於以父禮事
德光，實由因其非漢人〔註51〕，故無漢人觀念；爲人義子，本爲游牧民族之習
俗，並無屈辱之意。契丹得幽燕之地，「太宗立晉、有幽、涿、檀、薊、順、營、
平、蔚、朔、雲、應、新、媯、儒、武、寰十六州，於是割古幽、并、營之境
而跨有之，東朝高麗，西臣夏國，南子石晉，而兄弟趙宋，吳越南唐航海輸貢，
嘻！其盛矣」〔註52〕。耶律德光時期可謂契丹之盛世，至於十六州之地理，在
此不作討論〔註53〕。總之漢地失燕雲，盡去五關之險，契丹得以隨時長驅而入
中原。這片廣大的土地，其人口及資源，無異加強契丹之國勢，而同時，契丹
並得以正式治理漢地與漢民，在其本身游牧民族政權之中，又得因適時調整，
不得不用另一套方式來治理，就是所謂的「兩元政策」。看《遼史官志》中，截
然分成南、北兩種官制，可以明顯的體會出來，也知道契丹已視燕雲之地爲直
接統治的領土。對於漢地進一步的野心，則要看契丹可汗的興趣來決定。耶律
德光之進兵中原，以石晉而代唐，即是契丹初步南進的成功，若促使之更欲進
一步，則畢竟因治理漢地的經驗不足，而輕視了治漢民之法。況且契丹的政治
理念大異於漢族，也沒有一套足以維繫漢地民心的政治體系，後面將舉些資料

〔註47〕同前註〈龍敏傳〉。
〔註48〕參見《遼史》，卷三，〈太宗本記上〉，卷七六，〈趙延壽傳〉，《五代史》，卷八
　　　　九，〈桑維翰傳〉，《通鑑》，卷二八○。
〔註49〕見《通鑑》，卷二八○，〈後晉高祖記上〉。
〔註50〕參見《讀通鑑論》，卷二九，〈五代中〉，（台北：河洛）。
〔註51〕參見《五代史記》，卷八，〈晉本紀・高祖〉。
〔註52〕見註14。
〔註53〕同前註。並參見趙鐵寒，〈燕雲十六州的地理分析〉，《大陸雜誌》，十七卷，十
　　　　一期。

來看這幾點。在此先引《五代史記》中所說的：「高祖﹙石敬瑭﹚取天下不順，常以此憝，藩鎮多務過爲姑息，而藩鎮之臣或不自安，或心慕高祖所爲，謂舉可成事，故在七年而反者七起」〔註54〕。這不但看出中原政權之獲取，如石敬瑭引外援者仍被視爲「不順」，也可以知道石敬瑭政權之立，易引起其他野心者之效尤。契丹並未因扶立石晉而直接指導其治理中原，但確能因其強勢而左右中原政局，石晉之內亂是促使契丹入主中原之主要原因；而後晉出帝的反遼派得勢，乃激起契丹和好之絕也是要因。契丹與石晉的全面戰爭於西元九四三年展開，石晉在初期戰爭中還能保持優勢，然因勝而驕，不知用人，導致其敗亡。胡三省說：「陽城之戰，危而後克，契丹折翅北歸，蓄憤愈甚，爲謀愈深，晉主乃偃然以爲無虞，石氏宗廟，宜其不祀也」〔註55〕，這正簡單的說明了石晉最終的命運。

　　耶律德光於西元九四七年入主中原，建國號大遼，這是契丹南進最終的地步。由阿保機至德光凡四十年，能建立北亞游牧政權及於中原本土，不可謂不速，其實若非五代之襲唐末藩鎮之弊，契丹未必能竟其南進之功，最多恐只燕雲之境耳；由前面所述契丹對中原的爭戰當知。《通鑑》中記載二則資料說：

> 契丹連歲入寇，中國疲於奔命，邊民塗地，契丹人畜亦多死，國人厭苦之，述律太后謂契丹主曰：使漢人爲胡主可乎？曰：不可。
> 太后曰：然則汝何故欲爲漢主？曰：石氏負恩，不可容。太后曰：汝今雖得漢地也，不能居也，萬一蹉跌，悔何所及，又謂其群下曰：漢兒何得一向眠？自古但聞漢和蕃，未聞蕃和漢，漢兒果能回意，我又何惜與和？〔註56〕

> 及契丹入主大梁，謂李崧等曰：爾使晉使再來，則南北不戰矣〔註57〕。

這裏可以看出，耶律德光未必非要滅亡石晉以得中原不可，只要晉出帝能如石敬瑭事奉契丹，供應所需，才是游牧政權之正途，他們對中原之土地恐怕並無興趣。對人民只在於其勞力價值，也就是說對漢地的興趣全在物資方面的需求，這應該是其最終目的，況且治理漢地對游牧民族而言是極複雜的，

〔註54〕見《五代史記》，卷五一，〈雜傳·安重進〉。
〔註55〕見《通鑑》，卷二八五，〈後晉記六·齊王開運二年〉，胡三省註文。
〔註56〕見《通鑑》，卷二八四，〈後晉記五·齊王開運二年〉。
〔註57〕同前註。

加之生活習俗與氣候水土不易於適應。

耶律德光入主中原後，雖然「夙夜以思制之之術，惟推心庶僚，和協軍情，撫綏百姓」〔註58〕，而當時實際情形是治理漢地並不成功。原則上採漢民治漢地，實則初至中原本土，爲求安撫而沿用舊法舊臣。德光沒有一套通盤治理漢地的計畫，漢人張礪建言說：「今大遼始得中國，中國宜以中國人治之，不可專用國人及左右近習，苟政令乖失，則人心不服，雖得之，亦將失之」〔註59〕。德光不從，甚至沒有安置投降之晉軍的方法，企圖殘酷地集體屠殺〔註60〕，契丹對漢地的剝取掠奪，一如游牧民族之經濟動機的本性，如降將張彥澤的洗劫，其中不少奇珍尚貢於德光本人，張彥澤後被殺，但德光並不禁止自己的收括。「遣右諫議大夫趙熙使晉州，括率錢帛，徵督甚急」〔註61〕，「契丹據京師，率城中錢帛以賞軍，將相皆不免」〔註62〕，「趙延壽請給上國兵廩食，契丹主曰：吾國無此法，乃縱胡騎四出，以牧馬爲名，分番剝掠，謂之打草穀，丁壯弊於鋒刃，老弱委於溝壑，自東西兩畿及鄭、渭、曹、濮數百里間，財畜殆盡亡」〔註63〕，這類記載甚多而不及備錄。由此可以看出，契丹對於中原本土的興趣不會在於安置漢民，以解唐末以來之戰亂無紀，只是在於漢地的物資，耶律德光豈能以這種措施而欲久治中原？這種掠奪物資根本是草原民族的傳統觀念，正如後來蒙古成吉思可汗時代所取之漢地，蒙古群臣以得漢人無所用，不如盡殺之，使草木暢茂以爲牧地的觀念相似〔註64〕。漢人皆以德光之入主不會久長，否則不會有劉知遠之奉表，而分兵守四境，並召撫流亡。畢竟契丹的中原治理完全是以征服王朝之掠奪方式表現之，不能收中原漢人之心，耶律德光的北歸，就是契丹入主中原的失敗。在歸途中他本人也自認舉止失當，不宜入主中原「朕此行有三失，縱兵掠芻粟一也，括民私財二也，不遽遣諸節度使還鎮三也」〔註65〕。雖然他還受氣候水土及

〔註58〕見《遼史》，卷四，〈太宗本記〉。

〔註59〕見《遼史》，卷七六，〈張礪傳〉。

〔註60〕參見《通鑑》，卷二八六。

〔註61〕同前註。

〔註62〕見《五代史記》，卷五二，〈杜重威傳〉。

〔註63〕見註60。

〔註64〕參見《元文類》，卷五七，宋子貞，〈中書令耶律公神道碑〉，（台北：商務）。並參見《多桑蒙古史》，第一卷第九章，（台北：商務），頁150。

〔註65〕見《遼史》，卷四，〈太宗本紀下〉。遼對中原之治理，並可參見王吉林，〈遼太宗之中原經營與石晉興亡〉，《中國歷史學會史學集刊》，第六期。

生活習慣的影響，實則在契丹的觀念中，起碼治理漢地的整套計畫是不成熟的，也是沒有充分準備的，正如一陣北亞草原的狂飆，一時席捲了中原本土，挾著他們所掠奪的物資而退回了北亞。而後契丹與中原本土之歷史關係就維持在燕雲之際，不再像鮮卑之北魏，後來之金、元，久據華北甚或統一中原漢地了。

四、遼與北宋之對立

契丹自遼太宗耶律德光入主中原時，建立大遼帝國，但能得之而未能治之。德光北返之年而道死，其所佔黃河南北之地紛紛撤守「會同九年，太宗入汴，命（耶律朗）知澶淵、控扼河渡，天祿元年，燕趙以南皆應劉知遠，朗與汴守蕭翰棄城歸闕」〔註66〕；而遼國內一度陷於帝位之爭奪，無心南下，中原政權遂入劉漢之手。

中原本土在趙匡胤建北宋之前，歷漢、周二代，然與北亞契丹並無太大之關連，一則因契丹的可汗世宗在位頗短，而穆宗無意於南進，除了鑑於太宗入主之失敗，也實因其對於漢地缺乏興趣之故。二則因遼之內亂，也無力於南進。但後周世宗之北伐，又代表中原政權欲復燕雲之地，使中原本土不致受到北亞民族的威脅，恢復傳統的「胡漢」之界。在這段時間內，契丹乃扶持北漢，勢力所及仍足以影響中原政局，但遼穆宗是游牧可汗傾向較濃的帝王，一本其傳統，無意於漢地，《遼史》記載他的生活言行，完全是個馬上行國的游牧可汗，似乎他的興趣全在於射獵飲酒〔註67〕。中原漢地對他的看法亦如此「契丹主幼弱多寵，好擊鞠；若出師討伐因與通好，乃其時也」〔註68〕。當北漢乞師契丹進兵中原時，為後周太祖所敗〔註69〕。而後周世宗北伐，高平之戰，更大敗契丹與北漢聯軍，拔三關復二州之地，遼穆宗則毫不關心，致南京留守蕭思溫即不知計所出〔註70〕。甚至這個對漢地無私毫興趣的游牧可汗，還表示三關本漢人之地，還之於漢，何失之有〔註71〕。這表示契丹入主中原之後，國勢稍抑，而其可汗能力也稍差，又對漢地無意，不欲承繼契

〔註66〕見《遼史》，卷一一三，〈耶律朗傳〉。
〔註67〕見《遼史》，卷六、卷七，〈穆宗本紀〉。
〔註68〕見《宋史》，卷二六二，〈李濤附李瀚傳〉，《通鑑》，卷二九○同。
〔註69〕參見《五代史》，卷一一二，〈周太祖紀三〉，卷一三五，〈劉崇傳〉。
〔註70〕參見《遼史》，卷七八，〈蕭思溫傳〉，《五代史》，卷一一九，〈周世宗本紀六〉。
〔註71〕參見《契丹國志》，卷五。（台北：廣文）。

丹開國以來之南進政策。基於此，漢地中原政權則一意欲收燕雲，並以能戰逼和契丹，維持古來北亞與中原之間傳統的界域，這種觀念一直要到北宋初時皆如此。契丹政權對南進政策之修改，也即意味著對中原本土觀念的轉變，後周與北宋初的一意北伐，正是漢族傳統收復失土的觀念，而到歧溝關之戰後，迫於形勢也隨之轉變成守土重於進取，而後的澶淵之盟，在遼、宋間的意義頗大；簡言之，在北亞與中原之間的關係地位有了不少的轉變。

至於北宋太宗對遼的二次全面戰爭，本文不作討論〔註 72〕，然在以前雙方的關係應加略述。先是後周世宗北伐未竟，因病班師而退，但已使契丹朝野震恐，幽燕之民騷然不安，而遼穆宗不理漢地，未對中原這次恢復之舉採取報復手段，似乎已有意南、北對峙各領其地。趙匡胤接著以陳橋兵變取政於孤兒寡婦之手，建立北宋政權，但趙宋面臨的二大問題，仍是五代各朝的形勢：即北有強敵契丹，南有列國割據。在史書上看出趙宋立國之初，曾對這二問題有過討論，而最後的決策乃是先南後北，也就是先由弱國下手，再以之對付北方強鄰〔註 73〕。實則這個決策還要受到其中原本土的幾個因素的影響：一為趙宋與後周舊臣間之衝突，二為中央政權與地方割據勢力之衝突，三為皇室與功臣間之衝突。再看看契丹對於趙宋這個中原新政權的反應，似乎也無興趣，不像阿保機說：「新天子安得自立？」故在遼宋邊境上偶有小衝突，但北亞與中原並未引起大戰。宋太祖禮優邊將用以守境，而全國重心在於平服南方諸政權，及實施中央集權之策，遼宋關係可謂休息狀態。到北宋太宗繼立，底定全國，開始往北方發展以充實國防，並欲收復燕雲失土，遼宋間乃有全面大戰之爆發。前已提及，遼對中原本土之觀念已有轉變，北宋攻遼實為中原朝廷採主動攻勢而發動戰爭，遼在這方面是採取抵禦之守勢。當宋太宗北伐失敗，遼也未乘勢直驅中原，看不出遼對中原朝廷有欲毀滅而盡佔漢地的企圖。即如前章所言，耶律德光之攻滅石晉，也未必全在於佔領漢地一統中原之目的，晉出帝之反遼，不甘如石敬瑭之臣服恭順，引起遼晉之戰，德光採取報復，若能和，恐怕契丹不至滅晉入主。當太宗北伐失敗後，遼常興兵侵擾，也是採取報復手段，這段時間，宋遼之國力雖未達成均勢，但契丹欲長趨渡河以控中原，也未必能竟其功，這是歧溝關戰後遼基於報復的

〔註 72〕參見《宋史》，卷四、卷五、〈太宗本紀〉，《遼史》，卷九，〈景宗本紀下〉，程光裕，《宋太宗對遼戰爭考》，（台北：商務）。

〔註 73〕參見《續資治通鑑長篇》，卷九、開寶九年，（台北：世界），《玉海》，卷十四，（台北：中文）。

二次大舉南伐得知的〔註74〕。《遼史》中說岐溝關戰後，主將耶律休哥上書，欲乘勝略地至黃河為界，但未被採納〔註75〕，這又說明遼不作南進以取中原漢地之打算，但是遼的報復政策一直進行到澶淵之盟而止，但這仍是北宋一個長期的威脅。

澶淵之盟的和議，對雙方的意義很大。遼在宋前已是能左右中原的強國，宋自太宗北伐失敗後，受到遼的報復侵擾，甚為患苦，雙方和戰不定，和也只是小戰，始終沒有一個決定性的大戰或和議，雙方都是恐怕會隨時造成緊張氣氛；尤其對北方國防地勢不利的宋而言，實不易取得主動。和議的促成，據姚從吾先生說有六大原因造成是不錯的，本文不欲分析澶淵之盟的始末，故將這六大原因錄之於下：一為遼宋長期對峙，使雙方當局均有溝和息兵的轉念，二為中經王繼忠的從容疏解，設法溝通，三為寇準和曹利用（按：宜加上畢士安）的沈著應付，能識大體，四為值遼方主戰派蕭撻凜的戰死，五為宋許條件的優厚，六為宋遼勢均力敵，能固守也能和好〔註76〕。至於盟約訂立的內容，倒可以來了解一下當時二國間的關係，據《封氏編年》及《續資治通鑑長編》所收宋遼條約之全文來看〔註77〕，雙方必需遵守疆界，不為互擾，但維持現狀，不得有任何河渠城隍之創築，這充分說明了宋遼二個朝廷，乃是平等地位的國際關係，而宋歲輸銀絹，又是雙方傳統的和平方式。這個雙方的照會，在當時不妨是國際條約，宋既年有輸遼之物資，雙方就得遵守這個「條約」的限制，而遼所要求的關南之地，宋則以外交手段避而不談，也就以歲輸之物消解土地問題之爭執。遼的目的恐或在於報復示威，索取物資，不能要得土地，不謂交涉不成。就整個盟約而言，宋允以物資，但遼退兵、放棄土地要求，嚴守國境不為邊患，此仍不失為中原朝廷對付游牧朝廷的一貫傳統。雙方立約皆以平等之二國來談判外交問題，正明顯表示出北亞與中原二帝國態度轉變之結果，遼無意於南進中原本土，宋則放棄北伐收復失土。

〔註74〕澶淵之盟前二十年間，遼常侵擾宋邊，其中以聖宗統和六年（988年）及統和十七年（999年）二次為要，參見《遼史》，卷十二、卷十四。

〔註75〕參見《遼史》，卷七三，〈耶律休哥傳〉。

〔註76〕參見《姚從吾先生全集》二，（台北：正中），頁191。

〔註77〕《三朝北盟會編》，卷之六，收有《封氏編年》，（台北：文海），《長編》，卷五八可參看。

　　一般以爲澶淵之盟維持北宋與遼百二十年之和平，這是以南北二大強權
在他們未滅亡之前，沒有爆發因南進中原或北伐收土的國際戰爭而言，但若
說此盟約之訂定，使得雙方整個國際態度百二十年間從未變更，也恐非實情。
一個政權國內某種狀況的改變，執政者或當權派的態度，受外來鄰邦的影響
等等，都會使原有的政策或外交有所改變。澶淵盟後，遼夏相倚以逼宋，宋
仁宗時的增幣交涉，神宗時的劃界交涉，以至遼末的宋金聯盟攻遼等，都應
看出澶淵之盟並未完全改觀契丹與中原的本土歷史關係，也並未使南北二勢
始終信守盟約不已，而成爲靜止的國際狀況；然則澶淵之盟仍具有其時代意
義是不容置疑的。

　　遼興宗即位，承前景，聖二朝之富強，逐動南進之念，所謂「時天下無事，
戶口蕃息，上富于春秋，每言及周取十縣，概然有南伐之志」〔註78〕。這裏所
謂索關南十縣，正與澶淵之盟時一樣，爲興兵之藉口，其他又有「宋設關河治
濠塹，恐爲邊患」〔註79〕，以及問宋伐夏〔註80〕等，皆爲興宗態度轉變之藉口；
但夏之稱雄西陲，頗能刺激遼帝國勢力之發展。關於遼、宋、夏三國峙立之關
係，非本文所討論之範圍，在此以富弼河北十二策來看當時三國情勢之大要：
契丹收燕薊以北，西夏有寧夏以西，其間豪傑皆爲所用，得中國土地人力，二
強敵所有所爲與中國相等，但勁兵驍將長於中國，中國所有彼盡得之，彼之所
長則中國不及，同時二敵之患是西伐則北助，北靜則西動，通和則坐享重幣，
交戰則必破官軍〔註81〕，這正說明了北宋所處的地位。

　　在遼的南進時，其本身朝廷中也有兩派不同的看法：

　　　　時帝欲一天下，謀取三關，集群臣議，惠曰：兩國強弱聖慮所
　　悉，宋人西征有年，師老民疲，陛下親率六軍臨之，其勝必矣。蕭孝
　　穆曰：我先朝與宋和好，無罪伐之，其曲在我，況勝敗未可逆料，願
　　陛下熟察〔註82〕。

　　可知當時有蕭惠的主戰派，蕭孝穆的主和派，另外尚有元老宰相張儉亦
陳以利害〔註83〕，這對興宗的積極用兵入侵中原有相當的阻力，終以遣使先

〔註78〕見《遼史》，卷八七，〈蕭孝穆傳〉。
〔註79〕見《遼史》，卷十九，〈興宗記二〉。
〔註80〕參見同前，並參見《長編》，卷一三五。
〔註81〕參見《長編》，卷一五〇。
〔註82〕見《遼史》，卷九三，〈蕭惠傳〉。
〔註83〕參見《遼史》，卷八十，〈張儉傳〉。

循外交談判來進行。至於蕭孝穆主和力爭之言，是頗有見地的：

> 昔太祖南伐終以無功，嗣聖皇帝仆唐立晉，後以重貴叛，長
> 驅入汴，鑾輿始旋，反來侵軼，自後連兵二十餘年，僅得和好，
> 蒸民樂業，南北相通，今國家比之曩日雖曰富強，然勳臣宿將往
> 往物故，且宋人無罪，陛下不宜棄先帝盟約〔註84〕。

主和派的論調，正可以看出契丹朝廷中持溫和態度來對待中原朝廷，是著重於南北雙方的和平相通，遼太宗入主中原漢地的失敗，足以說明契丹無法治理漢地來穩定中原，而澶淵之盟給遼利益不少，所謂「……鄰國歲幣，諸屬國歲貢土宜，雖累朝軍國經費，多所仰給」〔註85〕，另外兩地民間貿易往來，彼此和平相處，不欲南侵中原恐怕也是遼國朝野多數人的想法。

興宗與主戰派雖備戰下詔南伐，但也因主和派之折衝，乃先遣使談判。遼之舉動，北宋已先獲知，如知雄州社維序〔註86〕，知保州衣庫使天果〔註87〕，契丹歸明人涿州進士梁濟士〔註88〕等，都將所獲情報反應北宋政府，宋人在心理上與軍事上也都有所準備。其實在當時遼宋雙方是平等的國際關係，政府、民間往來頻繁，刺探這類情報也非難事〔註89〕。北宋的態度，顯然是一鑑於澶淵之盟，不得表示對遼退縮，如呂夷簡所言：「契丹畏壯侮怯……景德之役，非乘輿濟河則契丹未易服也，宜建都大名，示將親征，以伐其謀」〔註90〕，又一方面恐遼夏相結，共謀寇難〔註91〕，北宋的努力，是以富弼的二次使遼談判〔註92〕，最後的結果，是宋歲加增銀絹十萬兩匹予遼，雙方又復通好如故。

北宋實困於夏在西方的壓力，而西夏則自李繼遷叛宋以來，始終利用北亞與中原二大帝國相峙之局，割地自雄，至一〇三八年，李元昊稱帝建國，宋、

〔註84〕 同註78。
〔註85〕 見《遼史》，卷六十，〈食貨志下〉。
〔註86〕 參見《宋史》，卷四六三，〈杜維序傳〉。
〔註87〕 參見《長編》，卷一三五，宋仁宗慶曆二年二月。
〔註88〕 參見《長編》，卷一五〇。
〔註89〕 參見路振，〈乘軺錄〉，王曾，《行程錄》，薛映，《行程錄》，宋綬，《行程錄》等等可知。（契丹交通史料七種，台北：廣文）。
〔註90〕 見《宋史》，卷三一〇，〈李夷簡傳〉。
〔註91〕 參見《長編》，卷一二四，寶元二年富弼之言。卷一二五，劉平之言。卷一三四，慶曆元年十月楊偕之語。
〔註92〕 參見《宋文鑑》，卷一四七、蘇軾，《富鄭公神道碑》，《宋史》，卷三一三，〈富弼傳〉，《長篇》，卷一三七，《宋史記事本末》，卷二一，〈契丹盟好〉。

夏之間常有戰事，中原朝廷又多加增一個強鄰。北宋同時受到兩面來的威脅，在外交上決不可同時與之為敵，仁宗增幣也是基於厚結契丹，用以抗夏，企圖緩和宋夏情勢緊張之時北方突來的壓力，同時又可用契丹之力以消解西垂之患。遼興宗既得利於北宋，又要擴張其勢力於夏，前已言及夏對遼稱臣乃欲挾遼以對宋，而夏對宋戰事的得利，其勢又足以均衡遼、宋，故而未必事遼恭順始終。遼興宗好大喜功，驕矜自誇，得志於中原，乃轉向西夏，但未能如願，雙方有段長期的戰爭（1042 至 1050），結果損失不少兵力財貨。中原的北宋反得休息，富弼的使遼增幣外，以當時的國際局勢看來，可以說是北宋外交上的成功，還要在於增幣之後的宋遼夏的三角交涉上，陶晉生先生認為這二個交涉有密切的關係，結果是宋廷不但扭轉了劣勢，且使「以夷制夷」之策演成了「以夷攻夷」，促使中原朝廷坐視西北二敵的相鬥而削弱國力〔註93〕。

西元一○五五年，耶律洪基繼任為遼道宗，他在遼代興亡史中是個重要的時代。其在位時期甚長，有四十七年（1055 至 1101）之久，原已衰像漸露的遼帝國，也未更見好轉，中期大康以後，政局紊亂，遼的國運就步入衰微之中。道宗時期的注意力，幾乎全集中在其國內的政治問題，對中原朝廷的北宋，無特殊的關係，僅值一提者，厥為對神宗的劃界交涉。這次談判在《遼史》傳記中皆未詳細言明，可見契丹政權並未重視此事，尤其是談到有關土地的問題，北亞的態度就遠不如中原本土那麼有意了。

從遼興宗要挾中原增幣後，雙方保持和平，遼道宗與宋神宗之間亦復如此。正如宋神宗即位時，陳襄使遼錄中所言：

> （遼）三司使禮部尚書劉雲伴宴，……稱道兩朝通好多年，國信
> 使副與接判使副相見，如同一家，臣襄答云：所謂南北一家，自古兩
> 朝歡好，未有如此〔註94〕。

對於此次交涉始末，北宋的資料較詳〔註95〕，起因是北宋於河東路代北沿邊，展拓城壘，遼以為侵入其境蔚、應、朔三州，乃遣使問以違約，於是雙方有國界之爭執。最後是北宋稍讓土地予遼乃止，其實遼無意於爭土，只恐中原勢力或有伸張，而北宋正值王安石變法，整頓內政之際，自然不願與

〔註 93〕參見陶晉生，〈北宋慶曆改革前後的外交政策〉，《中研院史語所集刊》，第四
　　　　十七本、第一分。（台北：中央研究院）
〔註94〕見〈神宗皇帝即位使遼語錄〉，收於《契丹交通史料七種》，（台北：廣文）。
〔註95〕參見《長編》，卷二五六至二六七，《宋史》，卷三一五〈韓縝傳〉，卷三三一，〈沈
　　　　溝附沈括傳〉，卷三四○，〈呂忠傳〉。

強鄰衝突，些許邊境不明限界之土，可換得南北通好如故，也是值得的；至於《宋史》所言割地五百里、六百里，恐怕言過其實〔註96〕。

契丹與中原本土之歷史關係的終結，應在西元一一二五年遼亡之時；耶律大石之西遼則不在本文之內。遼的最後一位可汗天祚帝時，正受內憂外患的交相侵迫，毫無餘力考慮與中原朝廷之關係，遼末的政局相當紊亂，在此僅指出契丹政權最大的壓力，還是來自東北亞的女眞人，而非來自中原本土的威脅。完顏阿骨打起兵反遼，十年之間即亡契丹政權，取代之而成爲北亞的強國。當遼將亡之際，北宋採取聯金攻遼之謀〔註97〕，企圖收復燕雲之地，二度出大兵北伐，但都不是成功的恢復之舉，反而予以新興的女眞許多有利的地位，如此不免將以往與契丹之對峙變而爲與女眞之南北對立，中原朝廷北方國防的有利地位仍然在北亞政權之手，兩年之後，女眞乃南進中原滅了北宋，中原本土乃陷於北亞民族之控制。

五、結　論

契丹與中原本土之關係，在唐初時即較重要，但因其時契丹僅是夾於唐與突厥南北兩大之間的許多民族之一，不爲北亞政權之代表，要到五代時耶律阿保機始，才能對中原本土之歷史有重大關連。阿保機控有北亞乃思南進，初行遠交近攻之策，結好梁晉，而攻略幽燕，大抵與梁保持盟好，對晉在原則上亦交好。但河北與河東也都是契丹南進必攻略之地，梁晉相爭，給阿保機發揮遠交近攻之策，也開始令中原本土對北亞強權感到不安。當後梁敗亡，阿保機之遠交近攻政策乃止，開始與後唐（晉）直接爭取河北、河東之地，採取游擊戰與重點爭奪戰相配合，雖然幽晉之地皆未攻克，但全面的游擊戰線頗長，使後唐常有疲於奔命之感。契丹的急欲南進而無全面勝算的把握，又恐後方的渤海國掩其背，乃有回師底定東北。阿保機將再南進中原之際，未酬身死，契丹這一南進政策可謂沒有發展，到耶律德光時期始能完成實現。

德光之入主中原是失敗的，雖然他想控有中原的目的可能只在於經濟利益，但是他只達到了北歸時所挾走的那部份。在游牧帝國以征服者的姿態君

〔註96〕同前註。
〔註97〕參見趙鐵寒，〈宋金海上之盟始末記〉，載於《大陸雜誌》二五卷，五、六、七，三期。

臨各地，乃是欲長期地獲取物資，對中原本土一向能有豐富物資的環境，是契丹南進最大的嚮往，或許他們沒有漢族對中原天下的觀念，只不過當作渤海、女眞之地一般；畢竟他們沒有治理漢地的完善計畫。用漢法治漢地，契丹政權或能明白，但由於經驗不夠，思想不成熟，或者說漢化的程度浮淺，契丹政權中，又缺乏漢化集團或漢化傾向的政治基礎，而耶律德光本人同樣缺乏治理漢地的經驗，所以後來蒙古忽必烈能入主中原一統天下，而耶律德光只能劫掠財富北徙關外，恐怕這是相當重要的一些原因。

契丹南進的政策觀念，在遼太宗德光以後有了轉變，逐漸恢復了傳統游牧帝國的方式來對待中原本土，游擊式的擾邊劫掠和報復式的攻略，替代了前朝的南進中原。而中原的周、宋皆有恢復之圖，其實對之而言，燕雲之地乃石晉所失，非周、宋所失，遼、宋百餘年除宋神時失於遼極小之地外，並無什失土。在漢族朝廷心目中，是重視土地的，尤其燕雲應爲中原所屬，不得淪爲「夷狄」，雖石晉本人非漢族朝廷，但卻承五代之統，代表中原漢地朝廷，「夷狄」應爲中原朝廷拒之於長城之外。到澶淵之盟的達成，對等的南、北二大帝國的地位關係乃形成，而後雖有增幣、劃地等交涉，但尚不足以改善南北之勢，實在也由於各自國勢的發展已達一定程度，北宋稍處於弱勢，但在弱勢之中尚能維持南北之均勢，加之西夏，又成三國之局，直到金之驟興，滅遼及北宋，替代之以控北亞和中原，又復與南宋成南北之局〔註98〕。

（原刊於政治大學《邊政研究所年報》，第 9 期，1978 年）

〔註 98〕宋遼之南北關係，又可見陳述，《契丹史論證稿》，《遼史彙編》七，（台北：鼎文）。

略論遼代的漢人集團

一、前　言

　　北亞契丹民族與中原漢民族之間，較具體的關係來看，大約以唐太宗貞觀二年（628）契丹領袖摩會的降順開始〔註1〕。終唐之世，契丹與中原的漢人朝廷間，始終是叛服無常的，他們曾經強大過，也曾經衰微過，其內部因變亂爭權未能成為北亞的強國。而與漢人的關係言，自唐帝國的安史亂後，契丹只能與河北的漢人割據勢力有和戰關係，但不能進入河北之地，遂成為中原長期的邊患〔註2〕。

　　唐末契丹可汗耶律阿保機在位時，開始有了積極之轉變，不但在其勢力範圍之內有較多的漢人臣民，他更銳意南進。唐帝國在西元九○七年滅亡，而中原的五代時期，仍是唐末局面之延長，割據爭權給予契丹的良機。阿保機的後繼者耶律德光終能取得漢地政權所奉送的燕雲之地，甚至入主中原建立遼帝國。雖然契丹人很快地退出了中原，但燕雲漢地十六州就始終置於遼帝國之下。直到遼亡後，這些漢地及華北地區乃轉入女眞的金帝國手中〔註3〕。

　　遼（契丹）國成為北亞的強權，所統治的地區極廣，「東至于海，至至金山暨于流沙，北至臚朐河，南至白溝，幅員萬里」〔註4〕。其轄下之民，概言

〔註1〕參見《唐書》，卷二一九，〈北狄傳〉，頁1上。（台北：藝文），《遼史》，卷六三，〈世表〉，（台北：藝文），頁4下。
〔註2〕參見拙著，〈契丹與中原本土之歷史關係〉，《政大邊政研究所年報》，第九期。（台北：政治大學）
〔註3〕參見前註拙文，可通盤了解契丹人的遼代，與中原的五代時期及北宋時期的大略關係。
〔註4〕見《遼史》，卷三七，〈地理志一〉，頁2下。

－23－

有二，即北亞外族及漢族（包括渤海），為因應統治的需要，遼帝國採用了較彈性的政策，即後文將述及的兩元政治。本文的目的，就是在於探討兩元政治之下，漢人在外族統治時的地位，以及政治上的勢力等，這不僅或可助於遼代政治史的研究，也應該可以供作討論「胡漢」問題的參考。題目用「漢人集團」，並非有意強調遼代的漢人一定有某種集結，或者特殊的結構，只是在於綜觀整個遼代漢人的通稱。

二、遼的兩元政治及漢人之來源

（一）兩元政治

研究遼代政治、制度、社會等問題的，都要談到契丹的兩元政治，討論此一題目的文章也多〔註5〕，《遼史》中有極簡明的敘述：

> 契丹舊俗，事簡職專，官制樸實，不以名亂之，其興也勃焉……至于太宗，兼至中國，官分南北，以國制治契丹，以漢制待漢人……官制分北南院，北面治宮帳部族屬國之政，南面治漢人州縣租賦軍馬之事，因俗而治，得其宜矣〔註6〕。

曾三使遼廷的宋人余靖，其親自見聞說：

> 胡人之官，領蕃中職事者皆胡服，謂之契丹官。樞密宰臣，則曰北樞密、北宰相。領燕中職事者，雖胡人亦漢服，謂之漢官，執政者，則曰南宰相，南樞密〔註7〕。

《遼史》中又說：

> 以國家有契丹漢人，故以南北二院分治之〔註8〕。

關於制度上的職掌及組織，不擬多述，《遼史》中有詳細的說明〔註9〕，而這些也非本文討論的主題。總之，遼代的兩元政治全出於時、地的需要。以對象言，是因有契丹及其他北亞民族，和漢人之故，這兩個在文化、生活

〔註5〕例如張亮采，〈遼代漢人樞密院之研究〉，《東北集刊》，第一期。姚從吾，〈遼朝契丹族的捺缽文化與軍事組織、世選習慣、兩元政治及游牧社會中的禮俗生活〉，《中山學術文化集刊》，第一集。島田正郎，〈契丹北面中央官制的特色〉，《大陸雜誌》，二九卷十二期。韓道誠，〈遼代北面官制研究〉，《反攻》，三○九期。旁所涉及者也多，茲不贅註。
〔註6〕見《遼史》，卷四五，〈百官志〉，頁1上。
〔註7〕見余靖，《武溪集》，卷十八。（四庫珍本六集，台北：商務）。
〔註8〕見卷六一，〈刑法志上〉，頁6下。
〔註9〕參見《遼史》，卷四五至四八，〈百官志〉。

等各方面都大不相同的集團，要在同一政權之下相處，是政治上的大問題，契丹人的解決辦法即是行雙軌的政策。遼朝廷二百餘年的統治，其施政之中央，在於固有的「捺鉢」〔註10〕，因而記載這一制度的《遼史·營衛志》，對於契丹可汗與臣僚們的生活、施政、宣令等較詳：

> 皇帝四時巡守，契丹大小內外臣僚，并應役次人，及漢人宣徽院所管百司皆從，漢人樞密院、中書省，唯摘宰相一員，樞密院都副承旨二員，令史十人，中書令史一人，御史臺、大理寺，選摘一人扈從。每歲正月上旬，車駕啓行，宰相以下還於中京居守，行遣漢人一切公事。除拜官僚行止行堂帖權差，俟會議行在所取旨，出給誥敕。文官縣令錄事以下，更不奏聞，聽中書詮選。武官需奏聞，五月納涼行在所，南北臣僚會議，十月坐冬行在所亦如之〔註11〕。

這還兼帶說明了契丹游牧本質的社會。其中央行政之方法，應是傳統以來有長久歷史的；整個遼帝國的中央朝廷在此，統轄兩個不同的社會，用兩個系統的制度。其一是契丹本族外，還包括奚、女眞、回鶻、室韋等等，統便稱爲北亞民族的，可以看作是大略屬同一文化圈的諸外族。其二則是人數眾多的漢人及渤海人，渤海雖屬外族，但漢化極深，亦用漢制。他們可說是在農耕地帶的城鎮或鄉村的定居民。若說契丹帝國實係包括兩個「國家」部份，一是契丹式的混合國，由可汗直轄。一是漢式國家，以燕雲漢地爲主，委任熟於漢事之宰相代理之〔註12〕。這是簡明的劃分，更應該說是部族聯盟及多邦混合的帝國形態。

再就遼的都城，由三京（上京、中京、南京）到五京（加上西京及東京）的發展與建制，充分表現出漢法漢制的一面，「大抵西京多邊防官，南京、中京多財賦官」〔註13〕。五京在遼的全盤形勢來看，還有其意義及性格，南京析津府是經略華北之基地，亦爲政經、文化、交通之基地。上京臨潢府爲國都，表現其政治意圖。中京大定府是對奚族政治上的要求，又爲交通樞要，與上京皆直接以南京爲中心的華北爲基地，一面培養自己，一面發展自己。

〔註10〕參見《遼史》，卷三二，〈營衛志中〉。近代研究這問題的專家傅樂煥，在其論著〈遼代四時捺鉢考〉五篇中，有很詳細的考證及討論，《中研院史語所集刊》，第十本。
〔註11〕見前註〈營衛志中〉。頁3上、4下。
〔註12〕見註10傅樂煥文，頁271。關於渤海也曾以漢制治之。
〔註13〕見《遼史》，卷四八，〈百官志四〉，頁1上。

東京遼陽府是遼東政經、交通中心，統御東方渤海、女眞、高麗之據點，也有明顯的軍事性格。西京大同府則與東京同爲山後地區據點，發展西南，及統御各族之基地，軍事色彩亦濃〔註14〕。五京居民，漢人居多，南面京官、方州官等，都以漢制爲主。綜合看來，兩元政治的特色，是「四時捺鉢」與「五京」並存的制度〔註15〕。但尚需注意者，契丹國家之重心，仍以舊制的捺鉢爲主，軍國決於北面。用漢法與漢制，是因欲安撫及統治漢地漢民的必要措施，這原與接受漢化無關，契丹接受的是漢地漢民這個實體。基於此，亦看出遼帝國的聯盟性質。

（二）漢人之來源

契丹得燕雲漢地之前，其統治下漢人，多來自漢地逃亡而去，或擄掠而來。

> 初，燕人苦劉守光殘虐，軍士多歸於契丹，及守光被圍於幽州，其北邊士民多爲契丹所掠〔註16〕。

漢人在契丹轄下的應爲數頗多，「吾立九年，所得漢人多矣」〔註17〕，以至耶律阿保機能恃強以抗受代，他後來能併滅契丹其餘七大部，統合全契丹而爲可汗，實在也受漢人的效命所致。因爲漢人所居之地，有鹽鐵之利，地宜五穀，阿保機率漢人耕織，立漢制城郭，漢人安身立命，則不復思歸〔註18〕。另外，根據漢人所居的「漢城」來看，在阿保機時代即有不少，是生聚極好的基地，而遼代可見的漢城，在初建的上京、東京、中京三道，就已有卅八處之多，其中多爲河溯亡命，及征戰俘獲，也有少許渤海、女眞之民〔註19〕。

胡嶠〈陷虜記〉中說：許多中國境內并、汾、幽、薊之人亡入契丹，其中有工藝匠、宦者、翰林、技術人員、教坊、藝人、秀才、僧尼、道士等，幾乎在中國社會的各階層都有〔註20〕。這是指遼太宗由中原虜掠後的上京情形。

〔註14〕參見田村實造，〈遼代都市的性格〉，《亞洲研究譯叢》，三、四期合訂本。
〔註15〕參見姚從吾，《遼金元史講義》，甲，《遼朝史》，第四講，頁104所述，（台北：正中）。
〔註16〕見《通鑑》，卷二六九，均王貞明二年十二月。（台北：世界）。另見《五代史》，卷一三七，〈外國列傳〉，（台北：藝文），頁2下。
〔註17〕見《五代史記》，卷七二，〈四夷附錄〉，頁4下。
〔註18〕同前註。
〔註19〕參見姚從吾，〈說阿保機時代的漢城〉，《國學季刊》五卷一號。
〔註20〕參見《五代史記》，卷七三，〈四夷附錄第一〉，頁12下。

現再以一些資料來看遼所得的漢人情形：

太祖即位前「伐河東河北，攻下九郡，獲生口九萬五千，駝馬牛羊不可勝紀」〔註21〕。

二年（917）七月「平州刺史（劉）守奇，率其眾數千人來降，命置之平盧城」〔註22〕。

六年（921）十二月「分兵略……等十餘城，俘其民徙內地」〔註23〕。

太宗天顯十一年（936）十一月「詔夜發兵追擊，（趙）德鈞等軍，皆投戈棄甲……步兵萬餘悉降之」〔註24〕。

大同元年（947）三月「晉諸司僚吏、嬪御、宦寺、方技、百工……悉送上京」〔註25〕。

世宗天祿三年（949）十月「殺深州刺史萬山，俘獲甚眾」〔註26〕。

大致到後周及宋初後，遼所俘獲的漢人較少。宋太宗恢復燕雲失敗，直至澶淵之盟訂立後，遼對宋保持了長期的和平；其間雖有遼興宗的增幣交涉，及遼道宗的劃地交涉，但雙方都沒有爆發戰爭，反而有大量的使聘往來，故而看不到遼初那樣漢人人口大量的流動。即使在宋太宗北伐，及澶淵之盟前的交戰，也多在殺戮，少見較多的人口俘獲；不過其間也有遼境的漢人降宋的。就總體來看，雙方都維持燕雲一線的國境，於是對漢人較多的流動而言，應可止於遼太宗自中原撤出的時期了。

漢人的來源，在得自俘掠、流亡、降順之外，最多的是燕雲十六州的人民。因而在遼太祖初得部份的漢民，則以極少數的漢人賢者，來安撫管理。如康默記「一切蕃漢相涉事，屬默記折衷之，悉合上（太祖）意」〔註27〕。韓延徽則「清樹城郭，分市里，以居漢人之降者，又為定配偶，教墾藝，以生養之，以故逃亡者少」〔註28〕。韓知古是「總知漢兒司事」〔註29〕。由如此簡單的方法來治理漢民，是早期的兩元政治，這個兩元制的成熟時期，當

〔註21〕見《遼史》，卷一，〈太祖本紀上〉，頁1上。

〔註22〕同前註，頁3上。

〔註23〕見《遼史》，卷二，〈太祖本紀下〉，頁2下。

〔註24〕見《遼史》，卷三，〈太宗本紀上〉，頁10下。

〔註25〕見《遼史》，卷四，〈太宗本紀下〉，頁15上。

〔註26〕見《遼史》，卷五，〈世宗本紀下〉，頁2上。

〔註27〕見《遼史》，卷七四，〈康默記傳〉，頁1上。

〔註28〕同前註，〈韓延徽傳〉，頁2下。

〔註29〕同前註，〈韓知古傳〉，頁4下。

在燕雲十六州極大量的漢人被置於遼帝國之下時。而遼太宗退出中原時，又脅掠華北精萃所據的汴京的大量漢人及器物財富等，再度將這些「戰利品」投入兩元政治之下，豐潤了「胡漢」混合的帝國。

《遼史》中所載漢人列傳者有四十餘人，全部列傳除宗室及后妃外，則有二百六十餘人，這種比例以契丹人爲統治主體來看，亦不算太少。若就附傳和全部《遼史》文字中，仍可尋到許多漢人人名，再參以其他資料，可知漢人仕遼的數量相當的多（詳見後文及附錄）。他們在遼代兩元政治中，也應算是統治階層的一大主體，至少可說是遼帝國的官僚集團。現就以勳閥富盛的世族，韓、劉、馬、趙四大家族爲簡例，來看遼代漢人的來源及出身〔註30〕。

韓家實應指兩韓，韓延徽及韓知古。延徽爲幽州仕宦之家，受知於燕京豪帥劉仁恭、守光父子，後出使於遼，爲太祖所留降，甚受重視，除了爲太祖安撫漢人外，還參知軍事及中外政事。其子德樞、及孫輩以後之人紹勳、紹芳、資讓等皆爲顯官〔註31〕。韓知古是薊州人，爲太祖所俘，他亦是同延徽及康默記等共佐遼初大政，主要在治漢人、定儀法，還兼領漢軍作戰，他的後人要較延徽顯赫，二子匡嗣、匡美，尤以匡嗣之後，都居高位，其中以德讓名位最著〔註32〕。

劉家係指昌平劉景之族〔註33〕，他出身爲唐末望族，先世爲河北盧龍藩鎮，其族自石晉割地後入遼。景之父守敬爲南京副留守，景則受知於燕王趙延壽，後爲穆宗之翰林學士，景宗時欲用之爲相，後與韓德讓共主燕京南面

〔註30〕遼代四大家族，參見王惲〈題遼太師趙思溫族系後〉，《秋澗先生大全文集》，卷七三。（台北：商務，四部叢刊）。頁 10 下。

〔註31〕參見註 28。

〔註32〕參見註 29 及《遼史》，卷八二，〈耶律隆運傳〉。關於韓知古的家系承傳與《遼史》或有出入疏漏者，可參見王民信，〈遼史韓知古傳及其世系補證〉，《契丹史論叢》，（台北：學海），頁 118 至 133。

〔註33〕參見《遼史》，卷八六，〈劉景傳〉。景傳中說其籍貫爲河間人，四世祖怦，爲唐右僕射盧龍軍節度使。按，《唐書》，卷二一二劉怦傳，指爲幽州昌平人，《金史》，卷七八，〈劉彥宗傳〉中，指彥宗家世爲「大興宛平人，遠祖怦，唐盧龍節度使，石晉以幽薊入遼，劉氏六世仕遼，相繼爲相」。昌平爲石晉幽州轄縣。宛平原爲唐及石晉之幽都縣，幽州入遼改立者。大興爲金滅遼後海陵王改遼之析津府（燕京）爲大興府，昌平、宛平皆隸之。唯河間乃石晉之瀛州治所，入遼廿三年後，爲周世宗顯德六年北伐收復，河間乃周、宋之境，屬宋之河北東路。今依，《唐書》以劉景家世爲幽州昌平人。另可參見羅繼祖，〈遼漢臣世系表〉，昌平劉氏，《遼史彙編》第四冊，第三五種。（台北：鼎文）。

之政。其子愼行曾爲北府宰相的中央重臣，其孫輩六人，皆爲朝廷倚重，尤以六符爲著〔註34〕。

　　馬家係指營州馬保忠之族。然《遼史》缺傳，據〈聖宗本紀〉，馬保忠曾爲參知政事同知樞密院事監修國史〔註35〕，又爲右丞相〔註36〕，以及燕京統軍，委窻大將軍，節度使，宰相兼樞密使，權知燕京留守〔註37〕等。其他史料中尚有保忠兄弟，如鎮守高麗的開京留守，爲政事舍人馬保佑〔註38〕，右千牛衛大將軍馬保永〔註39〕，西上閤門使馬保業〔註40〕，秘書少監馬保佐〔註41〕等人。另外保忠之子世弘，贈昭信軍節度使〔註42〕，其同輩有引進使馬世卿〔註43〕，嚴州防禦使馬世良〔註44〕，東頭供奉官閤門祗侯馬世章、馬世延〔註45〕等人。

　　另有醫巫閭馬氏以道宗咸雍進士馬人望家族爲中心。其叔祖爲石晉青州刺史胤卿，曾祖廷照爲南京留守，祖淵爲中京副留守，父詮爲中京文思使〔註46〕，馬人望本人則以行政才能著稱，官至南院樞密使。若以家世貴盛，當以人望之族，若以族屬之茂，則以保忠之族。

　　趙家係指盧龍趙思溫之族。思溫原隸燕帥劉仁恭之幕，以勇猛果銳出名，先被李存勗所俘而降之，授平州刺史，兼平營薊三州都指揮使。後降於遼太祖，爲遼初二朝征戰之主帥，任節度使，贈太師魏國公，而其二子延昭、延靖官皆使相〔註47〕。然其子實有十二人之眾，且「其後支分派別，官三事使相，宣徽、節度、團練、觀察、刺史，下逮州縣職餘二百人」〔註48〕。

〔註34〕同前註，〈劉六符傳〉。

〔註35〕《遼史》，卷十五，〈聖宗本紀六〉，頁11上。

〔註36〕《遼史》，卷十六，〈聖宗本紀七〉，頁9上。

〔註37〕同前卷十七，頁8下，《契丹國志》，卷十九，馬保忠傳。
　　　　（台北：廣文）。

〔註38〕見《遼史》，卷十五，〈聖宗本紀六〉，頁2下，以及卷一一五，〈高麗外紀〉，頁2下。

〔註39〕見《長編》，卷一○六，宋仁宗天聖六年十二月丙戌。

〔註40〕同前註卷一一○，宋仁宗天聖九年十二月丙寅。

〔註41〕見《長編》，卷六四，宋眞宗景德三年十一月丁卯。

〔註42〕同註36。

〔註43〕見《遼史》，卷十八，〈興宗本紀一〉，頁4下。

〔註44〕見《長編》宋仁宗慶曆二年四月甲申。

〔註45〕見陳襄《使遼語錄》，（台北：廣文）。

〔註46〕見《遼史》，卷一○五，〈馬人望傳〉。

〔註47〕見《遼史》，卷七六，〈趙思溫傳〉。

〔註48〕同註30。

由上所述四姓六族，僅舉例說明遼代漢人之來源梗概，皆不出俘、降二者，他們都爲河北巨室。唐末以來即地方勢盛，擁有家族勢力者，皆成爲強權所欲爭取之實力派，投靠於一方，不僅保有個人之顯貴，也遍及其族屬子弟們。遼的收降及重用漢人，除了在充實其國力，也在於利用漢人地方權貴以治漢地。而遼代中期以後的漢人官僚集團，則大部來自後文將討論到的，透過科舉之新階層。

三、遼統治下漢人之待遇及地位

唐末河北流民多北投契丹，加上被俘降之漢人，爲數頗多；及燕雲入遼後，其地漢人也就成爲遼人。有遼一代的兩元政治中，漢法治漢地即成爲其帝國政制的兩大主流之一，除因應治漢人的實際需要外，對遼本身而言，也是在採納吸收漢文化，以求自體的充實與發展，因此有關其漢化問題，實是遼史研究中重要的部份。契丹民族至少在魏晉時期已與漢人接觸，唐初曾受羈縻，而具體又明顯的接觸漢人漢文化，則爲遼太祖所處的唐末時期開始。至於遼代漢化之情形，大體而言，從早期的收容漢人流亡，利用康、韓等人的治理爲初步。而後燕雲入遼、太宗的入主中原、到遼景宗時代結束，是大量地任用漢人，接受漢化，而確立兩元政治的時期。聖宗之時至遼亡，行科舉、立儲君、是遼漢文化融和時期。上述簡略的提要，容後另文說明〔註49〕，本文僅於論漢人在遼代之待遇及地位時有所涉及。

今就下列各點之例舉，以綜觀一般漢民於遼治下情形：

（一）大量之移民

太祖六年（921）徙檀、順二州民於東平瀋州〔註50〕；天顯三年（927）又徙薊州民實遼州〔註51〕。據《遼史地理志》中所載，上京道臨潢府屬十縣中，有臨潢、潞縣等二地，是太祖天贊初所俘華北漢人，遷徙而去定居的〔註52〕。泰州興國縣爲山前漢人所配置。長春州的長春縣，爲燕薊犯罪流配之民。烏州愛民縣，則爲南俘漢民徙置。壕州安平縣，爲南俘漢民徙置。另外有福州、順

〔註49〕有關契丹的漢化，可參看姚從吾，〈契丹漢化的分析〉，《大陸雜誌》，第四卷四期。尹克明，〈契丹漢化考略〉，《禹貢》半月刊，第六卷三、四期。陳述，《契丹史論證稿》，《遼史彙編》七，（台北：鼎文）。
〔註50〕見《遼史》，卷二，〈太祖本紀〉，頁3上。
〔註51〕同前註，頁4下。
〔註52〕見《遼史》，卷三七，〈地理志一〉，頁2下至3上。

州等地，皆爲俘燕薊漢民城居之〔註53〕。在東京道方面；有來遠縣、宣州定遠軍、海州南海軍、宗州、海北州廣化軍、貴德州寧遠軍、瀋州之樂郊、靈源二縣、遂州、雙州、信州彰聖軍、賓州懷化軍、順化城嚮義軍、衍州安廣軍、連州德昌軍等等，都有漢人移民居住。有的是以漢戶置兵事，如嚮義、德昌二軍，有的是俘薊州之人民，而新建之縣城，如樂郊、靈源二縣等不一而足〔註54〕。中京道方面；惠州惠和軍、武安州、澤州廣濟軍、北安州興化軍、興中府及興中縣、宜州崇義軍及弘政縣、錦州、嚴州保肅軍、遷州等地，大部份爲所俘虜漢民，亦有部份漢人親居者，如保肅軍〔註55〕。至於南京道所轄六州十一縣，則大部份爲漢人，因本屬石晉所割之漢地〔註56〕。西京道所轄之州、軍、縣等，亦多爲漢人〔註57〕。由上可知，一般之漢民，被大量用於移民，目的在充實邊防及後方腹地，也有開發地方之意〔註58〕，以及防制之心。

（二）生產之經濟力

一般漢民的地位是在於其大量的生產力。包括開發土地資源，較進步的農耕技術，大量的人力，爲數可觀之賦役能力等，這都是遼帝國的經濟資本。早在太祖初起之時，即利用漢人所屯居之地的漢城爲基礎，那裏有鹽鐵之利，可植五穀〔註59〕。北亞民族的經濟力是相當有限的，需要補充的物資，除靠通商貿易外，就只有掠奪，或接受贈送，一旦和平的方法不能達成這目的，就會爆發戰爭，而其主要物資來源，則爲中原漢地。故北亞民族與中原農業民間之關係，經濟是極重要的關鍵〔註60〕。契丹在唐末即受困於幽州之劉仁恭，正說明了契丹對這方面的需要〔註61〕；也可知漢民在這方面之能力，是遼帝國所大部依賴的。故在《遼史》中常可見到有勸農耕、禁傷禾稼、勿妨農的記載，如會同三年（939）「詔有司教民播種

〔註53〕同前註，頁8下至13上。
〔註54〕見《遼史》，卷三八，〈地理志二〉，東京道。
〔註55〕見《遼史》，卷三九，〈地理志三〉，中京道。
〔註56〕見《遼史》，卷四十，〈地理志四〉，南京道。
〔註57〕見《遼史》，卷四一，〈地理志五〉，西京道。
〔註58〕關於漢人之移民，可參看島田正郎，〈遼朝治下的漢人遷徙問題〉，《歷史學研究》，六七集。
〔註59〕參見《五代史記》，卷七二，〈四夷附錄〉，頁4下5上。
〔註60〕關於此一問題之探討，可參見札奇斯欽，《北亞游牧民族與中原農業民族間的和平戰爭與貿易之關係》。（台北：正中）。
〔註61〕參見《五代史》，卷一三七，〈外國列傳第一〉。

紡績」〔註62〕。統和七年（989）「禁芻牧場禾稼」、「詔燕樂密雲二縣荒地，許民耕種，免賦役十年」〔註63〕。統和十三年（995）及太平八年（1027）、清寧二年（1056）等，詔諸道，州縣長吏勸農，或遣使諸道勸農桑等〔註64〕。又有統和十四年（996）及開泰三年（1014），詔諸軍官勿非時畋獵，或淹刑獄而妨農〔註65〕。

（三）生活一般狀態

雖然遼代頗重漢民經濟上之地位，但漢民仍不失爲被統治者之待遇。或者說遼代注重漢民之農耕生產，爲利於治理其屬民，求能安定民生。但究竟其性質，還是在於供給統治者所需，以盡取其價值，未能普遍直視民生之疾苦。至少在遼的中期，就曾發現統治階層的官俸是由其屬民所輸者〔註66〕。當然這也牽涉到北亞民族草原本位觀念所致，這種觀念在遼代最明顯的例子，如太宗初入中原時，分番剽掠的打草穀，而不發給廩食軍餉等〔註67〕。雖然前面找到不少重農桑的例子，而且到遼代中期聖、興二朝的鼎盛時代是「天下無事、戶口蕃息」〔註68〕，但漢民的貧困依然可見，統和十五年（997）、開泰八年（1019）、大安三年（1085）、天慶二年（1111）、八年（1117）等，屢見飢荒、貧戶〔註69〕。

漢民地位之低落、及待遇之不平，也有例可知，「（錦州漢地）州帥以其家牛羊馳馬，配縣民畜牧，日恣隸僕視肥瘠，動憾人取錢物，甚爲姦擾」。又「（河東路）閒有酋豪負勢，詐良民五百口爲部曲」〔註70〕。〈乘軺錄〉中記載路振使遼，所親見聖宗時期之情形：

> 虜政苛刻，幽薊苦之，園桑稅畝，數倍於中國，水旱蟲蝗之災，無蠲減焉，以是服田之家，十夫並耨，而老者之食，不得精鑿，力

〔註62〕見《遼史》，卷四，〈太宗本紀下〉，頁6下。
〔註63〕見《遼史》，卷十二，〈聖宗本紀三〉，頁5上6下。
〔註64〕見《遼史》，卷十二，〈聖宗本紀四〉，頁6下，及卷十七，〈聖宗本紀八〉，頁5上，卷二一七，〈道宗本紀一〉，頁4下。
〔註65〕見前註卷十三，頁8下，卷十五，頁8下。
〔註66〕見《遼史》，卷十四，〈聖宗本紀五〉，頁1上。
〔註67〕參見《通鑑》，卷二八六。
〔註68〕見《遼史》，卷八七，〈蕭孝穆傳〉，頁2下。
〔註69〕見《遼史》，卷十三，〈聖宗本紀〉，頁8下。卷二五，〈道宗本紀〉，頁2下，〈天祚本紀一〉，卷二八，頁6下7上。卷八九，〈楊佶傳〉，頁4下。頁4下。
〔註70〕此二段記載，見〈賈師訓墓志〉，《遼文匯》，卷七，《遼史彙編》六。

蠶之婦，十手並織，而老者之衣，不得繒絮，徵斂調發，急于剽掠。加以耶律蕭韓三姓恣橫，歲求良家子，以爲妻妾，幽薊之女，有姿質者，父母不令施粉白，弊衣以藏之，比嫁不與親族相往來。……（民）至殺人非理者，則決之於隆慶（燕京留守），喜釋而怒誅，無準繩矣〔註71〕。

遼道宗時期，蘇轍奉使所見漢民之待遇及地位是：

北朝之政，寬契丹，虐燕人，蓋已久矣。然臣等訪聞山前諸州祗候公人，止是小民爭鬥殺傷之獄，則有此弊，至於燕人強家富族，似不至如此。契丹之人，每冬月多避寒於燕地，牧放住坐，亦止在天荒地上，不敢侵犯稅土，兼賦役頗輕，漢人亦易於供應，惟是每有急速調發之政，即遣天使帶銀牌於漢戶，須索縣吏，動遭鞭箠，富家多被強取，玉帛子女，不敢愛惜，燕人最以爲苦，兼法令不明，受賕鬻獄，習以爲常，此蓋夷狄之常俗，若其朝廷郡縣，蓋亦粗有法度，上下維持，未有離析之勢也。

北朝皇帝好佛法，……因此僧徒縱恣，放債營利，侵奪小民，民甚苦之〔註72〕。

蘇轍之看法似較路振爲深入些，但大體而言，多有相同，二人使遼之時也有差別，未必全能一致。

陸游的筆記中，也有一條說：

遼人劉六符，所謂劉燕公者，建議於其國，謂燕薊雲朔，本皆中國地，不樂屬我，非有以大收其心，必不能，虜主宗眞（興宗）問曰；如何可收其心，曰斂於民者，十減其四、五，則民惟恐不爲北朝人矣〔註73〕。

可知有漢人未必以遼國爲其歸屬。

就遼代漢人爲被統治者來看，其待遇及地位，有些地方是較不平，以及較低落。生活上一般下民的遭遇，如飢困，官僚之剝詐等，恐怕不論是外族統治下，或中原漢人朝廷中，都在所不免的。若以民族上之差異統治而言，

〔註71〕見路振，〈乘軺錄〉，契丹交通史科七種，（台北：廣文），頁41至53。
〔註72〕見蘇轍，〈北使還論北邊事箚子五首〉，二論北朝政事大略，《蘇轍集》，卷四一（欒城集），（台北：河洛）。
〔註73〕見《老學庵筆記》，卷七，《陸放翁全集下》，（台北：世界）。

被統治之漢人，往往是有些許不等的地位；其主要的原因，就應在於對被統治者的防制心理了。

（四）漢人的認同

雖然部份漢人未以遼國為其歸屬，但亦有其待遇、地位較高，而認同遼國者。如前適舉劉六符之例，即稱遼為「我」，並貢獻其議於遼帝。關於這些漢人官僚巨族，後面的討論可有進一步之了解。認同於遼的漢人，除其待遇地位較高外，則為環境與時間的關係。前文說到太祖用漢人治漢，安居樂業則民不復思歸。宋人田況，其祖父北居於遼，其父則脫身南歸，他認為漢人在遼統治之下，初不樂附，但歲月久後，老一輩的盡逝，而新少者便習以為常，且助遼與宋對立，這也是無可奈何之事〔註74〕。漢人的認同與對遼的貢獻是：

> 遼氏開國二百載，跨有燕雲，雄長夷夏，雖其創業之君，規模宏遠，守成之主，善於繼述，亦由一時謀臣猛將，與夫子孫蕃衍眾多，克肖肯構，有以維持藩翰而致然也……今燕之故老，談勳閥富盛，照映前後者，必曰韓劉馬趙四大族焉，嗚呼盛焉，孟子稱故國非謂喬木，有世臣者，其是之謂歟〔註75〕。

（五）漢人官僚集團之形成

《遼史》中漢人官僚列傳及附傳者，達五十餘人，若以其他資料算計，目前可列名者，至少有七百餘人（參見附錄二）。就其來源而言，即前文所說流亡、虜掠、俘降等。就其出身而言，有巨族世家之後，有貴官顯要之後，有進士出身，有召辟才能而來等等。這都同於史上許多朝代，所不同者，是契丹征服者，始終保持朝廷要津之職，大多數的時間，中央及地方軍政大權，幾全在契丹人之手，亦即是契丹人必擁有優勢之實力。但漢人到底是遼兩元帝國之半，不論在政治號召上、行政才能上、政府實際需要上，都必任用大批的漢人，漢人官僚集團即告形成。但這個形成是要經過一段時間，才漸趨成熟的，初期多用世家之後，到中期聖宗時，於西元九八九年開科取士，大量的漢人循此入仕之途，由最初的取十二人，漸增至百餘人，終遼之亡，取士達五十三次，人數有二三三○人之多（詳後文）。

〔註74〕參見《儒林公議》，卷下，筆記小說大觀續編，（台北：新興）。
〔註75〕見註30。

取漢人爲官，正說明其地位之漸高，但並不意味著在遼的兩元或聯邦式〔註76〕帝國內，漢人獲得完全的信任。太祖初年，不論所任文、武人才，皆多在利用漢人，以遂其志。太宗援立石晉，爲繼太祖「令漢兒把捉」之意，其實也因缺乏治理漢地人才之故〔註77〕，他的入主中原，又旋即北返，更說明了此點。以強權取勝的契丹人，在軍事上充分表現了對漢人的不信任，「詔政事令僧隱等，以契丹戶分屯南邊」〔註78〕。到遼中期的興宗時代，猶有「禁關南漢民弓矢」〔註79〕。總之，在一般情形之下，遼的舊制是「凡軍國大計，漢人不與」〔註80〕。正如同〈刑法志〉上說「先是契丹及漢人相毆至死，其法輕重不均」〔註81〕一樣，被統治的漢人，總有各種不平等的待遇及地位的，然則軍國決策大權通常不在漢人，間亦有例外者，如韓德讓等（詳後）。而且統軍節鎮，掌方面軍、政者，仍有不少漢人充任，這些在後面要作進一步地說明。

四、遼代各朝漢人集團之升降

本主題所謂漢人集團，在於使用資料之方便，以漢人官僚爲主，以簡表及附文列出中央及鎮藩、節度等權貴，用作參考其權勢地位。記出任官約略年數，有缺者，則爲不詳而暫略。再綜合作討論〔註82〕。

（一）太祖

1. 中央宰輔

左 尚 書　康默記十年。

左 僕 射　韓知古十七年。

夷 离 畢　康默記七年。

政 事 令　韓延徽二年。王郁。

中 書 令　韓延徽一年。

〔註76〕參見陳述，《契丹史論證稿》，第五編。

〔註77〕同前註，第六編所論，並參見註2。

〔註78〕見《遼史》，卷四，〈太宗本紀下〉，頁8下。

〔註79〕見《遼史》，卷十九，〈興宗本紀二〉，頁4下。

〔註80〕見《遼史》，卷一○二，〈張琳傳〉，頁3上。

〔註81〕見《遼史》，卷六一，〈刑法志上〉，頁5上。

〔註82〕關於遼代漢人官僚，以年表方式，簡明易讀的，有萬斯同，〈遼大臣年表〉。吳廷燮，〈遼方鎮年表〉。以上二文俱收於《遼史彙編》四。本表所收漢人，側重在中央官僚的最高階層，以及地方的方面權貴，間或有遺漏者，恐爲數亦極少。

同平章事　王郁。

2. 方鎮

南京留守：趙思溫二年。

遼興軍節度使：盧文進二年。張希崇二年。

崇義軍節度使：王郁。

（二）太宗

1. 中央宰輔

夷　离　畢　康默記一年。

中　書　令　韓知古四年。王郁（守）。韓頻。

左　僕　射　韓延徽五年。

右　僕　射　張礪。

同平章事　張礪。劉居言。

政　事　令　韓延徽八年。趙延壽一年。

大　丞　相　趙延壽。

太　　尉　趙思溫。

2. 方鎮

中京留守：趙延壽。

南京留守：趙延壽七年。劉晞二年。趙思溫。

西京留守：崔廷勳一年。趙思溫曾爲保靜、盧龍、臨海等三軍節度使。

魏博節度使：趙延壽。

（三）世宗

1. 中央宰輔

太　　尉　趙延壽。

南院樞密　李崧。高勳五年。

大　丞　相　趙延壽二年。高勳。

南府宰相　韓延徽二年。

2. 方鎮

南京留守：趙延壽（或爲中京留守）二年。李內貞。

遼興軍節度使：韓德樞三年。

（四）穆宗

1. 中央宰輔

南府宰相　韓延徽四年。

南院樞密　高勳三年。

政 事 令　楊袞。

2. 方鎮：

上京留守：高勳四年。

南京留守：高勳八年。

西京留守：高勳一年。

遼興軍節度使：韓德樞九年。

武定軍節度使：楊袞。

（五）景宗

1. 中央宰輔

中 書 令　室昉九年。

政 事 令　郭襲（加兼）。孫楨一年。

侍　　中　韓匡嗣。

北府宰相　室昉八年（兼）。

南院樞密　高勳二年。郭襲六年。韓德讓一年。室昉（兼）。韓匡嗣（攝）。

參知政事　室昉。

同平章事　盧俊四年。室昉（加）。韓德源（加）。趙延煦。

2. 方鎮：

上京留守：韓匡嗣二年。韓德讓六年。

南京留守：韓匡嗣八年。韓德讓一年（權知）。韓匡美（統軍）、劉景（副）。

遼興軍節度使：韓德讓三年。

開遠軍節度使：劉景。

正定軍節度使：耿美一年。郭襲二年。劉景。

崇義軍節度使：韓德源。

興國軍節度使：韓德源。

（六）聖宗

1. 中央宰輔

于　　越　韓德讓。邢抱質。張儉。

大　丞　相　韓德讓。

中　書　令　室昉十二年。

政　事　令　孫楨一年。張儉（兼）。韓德讓（兼）。郭襲（兼）。室昉。韓德威（加）。

惕　　隱　韓制心（亭）。

南院大王　韓制心（亭）。

南府宰相　呂德懋九年。邢抱質。

尚　書　令　韓匡嗣。

北府宰相　室昉十二年。韓德讓五年。邢抱質二年。劉晟六年。劉愼行三年。

南院樞密　韓德讓廿九年。室昉二年。邢抱朴三年。邢抱質二年（知院）。劉愼行五年。王繼忠五年。韓亭一年。張儉五年。韓德度。劉恕一年（副）。呂德懋四年（副）。楊又玄二年（副）。杜防（副）。張儉五年（同知）、馬保忠三年（同知）。

北院樞密　韓德讓十三年。韓德度。高正三年（副）。

同平章事　盧俊一年。韓德威（加）。劉京。張儉。趙延煦。

參知政事　邢抱朴七年。馬保忠十五年。石用中四年。吳叔達五年。劉京二年。楊又玄一年。劉愼行。劉涇。

右　丞　相　馬保忠。

左　丞　相　張儉。

2. 方鎮：

上京留守：韓燮七年。

南京留守：馬廷煦一年。韓燮三年。馬保忠（權知）。陳昭裒（同知）。

中京留守：室昉一年。王繼忠四年。武白一年。韓燮一年。仇道衡（副）。

西京留守：劉景一年。邢抱質一年。韓德凝四年。張儉二年。

東京留守：韓德威（加）。

彰武節度使：劉愼行二年。韓德威。

廣德軍節度使：韓德威。

崇義軍節度使：韓德威。

遼興軍節度使：武白一年。劉愼行一年。韓德讓一年。

保靜軍節度使：趙匡符。武定軍：劉景二年。韓德沖五年。張儉。

彰國軍節度使：韓倬。

承德軍節度使：劉承規。

歸義軍節度使：陳昭袞。

奉先軍節度使：王庭勗。

天平軍節度使：郭襲。

保義軍節度使：張德筠。

啓聖軍節度使：劉繼琛。

河西軍節度使：高守貞。

昭德軍節度使：耿延義。

大同軍節度使：張儉。劉延構。

順義軍節度使：劉京。劉愼行。李可舉。

義成軍節度使：劉延構。

（七）興宗

1. 中央宰輔

于　　越　張儉七年。

南府宰相　呂德懋。杜防九年。韓紹榮二年。韓知白二年。韓高十，一年。

南院樞密　張儉七年。楊佶三年。杜防。杜防十年（副）。楊晳三年（副）。楊績三年（副）。

參知政事　韓紹芳四年。杜防二年。楊佶三年。韓紹文一年。劉六符。

中　書　令　楊晳一年。

同平章事　楊佶一年。劉六符。

北院大王　韓高十，九年。

（宰臣）　張克恭。

2. 方鎮

彰武軍節度使：楊晳一年。

遼興軍節度使：張克恭二年。

武定軍節度使：劉五常一年、楊佶一年、杜防二年、韓知白二年。

忠順軍節度使：楊佶。

廣德軍節度使：韓紹芳。

長寧軍節度使：劉六符。楊績。

（八）道宗

1. 中央宰輔

于　　越　杜防一年。

右　丞　相　杜防一年。

北府宰相　姚景行八年。楊績二年。張孝傑三年。梁穎二年。邢熙年。楊遵勖。

南府宰相　杜防一年。楊績五年。趙徽二年。王績三年。竇景庸三年。趙廷睦一年。鄭顥一年。王棠。

南院樞密　楊晢二年。張嗣復一年。楊績十二年。姚景行六年。柴德滋三年。劉筠二年。姚景行四年（副）。劉詵二年（副）。韓孚一年（副）。趙徽三年（副）。王觀二年（副）。柴德滋一年（副）。楊遵勖四年（副）。劉仲二年（副）。王績一年（副）。竇景庸一年（副）。王言敷一年（副）。王是敦二年（副、兼知）。王師儒七年（副）。梁援一年（副）。楊績（同知）。張孝傑一年（同知）。賈士勳（兼同知）。趙廷睦（兼同知）。王師儒（兼同知）。牛溫舒（兼同知）。王績（兼同知）。李儼（知）。王棠（副）。

惕　　隱　韓謝十一年。

北院樞密　劉霖（知）。

中　書　令　吳湛一年。楊績二年。楊晢三年。

參知政事　姚景行四年。韓紹文一年。楊績六年。吳湛一年。韓孚二年。劉詵六年。趙徽六年。張孝傑十年。牛溫舒三年。王觀一年。劉仲一年。賈士勳三年。韓資讓七年。趙廷睦三年。趙孝嚴四年。王績一年。耶律（李）儼二年。楊遵勖二年。陳毅。

2. 方鎮

上京留守：韓紹文一年。劉二玄二年。姚景行一年。劉仲一年。

中京留守：劉雲二年。邢熙年二年。竇景庸三年。賈士勳二年。韓資讓二年。牛溫舒三年（攝、兼知）。

東京留守：劉霖（同知）。

彰武軍節度使：楊晢三年。楊績二年。張嗣復一年。姚景行一年。梁穎一年。趙廷睦一年。鄭顥一年。楊貴忠一年。遼興軍：姚景行一年。韓高十，一年。梁援二年。

武定軍節度使：姚景行二年。趙徽三年。柴德滋二年。竇景庸二年。梁援二年。張孝傑。

五國軍節度使：高正。高元紀。

保靜軍節度使：劉伸。

廣德軍節度使：李仲禧。

崇義軍節度使：韓資讓。

廣順軍節度使：韓君儀。

（九）天祚帝

1. 中央宰輔

南院樞密　韓資讓一年。牛溫舒四年。馬人望二年。左企弓三年。李儼十三年。王師儒一年（副）。梁援一年（副）。張琳（副）四年。張琳（知院）。牛溫舒（知院）。李儼（知院）。張奉珪（兼同知）。

參知政事　張奉珪一年。牛溫舒二年。馬人望二年。李儼。

南府宰相　張琳十八年。李處溫一年。

中　書　令　牛溫舒一年（加）。李儼二年。

2. 方鎮

遼興軍節度使：韓資讓二年。張琳二年。張毅一年。

保安軍節度使：張崇。

寧昌軍節度使：劉宏。

崇義軍節度使：韓資讓。

另外可供本文作分析之資料，為遼代中期以後的新興官僚集團，這是透過科舉而進士出身的漢人新階層。科舉自隋唐以來，始經為士人通往官僚階層的正途，遼初未嘗意會及此，所用者多為官宦世家或地方巨族。契丹人的本土精神顯現在社會中，階層上升流動的通道，是世選制度，這也是北亞民族大都相同的方式〔註83〕。對漢人，遼代也有這種明顯的傾向，前面所說的韓、劉、馬、

〔註83〕關於遼代的世選制度，以及北亞民族之世選習慣，可參見陳述，〈論契丹之選汗大會與帝位繼承〉，《史學集刊》，第五期，（北平研究院）。姚從吾，〈契丹

趙四大家族即是。即使是遼中期以後，採用了漢法中的科舉制度，社會中的上升階層，仍有這類色彩。不過，到底對漢人集團而言，階層上升的流動通道，已經被漢人認為正統王朝所應具備的、且較公正的科舉取代，不止逐漸形成社會中的新階層，也是新興的漢人官僚集團，連舊有的門閥世族子弟們，也以之為進身之階的正途。

聖宗統和六年（988），遼代開始實行科舉之法〔註84〕。今以《遼史本紀》為主，略析之如下：由統和六至天慶八年（988至1118），歷聖、興、道、天祚帝四朝一三一年，共取士五十三次，二三三〇人。聖宗取士廿八次，四八四人。興宗朝取士七次，三五〇人，（重熙十九年缺載名額）。道宗朝取士十三次，一〇二三人。天祚取士五次，四七三人。其中錄取人數最多者，為道宗咸雍六年（1071）的一三八人。再綜合比較各朝之平均人數，很明顯地有愈來愈加增之趨勢。

一般而言，進士及第漢人之待遇地位如何？可以官為奉直大夫、從事郎〔註85〕，太子校書郎、崇文館校書郎〔註86〕，右補闕、太子中舍〔註87〕等。而由進士及第或出身的漢人，官至中央宰輔，能左右政局者，亦不乏其人，如張儉、劉六符、張孝傑等人。

再以附錄一，〈遼代聘使漢人人名略表〉中，所收三四一人，全為漢人官僚集團，皆有大小官祿；如太宗時之中書令韓頻〔註88〕。世宗時之樞密使高勳〔註89〕。景宗時左千牛衛將軍陳延正〔註90〕。聖宗時的監門衛大將軍姚柬之〔註91〕。道宗時的翰林學士韓運〔註92〕。興宗時的司農卿張碻〔註93〕。天

君位繼承問題之分析〉，《文史哲學報》，第三期，(臺大)。另文，〈說遼朝契丹人的世選〉，〈說遼朝契丹人的世選制度〉，《文史哲學報》，第六期。

〔註84〕參見《遼史》，卷十二，〈熙宗本紀三〉，頁4下。關於遼代科舉制度，可參閱方壯猷，〈遼金元科舉年表〉，《說文》，卷十二期。李家祺，〈遼朝科舉考〉，《現代學苑》，五卷八期。蔡淵洯，〈遼代科舉制度的分析〉，《史學會刊》，十三、四期（台師大，民64）。

〔註85〕《契丹國志》，卷二三，〈試士科制條〉：「臨朝取旨，又將第一人特贈二官，授奉直大夫，翰林應奉文字，第二、第三人，止授從事郎，餘並授從事郎」。

〔註86〕《遼史》，卷十七，〈聖宗本紀八〉，頁1上。

〔註87〕參見《遼史》，卷十八，〈興宗本紀一〉，頁6下。

〔註88〕參見《五代史記》，卷八下，〈晉本紀〉，頁6下。

〔註89〕參見《遼史》，卷五，〈世宗本紀〉，頁3上。

〔註90〕參見《長編》，卷十六，宋太祖開寶八年，十二月甲子。

〔註91〕參見《遼史》，卷十四，〈聖宗本紀五〉，頁6下。

〔註92〕參見《遼史》，卷二一，〈道宗本紀一〉，頁2下。

〔註93〕參見《遼史》，卷十八，〈興宗本紀一〉，頁2下。

祚時的樞密直學士高端禮〔註94〕等等。

附錄二〈遼漢官人數表〉中，遼代漢官人數至少知有九百餘人〔註95〕。

今綜合上述四大類資料，略作分析如下：

遼初太祖、太宗二朝，漢人晉身中央高階層者，人數非常有限。康默記及二韓，皆以政治才能見長，但二韓皆爲河北世家巨族，用作召撫漢人，製定法制。張礪、趙延壽、趙思溫、王郁等，皆爲敵國貴官將領身份，他們除張礪爲學者直臣之外，都是用作攻略漢地者。趙延壽欲稱王漢地的政治野心，正給遼太宗充分利用，他們也都有兵權但既不足以威脅朝廷，亦不願稱臣漢地。康、韓等三人，他們亦統漢軍征戰，韓延徽尚能「中外事，悉令參決」〔註96〕。可見遼初二朝，漢人顯貴者，在文武二途，中央及地方，都有相當的地位，但人數不多。太宗雖曾入主中原漢地，大掠而歸，加上前得燕雲之地，漢人集團逐漸聚集，開爾後三朝漢人權貴之所自。

世宗、穆宗、景宗三朝，有前朝重臣者，如延徽、延壽。有得自燕雲或汴京漢地者，如室昉、高勳、劉景等。有閥閱之後者，如韓匡嗣、韓德讓、德源、德樞等。室昉爲漢地進士，謹厚學者，爲接替遼初康、韓等高級政治人才〔註97〕，代表中原來的文臣，與較早在遼地的漢臣世家結合，奠定遼代中期漢人集團勢力大升之基礎。對此有功的另一人，爲南京巨閥世家的劉景，出於世代具爲南京權貴的關係，他終在景宗朝被重用爲副留守，與韓匡嗣之子德讓，共理南面之事，其子、孫也都日漸走向中央的重要地位〔註98〕。

石晉貴戚出身的高勳，降遼後，好結權貴，因之能走上漢人集團的高階層。加之他在世宗、穆宗、景宗三朝有定策之功，於中央及地方都頗有權勢。雖然史書上的記載，令人懷疑他似屬好權術之政客，但他的結局，同樣令人懷疑；他捲入遼朝契丹人中央的政治陰謀之中，而不得善終，這是遼朝廷忌防漢人野心的結果〔註99〕。

韓知古家系的後人子孫們，在此三朝中，逐漸遍仕中央及地方顯要，漸

〔註94〕參見《遼史》，卷二七，〈天祚帝本紀一〉，頁4下。

〔註95〕較詳細的漢官人名及官職，參見羅繼祖，〈遼漢臣世系表〉，《遼史彙編》，第四冊。

〔註96〕同註28，頁3上。

〔註97〕見《遼史》，卷七九，〈室昉傳〉。

〔註98〕參見《遼史》八六，〈劉景傳〉。

〔註99〕參見《遼史》，卷八五，〈高勳傳〉。卷八，〈景宗本紀〉，頁1。卷一○三，〈李澣傳〉，頁6。

開聖宗朝的漢人全盛局面。

另一值得注意的，是邊臨中原漢廷重鎮，以及總遼朝漢地之中樞地位的南京，自太宗至此的四朝，漢人掌握的時間較長。而室昉曾兼過八年的北府宰相之職，這個北面貴官，照契丹之制，是應由遼朝外戚集團中世選出的。

聖宗朝近半世紀之久，漢人集團大爲高升，這要以韓知古子孫們爲中心，其中的韓德讓是權勢俱重。他在承天皇后攝政時期，倍受寵信，總值宿衛，先受景宗之顧命，與契丹重臣耶律斜軫、休哥共同輔政，又與漢人領袖室昉共執國政，後曾總樞二府事達十餘年，權傾朝野〔註100〕。在太后稱制時，他曾將迭剌部夷離堇耶律覿烈之孫虎古，以事杵怒而取衛士戎杖擊死〔註101〕。在宋人的記載中，也寫出了德讓當時的權勢，並說是承天太后對他的內寵之故〔註102〕，其實承天太后的重用漢人集團，寵信德讓，實是因爲景宗死時，遼朝廷內「母寡子弱，族屬雄強，邊防未靖」之故，雖然拉攏漢人集團以保皇權，但南京漢人基地，卻未交在漢人手中，且「委于越（耶律）休哥以南邊事」〔註103〕。

統和初行科舉，引進漢人秀異份子，這批社會中的新興階層，也成爲鞏固遼朝中央皇權的支柱。遼中期以後的進士集團，是對漢人政權的逐步開放，由進士出身而列朝中央宰輔者，在聖宗朝即有張儉、劉六符、牛溫舒、杜防、高正、楊晳、楊佶、呂德懋、石用中等人，在以後的數朝中，也大有人在。而進士出身的漢人，也大量被用之於外交使節之中，他們亦居政府要職，如邢詳爲崇祿少卿〔註104〕，劉四端先爲衛尉少卿，後拜樞密直學士〔註105〕等。或不由進士出身，在聖宗朝出爲聘使之漢人，達百餘人之多，同樣地，他們都爲仕宦之官僚。

聖宗朝之漢人而享有契丹人的顯貴地位，除韓德讓之外，另有邢抱質、張儉、韓變、呂德懋、室昉、劉晟、劉愼行、韓德度、高正等人。

在地方節鎭方面，聖宗朝的五京留守，都有漢人充任。其餘方鎭近廿，人數也達廿，尤以韓家勢力最盛。

〔註100〕參見《遼史》，卷八二，〈耶律隆運傳〉。

〔註101〕參見同前卷，〈耶律虎古傳〉。

〔註102〕參見同註45。

〔註103〕以上兩段引文，俱見《遼史》，卷七一，〈后妃列傳〉，頁5上。

〔註104〕《長編》，卷六七，宋眞宗景德四年，十二月戊午。

〔註105〕參見註98，頁3上。

　　興宗時期，漢人集團較前朝略衰，但科舉既定，漢人秀異份子樂於入仕，又能治理漢地，擁護中央，故人才並不少減，仕宦之途仍爲廣開。就聘使方面之資料來看，亦可比美於前朝，不少於百餘人。其中有許多進士出身者，如吏部郎中馮立〔註106〕爲重熙五年進士，崇祿少卿邢彭年〔註107〕爲重熙七年進士等。

　　就興宗朝中央宰輔及方鎮來看，以地方節鎮有顯明的失勢，五京之地，未見漢人統領，恐怕是平衡前朝漢人的盛勢。中央方面有二新起之漢人，較受矚目，一爲涿州人杜防，開泰五年進士，聖宗朝曾爲副相，興宗愛才，以之歷任相職，但他與世家之的韓紹芳及劉六符不合〔註108〕。另一即爲劉六符，他是劉景之孫，愼行之子，亦爲進士出身，其名位之顯，即對宋朝的「增幣交涉」〔註109〕。他們二人之磨擦，可能是爭漢人集團的領袖地位。遼初的漢人之中，僅及少數擁有權勢，如韓劉馬趙四家，其後人也始終列位漢人集團中的高階層，他們儼然爲漢人的領袖。而聖宗開科取士，以正途出身的漢人大增，位躋卿相者頗多，這批新興的漢人，自然對原居優越地位的世家大族，構成威脅，在政治地位角逐中，不免引起磨擦。韓劉的聯合對抗杜防，應是世家與新興之進士間的衝突。但這種衝突也不見激烈，並未造成漢人集團的分裂，也不構成遼代政壇中的問題。

　　道宗朝的漢人集團，又略較前爲盛。向屬北面官的重臣，如北府宰相，漢人至少有五人充任，另有一人知北院樞密之要津。漢人進士在本期爲最多，仕宦人數亦達到最高峰。遼行科舉到此時已爲成熟，前朝及本朝所取之士，造成龐大的漢人集團，位進中央宰輔者有三十餘人，其中較著者，如姚景行「重熙五年（1036）進士」、張孝傑「清寧元年（1055）進士」、楊遵勗「重熙九年（1050）進士」、竇景庸「清寧中進士」、趙廷睦「咸雍六年（1071）進士」、王觀「重熙七年（1038）進士」、牛溫舒「咸雍中進士」、梁援「清寧

〔註106〕參見張亮采，〈補遼史交聘表〉，《遼史彙編》四。
〔註107〕參見前註，重熙十七年。
〔註108〕參見《遼史》，卷八六，〈杜防傳〉。另關於杜、劉不合之事，見王寂，《遼東行部志》，其中載海山師和興宗詩中有「那堪二相更同心」之句，又以二相即謂杜令公（防）、劉侍中（六）也。（台北：廣文、史料續編本）。〈賈師訓墓誌〉有「丞相杜中令，駙馬侍中劉公……以事齟齬遂寢」，見《遼文匯》，卷七，頁35。《遼史彙編》六。
〔註109〕關於宋遼的增幣交涉，參見《遼史》，卷八六，〈劉六符傳〉，《遼史記事本末》，卷二九，〈重熙增幣之議〉（歷朝紀事本末）。

五年（1059）進士」、趙徽「重熙五年進士」、劉伸「重熙五年進士」等等。

地方節鎮、上、中、東三京皆有漢人充任，其餘方鎮有十餘人。但南京與西京二地卻未見漢人駐節、或係此二地皆原爲漢地，可謂漢人之基地，道宗朝亦秉承前朝之志，恐漢人官僚集團過於龐大，或防地方與中央之勾結，故不以漢人守漢地方面，這又是防制之心可見。

天祚朝爲遼代最末一朝，漢人勢力亦盛。尤其到末期，漢人被倚爲支柱，其中以李儼、李處溫、李處能家族，及張琳爲著。李儼爲前朝顯貴李仲禧之子，進士出身，道宗朝已貴，並爲顧命大臣，他雖有才名，但品性不良，以其妻的美色由道宗處博取富貴，其父仲禧，前曾與張孝傑黨附權臣耶律乙辛，殘害無辜，道宗宣懿皇后及昭懷太子之被害，是其惡蹟〔註110〕。其姪李處溫，秉其家風，善逢迎取媚，結交北院樞密使蕭奉先，取悅天祚帝，故具有極重的權勢。當遼末勢蹙，天祚奔夾山時，處溫家族召契丹與漢人共立耶律淳爲天錫帝，但當天錫帝死後，都統蕭幹以契丹兵擁立王妃蕭氏爲太后掌政，處溫陰謀挾蕭后降宋，後被賜死〔註111〕。

張琳爲遼末頗受重視之漢人，天祚帝屢敗於金，即委以軍國大計，命總漢兵攻金，但召漢兵未成，民患苦而散。後參與立天錫帝，但卻爲李處溫所排擠，未參大政，鬱悒而卒〔註112〕。

另外有被李儼所排擠的馬人望，先世爲石晉官宦，後爲遼醫巫閭大族。人望爲咸雍年進士，以行政才能著稱，又公正崇法，很得天祚帝之信任，他曾援荐曹勇義、虞仲文等遼末漢人集團之中堅〔註113〕。曹、虞以及燕京大族左企弓等，爲遼末秦晉國王捏里所倚重，後皆降於金〔註114〕。這些漢人顯貴又復成爲金人所爭取的對象，用來召撫燕薊一帶漢地漢民，如遼的世家巨族，昌平劉氏之後的劉彥宗、薊州韓氏之後的韓企先等，皆降金，而爲金初所倚重之漢人〔註115〕。

〔註110〕參見《遼史》，卷一一〇，〈耶律乙辛〉及〈張孝傑傳〉，並見《遼史》，卷九八，〈耶律儼傳〉。關於此次事件，可參看王鼎之，《焚椒錄》（續百川學海・乙集），所敘始末。及《遼史記事本末》，卷三十，昭懷太子之誣。並見《姚從吾先生全集》（二）—《遼金元史講義》—甲、《遼朝史》。（台北：正中）。

〔註111〕參見《遼史》，卷一〇二，〈李處溫傳〉。

〔註112〕參見同前，〈張琳傳〉。

〔註113〕參見《遼史》，卷一〇五，〈馬人望傳〉。

〔註114〕參見《金史》，卷七五，〈左企弓傳〉、〈虞仲文傳〉。

〔註115〕參見《金史》，卷七八，〈劉彥宗傳〉、〈韓企先傳〉。

　　天祚朝的漢人集團，尤其在遼末衰危之際，很受重視，固因契丹武備廢弛，也實因漢人集團具有相當地位與影響力之故；天祚出走時，竟復有漢人權臣李處溫輩之專擅。遼軍潰敗時，乃有重臣張琳之受託以軍機。而漢地之速受金兵所制，實由於漢人士紳顯貴的不抵抗主義，始有可能。

五、結　論

　　漢人在遼代的整個情況來看，大體如同國史中的各朝代一般。遼帝國的結構是顯明的兩元性，在政治組織上、經濟財政上、民俗宗教上，乃至語言文化上等等，漢人是帝國構成的主要一面。也不妨加上漢化極深，而歷史長久的渤海人，在文化圈內是共同的。另外主要的一面，則統治者或征服者的契丹人，及其他泛稱爲北亞民族的回紇、女眞、奚等這一文化圈。其實就統治者來說，以遼代兩元性的帝國而言，漢人也應算是統治者的角色，因爲他們「統治」同族的大量漢人，但若用「治理」要較恰當些。就本文之討論，漢人是流亡投靠、虜掠強徙、降順而去的，以及被中原漢人帝國遣送而去的，這確是被征服、受統治的事實。遼人基於廣大的漢地、大量的漢人之需要，本身缺乏這方面的成熟經驗及行政人才，乃不得不以漢人治理漢地了。故而契丹人與漢人最密切之合作，是表現在政治組織方面。但若以遼帝國之行政和軍事都始終在征服者契丹人手中，漢人皆不得參與，似乎這種觀察稍嫌廣泛些〔註116〕；這是特意強調征服與被征服間的永恒敵對所致。至少在遼初的趙延壽就擁有相當的地位與實力，不管他是被利用作「以漢制漢」的工具，但卻是個事實。接著在三朝有翊戴之功的高勳，也是如此。遼人對他們這些極少數的漢人力量，應有控制的把握，高勳之失勢而死是個例子。其餘的漢人集團，多是借用其行政才能而被重視，當然雖有地位，但未能對中央朝政有決策的影響力。

　　就南、北兩面官的意義來說，以及「聯邦」式的帝國來說，漢人有相當重要的地位與自治的享有，而到遼代中期以後，漢人集團漸有升高之趨勢，原本在屬「危機」時期，如遼宋戰爭、經濟不景氣、財政衰微時，漢人就被重視〔註117〕，而此時，因政治環境所趨，及漢人勢力逐漸之成熟，

〔註116〕參見 Karl A. Wittfogel and Feng Chia-Sheng, "History of Chinese Society Liao", General Introduction, P.7. The American Philosophical Society.（1949）
〔註117〕參見同前，p.406。

乃開以世家韓德讓及進士杜防等為首之漢人集團之大興，舊有勢力與新興階層之結合，間或有齟齬，而大體相安合作，構成兩元帝國之全盛。遼的開科取士，實有其歷史發展之趨勢，至若與中原宋朝廷的南北爭勝到比美，也頗具意義〔註118〕。一則在於對等二國的國際爭名，二則也在爭取漢人之傾向，意味著兩國公平的競爭，雙方政府執政者的較量。遼的開科取士，還應有其意義，即一方面給予漢人「合法」的地位，一方面使漢人的知識階層習於固有的方式，有生活的目標與理想，欲使漢人社會的士紳們，更加認同於遼政府。

至此漢人集團的官僚乃正常地形成，正常乃指漢人心目中有「儒吏」這一團體。而漢人官僚的主要成員有三：降人、世家、進士，尤以後二者為重要。漢人集團大興後，並未構成遼人的太大威脅，因為他們既不與最高統治主體的契丹人爭奪中央政權，也極少有叛變之行為〔註119〕，加上他們的才能、安定社會的力量，以及安分守法的表現，遼代有樂於用漢人官僚的傾向，一般的漢人大部份都接受如此的治理。然就相反的一面來看，遼代也未減低對漢人的防制心理，除了西元一〇〇五年和盟於宋之前，以及遼末金興之後，有少數漢人典兵握軍之外，都防止使漢人掌軍。

參與遼代中央決策的漢人，除韓德讓外，興宗朝的劉六符、張儉，都同時繼續漢人全盛時期，而扮演了極重要的角色，對宋的交涉，他們都被認為是主要的決策者〔註120〕。而後張孝傑、李儼、李處溫、張琳等，都直接介入了中央要政，以致遼末有擁立天錫帝之舉。遼亡之際，燕薊漢人集團，也始終未被新興的女真所輕視。

〔註118〕參見註76，第六編。
〔註119〕遼代有關的叛變事件甚多，但皆以契丹人本身為主，漢人極少參與。如前註116書，pp.410至427中，列出五九件有關事件，其中有重複者。總計有關漢人參與或發起者，共五、六件，且多規模不大，發生在遼末者為主。較早的是981年，李胡之子喜隱之叛變，有遣戍上京的二百名降遼漢軍參與。又如西元1067年（原書為西元1066年，恐誤）楊從之叛，規模極小，《遼史》中所載，較常見者，乃淪為盜匪之漢人，他們係農村經濟不穩，及遼末政局所致，但若比之於其他的叛變，實不值過份強調。關於漢人叛變盜匪等，可參見《遼史》，卷一〇三，蕭韓家奴的長編議論。
〔註120〕參見《遼史》，卷八十，〈張儉傳〉，卷八六，〈劉六符傳〉，及註七三書，《契丹國志》，卷十八，〈劉六符傳〉等。

附錄一：遼代聘使漢人人名略表

一、說明

　　《遼史》簡略，向為人所詬病，亦予讀史者極大不便。而有遼一代，都二百餘年，幅員且廣，其轄下領域，除承歷來北亞民族所據之草原林澤外，尚包有漢境如燕雲十六州之地。遼代所治之人口民族複雜，大體別而為漢族及外族兩大類，綜言之，遼代之境，有「胡」地、漢地。遼代之人，有「胡」人、漢人。因之有所成之兩元政治為其國策。今欲明瞭遼代漢人在契丹統治之下種種情況，就《遼史》所載，相當困難，除倚借當時與遼敵對之宋朝史料外，尚需建立些許較有系統之資料，如傅樂煥為《遼史》缺交聘表，而作〈宋遼聘史表稿〉（《中研院史語所集刊》十四本），用力至深，且成績遠大。本略表（初稿）之作，亦多半承其餘蔭，唯是表旨在便於檢遼代漢人部份，藉以為研討有關遼代漢人諸問題之參考耳。

　　（一）使用資料，《遼史》、《宋史》、《五代史》、《五代史記》（以上皆藝文殿本），《續資治通鑑長編》（世界新定本），《資治通鑑》（世界），《宋會要》（世界），《遼文萃》（廣文），《史料續編》（廣文），《契丹交通史料》（廣文）等。

　　（二）是表僅分作上、下兩欄，上欄以遼紀年，下欄記人名，並簡註出處。先以《遼史》為本，有缺者，則以《長編》為主，並其他資料為據。

　　（三）人名有隔年（隔月）重出者，如興宗重熙二年七月，王惟允（永）、高升為使，在《長編》則列記於次年四月，察其使命實同，即遼於此年派任，而在宋則於次年到達，故是表於重熙三年則略去。又如重熙十年劉六符為使，而次年又為使，察其使命不同，故再列之。

　　（四）是表人名部份，只記姓名，不記官職稱謂，以求目便，且傅（樂煥）表收載甚詳，足備察閱。而人名正誤亦依傅表後之考證為主。

　　（五）表末僅作簡略之統計以資參考。

　　（六）是表所收人名，凡負使聘命者皆收之，不限對宋之使。對夏及高麗之聘使，依張亮采〈補遼史交聘表〉（台北：鼎文，遼史彙編），而作。

二、遼代聘使漢人人名略表　初稿

遼　紀	年	人　　　　　名
太宗會同	元年	李可興（五代史記八）、趙思溫（遼史四）
	二年	韓頔（五代史記八下）
	六年	張九思（五代史記九）
	七年	劉允（胤）（五代史記九）
	十年	耿重美（通鑑二八五）
世宗天祿	五年	高勳（遼史五）
世宗應曆	元年	劉承訓（遼史六）
	十九年	韓知範（遼史七）
景宗保寧	七年	王英、陳延正（長編十六）
	九年	王英（長編十八）
	十年	王琛（長編十九）
聖宗統和	二二年	韓杞、姚柬之、丁振（遼史十四）
	二三年	劉經、張肅（長編六一）韓筍、高正（遼史十四）
	二四年	石用中、馬保佐、吳克昌、王式（長編六四）
	二五年	李琮、李操、邢詳（長編六七）
	二六年	董繼澄、楊又元、成永、徐備（長編七〇）
	二七年	裴元感、張文、寇卿、邢祐（長編七二）
	二八年	張崇濟、高正、韓杞（遼史十五）室程、馬翼、呂德懋（長編七四）
	二九年	王寧、張儉（長編七六）
開　　泰	元年	李操、齊泰（遼史十五）季道紀（長編七九）
	二年	石弼、趙爲箕（長編八一）
	三年	張翊、耿寧（長編八三）
	四年	呂德懋、田文（長編八五）
	五年	張岐、李可舉（長編八八）
	六年	仇正已、楊佶（遼史十五）
	七年	吳叔達、馬貽謀（遼史十六）
	八年	鄭玄（去）瑕、馬翼（遼史十六）
	九年	耿元吉、宋璋（遼史十六）
太　　平	元年	程矞（遼史十六）、韓紹昇（長編九七）

	二年	馬貽謀（長編九八）、馮延休、姚居信、韓格、史克忠、張克恭（遼史十六）
	三年	韓紹雍、程（成）昭文（遼史十六）、韓玉（長編一〇〇）、劉彝範（長編一〇一）
	四年	康筠（遼史十六）鄭筠、李延（長編一〇二）
	五年	李紹琪、劉四端、李琪（遼史十七）韓紹芳、鄭文圉、仇道衡（長編一〇三）
	六年	杜防（遼史十七）康筠、李紹琪、鄭節、石宇（長編一〇四）
	七年	王永錫、馬保永（遼史十七）張克恭、杜防、元化、王用保（長編一〇五）
	八年	韓寧、劉湘、吳克荷（遼史十七） 李奎、劉雙美、王承錫、馬保永（長編一〇六）
	九年	陳邈、韓紹一、韓知白、張震、吳克荷、趙利用、崔圉、竇振（遼史十七）劉湘（長編一〇七）
興宗景福	元年	張確、高維翰、高德順、李可封、馬憚、魏永、趙爲果、馬保業（遼史十八）趙利用、姚居信（長編一一〇）
重　　熙	元年	王英秀、張素羽（遼史十八）王義府、王永孚、張推保、夏亨謐（長編一一一）
	二年	李奎、和道亨、馬世卿、劉五常、高升、王惟允（遼史十八）韓橘（長編一一二）
	三年	劉六符、薄可久（遼史十八）
	四年	呂士宗、郭揆（遼史十八）
	五年	張素民、王澤（遼史十八）
	六年	秦鑑、崔繼芳（遼史十八）
	七年	張泥（渥）、韓志德（遼史十八）
	八年	韓保衡（遼文萃一）
	九年	杜防、劉三蝦、王惟吉、孫文昭、秦德昌（遼史十八）
	十年	崔禹稱、馬世良、劉六符、趙成、張旦（遼史十九）張宥、王綱（長編一三一）韓永錫、韓保衛（長編一三四）
	十一年	劉六符（遼史十九）王永信（遼文萃一）
	十二年	王惟吉（遼史十九）馬貽教、趙爲節（長編一四〇）李坤、郭瑋（長編一四五）韓紹文（遼文萃一）
	十三年	劉從順、趙東之（長編一四八）星齊、姚景禧（長編一五三）
	十四年	劉積善、楊哲（長編一五五） 王綱、趙靈龜、馬公壽（長編一五七）

	十五年	姚居化、李雲從（長編一五八）石右、韓運（長編一五九）
	十六年	韓紹文、陳詠（長編一六〇）鄭全節、韓迥（長編一六一）宋（遼文萃）
	十七年	趙爲航、吳湛（長編一六四）馬泳、王元基（長編一六五）
	十八年	姚景禧、李友仁（長編一六六）邢熙年、常守整（長編一六七）
	十九年	趙柬之、龔湜、李軻（長編一六八）劉從正、李韓（長編一六九）
	二〇年	曹昌、劉永端（長編一七〇）荊詩言、吳昌稷（長編一七一）
	二一年	劉嗣復、劉土方（長編一七二）劉需、陸孚（長編一七三）
	二二年	王守道、田文炳（長編一七四）李仲禧、周白（長編一七五）
	二三年	趙翊、趙徽（長編一七六）吳湛、馮見善、劉九言（長編一七七）
道宗清寧	元年	韓運（史二一）王澤、王懿（長編一七九）史運、杜忠鄂、劉日亨、寇忠（長編一八一）
	二年	王行己（長編一八二）韓孚、韓惟良（長編一八四）
	三年	陳顗、劉雲、劉從備（長編一八五）吳湛、張嗣復、張挺（長編一八六）
	四年	李軻、劉仲（長編一八七）郭竦、馬佑、王實（長編一八八）
	五年	王觀、馬堯咨（長編一八九）韓造、王棠（長編一九〇）
	六年	呂士林、張戩（長編一九一）柴德滋、王棠（長編一九二）
	七年	韓貽孫、李庸（長編一九三）魯昌裔、王正辭（長編一九五）
	九年	張嗣復、王籍、劉霖、韓貽慶（宋會要第三本，頁一〇八三）
	十年	韓進（陳襄使遼語錄、頁八、史料續編）
咸　　雍	三年	陳覺、馬鉉（遼史二二）楊遵勗（遼史一〇五）王言敷、柴好問、劉詵（宋會要第三本大行喪禮）董庠（宋會要第十六本，蕃夷門，頁七六九二）
	六年	程冀、張冀（長編二一〇）楊規訓、成堯（禹）錫（長編二一八）
	七年	張遵度、張少微（長編二二二） 邢希古、馬譚（長編二二八）
	八年	張藹、王經（長編二三二） 王惟教、韓煜（長編二四一）
	九年	馬永昌、梁穎（長編二四四） 竇景庸、梁授（長編二四八）
	十年	韓忠範、趙孝傑（長編二五二）李貽訓、李之才（長編二五八）

太　　康	元年	韓詵、劉從祐（長編二六二）李仲咨、王籍（長編二七一）
	二年	韓君授、杜君（長編二七四）成堯錫、韓君儀（長編二七七）李逵（長編二七九）
	三年	鄭士兼（長編二八一）李儼（長編二八六）
	四年	劉霈（長編二八九）干安期（長編二九五）
	五年	張襄（長編二九七）韓君俞（長編三〇一）
	六年	劉彥先（長編三〇三）石宗回（長編三一〇）
	七年	韓召愿（長編三一二）鄭顒（長編三二一）
	八年	韓資讓（長編三二五）趙庭睦（長編三三一）
	九年	楊執中（長編三三四）
	十年	侯庠（長編三四五）賈師訓（長編三五〇）
大　　安	元年	王師儒、韓昭愿（長編三五八）呂頤浩（長編三五九）牛溫舒（長編三六一）趙孝嚴（長編三六二）李炎、趙金（長編三六三）
	二年	呂嗣立（長編三八二）劉宥（霄）（長編三九三）趙微、劉彥溫（長編三九三）
	三年	張琳（長編四〇三）韓懿、郭牧、姚企程（長編四〇七）
	四年	劉慶孫（長編四一二）鄧中舉（長編四一八）劉泳、劉彥昇（長編四一九）
	五年	牛溫仁（長編四三〇）史善利、劉從誨、姚景初（長編四三六）
	六年	劉彥儒（長編四四五）閻之翰（長編四五二）趙圭延、韓宋（長編四五三）
	七年	韓資睦（長編四六一）王初、高端禮、劉彥國（長編四六八）
	八年	王可見（長編四七五）鄭碩、劉嗣昌、韓适（長編四七九）
壽昌（隆）	三年	張商英、張揻（長編四九三）
	四年	王宗度、邢秩（長編五〇四）耶律（李）儼（遼史二六）
	五年	王衡、王慶臣（長編五一九）
	六年	姚企貢、耿欽愈（宋會要國信使）張從約（傳稿）
天祚乾統	五年	高端禮（遼史二七）
	六年	牛溫舒（遼史二七）
天　　慶	三年	柴誼（傳稿）
	九年	留嗣卿、李處能（傳稿）
保　　大	二年	王居元、王介儒、王仲孫（傳稿）韓昉（遼文萃，頁二六）

補（據張亮采、〈補遼史交聘表〉）

遼紀	年	人 名
聖宗統和	八年	韓筍（卷二、使夏）
	九年	韓德威（卷二、使夏）
	十二年	李婉（卷二、使高麗）
	十三年	張幹（卷二、使高麗）
	十七年	劉績（卷二、使高麗）
	二八年	梁炳（卷二、使高麗）
開　泰	元年	韓邠、李延宏（卷二、使高麗）
	二年	李延宏（卷二、使夏）
	三年	李松茂（卷二、使高麗）
	八年	高應壽（卷二、使高麗）
	九年	韓紹雍（卷二、使高麗）
太　平	元年	王道沖、姚居信、張澄岳（卷二、使高麗）
	二年	李克方、王守榮、高張胤（卷二、使高麗）
	三年	武白、盧知祥、黃信、栗守常、高壽、李正倫（卷二、使高麗）
	五年	韓楢（卷二、使高麗）
	六年	李知順、王文簡（卷二、使高麗）
	七年	李正允、李匡一、高延（卷二、使高麗）
	八年	楊延美、傅用元（卷二、使高麗）
	九年	張令儀、李可封（卷二、使高麗）
興宗景福	元年	南承顏、趙象賢（卷二、使高麗）
重　熙	元年	鄭文圉（卷三、使夏）
	七年	馬保業、康德寧（卷三、使高麗）
	八年	韓保衡、陳邁（卷三、使高麗）
	九年	馬世長（良）、趙安仁、高維翰（卷三、使高麗）
	十年	耿致君（卷三、使高麗）
	十一年	馮立、王永言（卷三、使高麗）
	十二年	姚居善、張昌齡、韓紹文、劉日行、馬至柔、徐化洽、韓貽孫（卷三、使高麗）
	十三年	劉從正（卷三、使高麗）
	十四年	高惟幾（卷三、使高麗）

	十五年	周宗白（卷三、使高麗）
	十六年	康化成、宋璘（卷三、使高麗）
	十七年	王全（卷三、使夏）、王澤、邢彭年、高麗善（卷三、使高麗）
	十八年	王守道、馬祐（卷三、使高麗）
	十九年	高長安（卷三、使高麗）
	二〇年	劉從備（卷三、使高麗）
道宗清寧	元年	陳顗、張嗣復（卷四、使高麗）
	三年	王守拙、柴德滋、王宗亮（卷四、使高麗）
	四年	郭在貴（卷四、使高麗）
	八年	高守正（卷四、使高麗）
	十年	胡仲（卷四、使高麗）
咸　雍	元年	丁文通、傅平（卷四、使高麗）
	二年	王去惑（卷四、使高麗）
	三年	胡平（卷四、使高麗）
	四年	魏成（卷四、使高麗）
	五年	高聳（卷四、使高麗）
	六年	和勗（卷四、使高麗）
	七年	高元吉（卷四、使高麗）
	八年	張日華（卷四、使高麗）
	十年	賈詠（卷四、使高麗）
太　康	元年	武達（卷四、使高麗）
	二年	石宗回、郭善利（卷四、使高麗）
	三年	楊祥吉（卷四、使高麗）
	四年	呂士安（卷四、使高麗）
	五年	馬堯俊（卷四、使高麗）
	六年	高嗣（卷四、使高麗）
	七年	楊移孝（卷四、使高麗）
	八年	李可遂（卷四、使高麗）
大　安	元年	李可及、溫嶠（卷五、使高麗）
	二年	史洵直（卷五、使高麗）
	三年	高惠（卷五、使高麗）
	四年	王維（卷五、使夏）、高德信、鄭碩（卷五、使高麗）

	五年	楊璘（卷五、使高麗）
	六年	張師說（卷五、使高麗）
	七年	高崇（卷五、使高麗）
	八年	高良慶、王鼎（卷五、使高麗）
	九年	馮行宗（卷五、使高麗）
	十年	梁祖述、郭人文（卷五、使高麗）
壽　昌	元年	高遂、劉直（卷五、使高麗）
	二年	高良定、李惟信（卷五、使高麗）
	三年	李湘（卷五、使高麗）
	四年	來告符（卷五、使高麗）
	六年	張臣言、高士舉、王執中（卷五、使高麗）
天祚乾統	元年	高克少、高德信、吳佺（卷五、使高麗）
	二年	孟初（卷五、使高麗）
	三年	邊唐莫、高維玉（卷五、使高麗）
	四年	夏資睦、張織、馬直溫（卷五、使高麗）
	六年	左企弓、劉企常、劉鼎臣（卷五、使高麗）
	七年	高存壽（卷五、使高麗）
	八年	曹勇義、張揆、李仁洽（卷五、使高麗）
	十年	李逢辰（卷五、使高麗）
天　慶	二年	劉公允、王訧、楊舉直、謝善（卷五、使高麗）
	四年	張如晦、李碩、王儆（卷五、使高麗）
	五年	高慶順、孫良謀、高孝順（卷五、使高麗）
	六年	張言中（卷五、使高麗）

三、略計

丁	文通、正（二人）
王	英、琛、式、寧、綱、懿、實、觀、棠、籍、經、初、衡、全、維、鼎、佚、儆、用保、承錫、英秀、義府、永孚、永言、惟允、惟教、惟吉、元基、守道、守榮、守拙、行己、正辭、言敷、安期、師儒、可見、慶臣、居元、介儒、仲孫、宗度、宗亮、道沖、文簡、去惑、執中、澤（四八人）
仇	正己、道衡（二人）
元	化（一人）

牛	溫仁、溫舒（二人）
史	克忠、運、善利、淘直（四人）
左	企弓（一人）
田	文、文炳（二人）
石	弼、宇、用中、宗回、右（五人）
成	永、堯錫（二人）
呂	士安、士林、士宗、嗣立、頤浩、德懋（六人）
吳	佺、湛、克荷、克昌、叔達、昌櫻（六人）
宋	璘、璋（二人）
李	婉、湘、碩、儼、逢、炎、軻、庸、坤、韓、奎、操延、琪、琮、延宏、松茂、克方、正倫、正允、知順、匡一、可封、可遂、可及、可舉、可興、惟信、仁洽、逢辰、貽訓、之才、仲咨、雲從、友仁、仲禧、紹琪（三六人）
杜	君、防、君鄂（三人）
周	白、宗白（二人）
邢	秩、詳、祐、彭年、熙年、希古（六人）
和	勗、道亨（二人）
來	告符（一人）
孟	初（一人）
季	道紀（一人）
武	白、達（二人）
室	程（一人）
南	承顏（一人）
胡	仲、平（一人）
侯	庠（一人）
姚	居信、居喜、居化、企程、企貢、景初、景禧、柬之（八人）
星	齊（一人）
柴	德滋、好問、誼（三人）
孫	良謀、文昭（二人）

徐	化洽、備（二人）
夏	資睦、亨謐（二人）
秦	鑑、德昌（二人）
耿	寧、致君、企貢、欽愈、元吉、重美（六人）
栗	守常（一人）
馬	祐、佑、鉉、泳、翼、保業、保永、保佐、世良、至柔、堯俊、直溫、堯咨、永昌、公壽、世卿、貽謀、諲（十八人）
高	壽、延、簪、嗣、惠、崇、遂、升、勳、正、應壽、存壽、慶順、孝順、德順、德信、張胤、維翰、惟幾、惟玉、麗善、長安、守正、端禮、元吉、良慶、良定、士寧、克少（二九人）
寇	忠、卿（二人）
曹	昌、勇義（二人）
崔	閏、繼芳、禹稱（三人）
常	守整（一人）
康	筠、德寧、化成（三人）
張	幹、織、淡、遞、琳、翯、襄、挺、戩、冀、震、碻、渥、且、宥、翊、岐、肅、文、儉、澄岳、令儀、昌齡、嗣復、日華、師說、臣言、如晦、言中、商英、從約、尊度、少微、素羽、素民、推保、克恭、九思、崇濟（三九人）
梁	炳、穎、祖述（三人）
郭	牧、竦、瑋、揆、在貴、善利、人文（七人）
陳	邁、顒、覺、詠、邈、延正（六人）
陸	孚（一人）
黃	信（一人）
程	冀、耇、昭文（三人）
傅	平、用元（二人）
荊	詩言（一人）
馮	立、行宗、見善、延休（四人）
楊	璘、哲、佶、延美、祥吉、移孝、舉直、執中、遵勗、規訓、又元（十一人）
董	庠、繼澄（二人）
溫	嶠（一人）

賈	詠、師訓（二人）
趙	微、金、翊、徽、成、象資、安仁、圭延、庭睦、孝傑、孝嚴、柬之、靈龜、為航、為果、為節、為箕、利用、思溫（十九人）
齊	泰（一人）
劉	直、宥、泳、霈、霖、績、雲、伸、詵、需、湘、允、經、日行、日亨、從正、從備、從誨、從祐、彥溫、彥昇、彥儒、彥國、彥先、從順、嗣昌、嗣復、祖述、企常、鼎臣、公允、慶孫、積善、永端、九言、雙美、三暇、四端、五常、六符、彝範、承訓（四二人）
魯	昌裔（一人）
鄭	碩、顗、節、文圉、士兼、全節、去瑕（七人）
薄	可久（一人）
韓	橁、邠、懿、宋、适、煜、詵、孚、造、近、運、迥、憚、格、玉、頎、杞、德威、紹一、紹雍、紹文、紹昇、紹芳、資睦、資讓、君授、君儀、君俞、保衛、保衡、貽孫、貽慶、貽教、昭愿、惟良、知白、志德、永錫、知範（三九人）
謝	善（一人）
魏	成、永（二人）
盧	知詳（一人）
竇	振、景庸（二人）
龔	湜（一人）
閻	之翰（一人）
邊	唐英（一人）

以上總計四百廿八人。

四、後　記

　　遼代聘使有關之專著論文，可資參考者，另有聶崇岐：〈宋遼交聘表〉（《燕京學報》）二七期；盧逮曾：〈五代十國對遼的外交〉（《北大四十週年紀念刊》，乙編下卷）；吳徵鑄：〈補遼史交聘表〉（《史學論叢》一期）；張亮采：〈補遼史交聘表〉（《遼史彙編》第四冊）；謝昭男：〈五代時期各國關涉契丹史事繫年及年表〉，〈澶淵之盟以前遼宋關係史事繫年及年表〉，（以上二文見《遼史彙編》第五冊及《補編》）。其他研究關於遼之外交關係者，則不再引介。

附錄二：遼代漢官人數表

姓 名	正 表	附 錄	姓 氏	正 表	附 錄
玉田韓氏	二九	七	中京竇氏	三	
安次韓氏	五	七	析津李氏	七	三
漁陽韓氏	三	三七	××李氏	六	六七
涿州劉氏	二		瑯玡王氏	十二	四
太原劉氏	三	七七	太原王氏	十五	二
營州馬氏	二	七	熊岳王氏	四	
醫閭馬氏	五	三二	大名王氏	四	
盧龍趙氏	三	三二	開封王氏	二	八六
××康氏	二		河間張氏	十七	
宛平康氏	二	八	潡英張氏	七	八三
南京室氏	二	一	歸義杜氏	二	二
應州邢氏	三	八	長春吳氏	五	九
××耿氏	三	七	安次楊氏	三	
興中姚氏	二	七	范陽楊氏	二	十五
遼濱賈氏	五	二	信都馮氏	二	五
××宋氏	三	六	廣寧梁氏	二	五
析津孫氏	二	五	析津程式	二	二
××寇氏	三	二	固安寧氏	七	
薊州左氏	二		昌平劉氏	九	九

　　本表係根據羅繼祖之〈遼漢臣世系表〉，綜合其人數之統計。參見《遼史》彙編四。以上二五姓、三八族，正表人數一九二，附錄人數五三七人。總計七二九人。另有後文不列表之各族姓，約略有姓六三，人數二○○。加上前者，則共有九百餘人。

（原刊於政治大學《邊政研究所年報》，第 11 期，1980 年）

金初的功臣集團
及其對金宋關係的影響

一、前　言

　　完顏阿骨打於西元一一一四年舉兵反遼，經寧江州、出河店之戰，大敗
遼軍。次年，阿骨打稱帝爲金太祖，建元收國，繼續對遼展開全面的戰爭，
至一一二五年遼亡。十年之間，新興的女眞民族，將北亞之強的契丹帝國滅
亡，不可謂不速，《金史》上說：

　　　　原其成功之速，俗本鷙勁，人多沈雄，兄弟子姪，才皆良將，
　　　部落保伍，技皆銳兵。加之地狹產薄，無事苦耕以給衣食，有事苦
　　　戰可致俘獲，勞其筋骨以能寒暑。徵發調遣，事同一家，是故將勇
　　　而志一，兵精而力齊。一旦奮起，變弱爲彊，以寡制眾，用是道也
　〔註1〕。

　　當然遼政的衰困也是主要原因。就金人本身而言，襄助阿骨打攻戰策劃
的核心人物，也是所以致勝的主力，這些人物即爲本文所論之功臣集團。遼
亡之後，金又與北宋的勢力接觸，接著攻滅北宋，又與南宋相峙，其間關係
的發展，並不因初期滅遼而功臣集團扮演的角色終止。

　　本文討論的重點：一是在於金初功臣集團的形成，及其在金初朝廷內的
地位；二是金初對宋的政策上（1142年以前），功臣集團影響的程度。討論金
宋關係，多以宋室的立場來看，實則金宋初期的關係，仍要多以金人爲決定
者，宋人則多在被動的爭取地位，而金室的決策，恐怕還是要受到功臣集團
所左右。

〔註1〕見《金史》，卷四四〈兵志〉，頁1。（台北：藝文殿本）。

二、功臣集團的形成

金初的功臣集團，是金世宗時思念開國創業的艱難，以群臣中功勳最著者，將圖像置於衍慶宮，共收有廿一人〔註2〕，同時又有亞次功臣廿二人，〔註3〕，遂共有四十三人之多。他們都有各方面的才能與貢獻，也是女眞初起時的核心，可比之於金初三朝的智囊團，實際上他們許多人還控有中央朝政的決策之權。在這個龐大的集團中，擔當主要任務的，以及在金初朝廷內占有重要地位的，還是以前者衍慶功臣爲主，他們對金初內外朝政的影響極重。但由於政壇上的爭權，一些政爭失腳之人，雖然原應是屬於初期的功臣集團之人，後來也就未被列入其中。現在綜合金初所形成的功臣集團，略作一整理。

首先在《三朝北盟會編》中，記載了阿骨打初起時的人物：

> 用粘罕、骨捨、兀室爲謀生，參與議論，以銀珠割、移烈、婁宿、闍母等爲將帥。阿骨打有度量善謀，粘罕善用兵好殺，骨捨剛毅而殘忍……兀室奸獪而有才；自治女眞法律文字，成其一國〔註4〕。

這不但指出了阿骨打集團的重要成員，也粗略地描寫了各人之專長才能，然而人物引介太少，因此就《金史》衍慶宮功臣的名單，再稍作條列。這些人物大都在阿骨打家族之中，這個特點正如前面所說的「兄弟子姪，才皆良將」之故。

（一）阿骨打家族部份

1、習不失。或辭不失，爲太祖堂叔。戰將。後期多與太宗居守〔註5〕。

2、阿離合懣。亦爲太祖堂叔。戰將。熟悉祖宗譜牒及舊俗法度等〔註6〕。

3、謾都訶。太祖堂叔。屢從征伐，參與國政，爲亞次功臣〔註7〕。

4、完顏杲。本名斜也。太祖母弟，戰將。對遼的作戰有極大貢獻，都統內外諸軍及太祖諸子征伐，太宗即位時爲輔政〔註8〕。

5、撒改。太祖之堂兄。爲相國並戰將，長于用人，能馴服諸部，他是景祖長子系統，地位甚高〔註9〕。

〔註2〕參見《金史》，卷七十，〈習室傳〉，頁12。
〔註3〕參見《金史》，卷八十，〈阿離補傳〉，頁14。
〔註4〕見《三朝北盟會編》，卷三、頁10。（台北：文海。以下簡稱《會編》）。
〔註5〕參見《金史》，卷七十，〈習不失傳〉，頁5。
〔註6〕同前卷七三，〈阿離合懣傳〉，頁1。
〔註7〕同前卷六五，〈謾都訶傳〉，頁7。
〔註8〕同前卷七六，〈完顏杲傳〉，頁9。
〔註9〕同前卷七十，〈撒改傳〉，頁1。

6、斡魯。太祖之堂兄弟。戰將〔註10〕。

7、闍母。太祖異母弟。戰將。為攻遼宋之主力〔註11〕。

8、蒲家奴。太祖堂弟。隨杲攻遼為主將〔註12〕。

9、完顏昌。本名撻懶，太祖堂弟。戰功極高，掌方面之政，定中央決策，但因謀反被誅，故衍慶宮中無名〔註13〕。

10、完顏勗。本名烏野，昌之弟。好學有才，能戰。多在中央理政，倡女真之漢化，歷事四朝，地位甚高〔註14〕。

11、宗幹。本名幹本，太祖庶長子。能戰且有智謀，輔助太宗國政，議禮制度，講求修治之道〔註15〕。

12、宗翰。本名粘沒喝，訛為粘罕，太祖堂姪，為撒改長子。為金初統兵方面主將，並定中央決策，是圍汴滅宋的主帥之一〔註16〕。

13、宗望。又作斡離不，太祖次子。如同宗翰為方面主將，伐宋政策的創始者，亦為圍汴滅宋主帥之一〔註17〕。

14、宗弼。又作兀朮，太祖四子。常為攻宋前鋒主將，屢次南下攻宋，多在方面，後掌全國兵權〔註18〕。

15、宗雄。本名謀良虎，太祖之姪。文武雙全，善談多智，好學嗜書。通契丹大小字，與宗幹共立法定制〔註19〕。

16、宗雋。本名訛魯觀，太祖之子。因謀反被誅，名不列衍慶宮〔註20〕。

17、宗磐。本名蒲魯虎，太宗長子。權位甚重，因謀反被誅，名不列衍慶宮〔註21〕。

18、宗敏。本名阿魯補，太祖子。為金初留守後方之重鎮，熙宗時領三省事，地位甚高，但未列入衍慶宮〔註22〕。

〔註10〕同前卷七一，〈斡魯傳〉，頁 1。
〔註11〕同前卷七一，〈闍母傳〉，頁 10。
〔註12〕同前卷六五，〈劾孫附傳〉，頁 6。
〔註13〕同前卷七七，〈撻懶傳〉，頁 12。
〔註14〕同前卷六六，〈完顏勗傳〉，頁 1。
〔註15〕同前卷七六，〈宗幹傳〉，頁 13。
〔註16〕同前卷七四，〈宗翰傳〉，頁 1。
〔註17〕同前註，〈宗望傳〉，頁 8。
〔註18〕同前卷七七，〈宗弼傳〉，頁 1。
〔註19〕同前卷七三，〈宗雄傳〉，頁 8。
〔註20〕同前卷六九，〈宗雋傳〉，頁 1。
〔註21〕同前卷七六，〈宗磐傳〉，頁 1。
〔註22〕同前卷六九，〈宗敏傳〉，頁 6。

19、宗憲。本名阿懶，爲撒改之子。知書有見識，亦有戰功，爲金初之謀臣，但名未入衍慶宮〔註23〕。

（二）宗室部分

1、銀朮可。爲金初極重要之戰將，太祖決意反遼，即受其啓發，在對遼宋的戰史上，有很輝煌的功績〔註24〕。

2、斡魯古。主要貢獻在於對遼作戰的功績〔註25〕。

3、突合速。主要貢獻在對於北宋作戰的功績。爲亞次功臣〔註26〕。

4、阿離補。爲景祖後人。滅遼、宋有功。爲亞次功臣〔註27〕。

5、拔離速。銀朮可之弟。戰將。爲亞次功臣〔註28〕。

6、阿魯補。爲景祖後人。多智略而勇於戰，對遼、宋作戰多倚其功。爲亞次功臣〔註29〕。

7、婆盧火。爲安帝五代孫。助太祖平服諸部，伐遼亦有大功。爲亞次功臣〔註30〕。

8、完顏杲。本名撒離喝。婆盧火之子，世祖之養子，主要功績爲對南宋征戰，握方面兵權〔註31〕。他與斜也同名杲。

（三）完顏部人部分

1、歡都。太祖前之開國功臣，歷事世、肅、穆、康四朝，出入四十年，征戰在前，而廣延大議多用其謀。爲紀念其功，進爲亞次功臣〔註32〕。

2、希尹。本名谷神，歡都之子，征伐有功，製女眞大字，多謀而權重〔註33〕。

3、婁室。重要戰將，尤以對宋之征伐最著〔註34〕。

〔註23〕同前卷七十，〈宗憲傳〉，頁3。
〔註24〕同前卷七二，〈銀朮可傳〉，頁9。
〔註25〕同前卷七一，〈斡魯古傳〉，頁5。
〔註26〕同前卷八十，〈突合速傳〉，頁5。
〔註27〕同前卷，〈阿離補傳〉，頁14。
〔註28〕同前卷七二，〈拔離速傳〉，頁17。
〔註29〕同前卷六八，〈阿魯補傳〉，頁5。
〔註30〕同前卷七一，〈婆盧火傳〉，頁8。
〔註31〕同前卷八四，〈完顏杲傳〉，頁1。
〔註32〕同前卷六八，〈歡都傳〉，頁1。
〔註33〕同前卷七三，〈希尹傳〉，頁13。
〔註34〕同前卷七二，〈婁室傳〉，頁1。

4、石土門。勇敢善戰，質直孝友，助世祖平服諸部，太祖時攻高麗、伐遼，功尤多。爲亞次功臣〔註35〕。

5、完顏忠。本名迪古乃，石土門之弟。參與反遼之決策，爲政治良才，又屢有戰功，深受太祖器重〔註36〕。

6、習室。石土門之子。對遼、宋作戰有大功，兵鎮懷孟，平盜招亡〔註37〕。

7、完顏仲，本名石古乃，婁室義子。通女眞契丹漢字，有才而能應對，長於外交。爲亞次功臣〔註38〕。

8、活女。爲婁室義子。戰將。亞次功臣〔註39〕。

9、斜卯阿里。早期破高麗，善舟楫，故江淮用兵無役不從，性忠直而多智略。爲亞次功臣〔註40〕。

10、烏延蒲盧渾。勇健過人，功在對宋之戰。爲亞次功臣〔註41〕。

（四）契丹人部分

1、大昊。本名撻不也。遼陽人，先世仕遼。太祖反遼時被俘，降金後以勇猛爲名將。爲亞次功臣〔註42〕。

2、赤盞暉。其先世仕遼，慷慨有志略，降金後功在伐宋諸役，也是治理地方之人才。爲亞次功臣〔註43〕。

（五）漢人部分

1、劉彥宗。字魯開，宛平人，貴族世家，六世仕遼爲宰相。彥宗降於金太祖，佐宗翰及宗望，裁決州縣之事，太宗伐宋時，主持燕京軍政，儼然漢人中之領袖〔註44〕。

2、韓企先。燕京貴族，韓知古九世孫。繼劉彥宗後爲漢人領袖，太宗拜爲宰相，議禮制度，損益舊章，獎勵後進，甄別人物，太宗譽爲漢人宰相最

〔註35〕同前卷七十，〈石土門傳〉，頁9。

〔註36〕同前卷，〈完顏忠傳〉，頁10。

〔註37〕同前卷，〈習失傳〉，頁11。

〔註38〕同前卷七二，〈完顏仲傳〉，頁8。

〔註39〕同前卷，〈活女傳〉，頁5。

〔註40〕同前卷八十，〈斜卯阿里傳〉，頁2。

〔註41〕同前卷，〈烏延蒲盧渾傳〉，頁7。

〔註42〕同前卷，〈大昊傳〉，頁11。

〔註43〕同前卷，〈赤盞暉傳〉，頁8。

〔註44〕同前卷七八，〈劉彥宗傳〉，頁1。

賢者〔註45〕。

　　以上簡單的條列，中有添增的少數幾人，用在觀察金初政壇的核心人物，並不全在功臣名單之內，而本文據《金史》所載之功臣，也尚有六人未引介；如韓常、蒙適、烏林荅泰欲等人，因《金史》中未列專傳，且此六個亞次功臣，在本文所論金初的決策上，並無重大之影響，故容後再翻查補輯，就此暫略。

三、功臣集團權力地位之分析

　　上述五部份的功臣集團中，幾乎全為女真人。遼人及漢人僅各得二，在金初朝廷中自然盡為女真之天下。遼人二功臣，本人出身並不顯貴，降金後皆以效忠而勇戰有功。大吳在天德年間為海陵帝所倚重，可謂頗有權勢，但全是政治爭鬥的因素，而且他在金初三朝，於中央並無舉足輕重的權勢。

　　漢人二功臣皆華北世胄，劉彥宗與左企弓等仕遼漢人，同降於金太祖，獨彥宗器遇之。當遼末之世，降金漢人極多。華北燕雲一帶，處於外族勢力之下的情形是可常見的，在國史中察看，這還是長期的現象。遼金之際，燕雲早受外族長期的統治，即使是兩元政策，也仍是在北亞的王庭之下，故而漢人仕遼與仕金並不覺得有何不同。在天輔四年（1120），金破遼上京，有毛子廉、盧彥倫等人之降。次年，金定遼中京，有韓企先等人，又次年破燕京，則有劉彥宗、左企弓、時立愛等人。劉、韓之所以受知遇，而名能列衍慶宮，一則因家世顯貴。二則板蕩輸誠，了無芥蒂。三則本身才能出眾，堪當重任。四則恐二人為當時漢人集團之領袖。況且金初收遼境漢土漢民，豈能不用一、二漢人領袖而安撫之？故而漢人集團中，以他們二人的條件最好。借用行政人才的辦法，對征服者而言，是必要的措施，當時用之治理新征服的土地，始能配合漢人治漢地的良才；遼初與金初所用之漢人，皆為典型代表。

　　劉彥宗初期受到的重用，在於宣慰遼地的官民，使之能安順而勤于稼穡。太宗大舉伐宋之時，以之領漢軍，並節制漢地的重心燕京，輔助宗望的經略漢地，從《金史》中看來，他可能還是金初對漢地（包括北宋）政策的漢人最高顧問〔註46〕，但卻死得早些，天會六年（1128），即北宋亡後次年死去。

〔註45〕同前卷，〈韓企先傳〉，頁9。
〔註46〕同註44。

在此前他曾建議復立趙氏以承中原大統，但未被採納，可見對宋的中央決策上，以彥宗這樣身份的漢人領袖，也不能有所左右〔註47〕。

韓企先初輔宗翰於山西，接著替代了劉彥宗有宰相之職，但在天會四年之前的宰相，都是金人征服漢地的權宜之制。太祖初定燕地，始用漢官宰相，用以賞賜降順的漢人，如劉彥宗、左企弓、時立愛諸人；金的中央朝廷仍用女真官號的宰相。漢地宰相之職權，不過漢地選授調發租稅，皆承制行之，而後受完顏杲、宗幹等的勸告才有了修改〔註48〕，天會十二年（1134），企先拜尚書右丞相，才真開始受太宗倚重，凡典章制度，多出其手，倍受推崇。

綜觀漢人集團，如劉、韓、左、時諸人，皆不過金初用以治漢人官政民事，務農積穀，內供京師，外給轉餉，地位雖高，亦受雅重，對於些許政事有著影響力，但在整個女真朝廷內，沒有什麼重大的決策之權，因為他們主要被用作高級行政人才及智囊，他們的權勢，還得依附在經營漢地的將領貴族們之下。如此，在金初也採行了遼人的兩元政制；華北漢地與東北女真本土是兩套辦法，韓企先是華北的首長，代表漢式制度的行政體系，主其行政之權，至西元一一三四年時，才升為女真中央的宰相，然而他對政策之決定是否擁有大權，倒很值得懷疑，尤其是在對外的政策上。

女真人的集團中，在政績與戰功上，全都有很大的表現，尤其金初的天下，全憑爭戰打下來的，論功則大多不相讓，但細察在中央朝廷的決策上，還是以阿骨打家族握權較重。現以要者略作分析：

景祖長子劾者家系的，有太祖之堂兄弟撒改、斡魯、及撒改二子宗翰、宗憲等。撒改是景祖長孫，而景祖時以長子劾者治內，以次子劾里鈢治外。劾里鈢後襲位為世祖，再以次傳位給其兄肅宗、穆宗；劾者為長而不得立，穆宗時因以其子撒改為相國。而後世祖長子烏雅束繼之為康宗，康宗之後為其弟太祖阿骨打。太祖反遼前稱都勃極烈，而與撒改分治諸部〔註49〕。這裏可以看出撒改的家世與地位，無怪稍後的宗翰，能憑其父祖家世，權傾一時，獨霸山西。而後斡魯與宗翰皆請勿割山西地予宋，也是在保留其家系的權勢〔註50〕。撒改

〔註47〕參見《金史》，卷三，〈太宗本紀〉。頁10。
〔註48〕同註45。
〔註49〕同註9。
〔註50〕同註10。

是伐遼決策的啓發者，太祖正位，又是領導女眞各部的勸進者，地位僅次於太宗吳乞買，仍拜國相如故。他可以說是凝聚完顏本部人馬向心力的主要人物，也是擁有相當實力的集團。這支家系，由金初前後的歷史來看，乃是要以撒改之子宗翰爲領導核心；其餘尚有斡魯，他破遼平高永昌，收女眞諸部，敗西夏等，戰功顯赫〔註 51〕。蒲家奴爲景祖三子系統，他屢破遼兵，召訥亡命，長於農經土地〔註 52〕，亦爲翊戴太祖的勸進功臣〔註 53〕。當宗翰爲西北西南兩路都統時，此二人俱爲之副〔註 54〕，而當宗翰伐宋之時，這都統之職就交給了斡魯〔註 55〕。

另有歡都之子完顏希尹。歡都是太祖前完顏部之重臣，歷事前四朝〔註 56〕，希尹除其家世外，能兵戰且有才，製女眞大字，常隨宗翰征伐，當宗翰入朝時，希尹則權西南、西北兩路都統，代攝山西軍政〔註 57〕。《燕雲奉使錄》中說宣和四年（1122）宋人趙良嗣出使金營時，希尹正爲宗翰之副帥〔註 58〕。在《金史》本傳中記載滅北宋前，希尹似乎只是功高的戰將，其實宋人記載阿骨打早與之共議軍國大政，且爲用事之人〔註 59〕。對中央有決策定議權的尚有宗翰在內，但希尹爲宗翰之左右手的記載，也屢見不鮮〔註 60〕。

完顏杲爲太祖母弟，早年都統女眞中外諸軍，經略河北漢地，宗翰、宗幹、宗磐等皆爲之副，他是消滅遼朝的統帥。太宗即位，他與宗幹共輔國政，二人皆爲女眞朝廷之重臣〔註 61〕；太宗曾有意傳位於杲，惜杲早死。

太祖庶長子宗幹，以率先勇戰爲名，又能常給太祖以適當的建議，他始終是金初三朝中央的柱石。初期他似乎偏向於結納宗翰集團，當遼天祚帝窮迫於山西時，宗翰欲追襲之，而都統諸軍的完顏杲意不能決，宗幹則勸從宗

〔註 51〕 同註 10。
〔註 52〕 同註 12。
〔註 53〕 同註 16。
〔註 54〕 同註 10。
〔註 55〕 同註 10。
〔註 56〕 同註 32。
〔註 57〕 同註 33 及《會編》，卷十九，頁 12，引馬擴〈茅齋自敘〉。
〔註 58〕 參見《會編》，卷十一，頁 4。
〔註 59〕 同前卷二，頁 11。卷四，頁 2 等。
〔註 60〕 同前卷十二，頁 9、卷三，頁 6，卷一一○，頁 3 等。
〔註 61〕 《金史》，卷三，〈太宗本紀〉贊曰：「天輔草創，未遑禮樂之事，太宗以斜也，宗幹知國。」

翰之意〔註62〕。他翊戴太宗之後〔註63〕，又與宗翰等擁立了熙宗〔註64〕，並為此二朝的輔政領三省事。金初禮制官名、服色、庠序選舉，皆啓自於他〔註65〕，看來他是個有心使金朝廷走上正軌的政治家，也是擁護中央皇權的大臣，結交宗翰，是有借其力以固中央之意的。

宗翰早年即以勇戰聞名，曾為勸進太祖稱帝之功臣。太祖對他的重視，由二事可見；攻遼之中京，群臣反對，而太祖獨用宗翰之策。及追遼主於山西，太祖許以便宜行事之權。及駐軍雲中，時太宗即位，詔以「寄爾以方面，當遷官資者以便宜除授，因以空名宣頭百道給之」〔註66〕，可知他在山西的權勢。伐宋之時，他已是左副元帥總領西路兵馬，東路則為宗望，〈北征紀實〉中說燕京一帶由宗望主之，雲中、西北一帶由宗翰主之〔註67〕。此二帥的權勢，〈金虜節要〉以東朝庭、西朝庭稱之，最足說明〔註68〕；似乎宗翰稍強，「阿骨打既死，粘罕專於軍事」〔註69〕。宋人的記載也大都偏重於他，除了屢次提及他在太祖、太宗朝內，能參與決策外，再看〈茅齋自敘〉中也有很長的記載，並說馬擴及辛興宗使金，在探索宗翰有無南侵之意，這些都足明白這位「元帥相國」的地位〔註70〕。最能說明他的權勢的，還是以與宗幹、及其心腹希尹的共立熙宗之議，太宗竟也以「宗翰等皆大臣，義不可奪，乃從之」〔註71〕。〈神麓記〉中說「粘罕、悟室利於幼小易制，宗幹係伯父續其母如己子也，遂共贊成其事」〔註72〕，看來他們似乎都有蓄謀的。及熙宗即位，宗翰先是拜太保尚書令領三省事，明是高升，獨擁相權，實是收其兵權，去其西朝庭。他這集團的核心人物，完顏希尹為尚書左丞相兼侍中，高慶裔為左丞，蕭慶為右丞〔註73〕。宋人對宗翰、

〔註62〕同註16，頁2：註15，頁14。
〔註63〕參見《金史》，卷三，〈太宗本紀〉，頁1，及卷十九，〈世紀〉，頁1。據《會編》，卷十八，宣和五年，六月十九日，引〈金國太祖實錄〉，以粘罕等遙奉吳乞買為帝。
〔註64〕《金史》，卷四，〈熙宗本紀〉，頁1。
〔註65〕同註15。
〔註66〕同註16，頁3。
〔註67〕見《會編》，卷二四，頁9。
〔註68〕同前註，頁14。
〔註69〕同前註，頁13。
〔註70〕見《會編》，卷二二，頁5至8。
〔註71〕同註16，頁7，但〈熙宗本紀〉及〈世紀補〉，載有宗輔予其事。
〔註72〕見《會編》，卷一六六，頁3所引。
〔註73〕見《金史》，卷四，〈熙宗本紀〉，頁2。

希尹等的失去山西勢力，很有見地：

> 故以相位易其兵柄耳，然二酋皆桀黠之魁，而亶（熙宗）遽能
> 易其兵柄者何哉？蓋二酋於（紹興）四年夏自白水泊入見虜主吳乞
> 買，值劉豫有寇江（原缺一字，疑爲南字）之請，閒居本土，故至
> 是亶能徙而易之，加之二酋在燕雲則有眾，乞買雖欲易之不可得也
> 〔註74〕。

至於高、蕭二人則「皆粘罕之腹心也，故置之於內，不欲用之於外」〔註75〕。
不久，高慶裔有罪伏誅，宗翰也接著病死〔註76〕。而山西集團的完全瓦解，要
在天眷三年（1140）賜死希尹，並殺其子以及蕭慶〔註77〕，留守太原的宗翰部
將銀朮可，也早於1135年罷兵權而遷中書令〔註78〕。這顯然是對宗翰山西集團
有計畫的陰謀，或者說女眞初興，佔領漢地，使新政權的領導階層漸分成兩大
集團，即中央的君主官僚與地方的軍閥貴族對立，產生彼此勢力消長的衝突，
而宗翰集團之瓦解，即爲君主和官僚集團在進行強化中央集權之成就〔註79〕。

在這中間扮演極重要的角色，當爲宗幹。他先拉攏有實力的宗翰以固
中央，而乘機又以中央收其兵權，當希尹一度外放之時〔註80〕，見於太宗
之子宗磐集團的野心日熾，他乃又召引希尹，以及另一將領宗弼（兀朮），
誅除宗磐集團之後，接著再徹底摧毀殘餘之山西集團。若說宗幹是鞏固中
央集權的，另外還有一個擁護中央的要人，即完顏昌之弟勖，他本身好學
有才，寫了三卷女眞先世的實錄，在朝中與北方名儒韓昉等相處，受漢化
頗深，有意建立一個漢式的中央王庭，這由他的諫章中可以看出其受漢化
的思想，西元1137年他是熙宗的宰相〔註81〕。當其兄完顏昌在奏請劃地歸
宋之策時，他大爲反對，「撻懶（昌）責勖曰：他人尙有從我者，汝乃異議
乎？勖曰：苟利國家，豈敢私耶？」〔註82〕，這足見他是擁護中央皇權的。

〔註74〕同72，頁4所引〈金虜節要〉。
〔註75〕同前註。
〔註76〕同註73，頁3。
〔註77〕同註19，頁15。
〔註78〕同註24。
〔註79〕參見陶晉生〈完顏昌與金初的對中央政策〉一文，載於《邊疆史研究集──宋
　　　　金時期》。（台北：商務，民國60年）。
〔註80〕見《金史》七三，〈希尹傳〉載「天眷二年罷爲興中尹」。
〔註81〕參見註14。
〔註82〕同註18，頁14。

然則，中央君權在熙宗時期仍爲不振，「宗翰、宗幹、宗弼相繼秉政，帝臨朝端默」〔註83〕，到宗弼死後，功臣集團亦多物故，但熙宗之后裴滿氏又干政，以致熙宗「內不能平，因無聊縱酒，酗怒手刃殺人」〔註84〕，終至引起完顏亮之弒立。

宗翰集團勢力之瓦解，還與另一個貴族集團之敵對有極大關係。景祖五子盈歌（穆宗）之子完顏昌，太宗長子宗磐，以及太祖之子宗雋等三人爲首的集團。宗磐自以爲太宗長子，有心於大位。初太宗有意於其弟杲，以之爲繼位之人——諳班勃極烈——，但西元 1130 年杲死，照女眞之習慣法爲兄弟相傳，故繼位之人選應在宗磐，宗翰等人力爭，才使熙宗繼爲諳班勃極烈，前面也提到宗翰與太祖系家人，和擁中央之朝臣合作，以與宗磐集團相抗。及宗翰山西集團受挫，則熙宗朝廷又復受到宗磐等之壓力，太祖系的宗幹、宗弼及宗翰之弟宗憲，宰相完顏勗等，聯合誅除宗磐集團〔註85〕。而後宗弼、宗敏，相繼輔政中央領三省事，他們都是太祖系人〔註86〕。

再看宗磐集團的野心專權之實，在熙宗初繼帝位時，以宗幹、宗翰、宗磐三人並領三省事，不久宗翰死，宗幹失去有力奧援，宗磐則日益跋扈，形成「位在宗幹上」〔註87〕。他曾當熙宗面前拔刀向宗幹，又陰結完顏昌及宗雋，共同對付山西集團，時希尹爲相，「大政皆身先執咎」〔註88〕，熙宗之立，「宗磐心不能無動」「知謀出於王（希尹後封陳王），憾焉，至是交惡深矣，會東京留守宗雋、左副元帥撻懶來朝，皆黨附宗磐，同力以擠王出爲興中尹，宗雋代爲左丞相」〔註89〕，在此前，曾先對付了宗翰的心腹智囊高慶裔，「宗盤（磐）欲挫粘罕，故先折其羽翼」〔註90〕。

完顏昌出身顯赫的揚割太師（盈歌）之家，早年戰功甚鉅，隨宗望伐宋，後爲元帥左監軍，經營華東、江北一帶。西元 1127 年華東（東朝庭）的宗望死後，宗輔繼之，西元 1137 年，昌乃繼爲左副元帥獨攬華東軍權〔註91〕。他

〔註83〕見《金史》卷六三，〈悼平皇后傳〉，頁 6。
〔註84〕同前註。
〔註85〕同註23 及 14，18 等。
〔註86〕同註18 及 22。
〔註87〕同註13，頁 13。
〔註88〕同註33，頁 15。
〔註89〕見徐炳昶〈校完顏希尹神道碑書後〉，《史學集刊》第一期，頁 3 至 18。
〔註90〕見《會編》，卷一七八，頁 5。
〔註91〕同註13，頁 14。及《金史》，卷一九，〈世紀〉，頁 2。

曾與宗翰共議立劉豫為齊帝〔註92〕，又與宗磐共創劃地歸宋之舉，俱見其權勢之盛。後文將分析這中間的關係。

以上是金初功臣集團中，對中央及地方政策最具影響力的山西、華東二大將領貴族集團，以及致力維護中央權力的官僚貴族，他們的權勢地位，和三者間的關係略作分析，下文則透過金宋初期關係中，來看這些功臣集團的影響力。

四、金宋關係及金初對宋的政策

金宋關係影響到當時國際政治的，要以「海上聯盟」開始。阿骨打起兵反遼的次年，燕人馬植降宋，獻「約金攻遼」之策於童貫。他是遼國大族，其降宋原因是慮遼將亡，或者是「得罪於其（遼）國」〔註93〕。降宋時間則記載不盡相同，考諸史料及近人之研究，應在宋徽宗政和五年（1115）春夏之際〔註94〕。他改姓名李良嗣，宋賜趙姓，其獻策主在圖燕雲之地，這也正是宋人立國以來始終欲行之國策，但自太宗北伐失敗後，一直只求能與遼國維持相安，也無力恢復。至此時宋室的態度仍持謹慎，童貫在漸掌兵權後，朝中如良嗣等主戰派亦抬頭。西元一一一七年情況有了改變，除高藥師的降宋，備言女眞勢力的擴張之外，又有不少邊臣附和圖燕之策〔註95〕。次年，馬政浮海使金，作試探性的接觸，於是宋金間的秘密外交開始。關於宋金海上聯盟之詳情，不在此敘述〔註96〕，要指出的是聯盟外交，雖由宋室主動，但最終的結果，卻因外交的疏忽與軍事上的失利而變成了被動。宋人要求所有五代石晉之割地，沒有完全如願，反而耗費了大量錢財物資，又暴露宋室之積弱，以及給予金人侵凌之藉口。

金人對於海上聯盟，是基於對付共同敵人之故，態度上較為合作，但也未完全實踐宋人之條件，由金宋往返數次的交涉之中，看出金人對宋人的決策上，除阿骨打外，尚有宗翰、希尹、蒲家奴等人，他們都可隨時建議，以

〔註92〕參見《金史》七七，〈劉豫傳〉，頁10，及〈撻懶傳〉頁14，《會編》，卷一四一，頁4等。
〔註93〕見《東都事略》，卷一二一。（台北：文海）。
〔註94〕參見趙鐵寒〈宋金海上之盟始末記〉，《大陸雜誌》廿五卷，五、六、七期。徐玉虎，〈宋金海上聯盟的概觀〉，《大陸雜誌》十一卷十二期。
〔註95〕參見《會編》，卷一。
〔註96〕同註94。

及與宋使談判〔註97〕。西元一一二二年，宋人伐燕失敗，金對宋的國力有了了解，態度也開始轉變，對於允歸的宋地有食言之意，又復大事掠奪勒索，宋室以鉅額金帛換來燕京六州空城。即令如此，宋室的主政者仍要執行聯金的政策，朝中持相反意見的也大有人在，如張舜民、宋昭的奏議〔註98〕。鄭居中、鄧洵武等人亦反對〔註99〕。盟金或盟遼的議論皆有，宋室還是選擇了前者，卻未料及遭到亡國之失。

西元一一二五年，金人兩道攻宋，以最簡單的原因來說，即金人得宋之虛實，欲用武力以遂其掠奪之志。但宋室也確給予金人入侵的藉口，在《陷燕錄》中說得相當透徹：

> 失燕人之心者三，致金人之寇者三，⋯⋯何謂失燕人之心者三？一換官、二授田、三鹽法。換官失士人之心，授田失百姓心，鹽法並失士人百姓心。⋯⋯何謂致金人之寇者三：一張覺、二燕中戶口，三歲幣〔註100〕。

前者說明了宋人對燕地治理上的失策，後者說明了宋室對金外交上的失策。到西元一一二七年，宋室和戰不定中，汴京淪陷，造成徽、欽二帝北狩的「靖康之禍」，終使北宋繼遼亡後也草草結束。

此時金人對所得中原漢地的政策，可以宗翰、宗望的態度表現出來：「自古有南即有北，不可相無也，今之所議，期在割地而已」〔註101〕。宗翰又曾表示：

> 天生華夷，自有定分，中國豈吾所據？天人之心，未厭趙氏，使他日豪傑四起，中原亦非我有，但欲以大河為界，內許宋朝用大金正朔」〔註102〕。

當金人飽掠北去，就立了傀儡政權的張邦昌為楚帝，而邦昌之立即由宗望、宗翰、完顏昌等將領貴族的決定，可見金人對宋的政策確由他們所掌握。這個政策的決定，一則說明了金人對中原漢地的政治興趣並不積極。二則也說明了金人未有充分準備與把握，來治理中原，後來立劉豫的齊國，也多半如

〔註97〕見《會編》，卷二，及卷四，卷十一、卷十三等。
〔註98〕參見《諸臣奏議》，卷一四〇。（台北：文海）。
〔註99〕見《會編》，卷一。
〔註100〕見《會編》，卷二四。
〔註101〕見《會編》，卷七一及九七，皆有此種記載。
〔註102〕同前註卷七一。

此。「金之初興，天下莫強焉，威制中國，大概欲依遼初故事，立楚、立齊，委而去之」〔註103〕，所謂遼初故事，就是指遼太宗耶律德光立石敬塘為兒皇帝之事，也或許鑑於遼太宗後來滅石晉，而入主中原的失敗〔註104〕，不敢再輕易蹈覆轍之故，但為應付這時國際關係之劇變，立傀儡政權，也不失為權宜之策。

至於張邦昌之始末，史料甚多，茲不討論〔註105〕。及南宋高宗即位，楚政權消失後，金宋關係又為之大變。高宗以主戰之李綱為相，大事整備抗金，雖然他旋即罷相，黃潛善、汪伯彥等主和派得勢，但金廷已決議用兵，圖消滅趙宋。河北金將欲罷陝西之兵而併力南伐，當時夏人及西遼皆在西北，宗翰即以此力爭，實則亦恐其西朝廷勢力空虛，結果太宗採西守南攻之策，宋金戰事又再度展開〔註106〕。此時為金天會五年，宋建炎元年（1127），就《節要》中所記金兵的布署，實力相當雄厚〔註107〕，到西元一一三○年劉齊建立，金宋雙方的戰爭，始終以金人佔上風。金人進攻主力在華東，尤以宗弼之兵鋒最銳，直追宋高宗走杭州、明州、溫州而入海，金兵追之不及北返。這期間金太宗曾下詔說「俟平宋，當援立藩輔，以鎮南服，如張邦昌者」〔註108〕，這又是欲行間接統治，劉豫被冊立為子皇帝，是金對宋的策略，而參與此決策者，則為山西的宗翰與華東的完顏昌〔註109〕，他們二人卻是彼此暗中爭權傾軋的政敵。

金的政策原想以軍事上的勝利，徹底消滅南宋勢力，直接或間接宰制中國，故當宗弼追高宗不及北返時，宗翰再議南伐，但宗弼身歷南侵戰役，以為此時士馬疲困，糧儲不豐，江南水土不宜，伐則無功〔註110〕。劉豫本有替宋之意，又得宋人徐文率領的一支水軍投降，也力議及時南進，最後遭到宗弼，右副元帥宗輔的反對〔註111〕；金兵主力乃轉向陝西，遂有大敗宋軍的富

〔註103〕見《金史》，卷一八，〈哀帝本紀下〉。

〔註104〕見拙作〈契丹與中原本土之歷史關係〉，政大，《邊政研究所年報》，第九期。

〔註105〕見朱希祖，〈偽楚錄輯補〉，（台北：正中），《金史》，卷七七，〈張邦昌傳〉，《宋史記事本末》，卷五八，（台北：商務）。

〔註106〕參見同註16。

〔註107〕參見《會編》，卷三。

〔註108〕見《金史》，卷七七，〈劉豫傳〉，頁9。

〔註109〕同前註。並參見《宋史紀事本末》，卷六七，〈金人立劉豫〉。

〔註110〕同註108。

〔註111〕參見註16。

平之戰。在華東的完顏昌，則受命撫定江北，他南侵時也曾得一不敢輕宋之教訓〔註112〕。故而金立劉豫，可「以漢制漢」，齊國介於金宋之間，可爲緩衝區，又可消彌中原漢人反金之心理，用齊軍以對付南宋，金兵可攻守自如，並顧及後方，重要的恐怕還是金人仍沒有治理中原之把握。陝西河南之地遂交由劉豫立國以治之。

自劉齊之立國至廢除，宋與金、齊間，有三次較著的戰爭；西元一一三一年的和尚原之戰〔註113〕。西元一一三四年的仙人關之戰，大儀之捷等〔註114〕。西元一一三六年，齊軍敗於藕塘〔註115〕。這階段中，宋軍已能有不少戰果，金、齊欲滅南宋之企圖，是愈不易達成了。

劉齊的表現，甚爲金人不滿，當初定立之策的金太宗及宗翰已死，山西集團消沉，宗磐與完顏昌結黨專權。劉豫既是「朝廷厭其無能爲也」〔註116〕，又復失去金廷中之後台，加上得罪了完顏昌，因爲昌「每認山東以爲己有，其立劉豫也，不能收功於己，又嘗怒豫不拜，深有悔吝之意」〔註117〕。金朝廷的對外政策，乃於此際有了急劇之轉變。

「廢齊和宋」或「劃地歸宋」，是金宋初期關係的一件大事，就這件事之始末看來〔註118〕，還是以金人爲主動，除前文已扼要述其原因，在此還有值得注意的。金人主持這個政策的當權派，宗磐有政治野心，他內結宗雋，外結完顏昌，排擠山西集團，一時握有中央內外大政，劉豫之廢，固然是金朝廷內功臣集團政爭的犧牲品，也實因金人軍事上的優勢未能底定中國，從而轉向結納南宋，以求新局面的展開。完顏昌是宗磐的主要武力後盾，西元一一三七年爲左副元帥、魯國王，獨霸華東，劃地歸宋，就是他先允宋使王倫的。王倫在金宋關係的角色，很受古今人士討論此一問題的重視〔註119〕。由此一則以見華東集團的權勢，二則以見歷史上個人的勢力，有時確也能支配一個時代的局面。

〔註112〕參見《會編》，卷一四五，《及建炎以來繫年要錄》，卷四三。（台北：文海）。
〔註113〕參見《宋史》，卷二六，〈高宗本紀三〉，（台北：藝文）。
〔註114〕參見《宋史紀事本末》，卷六九，〈吳玠兄弟保蜀〉。以及《宋史》，卷三四六，〈韓世忠傳〉。
〔註115〕見《宋史》，卷二八，〈高宗本紀五〉。
〔註116〕見《金史》，卷七九，〈王倫傳〉。
〔註117〕見《會編》，卷一八二，及一九七。
〔註118〕見《宋史紀事本末》，卷六七，〈金人立劉豫〉。
〔註119〕參見註79。

　　就宋人方面的幾則重要資料來看，王倫之使金，是爲迎回徽宗的梓宮，同時也負有宋高宗「河南之地，上國既不有，與其付劉豫，曷若見歸」的使命〔註120〕，他雖出身「俠邪無賴，年四十餘尙與市井惡少群遊汴中」〔註121〕，他的走上仕途據《遺史》所載是靖康之際，汴京百姓喧亂，他憑其縱橫之才，及市井關係，而能撫定城中百姓〔註122〕。他的交際手腕，難怪與完顏昌的談話，頗能影響廢齊和宋的政策〔註123〕。

　　但很快地，華東集團就遭到瓦解，前文已述及此。擁護中央之朝臣及山西集團聯手，以謀反之罪名除去宗磐，再敉平完顏昌，劃地歸宋就此結束。

　　當宗磐集團被誅除之後，宗弼掌握軍權爲都元帥，又再度與完顏杲兩道攻宋，很快地恢復了劉齊的地盤，並傾力攻宋，打算再次以軍事摧毀南宋。宋人一則力抗金兵，一則全意求和，以秦檜主其事。在金朝的廷議是：

　　　太師宗幹以下皆曰：構蒙再造之恩，不思報德，妄自鴟張，祈求無厭，今若不取，後恐難圖。上（熙宗）曰：彼將謂我不能奄有河南之地，且都元帥久在方面，深究利害，宜即舉兵誅之〔註124〕。

　　雖然金兵渡淮，但宋人也頗有戰績，如劉錡順昌之捷，岳飛郾城之捷，張俊、楊沂中及劉錡的柘臬之捷，吳璘的陝西固守等。金人在軍事上的優勢，如同以往的數次渡江，仍不足以克制南宋，宗弼乃許停戰，劃淮水爲界，金宋又恢復和談。宗弼替代過去山西、華東集團，對金廷之決策有重大的左右力量。

　　西元一一四一年，南宋收韓世忠、張俊、岳飛三大將兵權，以至殺岳飛，而金宋和議也已達成。在宋人方面對於和議的討論資料甚多，從紹興七年（1137）劉豫被廢，金人行劃地歸宋之策時，朝臣的討論逐漸濃烈，反對者如韓世宗、王庶、曾開、趙鼎、胡銓、尹焞、梁汝嘉等人〔註125〕贊成和議者，如趙雍、施庭巨、莫將、勾龍如淵等人〔註126〕甚至名將張俊亦附和議〔註127〕。就南宋在和議之前，一般的國情來說，盜賊、義兵四起，但叛服無常，宋人

〔註120〕見註116。
〔註121〕見註116。
〔註122〕參見《會編》，卷七十。
〔註123〕參見註79。
〔註124〕見《金史》，卷七七，〈宗弼傳〉。
〔註125〕參見《皇宋中興兩朝聖政》，卷二三、二四，《會編》，卷一八三至一九一等。
〔註126〕同前註。
〔註127〕見《宋史》，卷三六九，〈張俊傳〉。

要費極大的力量來敉平召撫，民生受賦斂繁重、胥吏刻薄、官兵騷擾而凋弊，國家財政匱乏，兵力衰疲，又將帥不協，文武失和〔註128〕。在《大事記》中的一段記載，頗令人重視：

> 以建炎初，外有（宗）澤，內有（李）綱，而汪（伯彥）、黃（潛善）壞之。紹興初，內有（趙）鼎、外有（張）浚，而秦檜壞之。大臣中，朱（勝非）、呂（頤浩），內有平賊之功，外為避敵之謀，趙鼎初戰終守，背皆張浚之大義。諸將韓、岳可倚，劉光世沈酣酒色，不喜恢復，每退屯。張俊不受行府命，與楊沂中為腹心以附秦檜。……汪、黃壞於事勢未定，秦檜壞於事機垂成之時〔註129〕。

就上述之說法及南宋的大致國情來看，確屬不利，但宋人的屢次力阻金兵，並非將帥不可恃，尤其金宋長期的戰爭，宋軍顯然禦敵的經驗豐富，故在和議前宗弼的渡江，並不能像南宋初的順利，「能守而後能戰，能戰而後可和」〔註130〕宋室本身確有許多重大缺失，建炎初恐宋人未必能守，紹興中則大致可守可戰，但若恢復北宋舊疆而禦金人之不犯，也恐怕是當時的條件尚為不足。金人亦如此，要完全消滅南宋，也恐怕未必可能；雙方的和議達成，或許是當時實際的需要吧！

宋人抗金，但始終不忘請和，和議似乎一直在宋中央朝廷有極大的「決心」，南宋在紹興十二年前的和議，至少有十七次之多〔註131〕。高宗的和意堅定，也足以令人相信。

五、結 論

北亞民族（廣泛的便稱）興起，與中原漢民族間的關係，在國史的研究上，是個長期而相繼發展的關係，從所謂「五胡亂華」到北魏的建立，是北亞民族入據中原並建立國家的開始。在十世紀中到十二世紀初，遼、金的相繼立國，草原勢力又復大舉凌壓中原。華北漢人，不論士民，他們與外族入侵者之間，在生活、文化上的歧異與融和，即所謂「胡漢」問題，是很值得重視的問題。而外族與漢人在對抗期間，不論是在長城、在河北、河南、江淮等，彼此間相持的態度與策略，亦是值得討論的問題，本文之目的即在於

〔註128〕 參見註94徐玉虎文。
〔註129〕 見註125書，卷廿四，頁21、22。
〔註130〕 見《宋史》，卷三五八，〈李綱傳〉，頁12。
〔註131〕 參見金毓黻，《宋遼金史》，第七章，（台北：樂天），頁79。

此。

女真初興滅遼與北宋，全賴功臣集團爲核心，這集團係以女真人爲主，值得注意的二個漢人集團代表，他們與大多數華北的漢人一樣，世代居於外族勢力之下，由於「以漢治漢」的關係，他們深受器重，仕遼與仕金而卻不以宋室爲歸屬。他們充分地影響了女真中央的官僚，對於金的制度禮儀上，直接或間接地帶給其漢化。若女真能有大量的或較多的漢人集團支持，用之先治理河北漢地，那麼以後金人的直接統治中原之地，而不用傀儡政權的可能性是相當高的。

金初草創，中央集權未得完備，帝王需要有勢力的貴族相輔，及經略宋地後，更形成將領貴族的攬權於方面，造成功臣集團勢力的成熟，他們也就左右甚或支配了中央的朝政，而其彼此間爭權的結果，就影響了金宋之間的關係以及金對宋的政策。

北宋對金初期的主動外交（聯金滅遼），可以說是種乘火打劫的態度，但不意本身不足恃強，金反欺其弱而亡其國。宋朝圖燕之舉並非絕對不可，但無治燕之策，及防金之力，北宋終遭失敗。南宋可說是大部份人都極怕金人，高宗意在求和，力抗金人，除保命外，還帶有以守戰求和的策略，和議能夠終於達成，以當時的時局和雙方的國情，固然是實際的情形，對南宋而言，恐怕還是不幸中的大幸。

最後一提的是，金初功臣集團的爭權與跋扈，刺激了欲使國政走上軌道建立中央集權的朝臣們，他們皆是有心之人，共同致力於此。另外，也使海陵帝繼熙宗之位後，積極地提高君權，鞏固中央，漸漸促成金帝國制度化的發展。

（原刊於政治大學《邊政研究所年報》，第 10 期，1979 年）

論金代之行臺尚書省

一、前　言

　　行臺之制起於曹魏，初為臨時隨軍而設，不為駐治地方；駐治地方之行臺則始於北魏。北朝時行臺制度大盛，而原來地方最高軍政長官之都督制尚存，則往往加行臺以治地方。北朝晚期之大都督區漸少，行臺則漸普遍，遂取而為地方軍政最高機構〔註1〕。行臺雖駐治地方，但不宜視為地方行政區劃之單位，蓋行臺為行中央尚書臺，為中央尚書臺分行於地方特定區之單位，固為該地方軍政之最高機構，但實為中央臨時分行於地方，並非常制的地方軍政體制。

　　隋唐沿北朝之法，亦曾置中央分行之行臺，中央為尚書省，則分行地方者為行臺尚書省，稱行臺省、行臺、行省皆是。行臺省起於非常制，屬於臨時性之任務編組，因特殊需要而設置，代表中央來指揮、管理特定區域，擁有轄區內軍、政、財之最高權力，往往表現在類似緊急授權方面，即所謂「便宜從事」、「隨機處分」等。在地方特定區域內尚書省（京省）所有之權力行臺省亦有，但行臺省尚有靈活、緊急的隨機便宜之權，此當為其特色，也反映出設置行臺之意義。

　　行臺因需要而設於特殊之地區，以此可見其設置而察其時中央與地方之需要。又以其為中央分行之機構，故其組織職權當為相同，不過更為精簡而已，職官品秩或比同於京省，或降一階銓用，行省與中央有人事上之密切關

　〔註1〕參見嚴耕望，《中國地方行政制度史》（台北：中研院史語所，民國79年5月，3版），乙部，下冊，頁799至801。

係。至於隨機便宜之權，在實際運作上與中央之關係亦值得加以注意。

金起於東北，繼亡遼後復滅北宋，在制度上沿遼制及唐、宋舊法。就行臺省而言，係採遼之兩元分治與唐之行臺，施行於金初與晚金時期，但前後設置之時空背景與權力運作及與中央之關係有所不同。相關之研究並不多見，所見者爲對於金初元帥之討論，而以貴族將領之地方勢力爲中心〔註2〕。筆者對此論題曾有相關之討論，三上次男對金初之行臺省則有較全面之論述，但其中亦不乏商榷之處，且對於金末之行臺省並未論及，故本文擬將金初與晚金之行臺省作一綜合之討論。

二、金初之行臺省

《金史・百官志》載行臺之制如下：

> 行臺之制，熙宗天會十五年，罷劉豫，置行臺尚書省於汴。天
> 眷元年，以河南地與宋，遂改燕京樞密爲行臺尚書省；天眷三年復
> 移置於汴京。皇統二年，定行臺官品皆下中臺一等〔註3〕。

是知熙宗之初建立汴京、燕京二行臺，而不久復合爲汴京一行臺；且燕京行臺係燕京樞密院所改置，汴京行臺爲廢齊國後而設置。燕京樞密院殆爲金代行臺省之前身。

遼天慶四年（1114），阿骨打舉兵反遼，次年稱帝爲金太祖收國元年。天輔六年（1122）十二月，燕京降於太祖，太祖以投降之遼知樞密院左企弓等撫定燕京諸州縣。〔註4〕次年，即設立樞密院，然此樞密院初立於廣寧府（遼寧北鎮），以左企弓爲知院，同時還設有中書省；而後遷往平州，再遷至燕京〔註5〕。

〔註 2〕對行臺省之概述，可參見楊樹藩，《遼金中央政治制度》（台北：商務印書館，民國 67 年 3 月，初版），頁 138 至 143。另參見三上次男，〈金初の行臺尚書省とこれをめぐる政治上の諸問題〉，《金代政治制度の研究》（東京：中央公論美術出版，昭和四十五年九月二十日），頁 458 至 489。外山軍治，〈山西を中心とした金將宗翰の活躍〉《金朝史研究》（京都：京都大學東洋史研究會，1967 年 4 月 20 日，再版），頁 154 至 181。陶晉生，〈完顏昌與金初的對中原政策〉，《邊疆史研究集—宋金時期》（台北：臺灣商務印書館，民國 60 年元月，初版），頁 33 至 49。拙著，〈金初的功臣集團及其對金宋關係的影響〉，《宋遼金史論文稿》（台北：明文書局，民國 70 年 12 月，初版），頁 33 至 62。

〔註 3〕見《金史》（北京：中華書局），卷五五，〈百官志一〉，頁 1219。此爲官制中僅有之行臺記載。

〔註 4〕參見《金史》，卷二，〈太祖紀二〉，頁 39。

〔註 5〕參見《金史》，卷七八，〈韓企先傳〉，頁 1777。另見卷七五，〈左企弓傳〉，頁

廣寧樞密院設立時即已奉詔處理一般政務〔註6〕，其地原屬遼顯州奉先軍，於天輔七年改爲府〔註7〕，或即爲設院之故。其目的當爲撫定燕京諸州縣，及其他各部民，這在當年的記事中，除戰事外則屢見招撫之詔旨可知；其次，則爲總漢軍事宜〔註8〕。當時設樞密院蓋因遼制，遼行兩元分治，漢人諸事屬燕京之南面官所治，既克燕雲漢地，則沿遼制設樞密院爲便宜之策。燕京降人如左企弓、虞仲文、曹勇義、康公弼、張彥忠、劉彥宗等皆原在樞密，金則處之於舊，以招徠燕雲，並協助戰地之政務。至於設中書省則未見有該機構之活動記錄，或爲虛設，或爲誤載。遼制南面官沿唐制，設三省、六部、臺、院、寺、監等，但中書、門下爲有名無實，樞密院始爲漢地之最高權力所在，用唐制官名乃在表現「誠有志帝王之盛制，亦以招徠中國之人也」〔註9〕。中書平章於遼制中多爲加帶之銜或贈官，帶銜則表示其地位爲「宰相」〔註10〕；故而廣寧府設樞密院時應未並立中書省之實質機構，亦應未隨之遷移行事。

平州（南京）樞密院由廣寧遷至。原燕雲之地依金、宋約定當歸宋，故以左企弓等往廣寧行事。天輔七年遼平州節度使時立愛降，旋即改平州爲南京，以張覺爲留守，張覺復叛金降宋，以戰事失利奔燕京。〔註11〕平州守將張敦固輸降復叛，太宗天會二年（1124）五月金克平州，殺張敦固。〔註12〕時劉彥宗爲知樞密院事佐宗望軍，〔註13〕克南京平州後，樞密院當即遷駐，其目的同於廣寧樞密院而進一步往南方擴展，並以之爲攻宋克燕之基地。三年十月，金南下攻宋，南京知院劉彥宗以領漢軍隨南京路都統宗望出兵，故

1724。然卷五五，〈百官志一〉，則謂「天輔七年始置於廣寧府，天會三年下燕山，初以左企弓爲使，後以劉彥宗，初猶如遼南院之制，後則否」，其中略去遷南京（平州）一段，見頁1239。

〔註6〕見註4，頁41。〈百官志〉序雖謂以左企弓行樞密院事於廣寧，但左企弓路經平州時爲張覺所殺，見卷七五，〈左企弓傳〉，頁1724。

〔註7〕見《金史》，卷二四，〈地理志〉上，頁559。

〔註8〕參見同註4。另見卷四四，〈兵志〉謂：「燕山既下，循遼制立樞密院於廣寧府，以總漢軍」，頁1002。

〔註9〕見《遼史》，卷四七，〈百官志三〉，頁772。

〔註10〕參見楊若薇，《契丹王朝政治軍事制度研究》（北京：中國社會科學出版社，1991年2月，第1版），頁143至152。

〔註11〕參見《金史》，卷一三三，〈張覺傳〉，頁2844、2845。另見卷二，〈太祖紀〉，頁39至41。

〔註12〕參見《金史》，卷三，〈太宗紀〉，頁48、51。

〔註13〕參見《金史》，卷七八，〈劉彥宗傳〉，頁1770。另見前註，頁50。

由張忠嗣權簽南京中書樞密院事〔註14〕。

燕京樞密院爲天會三年十二月克燕山後遷駐，四年正月金兵第一次圍汴和談，宗望撤軍後即遣劉彥宗返燕京，與闍母共節制諸軍，至六年十月劉彥宗死；次年正月韓企先繼爲中書平章，知樞密院事〔註15〕。九年，權簽院事張忠嗣已爲知院、知三司使事〔註16〕；原平州之南京於四年九月時改回爲原平州，不復爲南京〔註17〕。與劉、韓等人改行省前同在燕京主政樞院者，應尚有時立愛、趙慶襲〔註18〕。

據《大金國志》載金兵分東、西兩主力大軍攻宋時，東路斡离不（宗望）建樞密院於燕山（京），由劉彥宗主之，西路粘罕（宗翰）建樞密院於雲中，由時立愛主之，「國人呼爲東、西朝廷」。〔註19〕而《金虜節要》中又載劉彥宗死後，燕京樞密院併入雲中，以雲中留守韓企先爲相，與時立愛共同主之〔註20〕。雲中樞密院於《金史》中並無記載，但有任熊祥爲樞密院令史，而「西京留守高慶裔攝院事」之記錄〔註21〕，此「攝院事」當指樞密院。西京在山西大同，即西面統帥宗翰之雲中地區，而高慶裔確爲宗翰之重要助手，似乎正有東、西兩樞密院之設立。然時立愛由其傳中所記之經歷應在燕京，並未去雲中，而劉彥宗死後也未見燕京樞密院併入雲中之記載，且天會十五年（1137），時立愛去世，尚有詔「同簽書燕京樞密院事趙慶襲護喪事」之事〔註22〕，因此，燕京樞密院是否在天會六年併入雲中仍無法確證，而雲中是否如同燕京亦曾設過樞密院尚不能斷言〔註23〕，不過樞密院之設是襲遼制南面官

〔註14〕參見註12，頁53。

〔註15〕參見同註5〈韓企先傳〉。並見註12，頁59、60。

〔註16〕參見註12，頁63。

〔註17〕參見註12，頁55。另見《金史》，卷二四，〈地理志〉上，平州條，頁575。

〔註18〕參見《金史》，卷七八，〈時立愛傳〉，頁1776、1777。

〔註19〕參見宇文懋昭，《大金國志》（台北：商務印書館，國學基本叢書，民國57年12月，臺1版），卷三，〈太宗文烈皇帝一〉，頁20。同樣之記載參見徐夢莘，《三朝北盟會編》，甲（台北：大化書局，民國68年1月，初版），頁240、450。

〔註20〕參見前註《會編》，丙，頁73。

〔註21〕見《金史》，卷一〇五，〈任熊祥傳〉，頁2310。

〔註22〕見同註18。

〔註23〕三上次男以爲雲中亦設有同燕京之樞密院，且以爲天會六年後兩院合併成雲中（西京）樞密院。外山軍治則以爲兩樞密院並未合併，但未說明雲中樞密院之始末。參見同註1前揭文。陶晉生先生以爲雲中應未設樞密院，但同意天會六年後樞密院設在西京大同，參見《女真史論》（台北：食貨出版社，民國

用以治漢地、漢人之機構，其職權有限，不論擁有何種官銜皆非管內最高決策者，仍要受到勃極烈、元帥之權轄。

天會末年三省制逐漸確立，至熙宗初天眷年間，領省事、帶元帥職爲掌握實權者，隨著中央皇權漸固，行臺省權勢終趨式微。燕京行臺是由樞密院改制而成，中央既訂新制，採唐、宋之法立三省，又以尚書省爲實質之相權所在，燕京樞密院之性質正符合分行之尚書省，改制爲行臺省，當爲允洽，更何況改制前汴京已設行臺。汴京行臺爲適應政局變動，收回齊國所轄之地區，更爲進一步攻防南宋所需，以行臺執行中央國策，亦爲其時之考量。

天會十五年十月，撻懶爲左副元帥，宗弼爲右副元帥，分別掌握後來燕京、汴京二行臺之最高權力，其時並未帶行臺之職銜，一如前述之元帥府掌握樞密院。十一月，廢齊國而設汴京行臺省，「舊以僞齊尚書省爲金虜行臺尚書省」〔註24〕，行臺省初立時之宰執官員等，《金史》未詳，但見如「以故齊宰相張孝純權行臺左丞相」、「權行臺左丞相張孝純致仕」〔註25〕；齊國尚書省制度不詳，其他官員無法確知。大體上行臺有左、右丞相，左、右丞，左、右司員外郎，六部侍郎、郎中等〔註26〕，尚書省一般之規模應皆具備而略爲精簡。

天眷二年（1139）春，汴京行臺設立一年餘，因金朝廷政策之轉變，將廢齊國之陝西、河南地劃歸宋朝，汴京行臺勢將遷移或取消、改制，《金史》載「行臺徙大名，再徙祁州」〔註27〕，大名與祁州爲宗弼元帥府之駐地，即說明行臺在元帥之掌控中；汴京既割讓予宋，行臺則遷徙隨帥府。劃地歸宋之政策因金朝廷政局的再度轉變而終止〔註28〕，次年，金兵南下攻宋，行臺則再遷回汴京，此時之行臺丞相之上始有正式領省之官銜，即以都元帥宗弼「領行臺尚書省事」，其中涉及燕京行臺撻懶之事件。

左副元帥撻懶之勢力在河北、山東一帶，天眷二年劃地歸宋政策即爲撻懶及太宗之子領三省事宗磐、太祖子宗雋等合謀而成，朝中則以熙宗、宗幹，

70年4月，初版），頁35。

〔註24〕見《會編》，丙，頁550。

〔註25〕見《金史》，卷四，〈熙宗紀〉，頁73。另見卷七七，〈劉豫傳〉，頁1761。

〔註26〕有關初立汴京行臺之官員，參見《會編》，丙，頁557。三上次男亦引列此資料，並參酌，《建炎以來繫年要錄》，《金史》之記載彙整出。見註1前揭文。

〔註27〕見《金史》，卷九十，〈趙元傳〉，頁1994。

〔註28〕關於金初政局之轉變，以及中央與地方勢力之關係，涉及齊國之廢、金宋關係等，參見陶晉生前揭文，及拙作前揭文。

結合宗弼與之相抗，同年七月，宗磐、宗雋以謀反罪被殺，撻懶則遷爲燕京行臺左丞相〔註29〕。不久，宗弼即被任命爲都元帥、領行臺尙書省事，掌全國之軍權；即時之目的在於對付撻懶，「往燕京誅撻懶，撻懶自燕京南走，將亡入于宋，追至祁州，殺之」〔註30〕；祁州爲元帥府、領行省之駐地。及其爲都元帥、領行臺省正爲二者之配合，左、右副元帥之上爲都元帥，在中央可並領或獨領三省事，如宗翰。〔註31〕而兩京行臺編制之首長原爲左丞相，領行臺則又出其上，故此時宗翰之領行臺應爲領兩京之行臺，似成爲大行臺之勢；又其自稱爲「領行臺尙書都省事」，宋人則稱其「領省國公」〔註32〕。

天眷三年五月，金出兵收河南、陝西地，行臺又再度遷回汴京，歷十年後，至海陵帝天德二年（1150）十二月「罷行臺尙書省，改元帥府爲樞密院」〔註33〕，行臺與元帥府同時並廢，說明海陵帝時中央集權更形鞏固，而由中央新訂政制直接行使權力於地方，金初行臺並元帥府之地方勢力乃告結束。

燕京行臺省由其樞密院改制而來，略晚汴京行臺十個月左右，改制前之宰執由劉彥宗至韓企先接任，趙慶襲之同簽院係在天會十五年前任職，加上前文所言時立愛、張忠嗣。天眷元年九月改制至次年七月撻懶出任行臺左丞相，杜充爲右丞相，另置有平章政事蕭寶、耶律暉〔註34〕，其間十個月行臺宰執當仍爲樞密院之舊。天眷三年八月撻懶死後，燕京行臺漸無明確記載。同年十一月，行臺右丞相杜充死，次年（皇統元年，1141年）六月，行臺平章耶律暉致仕〔註35〕，七月，都元帥宗弼領行臺如故，然有詔曰：「燕京路隸尙書省，西京及山後諸部族隸元帥府。」〔註36〕至此，燕京行臺似已取消，但燕京路所指不詳，遼設南京道，以燕京爲折津府，統六州、一節度州〔註37〕。若以宋之燕山府路言，除燕京外，統九州，即所謂山前州縣，而山後州縣則

〔註29〕參見註25，頁74。
〔註30〕參見《金史》，卷七七，〈宗弼傳〉，頁1754。另見〈撻懶傳〉，頁1765。
〔註31〕參見註25，頁70。
〔註32〕見《會編》，丁，頁136。前者爲宗弼致書於宋之頭銜，後者爲宋人致書宗弼所稱。
〔註33〕見《金史》，卷五，〈海陵記〉，頁96。
〔註34〕參見同註29。
〔註35〕參見註25，頁76、77。
〔註36〕見註30，〈宗弼傳〉，頁1755；〈熙宗紀〉載其都元帥、領行臺如故事於皇統元年七月，見頁77。另見《金史》，卷二四，〈地理志〉上，西京路條，頁564。
〔註37〕參見《遼史》，卷四十，〈地理志四〉，頁493至502。

建為雲中府路〔註38〕。遼、宋燕京道、府所轄州縣大部分在金後來所置之中都路，今改隸中央尚書省直轄，則行臺若未取消，必亦轄區大為縮小，所餘之地是否仍稱燕京行臺省而歸之管轄，亦或併入汴京行臺？除前引〈百官志〉言天眷三年移置於汴京外，則史無明文而無法確知。

　　兩行臺官職如前文所述為尚書省之具體而微，在宰執部分三上次男已列表標明，大體無誤〔註39〕。行臺官員依制為下中臺（京省）一等，但亦不乏平調之列，如張通古為行臺左丞調京省左丞，張中孚為行臺參政調京省參政，然此皆為天德初罷行臺前後之事〔註40〕。

三、晚金之行臺省

　　金初設行省與其勢力擴張及軍事發展有密切關係，晚金之行省亦與軍事戰守有關。蒙古興起後向南發展，金北邊面臨威脅，逐漸有行省之設。軍事戰守於金中葉時亦曾發生，故亦有行省之記載，如世宗大定三年（1162）「僕射忠義自行臺朝京師，宗憲攝行臺尚書省事」〔註41〕，似乎世宗初年曾設行臺省，緣當時正因海陵南侵而被弒，世宗初即位，面臨宋軍北伐之際，時局

〔註38〕參見《宋史》，卷九十，〈地理志六〉，頁 2249 至 2252。但此山前、山後諸州名略有不同說法，參見趙鐵寒，〈燕雲十六州的地理分析〉，《宋遼金史研究論集》（臺北，大陸雜誌社，史學叢書第 1 輯，第 5 冊），頁 53 至 62。

〔註39〕參見三上次男前揭文，其中有出入者為行臺左丞相蕭仲恭，其任職至皇統七年八月，應為八年八月，見〈熙宗紀〉，頁 84。行臺平章蕭（奚）保任至皇統七年，應至八年十一月，見〈熙宗紀〉，頁 83。行臺平章高楨始任載於皇統五年左右，應為此前即出任，見卷八十，〈熙宗二子‧道濟傳〉，頁 1798；及卷八四，〈高楨傳〉，頁 1890。漏列張通古曾於天眷元年左右出任行臺參知政事，見卷八三，〈張通古傳〉，頁 1860。天德二年列大㚖為行臺右丞，當係左丞之誤，見卷八十，〈大㚖傳〉，頁 1809。至於宰執外之官員，明文記載者如殼英為行臺吏部、工部侍郎，見卷七二，頁 1662。耶律恕為行臺兵部侍郎、工部尚書，見卷八二，頁 1841。任熊祥為行臺工部郎中。高彪為行臺兵部尚書，見卷八一，頁 1824。高德基為南京行省勾當，又曾攝燕京行臺省都事，見卷九十，頁 1996。曹望之為行臺省令史，吏部員外郎，見卷九二，頁 2035。耶律安禮為行臺史、禮部主事，見卷八三，頁 1871。張九思為行臺省女直譯史，李彥通為汴京行臺令史，見元好問，〈沁州刺史李君神道碑〉，《遺山先生集》（台北：成文出版社，九金人集，民國 56 年 8 月，臺 1 版），卷十六，頁 10上。

〔註40〕參見同註33。

〔註41〕見《金史》，卷七十，〈宗憲傳〉，頁 616，傳中未明載其時年月，但卷六，〈世宗紀〉上，載大定三年五月僕散忠義朝京師。

特殊，金大兵在南，世宗在北，任僕散忠義爲都元帥並「以丞相總戎事，居南京節制諸將」〔註42〕，都元帥行臺如金初之情形，而又有「征南元帥府」之出現，亦應指此時之南京行臺〔註43〕，此行臺以後即未見記載，或大定五年金宋和議後即裁撤。

其次，章宗時亦因戰守所需而設行省，明昌、承安時期行省在於北方主禦蒙古，以北京路爲重心；泰和中則在於南方抗禦宋朝，以南京路爲重心。北京行臺省始於明昌六年（1195）五月，左丞相夾谷清臣行省臨潢府（巴林左旗林東鎮），十一月即由完顏襄代領省事、便宜從事，而此前之十月，又有夾谷衡行省於撫州（內蒙古興和），撫州則屬西京路。當時爲防北邊阻嘰、胡里纥、契丹、廣吉剌之叛，故行省時在臨潢與北京（大定府，昭烏達盟寧城）〔註44〕。完顏襄之行省於承安二年（1197）三月由參政完顏裔所代，五月由北京移駐臨潢，但八月即罷政，十一月以失職而除名，故九月時，即見以甫致仕之胥特國爲樞密副使、權參政行省於北京，當時尚有一地位較高之行省，即樞密使、平章完顏襄及衛王允濟之河北行省〔註45〕。此行省後即無記錄可查。

泰和六年（1206）四月，金以平章僕散揆領行省於汴，許以便宜從事，九月，復以尙書左丞僕散端行省於汴，主持留守後勤。十月金兵南進，十二月，又增置右副元帥完顏匡爲行省，但次年正月，以左丞相、都元帥宗浩行省於南京以替代重病的僕散揆；然則至當年九月，宗浩死，完顏匡升左副元帥總諸軍，行省於汴〔註46〕。其時設行省於南京即爲抵禦宋人之「開禧北伐」，時局發生重大變化，兩國間面臨嚴重戰事，因之有此方面需要，南京行臺省統轄河南、陝西地，元帥府並受節制〔註47〕，此時之行省與金初知院或行省

〔註42〕見《金史》，卷八七，〈僕散忠義傳〉，頁 1937、1938。另見同卷〈紇石烈志寧傳〉，頁 1931。

〔註43〕「征南元帥府」見《金史》，卷六，〈世宗紀〉上，大定四年六月及八月，頁 134。

〔註44〕參見《金史》，卷十，〈章宗紀二〉，頁 236、237；卷九四，〈夾谷清臣〉、〈完顏襄〉、〈夾谷衡〉傳，頁 2085、2088、2089、2093；卷九三，〈獨吉思忠傳〉，頁 2064，〈宗浩傳〉，頁 2073。

〔註45〕參見前註〈章宗紀二〉，頁 241 至 243。另見卷一二九，〈胥持國傳〉，頁 2794，傳中稱持國爲佐助完顏襄治軍於北京。衛王允濟之河北行省不見於《金史》，但見於前揭，《大金國誌》，卷二二，〈東海郡侯〉上，頁 155。

〔註46〕參見《金史》，卷十二，〈章宗紀四〉，頁 275、277、280。另見卷九三，〈僕散揆傳〉，頁 2069；〈宗浩傳〉，頁 2075；卷一〇一，〈僕散端傳〉，頁 2231；卷九八，〈完顏匡傳〉，頁 2168、2167。

〔註47〕參見《金史》，卷九九，〈徒單鎰傳〉，頁 2188。

權勢已然不同，行省丞相確實爲管內軍、民最高統帥；其上並無元帥或領省事。當時以戶部侍郎梁鏜行六部尚書事於山東〔註48〕，目的在於調配後方物資以備戰事進行。此南京行臺省應於戰事結束後八年四月時裁撤〔註49〕。

衛紹王以後開始面臨新興蒙古之強大壓力，此後可謂金之晚期，行臺省之設置又逐漸出現，且因戰事連連，國勢日蹙，行省數量亦漸增多，以方便面臨時局之變動。大安三年（1211）春，蒙古南下，金以平章獨吉千家奴（獨吉思忠）、參政胡沙（完顏承裕）行省備邊事，其駐地當在撫州，隨之以戰事不利而遷駐宣平（河北懷安），至於宣德（河北宣化），而與行省完顏承暉駐地合；十月，罷宣德行省〔註50〕。蒙古攻金，金北邊急事初設之行省就此結束。不久，紇石烈執中（胡沙虎）弒衛紹王立宣宗，改元貞祐。二年（1214）五月，金遷都於南京（汴京）。當時山東、河北諸州郡失守，僅餘眞定、大名、東平等不到十州之地，河東州縣亦多殘破〔註51〕；次年，中都失守，華北地區金人陷於艱苦抗戰，而形勢日益窘迫，爲圖戰守與恢復，行臺省之設置亦漸爲時所需。

衛紹王大安末又曾於西京設省。原來紇石烈執中任西京（大同）留守，以軍事不利走還中都，未幾即弒衛紹王。執中走後，金廷即以抹撚盡忠爲左副元帥兼西京留守，崇慶、至寧年間行省於西京，貞祐二年五月召赴中都，欲其與承暉共守京城〔註52〕，此後西京行省即未見下文，約一年後西京棄守。西京路在衛紹王末年除西京行省外，又曾於德興府（河北涿鹿）區設置行省，至寧元年（1213年，亦爲崇慶二年，貞祐元年）八月，以完顏綱行省於縉山（北京延慶），及其戰敗，召回中都爲紇石烈執中所殺〔註53〕。完顏綱之行省規模不詳，史稱其總兵十萬以抗蒙古，似乎爲純軍事性的總兵元帥，行省乃

〔註48〕參見前揭〈章宗紀四〉，頁277。

〔註49〕參見前註，頁283，金宋戰事止於七年底，八年和談時宋人致書於金皆載「以書上行省」，至閏四月時爲「宋獻韓侂冑等首于元帥府」，五月「元帥府露布以聞」，「更元帥府爲樞密院」，故行省或於四月後即裁撤。

〔註50〕參見《金史》，卷十三，〈衛紹王紀〉，頁293、294；卷九三，〈獨吉思忠傳〉，頁2065；〈承裕傳〉，頁2066；卷一〇一，〈承暉傳〉，頁2225。〈承暉傳〉中說完顏承暉本行省於宣德，以承裕兵敗而坐除名，當即指罷宣德行省。

〔註51〕參見《金史》，卷十四，〈宣宗紀〉上，頁304。

〔註52〕參見《金史》，卷一〇一，〈抹撚盡忠傳〉，頁2228，貞祐初宣宗詔：「卿總領行省，鎮撫陪京」，可知其前於衛王末年即已行省西京。

〔註53〕參見《金史》，卷九八，〈完顏綱傳〉，頁2181、2182；並見卷一〇六，〈朮虎高琪傳〉，頁2340。

益加權重位高，並可統籌戰區政務以緊急處分，爭取軍事上之效果，宣宗以後此類行省隨局勢亦日多。

今將宣宗以後之行臺省，按行政區劃各路分別如下：

（一）上京行臺省

興定元年（1217）蒲察五斤爲上京行省，上京路以會寧府（黑龍江阿城縣）爲重心；至十二月調爲遼東行省，次年三月復爲上京行省，此後即未見記載〔註54〕。此時上京路、東京路幾全喪失於蒙古手中，金之殘餘勢力僅偶有戰守之事。

（二）遼東行臺省

此行臺活動於東京路，與上京行臺皆爲較早之淪陷區。東京遼陽府於宣宗貞祐三年爲耶律留哥所據，金前後曾以承裕、蒲鮮萬奴等主持遼東軍事，以抗蒙古，但皆無力抵禦。衛紹王大安末年，曾任遼東安撫使、上京留守之徒單鎰早建言設行省以鎮遼東，衛紹王以「無故置行省，徒搖人心耳」〔註55〕。年餘，崇寧元年底東京即失守，徒單鎰任職遼東方面應極有見識；但行省之設卻遲至耶律留哥據東京後。行省完顏阿里不孫於興定元年四月駐婆速路，抵禦叛金自立的蒲鮮萬奴，然九月爲部將所殺，故十二月乃調右副元帥蒲察五斤充遼東行省；至二年四月，以權參政夾谷必蘭爲行省，但其行事則不詳〔註56〕。此後遼東行省設置情形至哀宗正大三年（1226）仍見「詔諭高麗及遼東行省葛不藹，討反賊萬奴」之記載，此葛不藹當即興定初任左監軍之溫迪罕哥不藹，長年征戰於上京、遼東之地〔註57〕。此時距金亡不及七、八年矣！

（三）陝西行臺省

貞祐三年八月初置行省於陝西，以左丞相兼都元帥僕散端爲行省，至興定元年三月止，前後約二年〔註58〕。興定元年三月，以胥鼎接任陝西行省，至四年三月致仕止，前後三年餘，但其中有年餘並不在陝西任內，時而往河

〔註54〕參見《金史》，卷十五，〈宣宗紀〉中，頁329、333、335；卷一○三，〈完顏阿里不孫傳〉，頁2281。

〔註55〕見註47，頁2190。

〔註56〕參見註54。另見頁336。

〔註57〕參見《金史》，卷十七，〈哀宸紀〉上，頁337，並見同註54。

〔註58〕參見註51，頁311、314、330；卷一○一，〈僕散端傳〉，頁2232；卷九九，〈李革傳〉言興定元年，胥鼎自平陽移鎮陝西，李革代鼎爲河東行省，〈宣宗紀〉中，繫此事於三月，見頁328，是知胥鼎接任陝西行省爲此時。

東行省，其間之陝西行省不詳。〔註59〕胥鼎致仕後，四月以左副元帥把胡魯、右監軍承立（慶山奴）同行省於京兆，八月又有陝西路行省承裔（白撒）〔註60〕，此時似有京兆、陝西兩處行省。金人將陝西並甘隴地區分設五路，即統稱之爲陝西東路（京兆府路、鄜延路），又以京兆行臺爲代稱；陝西西路（慶原、臨洮、鳳翔三路），往往以平涼行臺爲代稱；其通稱東、西路，似以轉運司之建置而來〔註61〕。此時陝東、陝西皆設行臺省，茲分別述之：

1. 陝東京兆行省

把胡魯、承立行省京兆，至元光元年（1222）正月把胡魯調離，由完顏合達繼任，與承立共行省事〔註62〕。次年，行省爲合達與完顏賽不〔註63〕，承立恐離行省之職。正大元年（1224）合達仍爲行省，賽不則調中央爲右丞相，至六年合達奉詔回朝，賽不行省於關中，而此時陝西平涼行臺亦曾一度併由賽不之關中行臺節制〔註64〕。正大末，完顏賽不致仕，故有七年初紇石烈牙吾塔行省於京兆〔註65〕，此行省接著在次年初放棄，往東遷至閿鄉（原

〔註59〕 興定二年十月，河東之行省李革、從坦死，見前揭〈宣宗紀〉中，頁340；卷一二三，〈陀滿胡土門傳〉載其於興定二年十月爲河東南路兵馬都總管，而其時之行省爲胥鼎，是知李革等死後，即調胥鼎往河東以收殘局；卷一一〇，〈古里甲石倫傳〉載興定三年六月，保德州、嵐州之事件，其時之行省爲胥鼎，見頁2443。〈宣宗紀〉中載興定三年九月，行省胥鼎領兵赴河中以禦蒙古，見頁347。凡此皆見胥鼎接陝西行省後，又復調爲河東行省，至四年三月致仕時則又爲陝西行省，見頁352。

〔註60〕 參見《金史》，卷十六，〈宣宗紀〉下，頁352、354。但陝西行省據卷一一三，〈白撒傳〉載其爲行省在興定四年前，或即在三年底，見頁2485。

〔註61〕 參見譚其驤，〈金代路制考〉，《遼金史論文集》（瀋陽：遼寧人民出版社，1985年8月，第1版），頁525至543。又〈宣宗紀〉下，興定四年九月載：「陝西路行省承裔報定西州之捷」，見頁354，定西州在臨洮路，原屬鞏州，貞祐四年升爲州，見卷二六，〈地理志〉下，頁655，是以此陝西路行省正爲陝西西路之稱，亦即，《金史》中所見之平涼行臺管內；而陝西東路則爲京兆行臺管內。又〈宣宗紀〉下載興定四年十月「陝西東路行省報綏德州之捷」，見頁354，綏德州屬鄜延路，見〈地理志〉下，頁649，正爲陝東京兆行臺。

〔註62〕 參見《金史》，卷一〇八，〈把胡魯傳〉，頁2391；卷一一二，〈完顏合達傳〉，頁2465。

〔註63〕 參見前註〈把胡魯傳〉，頁2392。

〔註64〕 參見《金史》，卷十七，〈哀宗紀〉上，頁375、381；並見卷一一四，〈白華傳〉，頁2505；卷一一二，〈移剌蒲阿傳〉，頁2470；卷一一一，〈完顏賽不傳〉，頁2481。

〔註65〕 參見前註〈完顏賽不傳〉，頁2482；並見卷一一一，〈紇石烈牙塔傳〉，頁2459；又見元好問，〈通奉大夫鈞州刺史行尚書省參議張君神道碑銘〉，《遺山先生

河南路陝州，潼關東方）。牙吾塔病死，而以完顏合達、移剌蒲阿同行省於此，二人之受命行省在七年十月；此後二行省走陝州、鄧州，至於戰歿於三峰山（河南禹縣西南）〔註66〕。京兆行省於牙吾塔任內，尚有完顏素蘭於七年七月爲行省，然不久即被召還朝〔註67〕，而牙吾塔棄京兆時曾命承立以行省守之，至十月承立亦棄京兆還朝〔註68〕。至此京兆行省即告結束。

2. 陝西平涼行省

興定四年既設陝東京兆行省，亦設平涼行省於陝西，以承裔行省事，正是「今陝西重兵兩行省分制之」〔註69〕。平涼行省於正大三年（1226）奉詔遷徙，五年八月，承裔還朝，史稱「白撒居西陲幾十年」〔註70〕，即指其行省平涼之任。此後則不見平涼行省之記載，但又有陝西之鞏昌（今地）行省完顏仲德，其任期爲八年四月至次年九月〔註71〕，陝西之行省當即至此結束。

（四）河東行臺省

河東分北、南路，北路以太原府爲重心，南路則以平陽府爲重心。貞祐四年二月，原河東南路宣撫胥鼎行省於平陽（山西臨汾），此即爲河東南路之行臺省，十一月，胥鼎入援京師，奏請以知平陽府王質權元帥左監軍，同知完顏僧家奴權右監軍代鎮河東〔註72〕，次年（興定元）三月即以李革爲河東南路行省繼胥鼎之任，然次年十月時李革死，胥鼎由陝西行省調回河東行省〔註73〕。同年底金廷復以權參政、元帥左監軍完顏伯嘉行河中府尙書省元帥府，控河東南、北路便宜從事〔註74〕，此時其所行者應爲元帥府而受行省節制。

集》，卷二○，頁 11 下。
〔註66〕參見前註，頁 2460、2469；並見註 64，〈哀宗紀〉上，頁 383，〈移剌蒲阿傳〉，頁 2471、2474，移剌蒲阿係被追俘，見殺於官山，其地在大同府宣寧縣，見卷二四，〈地理志〉上，頁 565。又「閿鄉」在《金史》中常作「閺鄉」，恐誤
〔註67〕參見《金史》，卷一○九，〈完顏素蘭傳〉，頁 2401。
〔註68〕參見《金史》，卷一一六，〈內族承立傳〉，頁 2551。
〔註69〕見註 62，〈完顏合達傳〉，頁 2466。
〔註70〕見註 60，〈白撒傳〉，頁 2487，平涼行省遷徙事見〈完顏合達傳〉，頁 2467。
〔註71〕參見《金史》，卷一一九，〈完顏仲德傳〉，頁 2606。鞏昌府〈地理志〉中未載其府，記於鞏州條，屬臨洮路，見頁 654。仲德傳中謂其於正大六年「移知鞏昌府」，而《元史》，卷六十，〈地理志三〉謂宋置鞏州，「金爲鞏昌府」，見頁 1429。
〔註72〕參見前揭〈宣宗紀〉中，頁 317、321；另見卷一○八，〈胥鼎傳〉，頁 2375、2378。
〔註73〕參見同註 59〈宣宗紀〉中之相關記載。
〔註74〕參見前揭〈宣宗紀〉中，頁 341；另見卷一○○，〈完顏伯嘉傳〉，頁 2212。

胥鼎於興定四年致仕後，河東行臺一時似無人出任，至元光二年（1223）三月始見完顏伯嘉以權參政行省河中，然六月即以疾死，同時金廷詔罷河中行省，置元帥府〔註75〕。此河中行省或曾再復而或罷難以確定，但次年三月，完顏合達行省京兆，「兼統河東兩路」，大體是此後即未再設河中行省〔註76〕。河東行臺省多以南路平陽或河中為駐地，蓋以北路已大部淪於蒙古之手，形勢已不可為，故貞祐三年七月胥鼎為河東宣撫使時即已上書言：「平陽（南路）以代（北路）為藩籬，……臣所部乃河東南路」，至四年正月，蒙古「兵六萬圍平陽」，則河南東之指揮中心當時已告危急〔註77〕。平陽、河中於金末數度易手，亦足見蒙、金雙方河東之激烈戰事。

（五）大名行臺省

金設大名府路，貞祐二年十月，參政孛朮魯德裕行省於大名府。其前三月宣宗正遷都於汴，而中都危急，故以德裕行省並領河北、河南之兵，會同元帥右監軍永錫之兵前往增援，但德裕「不時發，……坐弛慢兵期」而罷其行省〔註78〕，此後則未見大名行臺省。

（六）河北行臺省

河北分東、西二路，除西路之彰德府、浚、衛、滑州外，皆在今河北省內。貞祐三年八月，以參政侯摯行尚書省於河北東、西兩路，十一月侯摯入朝，十二月復出為行省，至四年五月轉為東平行省，至興定元年冬入為三司使，三年二月復回任河北，此期間之河北行省未見記載；六月行省權移至山東西路之邳州（江蘇邳縣），三年七月侯摯入汴京〔註79〕。興定二年八月，河北似另有完顏霆之行省〔註80〕，或即侯摯移行省於邳州，則另以霆為行省，

〔註75〕參見前揭〈宣宗紀〉下，頁365、366；前註伯嘉傳，頁2213。
〔註76〕元光二年六月罷河中行省，但據元好問〈資善大夫吏部尚書張公神道碑銘〉言「元光二年，詔復河中行臺」，似六月罷而後又復，見《遺山先生集》，卷二十，頁5下。次年二月，完顏合達兼統河東兩路，則或所復之河中行臺再度罷置，而由合達之京兆行臺兼統之，見前揭〈哀宗紀〉上，頁375。
〔註77〕以上參見註72，〈胥鼎傳〉，頁2374、2375。
〔註78〕參見前揭〈宣宗紀〉上，頁305；另見卷七，〈地理志〉下，頁627；卷一〇一，〈孛朮魯德裕傳〉，頁2237。
〔註79〕以上參見前揭〈宣宗紀〉上，頁311至315、318、335；另見卷一〇八，〈侯摯傳〉，頁2386至2389；卷一〇二，〈田琢傳〉，頁2250、2251。
〔註80〕參見前揭〈宣宗紀〉中，頁339，然卷一〇三，〈完顏霆傳〉卻未載其出任河北行省之事，見頁2270、2271。

而霆之任職至何時不明。正大二年（1225）四月，原致仕之胥鼎又起復爲平章，行省於衛州（在河北西路，河南縣），至三年七月死時止〔註81〕。

（七）山東行臺省

山東分東、西二路，除海州、邳州在江蘇外，餘皆在山東境內，以益都（今地）、東平（今地）爲兩路之重心。

1. 山東西路行省

貞祐四年五月，侯摯出任西路東平行省，如上文所述，然據元好問所述則前此二年已有山東西路之行臺〔註82〕。興定元年以右副元帥蒙古綱爲東平行省，五年見時局不利乃奏請移河南，朝廷許其行省移邳州，至至光二年八月爲部將所殺〔註83〕。此後至正大間爲兵部尚書徒單兀典行省於徐州，八年承立棄守京兆，代兀典行省，九年（天興元年）二月承立兵敗被俘而死，而兀典亦移行省於閿鄉；其時另有徒單益都行省事於徐州，旋即出走〔註84〕。次年，金哀宗走歸德，往蔡州，一年後金亡。天興年號的三年爲金末之最後三年，但仍見行臺省；徐州行省如完顏仲德、完顏賽不，又如國用安爲京東、山東等路行省〔註85〕。

2. 山東東路行省

此行省僅見興定元年（1217）以元帥左監軍必蘭阿魯帶行省於益都〔註86〕。

（八）南京路行臺省

南京路以汴京開封府爲重心，宣宗貞祐二年遷都於此，以中央所在地尚設行省，可知其時已面臨殘局而難有作爲，故南京之行省皆在金末最後之三、五年間。《大金國志》載興定六年曾有陝州（河南陝縣）行省穆日華〔註87〕，

〔註81〕見前揭〈胥鼎傳〉，頁2383、2384，〈哀宗紀〉上，頁376。

〔註82〕參見元好問，〈奉國上將軍武廟署令耶律公墓誌銘〉，《遺山先生集》，卷二七，頁15上。

〔註83〕參見《金史》，卷一○二，〈蒙古綱傳〉，頁2256至2260；另見前揭，〈宣宗紀〉下，頁367。

〔註84〕參見《金史》，卷一一六，〈徒單兀典傳〉，頁2537，〈承立傳〉，頁2551；卷一一七，〈徒單益都傳〉，頁2555、2556。

〔註85〕參見《金史》，卷一一九，〈完顏仲德〉，頁2606；卷一一三，〈完顏賽不傳〉，頁2483；卷一一七，〈國用安傳〉，頁2562。

〔註86〕參見前揭〈宣宗紀〉中，頁332；另見卷一○二，〈必蘭阿魯帶傳〉，頁2262。

〔註87〕參見卷二五，頁181，唯此記載不見於《金史》。

然其事不詳。正大、天興之際有他路行省移至南京路者,如前述完顏合達、移剌蒲阿由京兆而來閬鄉,徒單兀典亦由徐州行省而至,後出兵關中仍為行省,戰敗而亡。此時形勢已大壞,行省多不能在其原管內行事,故見此類之情形。天興元年於南京路之行省有三,當汴京被圍時,哀宗以皇族思烈權參政行省於鄧州(河南鄧縣),後以兵敗罷其行省,出守中京(洛陽)復為行省。其二為與思烈同時之參政武仙,其任為河南行省。其三為參政完顏忽斜虎行省於陝州〔註88〕。次年之行省有參政粘葛奴申,其行省於陳州(河南淮陽),另有參政抹撚兀典行省於息州之地〔註89〕。

(九)京東行臺省

金末置京東路,應為臨時之號,故有前文所述國用安為京東、山東等路行省,又有天興元年八月,金廷將致仕數次之老臣侯摯起復為平章、行省京東路,但因兵阻而未能成行〔註90〕。

上述行臺省於章宗時有四,衛紹王時有三,宣宗之後則多至二十餘,幾乎大帥皆帶行省之號。

四、行臺省與中央之關係

前述金初與晚金之行臺省皆與時局及戰守有關,金中期世、章宗時之行臺省亦復如此。另有些行臺省係直接奉中央臨時之命,為單純任務而設,如海陵帝時為營建汴京,似設置行臺以董其役〔註91〕。章宗明昌四年(1193)以胥持國行省事治黃河之決,次年,由參政馬琪行省事治河,得以便宜從事,訖役而還〔註92〕。承安五年(1120)以樞密使宗浩、禮部尚書賈鉉,佩金符

〔註88〕 參見《金史》,卷一一〇,〈思烈傳〉,頁 2454;卷一一八,〈武仙傳〉,頁 2578;卷一一六,〈徒單兀典傳〉,頁 2540;兀典出兵關中又被稱為關陝行省。

〔註89〕 參見《金史》,卷一一九,〈粘葛奴申傳〉,頁 2596,奴申為部將李順兒所殺,順兒自稱行省,後為汴京崔立所承認;卷一一九,〈完顏婁寶傳〉,頁 2599,〈烏古論蝎蝠傳〉,頁 2602。

〔註90〕 參見前揭〈侯摯傳〉,頁 2389。

〔註91〕 《金史》,卷九六,〈李晏傳〉謂晏運木於河,曾上書行臺,見頁 2125。是時奉命營建汴京者為左丞相張浩、參政敬嗣暉,見卷五,〈海陵紀〉,頁 109;又張、敬二人之傳記雖言其主持汴京之營造,但未明言曾設行臺,故無法確定,見卷八三、九一之傳記。

〔註92〕 參見前揭〈胥持國傳〉,頁 2793;卷九五,〈馬琪傳〉,頁 2118;另見卷十,〈章宗紀二〉,頁 233、234。

行省山東等路括地〔註93〕。金末宣宗時亦見此類臨時差遣性之行省，如興定五年十月以僕散毅夫行省於京東，爲督諸軍芻糧即是〔註94〕。此類較單純任務之行省無非是加以大銜以示其事重位高，集中事權總領其任，又得於相關處便宜從事，而凡於事任結束後，其行省隨即撤消。行省之組織規模雖不詳，但因事任單純，故其規模當不比一般之行省，類似欽差大臣之奉皇命而略具衙府官員以行事，成爲臨時之任務編組性質。

金初滅遼攻宋，先得燕雲漢地、漢人，漸開始影響其政治之結構與組織制度，即「太祖入燕，始用遼南、北面官僚制度。」〔註95〕遼之南面官專治漢人租賦、州縣等事，故設樞密院一如其制；北面則爲金初之女眞官僚制，而又以北面凌駕於南面總全國大政，其權力地位南面遠不如北，故初設之樞密院本身無非是遷就現實之制，似有行臺省之規模但卻不比於後來之行臺省的正式成立。樞密院尙在方面軍帥統管之下，眞正之大行臺是華東、山西兩方面之元帥，即前文所言之「東、西朝廷」，言其爲兩「朝廷」正可與中央朝廷鼎立而三，地方有朝廷規模正如大行臺之涵義，也因之造成地方與中央之緊張關係，勢將影響政局之發展。

金初政制以勃極烈、軍帥、猛安、謀克等構成，是部（氏）族與將領組成之軍政府性質，國家大政爲「諸酋」合議制，太祖、太宗除身爲皇帝成全國統帥外，亦爲「諸酋」之一，仍不脫部族聯盟之意味，其合議決策之情形於《三朝北盟會編》有所記載〔註96〕；其言甚簡略，但大體如是。勃極烈、軍帥、猛安等往往成互兼或重疊之身分，形成金初之貴族將領，及其軍事擴張，攻城略地之餘，不惟手握重兵形成方面統帥，抑且進駐地方造就區域勢力，此則往往左右中央決策及影響朝政。

廣寧或加上雲中樞密院之情形不詳，以燕京樞密院而言是在華東帥宗望之轄下，前文已言及知院劉彥宗佐宗望軍，伐宋時亦領漢軍隨宗望出征。此外，其知樞密院乃「凡州縣之事委彥宗裁決」，即處理民政，又「凡漢地選授、調發、租稅皆承制行之」，「選官與使者往論之，使勤於稼穡」等，故時立愛、

〔註93〕此次括地因中都、山東、河北屯駐軍人土地不贍，官田多爲民所冒占，故以宗浩括地，見《金史》，卷九三，〈宗浩傳〉，頁2074；又見卷十一，〈章宗紀三〉，頁254。
〔註94〕參見前揭〈宣宗紀〉下，頁358。京東路非金制之路，乃泛便稱京東地區。
〔註95〕見前揭劉彥宗等傳之贊文，頁1779。
〔註96〕見註19，頁25。

劉彥宗、韓企先輩，「官為宰相，其職大抵如此」，又其「軍旅之暇，治官政、庇民事，務農積穀，內供京師，外給轉餉，此其功也。」〔註97〕金初樞密院所行已近尚書省之職權，其時金中央仍用舊法，故雖無行臺之名卻具行臺之實。若以燕京樞密院受命於宗望而言，則宗望即可視之為「燕京大行臺」，其管內為華東地區，宗望本人所受之命及其權力為注擬南京留守及官員，裁決徭役、稼穡、疆場之事，在地方上招考士人，任命新附之各地官吏，以信牌、空名宣頭安撫降民，而南京「小大之事，必關白軍帥，無得專達朝廷。」〔註98〕宗望軍帥貴族之身分與權力即為華東方面之「朝廷」，小大之事自無需再「專達朝廷」。當天會二年平州張覺叛時，軍帥闍母即可命樞密院的劉彥宗分兵進討〔註99，〕亦說明其時軍帥之權在樞密院之上；更何況不久建立都元帥府，宗望為華東地區之右副元帥，與宗翰為山西地區之左副元帥，分掌兩方面軍、民政大權，進而可與中央抗衡，左右時局。

山西方面之宗翰如同宗望可便宜從事，受命寄以方面，當遷官資可便宜除授，擁有空名宣頭百道，對外國西夏可承制割地以賜之等〔註100〕。至於宗翰、宗望二人及後來繼為華東方面之撻懶，其權勢地位，影響朝政之大者，約略有數端：其一為對遼、宋攻戰之決策，其二為立熙宗，其三為立楚、齊政權及廢齊國，其四為對宋之和戰及交涉。凡此皆對金初立國、發展、內政、外交等莫不有重大影響，而以中央與地方相對關係來看，地方勢力左右中央決策，產生派系集團之政局，引發朝廷人事糾紛，造成中央（皇權）與地方（貴族統帥）之緊張。其往後之發展為中央皇權逐漸鞏固，因之地方勢力削弱，中央集權隨人事與制度並行建立與配合實施，終至廢除行臺省及元帥府，而於臨廢行臺時，海陵帝尚設監察御史分司於行臺，加強中央之控制；其間自不免有政治鬥爭與權術運用之過程。至於經過之詳情已有前輩學者之相關論述，筆者亦有專文述及，故不再贅言〔註101〕。

金代中期世宗、章宗時為南方戰事亦曾設行省。世宗時值宋孝宗北伐，

〔註97〕參見前揭劉彥宗、時立愛、韓企先等傳及贊文。
〔註98〕參見《金史》，卷七四，〈宗望傳〉，頁1703、1704；卷一二七，〈諸承亮傳〉，頁2748，〈太宗紀〉，頁49。
〔註99〕參見《金史》，卷八四，〈完顏昂傳〉，頁1886。
〔註100〕參見《金史》，卷七四，〈宗翰傳〉，頁1695、1697；卷一三四，〈西夏傳〉，頁2866。
〔註101〕參見註2諸人論著。海陵以御史分司行臺為在監察控制，足見其皇權之行使，見《金史》，卷八二，〈紇石烈胡剌傳〉，頁1840。

章宗時值宋寧宗北伐，金皆設行省以臨，當時之行省確實爲管內最高首長，統軍實施戰地政務，至戰事結束則撤省歸朝，其上並無軍帥或領省事之設。章宗初爲防北邊而設之行省亦復如此，尙有北京留守完顏裔因行省失職而遭除名之事，可知中央對行省之掌握，朝廷紀律尙能維持。衛紹王以後則朝綱日壞、將士紀律日墮，掌方面之行省良莠不齊，政權核心之女眞親貴遠不如金初，至於無人才可用。

蒙古攻金初始，北方禦邊之行省獨吉思忠、承裕兵敗退守，衛紹王除名思忠並解其職，承裕仍行省主兵事，後大敗而歸，「識者謂金之亡決於是役，衛紹王猶薄其罪，除名而已」〔註102〕。紇石烈執中爲西京留守，不戰潰退，擅取官銀、奪官民馬，私殺縣令等；至京城後，「朝廷皆不問」，又以之爲右副元帥、權尙書左丞，「執中益無所忌憚」，朝臣屢數其罪，又輕其謀略，但「上終以執中爲可用」，後至於弒衛王〔註103〕。衛紹王之才智領導固有問題，但亦可見其時權臣之跋扈與朝綱之壞。此種情形若臨國家多事之秋，欲託重臣以扶社稷之時，違法亂紀之權臣極易產生，若以行臺省而言，則位高權重難以控御，金末之行省大體雖不似紇石烈執中之跋扈，但中央亦盡力攏絡，未必認眞過問。

宣宗以後因時局所關，行省設立漸多，其權位勢力不如金初，但仍可便宜承制而行，如東平行省蒙古綱承制除經略使、副，河北行省侯摯亦如此承制除官〔註104〕，陝西行省便宜遷張庋官四階，授同知州事，又可注擬七品以下官，有罪許決罰，丁憂待闕隨宜任使，〔註105〕至興定二年時，可賞罰四品以下官〔註106〕，可謂權力頗大。至官員缺額時，中央亦以地方爲重，興定二年，平陽行省兵不滿六千，五年，陝西行省奏軍官缺員〔註107〕，雖然兵源不足，戰事多端，未必得以調配補充，但對較高級官員之調派仍以戰區爲優先，如陝西行省奏商衡爲左右司員外郎，樞密院表留之，但以行省重地，急於得人，乃如行省所奏；在官署人事上，行省亦曾設立監察御史兼彈壓之職〔註108〕。

〔註102〕參見同註50。
〔註103〕參見《金史》，卷一三二，〈紇石烈執中傳〉，頁2834至2836。
〔註104〕參見《金史》，卷一一八，〈張甫傳〉，頁2582。
〔註105〕參見前揭〈宣宗紀〉中，頁330、343。
〔註106〕參見前揭〈胥鼎傳〉，頁2381。
〔註107〕參見《金史》，卷一二二，〈從坦傳〉，頁2663，〈女奚烈資祿傳〉，頁2670。
〔註108〕參見《金史》，卷一二四，〈商衡傳〉，頁2697，其時行省爲完顏賽不，但元好問〈商平叔墓銘〉稱其時（正大六）行省爲胥鼎，見《遺山先生集》，卷二

行省對軍事兵機有控制之權，原金制係樞密院主兵，節制在尚書，中晚期漸改，故趙翼言金中葉後宰相不與兵事〔註109〕，但行省可領兵御帥，中央京省宰執與行省之宰執正在此有異，行臺省為中央分行地方，但擁有隨機便宜之權，管內兵、民、財權皆得裁決以行，然則統軍兵事為其主要任務〔註110〕。興定初金、宋戰爭，元帥左都監紇石烈牙吾塔不待行省僕散安貞節制，至無功而返，為行省安貞所劾，是知軍帥須受行省之節制，而軍帥隸行省則不復遵帥府之約束，亦可見行省有其管內之軍權〔註111〕。貞祐以後，朝廷急於國家安全，不免極力招攬恩撫，以求效命。陳規言其時之情形是：至於賞官賜爵，冗濫已極，而軍官數多，十羊九牧，號令不一；至正人時，河南一路之便宜、行院、帥府、從宜凡二十處，陝西有行省二、帥府五〔註112〕。其中良莠不齊，必有違制犯法、擅權跋扈者，至於時局最重要之軍事，在結構上有不相統屬節制不一之弊，加上軍帥尊大其權之病，故郭文振建言仍需設行省統籌節制；但中央不能如其所言〔註113〕。陳規與郭文振之言相當，實際情況符合，中央對方形勢掌控日弱，愈需要仰賴行省節制，甚至企求於地方勢力而假以名號，如「九公封建」之力，這些「宣力忠臣」得總帥本路兵馬，署置官吏，徵斂賦稅，賞罰號令得以便宜行之，「除已畫定所管州縣外，如能收復鄰近州縣者，亦聽管屬」〔註114〕，直如九行臺省之設置。

「自兵興以來，亟用官爵為賞」〔註115〕，如陳規所言至於冗濫；因擁有便宜、從宜之名，往往即有不遵條格，對於中央六部及三品以下官動則箚付，

一，頁6上。案，《金史》所載胥鼎於正大三年七月即死，未知何者正確？見頁2383、2384。行省設監察御史不詳其年，但於元光二年六月（1223年）罷廢，見〈宣宗紀〉下，頁366。

〔註109〕參見趙翼，《廿二史箚記》（台北：世界書局，民國60年4月，7版），卷二八，頁403。

〔註110〕如正大六年（1229年）權樞密副使移剌蒲阿奏：「陝西設兩行省，本以藩衛河南，今北軍之來三年於茲，行省統軍馬二、三十萬，未嘗對壘，而未嘗得一折箭，伺用行省。」見《金史》，卷一一二，〈移剌蒲阿傳〉，頁2470。

〔註111〕參見《金史》，卷一○四，〈紇石烈胡失門傳〉，頁2301；卷一○九，〈完顏素蘭傳〉，頁2399；卷一一八，〈苗道潤傳〉載：「行省在彼，自當俱聽節制，何待帥府」，見頁2572。

〔註112〕參見《金史》，卷一○九，〈陳規傳〉，頁2407、2408、2410。

〔註113〕參見《金史》，卷一一八，〈郭文振傳〉，頁2585。

〔註114〕參見前揭〈苗道潤傳〉，頁2574。

〔註115〕見《金史》，卷一○一，〈李英傳〉，頁2236。

造成紀綱紊亂〔註116〕，足見地方氣勢之盛，正是專賴地方之病。又有李英之假權濫注官爵，行省把胡魯擅出繫囚，宣宗「朕爲卿地，因而肆赦，以弭眾口」，重者如行省徒單兀典劫掠官庫，脅迫商、民從行，軍士強娶民女等，至於地方父老哀訴「行省復來，吾州碎矣。」〔註117〕行省對地方之作威福，中央多不能問，恐爲收攏效命之故。

五、結　語

　　金初興兵十年滅遼，一年後亡北宋，史稱其成功之速爲族性鷙勁沈雄，才皆良將銳兵〔註118〕，故能成其大業。擴張迅速亦導致戰地領土之控制問題，金取燕雲地後，爲招撫與治理即採用遼之南面官制，取漢人、漢法以治漢地之意，乃有樞密院之設立，由廣寧、平州、至燕京，隨軍事之發展而遷移；雲中地區亦或有類似機構之設。樞密院行政由漢官宰執負責，多爲遼系漢臣，其上爲地方之統帥；華東、山西皆有左、右副元帥爲最高統治者，儼然成爲大行臺之勢，然其時並無行臺之名。

　　天會十五年廢齊國，以其領地陝西、河南設汴京行臺省以治之；次年，燕京樞密院亦改制成燕京行臺省。因劃地歸宋政策汴京行臺隨帥府移大名、祁州，及金攻宋後復徙至汴京，燕京行臺或不久取消而併入汴京。海陵初罷行臺省，行省以廣寧樞密院起計爲時二十八年，以汴京行臺起計則爲時十三年。

　　金初樞密院、行臺爲貴族將領之地方勢力，其權力地位可與中央抗衡，足以影響決策、左右朝政，和戰外交皆受其影響，長期產生中央與地方之緊張；即使以女眞本土傳統之國事合議制而言，亦造成中央莫大之壓力。後來鞏固皇權爲金初內政上之急務，熙宗、海陵莫不致力於此，終得完成中央集權，並採漢法改定新制。尚書省代表之中央確立，分行於地方則有行臺省之置；時局變動，皇權新制之下，遂有海陵之廢行省。

　　金代中期因對宋戰爭而臨時於戰區置行臺省，北方備邊亦設行省，此與金末因戰守之勢所設行省相同，另有差遣辦事而不關兵戎之行省，皆在旨命之中執行任務，未有金初地方強大之勢力，亦不復左右中央朝政。金末宣宗

〔註116〕參見前揭〈侯摯傳〉，頁2384。
〔註117〕參見同前註，頁2385；前揭〈把胡魯傳〉，頁2392；前揭〈徒單兀典傳〉，頁2539、2540。
〔註118〕參見《金史》，卷四四，〈兵志〉序文，頁991。

南渡之貞祐年間，陝西、河北、河東、山東、遼東紛設行省，正反應其時之局勢，前此衛紹王時已設四、五行省，宣宗末以後至哀宗，為勤王守土行省幾遍地，其時已多係假名號至於濫矣，猶如元帥之名而便宜行事，凡能效力則不惜封賞，益知其國勢已不可為。

　　晚金行省權力類似金初，但無地方勢力，亦無與中央抗衡，朝廷並不虞行省之左右，但恐其不足禦強敵耳，至於行省或有尊大濫權之事，恐在所難免，既需倚賴之，唯姑息攏絡，以收其效命之心，斯時金廷之中央亦不能有其他作為。

　　　　（原刊於國史館《中華民國史專題第五屆討論會論文集》，2000 年）

金代漢臣之政見[*]
——以君臣對話爲重心

一、前　言

　　金代漢族士人的研究，是認識金代歷史不可或缺的一環。而金代的政治運作當中，漢族士人的參與，亦是相當重要的一部份，無論其政策的計劃、思考，或現實面上的實際運作，漢族士人均爲金代的政治發展有其貢獻之地。

　　以往對金代政治活動的研究，多半是將焦點放在金廷政府機構的建立、組織內容之上，也有學者注意到在金廷之中漢族與女眞族這兩股勢力的發展與互動。在本文之中，則擬以金代漢族臣僚的政治意見作爲觀察的出發點，就此以瞭解漢族士人是如何由外而內的逐步進入並影響金代的政治發展。金代是由非漢族之女眞人入據華北所建立的朝代，最初的政策決定皆成於女眞本族自家之手，非女眞族群是難以進入其中並參與討論的。然而此現象漸有其變化，最遲到海陵王時期，漢族士人在金廷裡的作用已不容忽視。此其間，漢族士人不斷地在金廷內部提供其知識、技，並成就了金朝政府的官僚化。世宗、章宗時期，漢族士人已然成爲金廷政治運作中重要的角色。但至宣宗之後，漢士在金廷裡的地位卻漸形滑落，此趨勢終金之世一直未有改變，本文欲試從漢臣在政治上對帝王（朝廷）的意見中，來觀察金廷與漢族士人之間的關係。故而政見的內容並非本文的主旨，因而不作細論。

　　在本文之中所討論的「政見」，並非全面的述及所有金代漢臣對政治看法的言論，故非全部之政論，欲將重點放在漢臣與金廷的關係此範圍中，因此

---

[*]　本文原係國科會《金代漢士政論之研究》研究計劃之報告，經修改而成，1996 年。又本計劃得助理陳昭揚先生之協助。

本文「政見」的範圍將界定在臣僚與中央朝廷或帝王的「對話」。因此，一些金人文集之中常見的個人對政治或政事的批評及討論，如劉祁在《歸潛志》中對金朝政局的看法等這類論述，因其並非上奏於朝廷或諫之於帝王，故本文對此暫姑置不論。而此種人臣與中央朝廷的「對話」形式不拘，既有以奏摺發表呈上者，亦有直接與皇帝交談者，或於議事中表示意見態度者，總之欲透過本文之探討，以顯示金代漢臣的政見發表下所透露出的各種訊息。然則政見內容之範圍在廣義而言，舉凡政事、經濟、社會、民生等皆應在其中，但以狹義而言，則以政事、政風為主，本文則取較狹義之論點，述其大要。

二、金代政見發表之方式

金代之政治言論發表的空間，多少影響了漢族士人所發表的政見型態與性質。就資料來看，金代官員的政治言論大體有幾種發表的方式，即上奏論事或乞請、廷議的參與、與皇帝私下問答。而至金代章、宣帝之後，由於局勢的不安，為求凝結民心與集思廣益，金廷一則不斷鼓勵破格上表言事，一則開設了提供在野知識分子及一般百姓申論己見的場所，如招賢所、講義所等處。

上奏論事是最常見的議政方式及意見之表達。從史料來看，未見金代有如漢、唐上疏之章、奏、表、議等特殊的文書格式，或因金代未曾留下一部政書法典可供討論。但由可知的金代官員之政見發表來看，其發表的方式尚可再分之為上書乞請、執異論事、勸諫、彈劾等四種。上書乞請的論事範圍十分廣泛，其中可以就內容區分為技術層面的建議以及非具體事務的論述。所謂技術層面的建議，是指直接針對一項政策，或制度的內容提出看法。如吏部尚書張中彥在世宗大定初對關市的建言：

> 上疏曰：「古者關市譏而不征，今使掌關市者征而不譏。苛留行旅，至披剔囊笥甚於剽掠，有傷國體，乞禁止。」從之〔註1〕。

又如李愈在南京路提刑使任內請奏：

> 上言：「隨路提刑司乞留官一員，餘分部巡按。」又言：「本司見置許州，乞移置南京為便。」並從之〔註2〕。

〔註 1〕《金史》，卷七九，〈張中彥傳〉（台北：鼎文・點校本，以下，《金史》皆此本），頁1790。
〔註 2〕《金史》，卷九六，〈李愈傳〉，頁2130。

這是有關技術層面的建議。這方面的討論，大抵是官員在自己的職務範圍之內，在政事執行中發現了一些弊端，或者是想到了更有效率的執行辦法，對此而上書於皇帝以求裨補。非具體事務的論述，是指不對單一或特定的政治現象或政策做討論，因此所論事務多不外是正風俗、請帝王節儉等，或是對時事、政治現象的評論。如貞祐三年五月，劉炳上書條陳便宜十事，其中內容包括任諸王以鎮社稷、結人心以固基本、廣收人才以備國用、選守令以安百姓、褒忠義以勵臣節、務農力本以廣積蓄、崇節儉以省才用、去冗食以助軍費、修軍政以習守戰、修城池以備守禦〔註3〕。在這次上書之中，劉炳並未對其所論各事提出具體細節上的解決之道，僅是對各種現象檢討並論其大方向的建議。又如在章宗承安年間，戶部郎中李仲略曾上書論救本正末之要，並條陳制度之宜。其中所論救本正末之要即是非具體事務的論述，條陳制度之宜則是有關技術層面的建議〔註4〕。通常這些參與技術層面討論的官員職務多與所討論事務有關，然宰相與執政亦有參與其事者，而非具體事務論述的參與者，其職務則少見與其所討論事物有何太大的關連，且提出者多是臺諫、翰林等並未直接參與政事運作的官員。不過通常官員的上奏內容均包含了這兩種性質，如前述李仲略的上書即為明顯的例子。

面對官員的奏事，有時是皇帝對官員的建議不置可否，或是不明白其細節的處理過程，因此或有「下尚書省議」的現象。如張煒奏請以鹽易米之事，章宗詔尚書省曰：

　　張煒通曉人也，朕不敢縷結，卿等詳問之，毋為虛文〔註5〕。

又李愈曾於明昌二年言及邊防之道，章宗對其所論頗表愉悅，以為其「用心之忠如是」，但或是不明其論事是否可行，遂將其表下尚書省議。然此議在下尚書省後卻久不見行，此時李愈乃再上表請章宗「前表儻可採，乞斷自宸衷」於是章宗始將此議重新審視而執行〔註6〕。通常皇帝將這些建議「下尚書省議」時，供皇帝定奪。《金史》中言及泰和年間的一個討論過程：

　　（孟）鑄（時為御史中丞）論提刑司改按察司，差官覆察，權
　　削望輕。下尚書省議。參知政事賈鉉奏：「乞差監察時，即別遣官偕

〔註3〕《金史》，卷一〇六，〈劉炳傳〉，頁2237至2339。
〔註4〕《金史》，卷九六，〈李仲略傳〉，頁2128。
〔註5〕《金史》，卷一〇〇，〈張煒傳〉，頁2215。
〔註6〕《金史》，卷九六，〈李愈傳〉，頁2129。

往更不覆察，諸疑獄並令按察司從正與決，庶幾可慰人望。」從之
〔註7〕。

此外，承安四年禮部尚書賈鉉請寬公事奏文期限，亦下尚書省議。其後
尚書省討論出的辦法是以三月爲限，可依事勢再延一月〔註8〕。像這種「下尚
書省議」的現象，因爲可以多方廣採眾議，可說是使金廷在政策的執行上能
夠更爲圓滿的重要原因之一。

上奏章給皇帝除上書乞請、執異論事這類對政務方面的建議之外，另外
一項重要的方式即爲對人、事的諫言。諫言的內容頗爲龐雜，大體看來，在
對人方面有對皇帝行爲舉止的規勸、對各級官員的彈劾等，對事的方面則是
對政事的施行提出執異，而這種執異通常是針對已經施行的政策，於執行過
程中卻出現漏失的現象做討論。在這些對人、事的諫言中，金代漢臣對政事
的討論存在著一般異族王朝常見的特色。由於金朝是由女眞族人所創建，漢
族士人正式進入其決策討論的過程是後來的事，故不免產生對禮俗及政治作
爲上看法的差異，這些問題終金一朝便常成爲漢族臣僚與女眞統治階層討論
的一個焦點。此外，在漢官禮儀的逐漸引入金廷同時，中原漢士的政治理念
也不斷的在金廷政治運作中起其影響，因之，在金朝進行政事討論的同時，
中原傳統王朝中常見的勤儉愛民、不奪民時等政治理念也時常出現其中，而
成爲漢族士人，乃至於漢化女眞士人不斷地對皇帝提出規勸的主要依據。

以上爲上奏論事中一些值得注意的特點。上奏論事是一般漢臣發表政見
的正常管道，廷議的參與則是另外一個足以提供漢臣發表言論的場所。金代
的廷議是由皇帝所發起，通常是針對一項特殊的議題展開討論，議題的內容
則相當多元。大體可分爲以下兩類：第一是討論民情教化，形式上略帶「意
見發表會」的性質。如大定十六年世宗便與親王、宰執、從官等論古今興廢
事〔註9〕。明昌元年，章宗亦曾曉諭宰臣，令其集合百官討論「何以使民棄末
而務本，以廣儲蓄？」〔註10〕這類的集議與其說是針對一件事務的是非曲直
做爭辯，毋寧說僅是參與其事的官員在各抒己見，各展其論辯之才。

第二種是對具體政務的討論，這一類的討論在《金史》中出現的次數遠

〔註 7〕見卷一〇〇，〈孟鑄傳〉，頁 2202。
〔註 8〕《金史》，卷九九，〈賈鉉傳〉，頁 2192。
〔註 9〕《金史》，卷七，〈世宗本紀〉中，頁 163。
〔註10〕《金史》，卷九，〈章宗本紀一〉，頁 215。

多於第一種，尤其是在宣宗之後，蒙古對金朝的威脅日趨增強時，金廷亟需廣徵眾議以取得當時對蒙古的最佳決策，因此舉行了多次廷議討論與蒙古的攻守和戰。這類具體政務的討論，從其討論的參與者來看可以分成兩類，一是高官大臣與皇帝的討論，此種形式嚴格來說並不合於廷議的本質，因爲廷議通常是在特定的情形下，集合一批在正常政治運作下無法盡述其言的官員來做討論，以期得到不同的意見。但是這批高官重臣平時並不缺乏與皇帝討論的空間，故並不符廷議之本質。然因其集議之召開是由皇帝所特別提出，其討論內容有助於了解金末的施政概況，所以在此討論時仍視之爲廷議的一種。另一種廷議的目的是明確的在於博取眾議。在《金史》之中這類的記載很多，尤以章、宣以降爲最，其中多以邊防之事爲討論焦點。以〈本記〉所見，僅章宗時期，金廷便曾於明昌元年、三年、五年、承安二年、泰和五年、六年、七年等七次討論對宋與對蒙古的和戰之策，而參與的官員資格多僅是六品以上便可「各述所見以聞」。藉由此可發現許多中級的漢族官僚因而能在朝中暢談其所知〔註11〕。

　　隨著對蒙戰爭的日趨緊張，金朝國內的人心亦漸浮動。在此情形之下，金廷一則欲取得更多的應付方案，一則爲圖聚攏國內的民心，於是在原有的制度之外另闢途徑，提供更多人加入議政的行列。前文已言及在章、宣之後，博取眾議之舉，即爲此種現象的反應。又如章宗時以

　　　　大定廿九年以後士庶言事，或係國家，或邊關大利害已嘗施行

　　者，可特補一官，有利於官民，量給以賞〔註12〕。

到宣宗末年乃至於哀帝之際，金廷更進一部開放下級官員、庶人的議政途徑。其實允許庶民上書之舉在宣宗以前已可見，如海陵王即位之初，《大金國志》載：

　　　　詔中外臣庶，皆令直言朝政闕失與軍民利害，如有可採，自當

　　　聽用，其或不當，弗加之罪。苟能裨補公私，別議旌賞〔註13〕。

這種舉動應可視爲一種在皇帝即位之初，表達大公無私、廣納諫言的作法。

〔註11〕如於正大三年十一月庚申，金哀宗集百官議和宋之事，會議中論及之前曾有宋人夏全來歸，哀宗不知此事的本末，正好與會的樞密院經歷官白華詳知此事，將整個事件敘述並加以分析，哀宗便對白華有了印象。參見《金史》，卷一一四，〈白華傳〉，頁 2503。

〔註12〕《金史》，卷十，〈章宗本紀二〉，頁 230。

〔註13〕見卷十二（台北：商務，國學基本叢書），頁 103。

但與宣、哀之際相同的，是海陵王這項舉動也顯示當時國內局勢的不安，需用此法來凝聚國內的民心。至宣宗時，情勢比海陵王當時更為危急，於是開放庶人論政的政策可謂應時而生。

宣宗時，庶人議政的現象開始制度化。在中都圍急之時，宣宗便於東華門置招賢所，其主要司職為「命內外官採訪有才識勇略能區畫防城者具以聞，得實超任，仍賞舉主。內負長才不為人所知者，聽赴招賢所自陳。」除此之外，「內外士庶皆得言事，或不次除官〔註14〕。」換言之，由此可了解招賢所設置目的與運作內容具有相當的彈性，而宣宗亦對之有莫大的期望，然而從史料來看，此機構最後卻不了了之，未見下文。到哀帝時期，則設立講議所，《金史》載：

> （天興元年十月乙酉）設講議所，受陳言文字，以大理卿納
> 合德輝、戶部尚書仲平，中京副留守愛失等總其事〔註15〕。

另外又載一段陳言的經過：

> 天興二年正月丙寅，省令史許安國詣講議所言：「古者有大疑，
> 謀卿士，謀及庶人。今事勢如此，可集百官及僧道士庶，問保社稷、
> 活生靈之計。」左司都事元好問以安國之言白（完顏）奴申，奴申
> 曰：「此論甚佳，可與副樞議之。」副樞亦以安國之言為然。

由上可知，其講議所的設置，實為金廷意圖利用獎勵言事的手段，以提振政治風氣，挽求頹勢的一項政策。當時也確實有不少的言論透過這條管道「上達天聽」，然而這些言論卻也是良窳不齊的。在《金史》中即記載道：

> 中都圍急，詔於東華門置招賢所，內外士庶皆得言事，或不次
> 除官，由是閭閻細民，往往衒鬻求售。

但少見裨補時弊的建議提出而為金廷所接受，反而是一些市井小民的迷信荒誕之言行能打動當朝權貴與宣宗〔註16〕，這種現象則更加挫抑當時士人的信心，由劉祁的評論或許我們可以瞭解當時士人對金亡前夕政風的印象，其道：

> 南渡後，宣宗獎用胥吏，抑士大夫，凡有敢為、敢言者，多被

〔註14〕《金史》，卷一○四，〈完顏寓傳〉，頁2301；置昭賢所事見卷十四，〈宣宗本紀上〉，頁320。卷一○九，〈許古傳〉。又記載貞祐四年「始設昭賢所，命（許）古等領其事」，見頁2415。

〔註15〕見卷一一五，〈完顏申奴傳〉，頁2524。

〔註16〕見卷一○四，〈完顏寓傳〉，頁2301。其中載王守信、李棟等事可知。

斥逐。故一時在位者多委靡，惟求免罪哥苟容。急天興之變，士大
夫無一人死節者豈非有以致之與〔註17〕？

除為免罪苟活外，即是迷信荒誕之言。其實與其說迷信荒誕之言能求售
於朝廷，毋寧說是女真統治階層在面對著迷信之論與真正討論國家大政的言
論時，迷信之言較易為女真統治階層所接受。整個政治的大環境未能改善，
僅欲以講義所的設置來尋求政治問題的解答，效果看來似乎是不佳的。

三、金代初期的政見

金代初期漢臣所發表的政治言論內容與其性質，與當時的政治環境有相當
密切的關係；其時正值女真入主中原之初。在入據中原前，女真在東北的政治、
社會組織相較於當時的中原政權，是鬆散而分工程度較低的。但是在時勢推演
之下，短短的十數年中女真人突然獲得了中原廣大的領土以及數十倍於本族族
人的漢族百姓，此時女真統治階層即感到原來部族的政制已無法應付此新局
面，因而，原先被金廷所征服的遼、宋知識份子即可藉機展露其頭角。

太祖、太宗時期漢族士人之參政是以遼系為主，故所見此刻的漢臣政見
大多為遼系漢族知識份子所提出。這些政見現今雖已難得全貌〔註18〕，不過

〔註17〕參見劉祁，《歸潛志》，卷七（北京：中華，1983年），頁73。
〔註18〕就《金史》、《大金國志》、《金文最》、《金文雅》等資料來看，在金初時期明確
可知其內容的漢臣政見僅有六條，且皆為太宗時期，附於下：

發表年月	論　者	內　　容	資料來源	備　　註
天會元年	時立愛	請安撫投降諸州	《金史》，卷78	太宗允之
天會二年五月	劉彥宗	上伐宋十策	《金史》，卷75	內容不詳
天會二年	劉彥宗	請改都統府為元帥府	《大金國志》，卷4	太宗從之
天會四年十月	劉彥宗	請斡離不試真定儒士	《大金國志》，卷4	斡離不從之
天會四年	劉彥宗	宗翰、宗望入汴京只取圖籍，勿侵擾民間	《金史》，卷78	宗翰、宗望嘉納之
天會五年正月	劉彥宗	請復立趙氏	《金史》，卷3	太宗不聽

除了這些資料外，由其他的佐證可以看出當時漢臣的政見應不止此，例如從後
文提到的金世宗對於韓企先的評論來看，漢臣對於當時政局的建言應有不少已
然亡佚而無法得知。另外如《大金國志》，卷九亦言及：「初，宋使宇文虛中留
其國，至是（天會十三）受北朝官，為之參定其制。」，見頁77。史料中並未見
宇文虛中究竟提過何種意見，但從這段敘述來看，宇文虛中對當時金廷官僚制
度的建立功不在小。因此，無法由當時留下的政見之稀少以證明其時漢臣在政
治上缺少影響。若欲討論此問題，應從當時金廷帝王對漢臣的政治言論之接納
情形來作觀察。

從史料所見，這些政見的內容以及其背後代表的歷史意義大體有幾項特色值得注意。首先是這些政見的提出，多半是屬於制度層面上的建議，體現當時金廷漢化的過程中漢族士人的地位。此可由金世宗對韓企先的評論得之：

> （大定）十一年，將圖功臣像於衍慶宮，上曰：「丞相企先，本朝典章制度多出斯人之手，至於關決大政與大臣謀議，不使外人知之，由是無人能知其功。前後漢人宰相無能及者，置功臣畫像中，亦足以示勸後人。」〔註19〕

由以上的評論可知，金世宗給予韓企先很高的評價。不過金世宗時期已「**無人能知其功**」，就今日史料更不易找到任何韓企先對當時金廷的上書。但劉彥宗則留下一些資料供我們思考，從這些資料來看，劉彥宗在金廷的政制建立中亦扮演一重要的角色。如在天會四年間，劉彥宗曾請改都統府為元帥府，並在當年的十月勸斡離不試真定儒士等；這些建議均獲得採納〔註20〕。直至金朝的官制完全建立為止，漢臣均不斷地參與其中。不論是國家制度的制定，或是對制度中的不當及漏失提出修正與補缺，這批漢臣皆不斷地提出其建議。整個而言，這時期漢臣對金廷提出關於制度上的建議，金廷亦多半接納。不過從另外一個角度來看，此時漢族士人的政見發表情形與熙宗之後的情形相較，則尚未發現此時漢臣的政見之中有因為實際的政事運作而產生的質疑與想法，或許是此類資料業已亡佚，但亦可能是此時漢臣尚未能進入金廷統治核心，以致無法參予實際政治之決策。由於史料之不足，在此無法做過份論斷。

漢臣除在政治制度上提出自己的看法外，在一些重要政策上漢臣亦常藉機表達其看法。此一則牽涉到有些政策實關係漢族士人本身的利益，一則是漢臣對某些政策在執行上的缺陷自覺須有所建言。然而，在政策的執行上，通常女真的統治階層較易於根據本身的利益來做考量，因此縱使漢臣的建議在理論上較具可行性，但女真統治階層基於利益上的斟酌，甚或是考慮到女真統治階層內部的派系問題，未必會全盤依照漢臣的議論行事。

因政策的施行牽涉到漢族的利益而提出異議，最明顯的例子為左企弓作詩諫以燕地還宋。當時宋朝與金朝約定，即兩國合力攻滅遼朝之後，燕雲十六州之地需還宋。雖然是兩國結盟以共同滅遼，但最後幾乎是金朝獨立為之，

〔註19〕《金史》，卷七八，〈韓企先傳〉，頁1778。
〔註20〕參見註18所列表中記載。

因此後來改議爲燕雲十六州的土地歸宋，人戶歸金，然而此決定將造成燕雲十六州的居民被迫至流離失所，因此左企弓身爲遼系漢人的領袖，當需挺身制止此決策；但是當時金太祖並未接納其議〔註21〕。同樣，是因漢族士人本身的利益而提出的建議，如天輔七年（天會元），時立愛請安撫投降諸州，太宗基於統治上的方便，乃允其所請〔註22〕。除遼系漢人外，宋系漢人亦見以漢人百姓的權益之事向金廷提出乞請。如《金史》載：

> 齊廢，梁王宗弼領行臺省事，（范）拱爲官屬。宗弼訪求百姓利病，拱以減稅爲請，宗弼從之，減舊三分之一，民始姑息〔註23〕。

換言之，漢臣在政策面上的建言，女眞統治階層是會根據其利益作出取捨，既不至全然不顧漢臣的意見，但亦不會全盤接受。可見政策的決定與否，女眞統治階層實握有最後的決定權，非漢臣所能輕易左右。

除關係到本身的利益之外，漢臣也會根據自己的理念對時政提出批判與建議。如天會五年正月乙未，劉彥宗曾上表請復立趙氏，對此，太宗並未允其所請〔註24〕。另外一方面，在《大金國志》中亦有女眞統治階層採納漢臣建議之舉：

> （天會六年十二月）時漢兒將起孔子墓，粘罕問：「孔子何人？」通事高慶裔曰：「古之大聖人。」曰：「大聖人墓焉可伐？」盡殺之。故闕里得全〔註25〕。

從左企弓、劉彥宗、高慶裔的例子來看，金廷在一些重要政策的考慮時，多有其思考方式與決定。因此可說在金朝初年，漢臣是很難在國策大政上作出決定性的影響。事實上就這段時間女眞統治階層對漢臣之建議的取用程度來看，女眞統治階層多視漢臣爲技術官僚，少部份能獲得女眞統治階層所信賴的漢臣，亦不過是視之爲高級參謀或行政官僚而已。例如劉彥宗便曾以此類參謀的身分參與政事，《金史》載：

〔註21〕在《三朝北盟會編》，政宣上帙十四（台北：大化），當左企弓獻詩後，金朝「故有敗盟之意」。觀日後金廷依舊歸地於宋，此說法恐待進一步探討。見頁甲124。左企弓詩句爲：「君王莫聽捐燕議，一寸山河一寸金」，見《金詩紀事》，卷四（台北：鼎文，1971年），頁1下。同時記有馬擴〈茅齋自敍〉言因左企弓獻詩阿骨打，而金有敗盟之意。

〔註22〕見《金史》，卷七八，〈時立愛傳〉，頁1776。

〔註23〕見卷一〇五，〈范拱傳〉，頁2313。

〔註24〕《金史》，卷三，〈太宗本紀〉，頁56。

〔註25〕見卷五，頁47、48。

（天會二年三月）己未，宗望以南京反覆，凡攻取之計，乞與

知樞密院事劉彥宗裁決之〔註26〕。

是以當漢臣提出政治制度方面的議論時，金廷多加聽從，但涉及真正國家重要的大決策時，漢臣實難置喙於其中。因此許採在《陷燕錄》中，提到金之南下侵宋是由劉彥宗等輩之欺誘所致，其言「**況劉彥宗輩皆漢人，各銜中國搆金人破契丹之怨，遂教其猖獗如此。**」從以上的討論來看，金初的這批漢臣，在金廷的決策之中，或能產生了一些潛移默化之效，但說是因為此輩遂教女真之入侵宋朝「**猖獗如此**」，是值得再加商榷的〔註27〕。

太祖、太宗時期，除了從漢族士人政論獲得採納與否，可知當時的政治運作中漢臣是難以進入中央決策，此外，金初用漢臣多用以治漢民官政庶事，務農積穀，內供京師，外給轉餉；些許漢臣地位雖高，或對政事有其影響，但未能進至中央朝廷參決軍國大政，甚至尚依附於貴族將領之下行事〔註28〕。從當時的政治發展中可清楚看到遼系漢臣是如何在政權交換之際，保持並爭取自己的社會、政治地位，此可由前述左企弓之〈諫捐燕〉詩中得見。其實，此一則是因在政權交替之際，作為無力影響世局的局外人這種身分，不難想像需對自我的權益利用各種方式以求自保；另一則是因漢族士人尚未取得女真統治階層的真正信賴，使得漢族士人雖然極力欲進入金廷的決策中央之內，但至少至熙宗時期始終未能如願。故在熙宗皇統七年，當時正築城於館陶，有決議說「有警即令北（女真）軍入居之」。劉彥宗之次子劉筈時任行臺尚書右丞相，即力請帥府勿分別南北之間，即勿對漢人猜疑〔註29〕。雖然最後帥府從其所議，但卻也顯示出女真人對漢人不信賴的問題一直到熙宗時期仍然存在著。

四、金代中期的政見

金代至熙宗、海陵王時期，金朝的官僚體制已然大成。《金史》〈百官志序〉中論說：

漢官之制，自平州人不樂為猛安謀克之官，始置長吏以下。天

〔註26〕見註24，頁50。
〔註27〕收錄於《三朝北盟會編》，政宣上帙十四，頁甲232。
〔註28〕參見拙作〈金初的功臣集團及其對金宋關係的影響〉，《宋史研究集》，第十五輯（台北：國立編譯館，1984年），頁199至226。
〔註29〕《金史》，卷七八，〈劉筈傳〉，頁1772。

輔七年以左企弓行樞密院於廣寧，尚踵遼南院之舊。天會四年，建
尚書省，遂有三省之制。至熙宗頒新官制及換官格，除拜內外官，
始定勳封食邑入銜，而後其制定。然大率皆循遼、宋之舊。海陵庶
人正隆元年罷中書門下省，止置尚書省，自省而下官司之別，曰院、
曰臺、曰府、曰司、曰寺、曰監、曰局、曰署、曰所，各統其屬以
修其職。職有定位，員有常數，紀綱明，庶務舉，是以終金之世守
而不敢變焉〔註30〕。

　　金朝官僚體制的產生與完成，可以說是眾多漢臣孜孜不倦的參與下產生
的結果〔註31〕。官僚體制的建立不但可以說是金初漢臣在政治活動上最重要
的成就，同時也造就了更多漢族士人入仕的機會。此種現象對漢臣政見的影
響，即向皇帝的言行、決策提出意見的出現。此種意見的出現，不但代表漢
臣的上書已有一定的管道，也代表著漢族士人已經認同了金朝的帝王是中國
傳統政治中的領袖。但是金朝的帝王畢竟是女眞族人，自有其本族之習俗禮
儀及不同於漢族帝王的思考模式，因此每當漢臣以傳統中原的政治理念規勸
金朝的帝王，或是對朝廷政治運作提出不同的看法時，彼此觀念上的歧異即
由之顯出。有關勸諫皇帝的作爲最早可見的史料是出現於熙宗朝時，程寀之
上疏言事。此次上書程寀其提出六事，分別是諫熙宗遊獵之時應備警衛護駕、
請加太祖諡號、請遣使四方巡查、請詔尚書省戒勵百官、論後宮嬪妃善妒、
及請嚴宮禁之制等。其時熙宗的反應是「嘉納之」，但觀其眞正付諸施行者，
僅是「始命有司議上太祖尊諡」，其他五事則未見實行〔註32〕。其中請備警衛
護駕與請嚴宮禁之制等二事的提出，可以說是根源於女眞民族與漢民族不同
的習俗所產生的，對此，金熙宗並不明確的表達意見，只是不置可否罷了。

　　在世宗、章宗之時，則有更多史料記載此種關於漢文化與女眞習俗的衝

〔註30〕見卷五五，頁1216。
〔註31〕除了從前面所引述太祖、太宗時期的韓企先、宇文虛中、劉彥宗等例子之外，
　　　　在熙宗、海陵王時其中尚有不少漢族士人投入這項活動之中。如韓昉，《金史》
　　　　中言其「自天會十二年入禮部，在職凡七年。當是時，朝廷方議禮，制度或
　　　　因或革，故昉在禮部兼太常寺甚久矣。」見卷一二五，〈文藝傳上〉，頁2714
　　　　至2715。如蔡珪，「珪號爲辨博，凡朝廷制度損益，珪編類詳定檢討刪定官。」
　　　　見頁2717。如胡礪，「(熙宗時)遷禮部郎中，一時典禮多所裁定。」見頁2722。
　　　　這些敍述均表現了漢族士人在此方面之參與及投入，然而因爲史料的缺乏，
　　　　已難瞭解其具體的活動及言論內容。
〔註32〕參見《金史》，卷一○五，〈程寀傳〉，頁2307至2310。

突而表現在進諫之上者。如大定六年，太子詹事兼諫議楊伯雄率眾諫官諫世宗赴涼陘避暑，此事雖然伯雄等力諫不已，但最後世宗依然成行〔註33〕。又《金史》載：

> （大定八年四月）戊申，擊毬常武殿，司天馬貴中諫曰：「陛下為天下主，繫社稷之重，又春秋高，圍獵擊毬危事也，宜悉罷之。」
> 上曰：「朕以示習武耳。」〔註34〕

通觀世宗時期，史料所見有關這方面的勸諫，幾乎均未見世宗能夠「嘉納之」。如世宗欲幸金蓮川時，梁襄有長篇上書，極言其不可，其論點大體是北幸危機四伏，易有不測，去宮都太遠，易遭叛逆之禍；圍獵之際有傷天地和氣，並加重百姓負擔；藉田獵健身不須遠赴關外。此疏世宗納之，罷北幸，但卻也悻悻然的告誡輔臣，梁襄所諫大體不錯，只是引喻失義，所謂煬帝巡遊敗國一事所論不當等云云〔註35〕。換言之接受是一回事，心中的不豫卻是要發洩一下，是以世宗雖罷其行，但是女真文化與漢文化之間的矛盾與衝突並未因之而消失。

世宗對於此類上諫的因應尚能有所克制，而面對同樣的上諫，章宗的表現則較世宗略為激烈。初時章宗的反應還頗為自制，其即位之初（大定二十九年六月辛卯），有議欲行圍獵，此時因正值章宗服喪之際，故同知登聞檢院孫鐸與修起居注完顏烏者共同上諫請罷此議〔註36〕。同年九月亦有監察御史焦旭諫太傅徒單克寧、右丞相完顏襄之請章宗出獵不當〔註37〕，對於此二事章宗均納其言而罷之。然同年十月辛卯，平章政事張汝霖亦諫止田獵時，則見章宗詔答：「**卿能每事如此，朕復何憂。然時異事殊，得中為當。**」〔註38〕至泰和二年春，刑部尚書李愈諫章宗幸長樂川時，章宗即已然不從，待四月李愈復諫，章宗雖異其言，但未見章宗最後的反應為何，恐怕即令從之，章宗恐亦未必全然心服〔註39〕。關於章宗的意見，接下來的事件更能清楚知曉。明昌四年，章宗欲幸景明宮，三月庚午，御史中丞董師中與侍御史賈鉉、治

〔註33〕參見《金史》，卷一〇五，〈楊伯雄傳〉，頁2319。
〔註34〕見卷六，〈世宗本紀上〉，頁124。
〔註35〕參見《金史》，卷九六，〈梁襄傳〉，頁2133至2137。
〔註36〕參見《金史》，卷九，〈章宗本紀一〉，頁210。
〔註37〕參見《金史》，卷九七，〈焦旭傳〉，頁2145。
〔註38〕見《金史》，卷九，〈章宗本紀一〉，頁212。
〔註39〕參見《金史》，卷九六，〈李愈傳〉，頁2130。

書侍御史粘割尊古均上諫論其不當。壬申，左補闕許安仁、右拾遺路鐸亦上書諫之。章宗乃遣諭輔臣道：

> 朕欲行幸山後，無他，不禁暑熱故也。今臺諫官咸言民間缺食處甚多，朕初不盡知，既已知之，暑雖可畏，其忍私奉而重民之困哉。

乃罷北幸。然至次年，章宗又欲幸之，董師中及臺諫官復上疏極諫，章宗卻大怒，詔董師中等諭之曰：「卿等所言，**非無可取，然亦有失君臣之體者**〔註40〕。」雖未知章宗是否就此不再北幸，抑或群臣已不敢再論此事，總之至章宗末年，卻再也未見此類的上諫。但這種對帝王田獵的規勸，一直到哀宗時期仍有所記載，而成為漢臣與女眞帝王之間互動的一個值得注意的焦點〔註41〕。

漢族士人除了對這種女眞文化與漢文化之間觀念習俗上的差異提出諫言之外，在世、章之時也有其他方面的諫劾出現，整體來看這些建議多能為女眞帝王所接受。如《金史》載：

> （大定七年十月）辛酉，敕有司於東宮涼樓前增建殿位，孟浩諫曰：「皇太子雖為儲貳，宜示以儉德，不當與至尊宮室相侔。」乃罷之〔註42〕。

又如大定二十六年十二月，左諫議大夫黃久約諫遞送荔枝之費事，世宗不罷之〔註43〕。當漢臣彈劾女眞高官時，世宗不為徇私，如大定二十一年，御史大夫張景仁劾平章政事烏古論元忠擅斷六品官之罪，無人臣禮。世宗稱許其奏事得當，並使人戒劾元忠〔註44〕。由此可見，除了關係到根本的文化原則的問題外，在世、章之時，漢臣的上諫總是會被接受的。除了具體行為之諫劾外，亦有不少牽涉到民風習俗、道德講求的上奏，如石琚便曾在大定初年上書言正綱紀、明賞罰、近忠直、遠邪佞、省不急之務、罷無名之役等

〔註40〕《金史》，卷九五，〈董師中傳〉，頁 2114 至 2115。

〔註41〕《金史》，卷十七，〈哀宗本紀上〉提到在正大四年十月時，仍有外臺監察御史諫哀宗田獵之事，對此哀宗則以「邀名賣直」責之，見頁 379。此事雖未明言為漢官所發，但從整個金朝這類言論的發展趨勢來看，我們仍可將之視為漢文化與女眞文化衝突的一個表現。

〔註42〕見卷六，〈世宗本紀上〉，頁 140。

〔註43〕參見《金史》，卷八，〈世宗本紀下〉，頁 196。

〔註44〕參見《金史》，卷八四，〈張景仁傳〉，頁 1893。

六事，對此世宗亦「**嘉納之**」〔註45〕。只有像大定十三年十一月，吏部尚書梁肅請禁奴婢服羅綺此類建議，世宗才未見接受，其因爲世宗以改正風俗應行之以漸，故未允其所請〔註46〕。

以上爲金代中期漢臣政見發表的特色所在，從世、章時期漢臣的政見來看，可知此時的漢族士人已經全盤的融入金廷的政治運作之中。原先在金初時期漢人無法置喙的國策大政，從海陵王時期之後，漢臣已不斷的進入其中參與討論，明顯可見的現象即爲漢臣對海陵王遷都、南征的討論。《大金國志》中言及遷燕京之前的討論：

> （天德二年）七月，除大使梁漢臣爲右丞相。一日，宮中宴閒，因問漢臣曰：「朕栽蓮二百本而俱死，何也？」漢臣曰：「自古河南爲橘，江北爲枳，非種者不能，蓋地勢然也。上都地寒，惟燕京地煖，可栽蓮。」主曰：「依卿所請，擇日而遷。」蕭玉諫曰：「不可，上都之地，我國旺氣，況是根本，何可棄之？」兵部侍郎何卜年亦請曰：「燕京地廣土堅，人物蕃息，乃禮義之所，郎主可遷都。北番上都，黃沙之地，非帝居也。」漢臣又曰：「且未可遷，侍臣爲郎主起諸州工役，修整內苑，然後遷都。」主從其言〔註47〕。

之後眾臣有關遷都燕京的意見中可以看到，所有參與討論的漢臣均贊同海陵王遷都燕京，而海陵王亦以其言爲然。其中可注意到，這段時期海陵王的決策中，梁漢臣其人的地位十分重要，此人《金史》無傳，故未能究其生平，但由其行事作爲來看，似屬漢臣無疑。從《大金國志》來看，梁漢臣在此時的作爲包括推動海陵王的遷都燕京，督修汴京、獻策備禦汴京，因伐宋而譖誅楚王、德王、澤王等〔註48〕，幾乎海陵王時期的重要大事均有所參與。然《金史》無其傳，其他資料亦未見其人其事，故難以評價梁漢臣在這段時期政治上的作用，但梁漢臣在海陵王時期的政壇中，其重要性應可肯定的。海陵王於《金史》中被視之爲暴君之典型，其人多智謀，「**智足以拒諫，言足**

〔註45〕參見《金史》，卷八八，〈石琚傳〉，頁1959。

〔註46〕參見《金史》，卷七，〈世宗本紀〉中〉，頁160。

〔註47〕見卷十三，頁104。

〔註48〕見《大金國志》，卷十四，頁107至111。書中言梁漢臣即梁大使，實則爲參與弒熙宗之興國奴，宋內侍被俘虜而留於金朝宮廷。據《金史》所載參與海陵密謀弒熙宗者有內侍大興國，後爲廣寧尹，當即《國志》所記之興國奴，梁漢臣或即其本姓名也。見卷五，頁93。

以飾非」〔註49〕。

> 少而知書，既長彌自矯飾，府庫資財無所愛，當世稱賢。諸王
> 之誅，預有力焉；而窺覦非望，熙宗莫之覺也。一咏一吟，冠絕當
> 時、沉深嚴重，莫測其志。怠登極之後，以法馭下，勇於誅殺……
> 〔註50〕。

　　大體可見海陵之性情與才智。其心懷大志亦表示於詩句中，如「大柄若在手，清風滿天下」，「屯兵百萬西湖上，立馬吳山第一峰」〔註51〕，了解其性情與心志，則知不合者，恐皆爲其所斥責，甚至於誅殺，雄猜之主的強橫恣欲，與其求治圖功的大志胸懷，致海陵成爲《金史》極獨特的帝王〔註52〕。海陵待漢臣之態度即如上述有強暴之個性，又有旺盛之企圖心，不獨待漢臣如此，對女眞臣僚亦復如此，因之，既見其用賢能以求治圖強之言行，復見其用奉迎以去拂逆忤背之舉動。

　　海陵重用梁漢臣，因其有才能，且配合海陵之心志。禮重張通古，「海陵御下嚴厲，收威柄，親王大臣未嘗少假以顏色，惟見通古，必以禮貌」〔註53〕，此爲海陵待漢臣之一面。重用張浩爲左丞相，進拜爲太傅、尚書令、秦國公，然建議南征的部署，海陵「惡聞其言，乃杖之」〔註54〕，此爲海陵待漢臣之另一面。爲南征攻宋之事，進諫者甚多，漢臣勸進言事者遭遇亦有不同，如翰林學士翟永固即以致仕，太府監魏子平則觸海陵不悅而已，因二人之意見言說不同，直言忤心意與暗諭不迎奉，則遭遇或即不同〔註55〕，翟永固與張景仁因考試進士命題不稱海陵之意，亦受杖責〔註56〕，可見海陵不稱意，即處分漢官士人。嚴重者，如韓汝嘉使宋返國，又諫海陵寢兵議和，海陵以爲是爲南宋遊說，遂賜死〔註57〕，其實，汝嘉與翟永固稍前與李通、敬嗣暉共同受召於正隆殿，

〔註49〕見《金史》，卷五，〈海陵本紀〉，頁118。
〔註50〕見《大金國志》，卷十五，頁118。
〔註51〕見劉祁，《歸潛志》，卷一，頁3。
〔註52〕關於海陵帝之功過與其人之評價問題，有多篇論文討論，此處不遍舉，且亦非本文之主旨。研究其生平傳記近作，可參見周峰，《完顏亮評傳》（北京：民族，2002）。
〔註53〕參見《金史》，卷八三，〈張通古傳〉，頁1861。
〔註54〕參見《金史》，卷八三，〈張浩傳〉，頁1863、1864。
〔註55〕參見《金史》，卷八九，〈翟永固傳〉，〈魏子平傳〉，事見頁1976。
〔註56〕參見同上注，頁1975。
〔註57〕參見《大金國志》，卷十五，頁113。

與海陵面議南征之事，韓、翟二人持反對意見，已忤海陵之意。反之，配合其心志或迎合其意者，即獲重用，如李通、敬嗣暉，則「並除參政」〔註58〕。海陵待漢臣亦有其分寸所在，如禮重其師張用直，並以之教導皇太子，器重楊伯雄，常與溝通治國之道，而言：「伯雄出語不忘規戒，爲人臣當如是」〔註59〕。海陵時期中央朝廷漢臣大有所在，上奏、召議、答問之間，可見軍國大事實不乏漢臣之參與，對於遼系、宋系漢臣，以至女眞臣僚，海陵一則用才能之士，一則以其心志爲主導，充分顯露其生殺予奪之皇權。

　　漢臣在金世宗即位後一連串改革海陵王的政策之下，其參與政治的程度略爲下降，但是海陵王時期所發展的成果仍使此刻的漢臣在金廷的政壇上已佔有一席之地，此可由世、章時期漢臣政見的內容看出（參見附錄）。此前漢臣的意見並未成爲金廷政事的主體，然於此時，金廷內外政治上的各個範疇均可見漢臣議論的普遍性。無論是技術層面上的看法，抑或是對政策的批判，還是在金廷決策上的參與，漢臣在其中皆有舉足輕重之地位〔註60〕。姑勿論其所言議是否被接受，然與金初政事討論的侷限相較，漢人論政的空間已經大有突破。明顯的例子即此時綜合性之上書不斷的出現（參見附錄）。前面提及金朝的上書奏議或可分爲技術層面的建議以及非具體事務的論述等兩類，前一類多由技術官僚所提供，後一類則是多由重臣或是言官所言，金初時這兩種的政見在國家的政事運作而言是後一類的政見多未受重視。然於此時的政見卻常將兩類混一而上奏，並常爲皇帝所「嘉納之」。此無異代表女眞帝王對漢臣意見的愈趨重視，使漢臣亦更樂於提供其看法，也代表漢臣在金廷中的地位日趨重要。此種綜合性之政見可由下例來了解。《金史》載：

　　　　章宗立，（李）晏畫十事以上。一曰，風俗奢僭，宜定制度。二曰，禁游手。三曰，宜停鑄錢。四曰，免上戶管庫。五曰，太平宜興禮樂。六曰，量輕租稅。七曰，減鹽價。八曰，免監官陪納虧欠。九曰，有司尚苟且，乞申明經久遠圖。十曰，禁網差密，宜尚寬大。又奏：乞委待制黨懷英、修撰張行簡更直進讀陳言文字，以廣視聽。皆採納之〔註61〕。

〔註58〕參見《大金國志》，卷十四，頁109。書中敬嗣暉作敬嗣徽。
〔註59〕參見《金史》，卷一〇五，〈張用直傳〉，〈楊伯雄傳〉，頁2314、2317、2318。
〔註60〕參見附錄表。
〔註61〕見卷九六，〈李晏傳〉，頁2127。

　　其他如曹望之在世宗朝所上之「便宜八事」，其中有社會問題方面，即「論山東、河北猛安謀克與百姓雜處，民多失業。」也有政治制度的討論，如「論薦舉之法虛文無實。」亦有財政方面的建議，如「論民間私錢苦惡，宜以官錢五百易私錢千，期以一月易之，過期以銷錢法坐之。」〔註62〕而前述言及之石琚所論六事亦可為一例。值得注意是這些論述皇帝的反應多為「書奏，多見採納」，「上嘉納之」，此即女真帝王對漢臣用心議政的回饋，亦為此時漢族士人融入金廷之中的證明；同時約略可知君臣間的「對話」情形。

　　除自金世宗之後，漢臣普遍於政事各領域中提出自己的看法之外，前此漢臣所發表政見之內容多偏重於政治制度的建立與修正方面，少見涉及其他如禮制、法律、財政，甚或水利河運等領域的政見提出。然自金世宗後，則這些領域多有人提出其意見。在金廷政策的實際執行之中，漢臣實可謂為其運作的主體，此為金朝立國以來始終不變者。然初期以技術性為主，則「工具性」較強。在金朝科舉制度建立，漢族士人湧入金廷之後，則更加確立了為運作主體之現象。此外，漢族士人也因此藉由在金廷中參與數量的提昇，亦進而提高發言的層級，由普通的技術官僚轉化為開始關心全面性國家事務的「治事之臣」或「謀國之臣」，此皆可由漢臣所發表的政見及君臣的互動中看出；似乎可說漢臣漸由量變而產生了質變。

　　在〈附錄〉中，除可見漢臣對朝廷所提政見大體內容外，帝王接納與否的情形也可看出。以世宗而言，約 80 件事例，接納者略超過半數，不從者近10 件，未知與不報者有四分之一左右。章宗則有 100 件事例，接納者亦超過半數，不從者近十分之二左右，餘近十分之三為未知或不報。宣宗有 125 件左右，接納者約 90 件，超過七成，不從者僅十分之一左右，餘二成左右為未知與不報者。此三朝資料較多易於觀察出其大體，即接納漢臣政見的比率至少皆超過半數，不從者皆未超過二成，可知接納度較高。

〔註62〕其所論八事條目如下：其一，論山東、河北猛安謀克與百姓雜處，民多失業。其二，論薦舉之法虛文無實。其三，論守邊將帥及沿邊州縣官漁剝軍民，擅興力役，宜歲遣監察御史周行察之。其四，論六鹽場用人，宜令戶部公議辟舉。其五，論漕運。其六，論民間私錢苦惡，宜以官錢五百易私錢千，期以一月易之，過期以銷錢法坐之。其七，論州府力役錢物，戶部頒署白簿，使盡書之，以俟審閱，有畏避不書者坐之。其八，論工部營造調發，妨民生業。諸路射糧軍約量人數，習武藝，期以三年成，以息調民。見《金史》，卷九二，〈曹望之傳〉，頁 2037 至 2039。

五、金代晚期的政見

　　章宗朝可說是金朝國勢興衰的轉折期，從衛紹王以降，金廷之衰敗可謂一日千里。此時的政治運作有兩點值得注意，一是原先在世、章時期獲得開放的漢臣議政管道反在逐漸封閉之中，這應是下面一點所述的影響。二是此刻出現若干女真貴族重臣相當強勢的干預金廷之政治運作，並且在女真族群之中取得論政的共識，逐漸回到金朝初年「大權掌於本族之手」的現象。但與金朝初年不同者為金初女真貴族是因決策時不令外人知曉，由是掌控大權，而此時雖然漢族官員有加入政事的討論（參見附錄），但因長期的忽視及壓制，使漢臣的言論在金朝末年轉弱而漸淡。此二種情形其實是一體兩面的發展，而這項發展又轉化成金廷滅亡的主要因素之一。

　　世、章時期，金廷政治運作已漸成漢臣為主體之局，而決策的過程中，漢臣的參與亦不容忽視，此由前面的討論中當可了解一二。但是在章宗末年之後，情況略有轉變。大體來看，金朝的帝王對於漢族士人的參政並未反對，但是基於本族的文化或利益的考量，在某些問題的思考上或會將女真本族與漢人加以區隔，金世宗即相當了解這之間的界限，即何時要以中國傳統王朝——金朝的皇帝自居，何時又必須以女真族首領的身分論事。然而自蒙古崛起，衝擊金朝內外之局，造成金朝的政治運作日趨保守，影響及重大的決策，女真帝王漸由以金朝內部各成員的一視同仁，轉變為開始將本族的利益視為優先。衛紹王之後金廷的政局益趨混亂，產生如紇石烈執中、尤虎高琪等權臣，此輩通常對漢族士人的論政抱著排斥的態度。尤其是尤虎高琪，其掌權的時間幾近整個宣宗時期，因之此時期漢族士人議政即受不少的約制壓抑。《金史》載：

　　　　時高琪為相，專權用事，惡不附己者，衣冠之士動遭窘辱，唯
　　（張）行信屢引舊制力抵其非〔註63〕。

　　尤虎高琪對漢族士人論政的干抑，可以由漢臣政見被金廷接納的情形看出。首先可由上奏議事來看，大體上除了技術性的建言之外，此時漢臣對重要政策的議論甚少為金廷所接納，其中尤虎高琪常扮演駁斥建議的角色。如貞祐四年十月，待闕臺院令史高嶷論對蒙戰爭失機者三，並請命尤虎高琪為帥，以厭眾心。不報。後高琪論此輩臺官：「素不習兵，備禦方略，非所知也。」

　　　　　　　　　　
〔註63〕見卷一〇七，〈張行信傳〉，頁 2367。

上以爲然。興定元年十月集賢院諮議官呂鑑自請爲和宋使節，並請招撫河淮居民。詔問尚書省，高琪即言：「鑑狂妄無稽，但氣岸可尚，宜付陝西行省備任史。」制可。興定元年十月平章政事胥鼎諫伐宋，高琪道：「大軍已進，無復可議。」征伐依舊。興定二年，胥鼎又上書諫曰：「錢穀之冗，非九重所能兼，天子總大綱，責成功而已。」，然高琪道：「陛下法上天行健之義，憂勤庶務，夙夜不遑，乃太平之階也。鼎言非是。」〔註64〕由上可見，下至待闕臺院令史的小官，上自平章政事之職，所言所論莫不受到高琪的干預，且朝廷決策亦多在其手。

漢臣中較能與高琪折衝者，大概僅有高汝礪與張行信。如金廷於貞祐四年欲發兵河北護民芟麥，但民間卻流言金兵來此是要盡取其麥，故頗有騷動之跡，尤虎高琪本請派兵鎮之，但高汝礪則請聽民自便，不用發兵護糧。後宣宗遣官司問河北農民對於朝廷發兵護糧的意見，百姓迭言不願朝廷發兵助之，乃遂從高汝礪之議。又同年尤虎高琪欲從言事者之議，歲閱民田徵租，高汝礪爲此亟言三不可而諫之，議遂寢〔註65〕。興定三年四月庚寅，同提舉権貨司王三錫建議権油，高琪以爲用度方急，勸宣宗行之。對於此事高汝礪以爲権油若行其害有五，遂上書諫之。此事《金史》記道：

> 上是之，然重違高琪意，乃詔集百官議於尚書省。戶部上書高
> 夔、工部侍郎粘割荊山、知開封府事溫迪罕二十等二十六人議同高
> 琪，禮部尚書楊雲翼、翰林侍讀學士趙秉文、南京路轉運使趙瑨、
> 吏部侍郎趙伯成、刑部郎中姬世英、右司諫郭著、提舉倉場使時戩
> 皆以爲不可。上曰：古所不行者而今行之，是又生一事也，其罷之
> 〔註66〕。

皇帝同意，但「重違高琪意」，還要召集百官再議，雖然最後是宣宗裁決，亦可見高琪意見之重要。不過儘管如此，高汝礪在大部分的時間中卻還是與尤虎高琪合作，時人便以「高琪主機務，高汝礪掌利權」、「汝礪與高琪共事，人疑其黨附」論之，這亦是高汝礪的保官之道。故其時漢臣之中實僅有張行信可與尤虎高琪力抗。在興定元年十月的一次討論中，時宋兵侵入金國邊境，金廷欲遣使詳問，高琪以爲如此是先行示弱，有失國體。張行信則引世、章

〔註64〕《金史》，卷一○六，〈尤虎高琪傳〉，頁2343至2345。
〔註65〕《金史》，卷一○七，〈高汝礪傳〉，頁2355至2357。
〔註66〕見同上註，頁2360至2361。

時期的典故力陳遣使詳問乃合理之程序。經來回論辨後，宣宗仍難以決定，「詔姑待之」。其間，右司諫許古聞朝廷欲發兵討宋，遂請和議，宣宗乃命其草議和牒文，文成，高琪又以為其有哀祈之意。此時高汝礪上奏加入討論，其態度與高琪合，但為針對許古之論以為與宋和議先發於己，恐自示弱，至是宣宗遂寢其議〔註67〕。這次討論中高汝礪雖然未正面駁斥張行信的意見，但其態度同於高琪，乃增加宣宗對張行信之議的否決，此無疑說明張行信在朝廷中欲力持己見的困難，雖然朝中有許古等人的支持，但是卻難以與高琪、高汝礪等人相抗衡。張行信的現象，卻也代表金末漢臣議政的難處。

　　朮虎高琪及所代表的女真權貴，在金末議政的地位從廷議之中更為可見。《金史》載：

　　　　（貞祐）三年七月，朝廷備防秋兵械，令內外職官不以丁憂致士，皆納弓箭。（張）行簡上書曰：弓箭非通有之物，其清貧之家及中下監當，丁憂致士，安有所謂如法軍器。今繩以軍期，補弊修壞，以求應命而已，與倉猝製造何以異哉。若於隨州郡與猛安謀克人戶括拘，擇其佳者買之，不足則令職輸所買之價，庶不擾而事可辦。左丞相僕散端、平章政事高琪、盡忠、右丞賈益謙皆曰：丁憂致士者可以免此。權參政烏古論德升曰：職官久享爵祿，軍興以來，曾無寸補，況事已行而復改，天下何所取信。是議也，丁憂致士官竟得免〔註68〕。

載朮虎高琪對用兵之集議態度：

　　　　（興定二年）宣宗以為南北用兵，深以為憂，左司諫呂造上章：乞詔內外百官各上封事，直言無諱。或時召見，親為訪問。陛下博採兼聽，以盡群下之情，天下甚幸。宣宗嘉納，詔集百官議河北、陝西守禦之策。高琪心忌之，不用一言〔註69〕。

〔註67〕《金史》，卷一〇七，〈高汝礪傳〉，頁2357至2358；同卷〈張行信傳〉，頁2367至2368；卷一〇九，〈許古傳〉，頁2416至2417。十二月時，平章政事胥鼎亦上章諫伐宋，並陳言伐宋之六不可：一、民間乏敝已甚，難以一戰；二、西北二兵稱虜於後；三、宋國已有準備；四、金兵多為烏合之眾，難以成事；五、恐宋乘軍興之際誘邊界之民；六、進兵必誤農時。不過高琪以為大軍已進，無復可議，其議亦沮而未行。見《金史》，卷一〇六，〈朮虎高琪傳〉，頁2345。

〔註68〕見卷一〇六，〈張行簡傳〉，頁2333。

〔註69〕同註64，頁2345。

載高琪沮許古之議：

> （貞祐四）時（十月）大兵越潼關而東，詔尚書省集百官議，
> （許）古上言曰：……（論元軍數日不動之故與抵禦之道）……上
> 以示尚書省，高琪沮其議，遂不行〔註70〕。

又載高琪之主導集議：

> 興定元年七月，上聞宋兵連陷贛榆、漣水諸縣，且獲僞檄，辭
> 多詆斥，因諭宰臣曰：宋人構禍久矣，朕姑含容者，眾慮開兵端以
> 勞吾民耳。今數見侵，將何以處，卿等其與百官議。於是集眾議于
> 都堂，……時預議者十餘人，雖小異而大略則一，既而丞相高琪等
> 奏：百官之議，咸請嚴兵設備以逸代勞，此上策也。上然之〔註71〕。

從上述四次集議來看，大體得知其決策模式，即當百官所論與高琪意見
不同之時，高琪則是多方掣肘，令之不行，所論若與高琪之意見相符時，高
琪自不妨阻。史料可見不合高琪意而得行者，大概只有前述興定三年高汝礪
所諫之榷油提案。換言之，金代漢臣的立論與高琪等輩之女眞權貴有所差異，
而金廷行事大多從尤虎高琪等之意見時，漢臣的論事空間即大爲縮小，而亦
顯見此時金朝決策之日漸封閉。

尤虎高琪最後於興定三年十二月爲宣宗所誅，其遠因正爲高琪之跋扈專
權，但世局已難挽回，況且高琪的作爲不過是代表金朝末年官僚體系瓦解之
冰山一角，整個大環境並未因高琪的被誅而有所改善。此時的金廷，以劉祁
所記最爲深切，其於《歸潛志》中說：

> 南渡之後，爲宰職者往往無恢復之謀，上下同風，止以苟安目
> 前爲樂，凡有人言當改革，則必以生事抑之。南渡之後，朝廷近侍
> 以諂諛成風，每有四方災異或民間疾苦將奏之，必相謂曰：恐聖上
> 心困。當時有人云：今日恐心困，後日大心困矣。竟不敢言。又在
> 位者臨事，往往不肯分明可否，相習低言緩語，互推讓，號「養相
> 體」。吁！相體果安在哉？又，宰執用人，必先擇無鋒鋩、軟熟易制
> 者，曰「恐生事」。故正人君子多不得用，雖用亦未久，遽退閒，宰
> 執如張左丞行信，臺諫官如陳司諫規、許司諫古、程、雷御史，皆

〔註70〕見《金史》，卷一〇九，〈許古傳〉，頁2415。

〔註71〕同前註。

不能終其任也〔註72〕。

從時人戲謔之語，其中已透露出不安的危機感，政見也隨言路日趨封閉。漢臣此刻的政見，雖有力挽狂瀾之心，但終不過是獨木難撐大局。如貞祐三年五月，時初中進士第的劉炳，於即日便上書條便宜十事，其中所論多爲當時亟待解決的問題。對於劉炳的上書，宣宗與之有以下的討論：

> 書奏，宣宗異焉。復試之曰：河北城邑，何術可保？兵民雜居，何道可和？鈔法如何而通？物價如何而平？炳對大略以審擇守將則城邑固，兵不侵民則兵民和，斂散相權則鈔法通，勸農薄賦則物價平。宣宗雖異其言，而不能用，但補御史臺令史而已〔註73〕。

劉炳一中進士第，便上書表達自己的意見，可見這些問題皆爲其平日觀察所得，自有用心之處，其雖未提及細部的技術問題，但所論幾乎均觸及了金末政局根本性的弊病，並非空泛之言，亦足見其才。只不過宣宗雖然「異其言」，卻不能用。無怪《金史》在其傳後論道：「**劉炳可謂能言之士矣。宣宗召事既不失對，而以一臺令史賞之，足以倡士氣乎？**」於是雖見漢族士人及其他女眞文士不斷地上書提供對時弊的認識及其解決之道，但對於此，僅見金廷以「**書上，不報**」、「**上以爲然，但多不能行**」反應之，金廷到此實已經走入末路之窮途。

六、結　論

金代的政見，就發表的形式來看，至少可以分爲上奏論事或乞請、廷議的參與、與皇帝私下問答等三種方式。至金代末年，下級官員與庶民則可透過招賢所、講義所等管道向皇帝表達其看法。若就政見的內容來分類，上奏論事或乞請可再分爲上書乞請、執異論事、勸諫、彈劾等四種。廷議亦可再區分爲對單一或具體事件的討論，以及對風俗民情、禮樂教化等非具體事務的探討。不過這些分類僅是爲了分析方便所作的區別，實際上就資料中很難看出金廷是否對上疏的格式有所規定。

〔註72〕見卷七，頁70。

〔註73〕《金史》，卷一○六，〈劉炳傳〉，頁2337至2339。其中「便宜十事」的條目如下：一、任諸王以鎮社稷；二、結人心以固基本；三、廣收人才以備國用；四、選守令以安百姓；五、褒忠義以勵臣節；六、務農力本以廣積蓄；七、崇節儉以省財用；八、去冗食以助軍費；九、修軍政以習守戰；十、修城池以備守禦。

現存的史料之中，並無如元代《國朝名臣奏議》收錄當時奏議的一手史料，因此多只能由有限的資料中爬梳而出，亦因如此，有時即難以看到足夠的資料來確認，如金朝初年即是處於史料不足的情況。不過就僅見的資料仍可大體了解，從其時漢臣的政見及帝王的接納情形來看，除少數人員，最多亦僅以顧問視之，並未將漢臣視為金廷中的一份子，換言之，在這個時期大部分皆為女真統治階層決策，漢臣做事。漢臣所提出的意見，除了對官僚體制的建言外，女真統治階層通常多不加理會；這是漢臣與金初朝廷的互動情形。

　　熙宗、海陵王時期，一則是金廷的官僚制度已然大定，漢人在政治結構中的地位相對的重要起來，二則是帝王如海陵王個人的喜好，漢臣的意見愈發受重視。從其政見來看，此時漢臣的地位在金廷政事的運作過程中已不容忽視。但介入越深，一些女真族與漢人之間在政治思考上的根本問題亦進而突顯，最明顯的即漢臣對女真帝王巡幸游獵的不滿與上諫；這可視之為文化間的「對話」，這方面的爭執從熙宗朝至章宗時期不斷的發生。其實，就爭議中不難看到漢臣是如何急欲將金朝的皇帝轉化成中國傳統皇朝的君主，但金朝的帝王畢竟受其本族的觀念所束縛著，況且其中尚有民族間之信任以及政治資源的爭取與衝突。如當漢化已深的女真人唐括安禮，針對世宗壓抑契丹人之舉而向世宗請求說：「聖主溥愛天下，子育萬國，不宜有分別。」上曰：「朕非有分別，但善善惡惡，所以為治。異時或有邊釁，契丹豈肯一心與我也哉。」〔註74〕這雖然是以契丹人的叛變為背景所產生的討論，但是未嘗不能從中了解金世宗乃至於金朝的帝王是如何的看待朝中的種族問題。漢臣在這段時期當中，對女真帝王本族習俗的質疑，無疑觸犯了女真帝王根本的文化立場及其利益所在。於是，「書報，不納」的情形當在所難免。

　　雖然金世宗稱帝後，有意改革海陵王所制定的政策，欲扭轉海陵王大量並重用漢族士人的現象，但因在金廷的官僚體制之下需要相當多的漢人入仕，於是漢族士人在金朝政府中的地位已不容動搖。世、章時期漢臣參與金朝政事之深廣，可由其政見內容中得知。此時已常見漢臣對金朝的重要政策提出意見或加以執異，並且亦多為皇帝所接受。由此而言，漢臣的介入金廷之中，不論是量或是質上，已完全確立其地位之所在。然此發展，在衛紹王時期之後漸受到頓挫，此因外在環境與政局的惡化使得女真統治階層有意開

〔註74〕見《金史》，卷八八，〈唐括安禮傳〉，頁1965。

始收回原先已釋出的政治資源，此反應在女眞權貴壟斷朝政之情形。但因國家處境的日益艱難，漢臣則更欲提供其所思所得，以裨金廷挽救日漸沉淪之局。漢臣在一方面逐漸封閉其言道時，另一方面卻又欲擴大其參與程度，兩相衝擊之下，矛盾因而產生。最後漢臣終是難以救回頹勢，金廷亦未由漢臣的政見中得其助益，金之衰亡則在所難免。

附錄　金代漢臣政見略表（世宗～哀帝時期）

世宗時期				
發表年月	論者	內容	資料來源〔註 75〕	備註
世宗即位之初	劉琉	建議留尚書右丞紇石烈良弼經略淮右	（一）97	詔從之
大定二年左右	石琚	上書六事	（一）88	世宗嘉納之
大定二年	梁肅	奏請擇人爲漕司僚佐、黜陟冗兵、禁天下酒麴	（一）89	不報
大定二、三年	石琚	請曲赦秦隴百姓	（一）97	世宗從之
大定三年	奚籲	論梁肅被解職罪太重	（一）89	世宗稱是
大定三年	曹望之	乞汰諸路胥吏	（一）92	後詔胥吏如故。於是始禁用貼書云
大定六年	楊伯雄	率眾諫官諫世宗涼陘避暑	（一）105	世宗初不從，後思及稱許之
大定七年	范拱	論五嶽不必改名	（一）105	從之
大定七年十月	孟浩	諫東宮涼樓前增建殿位	（一）6	遂罷增建事
大定八年四月	馬貴中	諫世宗於常武殿擊毬	（一）6	
大定時	高昌福	上書言租稅甚重	（一）128	事遂寢
大定時	張景仁	與世宗論高昌福之上書	（一）128	同上
大定八年	張景仁	奏宋國書用字不當	（一）84	世宗以爲然
大定九年正月	梁肅	請築堤於李固渡防河	（一）27	世宗從之
大定十年二月	石琚	與世宗論祭祀事	（一）88	
大定 11 年	石琚	請只以一祖配天享祀	（一）28	世宗從之
大定 11 年	石琚	請減祭天之儀仗	（一）42	世宗從減之
大定 12 年二月	石琚	與世宗論鑄錢事	（一）48	
大定 13 年 11 月	梁肅	請奴婢不得服羅	（一）7	不從
大定 14 年	石琚	論宋乞免國書之禮，以爲不從必至用兵。	（一）88	世宗從平章政事紇石烈良弼之議不更其禮
大定 17 年	梁肅	請犯徒者當免杖。	（一）45	不從

〔註 75〕各表資料來源項目中標示（一）爲，《金史》；（二）爲，《九金人集》；（三）爲，《大金德運圖說》。其後爲卷數或頁碼。

大定 18 年	石 琚	請從修起居住移刺傑所言，記注官不避朝奏屛人議事	（一）88	世宗從之
大定 18 年三月	石 琚	薦焦旭、李伯達能幹	（一）7	世宗許擢之
大定 21 年	張景仁	劾平章政事烏古論元忠輒斷六品官，無人臣禮。	（一）84	上以爲然，並使人戒劾元忠。
大定 22 年九月	梁 肅	論推排擾民，請勿頻歲行之	（一）89	世宗仍執意推排
大定 24 年	程 輝	請勿於南京受宋國書	（一）95	後議宋國書權免送一年
大定 24 年	程 輝	言杖責監察官不當	（一）95	
大定 24 年	許安仁 路伯達	諫世宗幸上京	（一）96	遂罷幸，疏奏不報
大定 26 年九月	馬惠迪	論烏底改叛亡事不足慮	（一）8	世宗自有主張
大定 26 年 12 月	黃儿約	諫遞送荔枝之費事	（一）8	世宗乃罷之
大定 26 年	劉 暉	論治河之道	（一）95	
大定 27 年	程 輝	言河防之責恐憂不任	（一）95	世宗特詔輝不須預河事
大定初年	任熊祥	自請使窩斡招之	（一）105	世宗婉拒之
大定初年	范 拱	上封事	（一）105	未知內容
大定初年	張中彥	請禁關市苛留行旅	（一）79	從之
大定初年	石 琚	奏有司以皇帝名義關民居、採地蕢等擾民	（一）88	世宗曰：「自今凡稱御前者，皆稟奏。」
大定初年	石 琚	請寬民捕獸之罪	（一）88	上從之
大定初年	石 琚	與世宗論今之爲國直言者稀少之因	（一）88	
大定初年	石 琚	請勿万換屯民與猛安之地	（一）88	世宗從平章政事紇石烈良弼議換之
大定初年	石 琚	與世宗論南方多反側之因	（一）88	
大定初年	石 琚	順世宗欲授散官瞻宗室之意	（一）88	
大定中葉	石 琚	與世宗論唐括安禮	（一）88	安禮因受用
大定中葉	魏子平	與世宗論民困於稅	（一）89	
大定中葉	魏子平	言戍卒逃亡補救之法	（一）89	世宗從之
大定中葉	魏子平	與世宗論勿更代宿、淮漢軍	（一）89	世宗不從
大定中葉	魏子平	附議世宗令官員舉才，並論其法。	（一）89	
大定中葉	魏子平	請詔示贓官於中外	（一）89	上從之
大定中葉	魏子平	論宋於襄陽、漢江造浮梁事無可慮。	（一）89	世宗不以爲然
大定中葉	魏子平	論祭宗廟用牛之理	（一）89	
大定中葉	孟 浩	與世宗論女眞舊俗	（一）89	
大定中葉	孟 浩	請日後賞功罰罪，均具狀頒告之。	（一）89	世宗從之
大定中葉	梁 肅	請世宗親擇臺諫	（一）89	世宗嘉納之

大定中葉	梁 肅	論諸道之鹽鐵使、酒稅使之任用資格	（一）89	世宗曰善
大定中葉	梁 肅	請賜親軍讀《孝經》	（一）89	世宗從之
大定中葉	梁 肅	言解決錢荒數法	（一）89	世宗擇從之
大定中葉	梁 肅	論生財舒用等八事	（一）89	世宗除罷趙氏濟養一事不許外，餘皆從之。
大定中葉	梁 肅	論權攝官之公罪	（一）89	
大定中葉	梁 肅	諫四時田獵	（一）89	世宗不以為然
大定中葉	梁 肅	與世宗、張汝弼論循資之事。	（一）89	
大定中葉	梁 肅	請無禁兵器	（一）89	世宗不置可否
大定晚年	程 輝	論祭宗廟勿以他牲易牛	（一）95	
未知年月	李 偲	請止戶部借沂南邊郡之民開田種禾	（一）92	
未知年月	李 晏	言縣令闕員乃入仕之人過少之故	（一）96	世宗詔後取人毋限以數
未知年月	李 晏	答世宗問晏不糾宰相親故之事	（一）96	
未知年月	李 晏	請放二稅戶	（一）96	世宗從之
未知年月	李 晏	請釋同判大睦親府事謀衍之家奴	（一）96	世宗從之
未知年月	曹望之	上書論便宜事	（一）92	多見採納
未知年月	梁 襄	諫世宗幸金蓮川	（一）96	世宗納之，然意有不滿
未知年月	張 亨	論車駕東巡可行會便法為便	（一）97	
未知年月	張九思	論雙虔守節身死，獎勵宜從優。	（一）90	世宗從之
未知年月	張九思	言猛安謀克償債之法	（一）90	世宗從之
未知年月	黃九約	言郡縣闕官乃礙於資格，請斷自宸衷而舉	（一）96	世宗從之
未知年月	黃九約	請令親王以下值官遞相推舉	（一）96	世宗自有主張
未知年月	黃九約	論世宗言「近日察舉好官皆是諸科監臨」	（一）96	
未知年月	劉 璣	請裁減漕戶顧直	（一）97	世宗是其言
未知年月	劉 璣	請於河堤種柳可省每歲堤防之費	（一）97	世宗稱許其盡心
未知年月	孟 奎	上言三事	（一）104	
未知年月	高 霖	請植柳榆於黃河岸以防河災	（一）104	朝廷從之
未知年月	鄒 谷	論李炳無罪	（一）104	上從之
未知年月	蕭 貢	請慎擢真材	（一）105	
未知年月	蕭 貢	論時政五弊、言路四難。	（一）105	因詞意切至，改治書侍御史。

章 宗 時 期

發表年月	論者	內　容	資料來源	備　註
章宗立	李晏	畫十事以上，又奏請委黨懷英、張行簡直進讀陳言文字。	(一) 96	章宗皆採納
章宗即位之初	張亨	訪地方利病，條以十三事以聞。	(一) 97	章宗嘉納
章宗即位之初	張行簡	論西夏遣使陳慰事	(一) 106	
章宗即位之初	張行簡	論廷議遣使橫賜高麗	(一) 106	
章宗即位之初	黃九約	獻八事	(一) 106	章宗皆嘉納
章宗即位之初	焦旭	諫徒單克寧、完顏襄之請上出獵不當。	(一) 97	章宗乃罷獵
大定二十九年六月	孫鐸	與完顏烏者諫圍獵	(一) 9	章宗納其言
明昌元年左右	劉仲洙	辨田穀無罪	(一) 97	黨禁遂解
明昌二年	李愈	言邊防之道	(一) 96	章宗嘉許之，表下尚書省議。
明昌二年	張暐	諫章宗親爲徒單克寧燒飯之舉不當	(一) 106	章宗從之
明昌三年六月	孫即康	論鹽法利害四事	(一) 49	後除猛安謀克犯監法者杖之再議外餘皆從之。
明昌三年	張萬公	與章宗、完顏守貞論旱災之責任	(一) 95	後章宗下詔罪已
明昌三年	張萬公	論進士李邦又譏斥先朝事不宜罪之	(一) 95	章宗免其罪
明昌三年	劉暐	與章宗論考課之法	(一) 95	
明昌四年三月	董師中	以天有異象戒章宗	(一) 23	章宗乃追問從何而知，反戒洩天象者。
明昌四年	路鐸	論救盧溝河決之法	(一) 100	詔工部尚書胥持國與鐸共檢視。
明昌四年	路鐸	論完顏守貞可用	(一) 100	章宗從之
明昌四年	馬琪	與章宗論情見多寡	(一) 95	
明昌五年	李愈	言河決事	(一) 96	章宗評爲「言甚荒唐」
明昌五年	賈益謙	言不須遣監察體訪提刑司官	(一) 106	章宗嘉納之
明昌五年	路鐸	諫章宗幸景明宮	(一) 100	章宗怒，論之失人臣體
明昌五年	張暐	同上條	(一) 100	
明昌五年	董師中	同上條	(一) 100	
明昌五年	賈益謙	同上條	(一) 100	
明昌五年	路鐸	論諸王皆有覬心，游其門者不無橫議。	(一) 100	章宗不以爲然
明昌五年	路鐸	論相權太重	(一) 100	上不以爲然

明昌六年六月	賈益謙	論鎬王獄不當	（一）106	坐奏對不實，解職。
明昌六年左右	馬　琪	論鎬王永中之罪	（一）106	永中獄遂決
明昌六年	張　暐	論霍王從彝喪服	（一）106	章宗從其奏
明昌六年	趙秉文	論胥持國當罷，完顏守貞可用。	（一）110	坐私議朝政，上書狂妄，自是久廢
明昌初年	張萬公	請罷北境之兵	（一）95	允之
明昌初年	李　完	請以三品官子孫及終場舉人補尚書省令史	（一）97	章宗納其言
明昌初年	張行簡	請覆校劉道用所進新曆	（一）97	後黨懷英驗之，不可行
明昌初年	董師中	言宗肅有贓罪，不宜任之為大興府事	（一）95	章宗納其言
明昌年間	李　愈	請隨路提刑司留官一員，餘分部巡按。又請將本司移置南京。	（一）96	並從之
明昌年間	孫　鐸	請章宗自斷上訴案件	（一）99	章宗以為然
明昌年間	張萬公	請罷築北牆	（一）95	不聽
明昌年間	賈　鉉	請立決杖程式	（一）99	制可
明昌初年	張大節	請減河東田賦	（一）97	從之
明昌承安之際	張萬公	言括民田之冒稅者五不可	（一）95	皆不報
明昌承安之際	張萬公	論朝中君子與小人	（一）95	章宗聽其言
明昌承安年間	賈　鉉	請約束山東有司勿以採茶事擾民	（一）99	上從之
承安元年八月	張　暐	與章宗論南郊大祀當行；論僧道三年一試，八十取一合理；論周武帝、唐武宗、後周世宗其壽不永之故	（一）106	南郊大祀一事章宗從之
承安元年	董師中	諫小人李喜兒	（一）95	章宗默然
承安二年	李　愈	奏陳屯田利害	（一）96	上遣使宣諭
承安二年	路　鐸	論胥持國之黨	（一）100	章宗未置可否
承安四年	李　愈	請除漏言罪以廣言路	（一）96	章宗嘉納之
承安四年	孫　鐸	請勿朝令夕改	（一）99	章宗然之
承安四年	賈　鉉	請寬公事奉文期限	（一）99	下尚書省議
承安五年五月	張萬公	論女真、漢人拜禮宜各便所習。	（一）35	章宗不從
承安初年	高汝礪	請以「推排受財法」治受貨賂之走卒。	（一）107	
承安年間	李仲略	論救本正末之要，又條陳制度之宜。	（一）96	章宗嘉納之
承安年間	李仲略	論以經義博士為試官，庶得碩學之士。	（一）96	章宗可其奏

承安年間	高汝礪	請令有司奏事諫官得預聞	（一）107	章宗從之
承安年間	高汝礪	請再辦推排	（一）107	詔尙書省俟邊事息行之
承安年間	姬端脩	請章宗遠李氏兄弟	（一）100	章宗不能去
承安年間	姬端脩	諫章宗立李淑妃爲后	（一）95	帝怒
承安泰和年間	張暐	奏請以鹽易米事	（一）100	章宗詔尙書省詳問之
泰和二年春	李愈	諫章宗幸長樂川	（一）96	章宗不從
泰和二年四月	李愈	復諫章宗幸長樂川	（一）96	章宗異其言
泰和二年	賈鉉	論崇妃之葬不宜行登門送喪之禮	（一）99	章宗遂已
泰和三年	賈鉉	以爲亳州醫者孫世明所爲無僞造御寶之嫌，請以無罪釋之。	（一）99	章宗從之
泰和初	楊雲翼	諫宋不可伐	（二）p.823下	
泰和四年四月	張行信	上言二事，一依舊移轉吏目以除民害，一徐、邳地下宜麥，稅粟許納麥以便民。	（一）107	章宗是其言，令尙書省議行之。
泰和四年	孟鑄	請行區種法	（一）100	章宗從其言
泰和四年	孟鑄	劾知大興府事紇石烈執中跋扈	（一）100	詔尙書省問之，執中由是改官。
泰和五年六月	李革	請立推排期限	（一）46	
泰和五年	張行簡	答章宗問宋范祖禹作《唐鑑》論尊號事	（一）97	
泰和五年	張行簡	論治民之要	（一）97	
泰和五年	張行簡	請官田給軍當立期限，過者不許再告。	（一）97	下尙書省議
泰和五年	張行簡	請改撥耕地	（一）79	制可
泰和六年	胥鼎	言急遞鋪轉送文檄之制	（一）100	章宗從之，時以爲便。
泰和六年	孫即康	言宋北犯必當用兵	（一）99	左丞僕散端、參政獨吉思忠議與即康同，章宗以爲然。
泰和六年	賈鉉	以爲宋之北犯不足慮	（一）101	
泰和六年	賈鉉	論試題太難	（一）99	章宗不聽
泰和六、七年	孫即康	請改祖宗廟諱避之法	（一）99	章宗從之
泰和六、七年	孟鑄	論提刑司改按察司，差自覆察，權削望輕	100 p.2202	下尙書省議
泰和六年	胡景崧	擇相、立嗣	（二）p.187上	不報
泰和八年正月	孫鐸	請寬劉昂等私議朝政之罪	（一）99	章宗從其言而寬之
泰和八年六月	張行信	請增給漕運轉腳之費	（一）27	遂增給之
泰和八年八月	高汝礪	請令佃荒地者需鄰首保識	（一）47	

泰和初年	李仲略	論知大興府事紇石烈執中坐贓之罪勿宥	（一）96	章宗以爲然
泰和中	韓　玉	建言開通州潞水漕渠	（一）110	
泰和年間	侯　摯	論西北路財用	（一）108	坐奏事不實，被降除。
泰和年間	姬端脩	謂知大興府事紇石烈執中言事涉私治罪	（一）100	詔以端脩別出情見不當，削官解職
未知年月	王　翛	論太師廣平郡王徒單貞葬禮不應用班劍、羽葆。	（一）105	章宗以唐禮駁之
未知年月	王　擴	言置三司治財之不當	104 p.825 上	三司遂罷
未知年月	許安仁	論流人實邊不宜	（一）96	章宗以爲然
未知年月	許安仁	作〈無隱論〉上之	（一）96	
未知年月	孫　鐸	請收斂交鈔之行	（一）99	章宗從之
未知年月	郭　俁	請每季合注巡尉官，吏、刑兩部斟酌的盜賊多寡處選注	（一）104	詔議行之
未知年月	張大節	請銀冶勿官榷，授地收租即可	（一）97	章宗從其議
未知年月	張行簡	請禦災詔書中加棄子以後不得復取，以鼓勵收養。	（一）97	章宗是其言
未知年月	張行簡	請宰臣立拜群臣廷揖	（一）97	章宗是之
未知年月	張行簡	請於太常博士之下置檢閱官兩員；乞定會要。	（一）97	均不見納
未知年月	張萬公	諫章宗春蒐	（一）95	
未知年月	張　暐	論提刑司不可罷，並舉漢刺史六條以奏。	（一）106	章宗以爲然
未知年月	路伯達	論右丞相完顏襄所請易天壽節之不當，並陳正名從諫之道。	（一）96	
未知年月	路　鐸	論邊防	（一）100	完顏守貞以爲拾唐人餘論，皆不行
未知年月	路　鐸	劾參知政事楊伯通私引鄉人	（一）100	賈鉉查無此事，章宗乃詔責鐸言事輕率
未知年月	董師中	論爲相之道	（一）95	
明昌四年十二月至泰和二年	李　愈	論金廷德運不論所繼，當爲金德。	（三）	泰和二年十一月，詔天下金承宋統，宋爲火德金當爲土德。
	孫　鐸	以爲宋非正統，金承唐之土德，當爲金德。		
	張行簡			
	楊庭筠			
	呂貞幹	以爲金承遼統，遼爲水德，金當爲木德。		
	趙　泌			
	孫人傑	以爲金德運爲土德		

衛 紹 王 時 期

發表年月	論者	內容	資料來源	備註
大安元年	張行簡	薦楊雲翼精術數	（一）110	雲翼受用
大安三年	張嚴叟	請遣兵擇將背城疾戰	（一）97	
大安初年	孫鐸	論黃門李新喜之罪	（一）99	
大安初年	孫鐸	議鈔法	（一）99	所言忤旨
大安初年	趙秉文	論宣德之不可守	（一）110	衛王不能用，其秋宣德果以敗聞。
崇慶二年	張行信	劾胡沙虎之復進用	（一）107	不報
不知年月	孟奎	劾完顏訛出虛造功狀	（一）104	訛出坐免官
不知年月	梁鞞	論徒單鎰之內徒軍民，退保大城建議爲自蹙境土之舉。	（一）99	衛紹王因此而責鎰

宣 宗 時 期

發表年月	論者	內容	資料來源	備註
貞祐元年九月	張行信	請立皇儲	（一）107	宣宗嘉納之
貞祐元年十月	張行信	上封事，論正刑賞、擇將帥及鄆陽、石古乃之冤。	（一）14 （一）132	宣宗乃下詔暴執中過惡，削其官爵。贈鄆陽、石古乃，恩其子。
貞祐元年十月	張行信	請令重臣舉所知將才	（一）107	宣宗善其言
貞祐元年	張行信	諫王守信賈耐兒爲將	（一）107	宣宗皆罷之
貞祐元年	張行信	請正內族訛可敗兵之罪	（一）107	宣宗諭之已下獄
貞祐元年	張行信	諫將兵以「恐壞和事」之論拒戰	（一）107	宣宗心知其善而不能行
貞祐二年正月	胥鼎	請獎京師之能贍貧人者	（一）108	辦法遂定，全活甚重
貞祐二年二月	黃裳	請改土德爲金德	（三）	後似終金之世仍以土德爲其德運。參見《四庫全書提要》。
	王仲元	論金德運應爲土德		
	趙秉文			
	呂子羽	論金德運當爲金德		
	張行信			
	田庭芳			
貞祐二年	王擴	上書陳河東守禦策；請減猛安謀克之數；請令太原、代、嵐等首長兼掌資儲；言數免租稅、增軍士之廩給無用。	（一）104 （二）p.826 下	書奏，不見省。
貞祐二年	田琢	論其遣沈思忠所招西京蕩析百姓可南渡協防河南	（一）102	詔從之
貞祐二年	耿端義	請遣軍官出戰解中都之圍。	（一）101	議竟不行
貞祐二年	耿端義	請遷都南京	（一）101	後僕散端三表論請之，宣宗意遂決。

貞祐二年	高汝礪	請多方開誘儲粟者以平汴京物價	（一）107	宣宗從之
貞祐二年	張行信	論參知政事奧屯忠孝兩括民食之不當	（一）104	宣宗善之，論忠孝姑從民之便。
貞祐二年	張行信	諫參知政事奧屯忠孝非參政之才	（一）104	宣宗優容忠孝，然頃之亦罷。
貞祐二年	張行信	論天象禍福之言不宜偏聽	（一）104	宣宗從之
貞祐二年	賈 益	上防秋十三事	（一）90	不報
貞祐二年	賈 益	與戶部尚書李革論遷河北軍民不便	（一）90	不報
貞祐二、三年	趙秉文	請為國家守殘破一州。論時事三（遷都、導河、封建）	（一）110（二）p.814上	朝廷答以宿儒當在左右，不許。朝廷略施行。
貞祐三年二月	張行信	上書言四事	（一）107	朝廷多用其議
貞祐三年四月	胥 鼎	建言利害十三事	（一）108	宣宗頗採用
貞祐三年四月	胥 鼎	請降空名宣敕等，以補平陽軍儲。	（一）108	宣宗從之
貞祐三年五月	高汝礪	諫留河北軍戶守衛其縣而徙其家屬於河南	（一）107	不報
貞祐三年五月	劉 炳	上書條便宜十事。後宣宗又問炳三事。	（一）106	書奏，宣宗異而不能用
貞祐三年六月	馮 璧	劾奏關中姦贓之尤者十數人	（一）110	
貞祐三年七月	胥 鼎	諫朝廷起代州戍兵五千	（一）108	尚書省奏宜如所請，詔從之。
貞祐三年七月	胥鼎	論清野宜自北而南。	（一）108	宣宗獎諭之
貞祐三年八月	高汝礪	諫給軍戶官田，請半給軍糧，另以係官荒地、牧馬草地量數付之，令其自耕。	（一）47	宣宗從其請
貞祐三年十月	胥 鼎	請置總領義軍使等官領義軍	（一）108	宣宗從之
貞祐三年十月	高汝礪	請給軍戶係官閑田及牧馬地之可耕者。	（一）47	奏可，乃命馮開等分詣諸郡就給之。
貞祐三年十一月	高汝礪	馮開等曰官地貧瘠且量少，汝礪據實奏之。	（一）47	遂罷給田，但半給糧，半給實直。
貞祐三年十一月	王世安	論取盱眙、楚州之策	（一）14	
貞祐三年十一月	陳 規	劾參政侯摯之不職	（一）14	宣宗不允所言
貞祐三年十一月	陳規	論巡警使馮祥升職之不當。	（一）109	詔即罷祥職，並獎規。
貞祐三年	田 琢	論滄州守備可否。琢前奏曰可，後奏曰否。	（一）102	為宰臣劾其前後不一，宣宗寬之。
貞祐三年	侯 摯	自請往河北安撫民心	（一）108	後朝廷以摯為參知政事，行省河北。
貞祐三年	高汝礪	請待在官荒地及牧馬地之私耕作物收成後再與軍戶。	（一）107	後未見下文

貞祐三年左右	許　古	與左司諫抹撚胡魯敕上言諫職官犯罪皆的決事。	（一）109	宣宗初欲行，而朮虎高琪固執以爲不可，遂寢
貞祐三年	賈益謙	請北來無公憑勿聽渡	（一）106	未知下文
貞祐三年	賈益謙	論河北僑戶無應役	（一）106	宣宗甚嘉賞
貞祐三年	盧　庸	論防秋三事	（一）92	皆不報
貞祐三年	劉元規	言給河北軍戶田不便	（一）114	宣宗遂罷之
貞祐四年正月	胥　鼎	請招誘北俘未歸者	（一）108	制可
貞祐四年正月	高汝礪	請罷發兵河北芟麥	（一）107	宣宗從之
貞祐四年正月	陳　規	請弛禁物斛北渡	（一）109	詔蒙軍北還後再依規請
貞祐四年二月	張行信	論大金德運爲土德	（一）107	宣宗是之
貞祐四年三月	陳　規	請放爲官軍所掠之良民。	（一）109	事下尙書省，後行之。
貞祐四年四月	陳　規	請罷河北瀕河民兵	（一）109	制可
貞祐四年四月	侯　摯	請許沿河糴粟，縱民輸販	（一）108	詔尙書省行之
貞祐四年七月	陳　規	條陳八事。	（一）109	宣宗覽書不悅，詔付尙書省詰之。
貞祐四年八月	張行信	上言祫享太廟宜行四十四拜之禮	（一）107	宣宗嘉納之
貞祐四年十月	高　嶷	論對蒙戰爭失機者三，並請命朮虎高琪爲帥，以厭眾心。	（一）106	不報
貞祐四年	高汝礪	請召胥鼎還省	（一）107	不從
貞祐四年	高汝礪	言朮虎高琪所言之歲檢有三不可	（一）107	議遂寢
貞祐四年	胥　鼎	請寬河南之粟入河東	（一）108	從之
貞祐四年	胥　鼎	諫強抬河東民糧之舉；請遣歸霍州戍兵。	（一）108	詔趣行之
貞祐四年	胥　鼎	請增河東覊爵恩例	（一）108	遂定制
貞祐四年	胥　鼎	請寶鈔勿限地流通	（一）108	遂罷其限
貞祐四年	胥　鼎	請從潞帥必蘭阿魯帶之言勿析義軍爲三等	（一）108	詔遂許之
貞祐四年	胥　鼎	請有司議蒙軍進取河南之跡。	（一）108	宣宗以示尙書省，宰臣請命鼎渡河擊之，制可。
貞祐四年	胥　鼎	請遣官撫慰河南僑戶	（一）108	宣宗從其計
貞祐四年	侯　摯	請開沁水以便餽運	（一）27	從之
貞祐四年	侯　摯	奏紅襖賊將跨河爲亂	（一）108	詔命招誘之不從則捕討
貞祐四年	李　革	請禁以情見引用斷例，判決只以律爲政。	（一）99	詔從之
貞祐四年	楊雲翼	言蒲察阿里不孫其人言浮於實，必誤大事	（一）110	不聽，後果敗。
貞祐四年	趙秉文	請立回易務換寶鈔	（一）110	詔有司議行
貞祐六年	楊雲翼	論権油不可	（二）p.822上	遂從之
貞祐初年	張行簡	上書論議和事	（一）106	

貞祐中葉	楊雲翼	諫伐宋	110 p.823 下	書奏不報
南遷之後	王 擴	論廷議供御羊瘦事之不當。	104 p.825 下	宣宗肯之
南遷之後	張 翰	上書言五事	（一）105	朝廷略施行
南遷之後	許 古	論將相之選，請善待河北州縣官，諫有司收括京師餘糧，請廣開言路。	（一）109	詔付尚書省，略施行焉。
貞祐年間	田 琢	請課農陝西河南地。	（一）102	宣宗深然之
貞祐年間	侯 摯	上章言九事	（一）108	宣宗略施行
興定元年正月	胥 鼎	諫西征	（一）108	遂止
興定元年十月	張行信	請遣使問宋兵侵境事	（一）107	行信疏上，宣宗令尚書省議；後汝礪奏上，宣宗從汝礪議
	高汝礪	論與宋和議先發於我，恐自示弱，非便		
興定元年十月	許 古	諫伐宋，請議和。	（一）109	宣宗是其言，即命古草議和牒文，既成以示宰臣，朮虎高琪言其有哀祈之意，自示微弱，遂不用。
興定元年	王 擴	議屯田	（二）p.826 上	
興定元年十月	呂 鑑	自請爲和宋使節，並請招撫河淮居民。	（一）106	詔問尚書省，高琪曰：「鑑狂妄無稽，但氣岸可尚，宜付陝西行省備任使。」制可。
興定元年十一月	高汝礪	諫「桑皮故紙錢」之發行	（一）47	時不能用
興定元年十二月	胥 鼎	諫伐宋	（一）106	朮虎高琪以爲大軍已進，無復可議。遂寢。
興定元年	李 革	諫興兵伐宋	（一）99	不納
興定元年	胥 鼎	論太原路元帥左監軍烏古論德升所言軍狀可取。	（一）108	宣宗詔付尚書省議之。
興定元年	張行信	請更定監察御史的決之罪	（一）107	宣宗從之
興定元年	許 古	論諸路軍官更相訴訟	（一）109	宣宗嘉納之
興定二年二月	侯 摯	自請撫慰山東、河北遺民。	（一）108	詔從之
興定二年二月	張行信	論內族合周避敵不擊之罪或可免	（一）107	未知下文
興定二年九月	侯 摯	請募東平以東地區之失業者爲兵	（一）108	詔施行之
興定二年九月	侯 摯	諫遷海州入內地	（一）108	議乃止
興定二年	侯 摯	請放河南饑民北渡耕食	（一）108	詔付尚書省，後從摯議
興定二年	胥 鼎	諫宣宗親涉錢穀之務	（一）106	朮虎高琪駁之
興定二年	李 革	諫清野河東之不可	（一）99	詔從革奏
興定二年	呂 造	請詔內外百官各上封事論南北用兵之事。	（一）106	宣宗嘉納，詔集百官議河北陝西守禦之策。朮虎高琪心忌之，不用一言。

興定二年	張行信	請買河西之良馬、定餽獻朝廷遣使之等、重吏祿。	（一）107	宣宗多採納之
興定三年四月	高汝礪	請備防秋之糧	（一）15	宣宗與之議定其法而行
興定三年四月	王三錫	請榷油	（一）107	議者二十六人議同高琪贊成榷油，八人反對之後宣宗以爲「古所不行者而今行之，是又生一事也。」遂罷榷油之議。
	高汝礪	諫榷油之議果行，其害有五		
	高夔	贊成榷油		
	楊雲翼	反對榷油		
	趙秉文			
	趙瑄			
	趙伯成			
	姬世英			
	郭著			
	時戩			
興定三年	田琢	請發還侯摯部下納合六哥爲己用	（一）102	制可
興定三年	田琢	薦納合六哥爲沂州統領	（一）102	從之
興定三年	田琢	奏獨吉世顯、納合六哥、梁昱、張亞夫戰功	（一）102	後四人擢升
興定四年九月	楊雲翼	以《孟子》事大、事小之說解和戰之論。	（一）110	
興定四年十月	馮璧	上六事	（一）110	
興定四年11月	楊雲翼	論宗室承立所犯小罪，宜賞完顏合達力戰之功。	（一）110	承立由是免官，合達遂掌機務。
興定四年	楊雲翼	諫有司以程式苛求入粟補官及以戰功遷授者。	（一）110	
興定五年正月	賈益謙	論衛紹王無罪	（一）106	朝議偉之
興定五年	趙秉文	論人主當勤儉、慎兵刑，所以祈天永命。	（一）110	宣宗嘉納之
興定年間	高汝礪	諫以分州縣、授名號處賈仝、苗道潤。	（一）107	議遂寢
興定年間	程震	劾皇子荊王縱令奴隸侵漁細民	（一）110	宣宗因此責荊王，出內府銀以償之
元光元年七月	高汝礪	論儉爲帝王大德	（一）107	
元光元年九月	高汝礪	論功過之賞罰	（一）107	
元光二年正月	高汝礪	論心術與才能	（ ）107	
元光二年七月	師安石	上章言備禦二事	（一）108	宣宗嘉納之
未知年月	張行信	請從世宗所定的決標準	（一）107	宰臣議定而從其之請，制可。
未知年月	楊雲翼	論河朔民泅河而南，有司論罪當死之事。	（一）110	宣宗從其請，盡釋之。
未知年月	劉頍	諫廣太子宮牆之舉	（一）78	宣宗從之

哀　帝　時　期				
發　表　年　月	論　者	內　　容	資料來源	備　　註
正大元年正月	陳　規 趙秉文 楊雲翼	諫修復雲中府，以爲陝西民方疲敝，未堪力役。	（一）109 （一）17	議遂止
正大元年十二月	張行信	請改尤虎高琪所定職官犯罪的決之條，重依舊制。	（一）17	哀帝不欲張宣宗之過，略施行之。
正大元年十二月	陳　規	言將相非才，且薦可用者數人	（一）109	
正大元年四月	陳　規	論冤獄在便宜帥府處，不在州縣。又言「雨水不時則責審理，然則職變理者當如何。」	（一）109	哀帝善其言而不能有爲。
正大元年九月	白　華	請朝廷注意宋將蔣義斌招降河朔郡縣之舉	（一）114	院官遣其相視彰德，實擠之
正大二年十一月	陳　規	以「兵不妄動」論懲宋事	（一）109	哀帝善之
正大二年	陳　規	與臺諫同奏五事	（一）109	略施行之
正大二年	楊雲翼	論樞密專制軍政，蔑視尚書。	（一）110	哀帝嘉納之
正大三年十一月	白　華	論夏全之北來出於自免，無他慮。	（一）114	華因是爲哀帝所知
正大三年	楊雲翼	言帝王之學不必如經生分章析句，但知爲國大綱足矣。	（一）114	
正大四年十月	陳　規 李大節	劾同判大睦親事撒合輦詔佞，招權納賄及不公事。	（一）111	奏帖留中不報（卷109則言「由是撒合輦竟出爲中京留守，朝廷快之。」）
正大五年二月	陳　規 李大節	言三事	（一）109	哀帝嘉納之
正大五年	師安石	劾近侍張文壽、張仁壽、李麟之。	（一）108	哀帝怒甚，安石疽發腦而死，哀帝甚悼惜之。
正大六年	白　華	論無須應付李全，姑養兵馬，專對北方即可。	（一）114	哀宗從之
正大六年五月	白　華	論進征蒙軍之必要	（一）114	哀帝以爲然
正大七年正月	白　華	請集兵資以備戰	（一）114	
正大九年	趙秉文	論大臣欲稱賀蒙軍初退汴京	（一）110	議遂已
天興元年十一月	趙　楠	論僕散納坦出無罪	（一）101	哀宗亦然之
天興元年十二月	白　華	請哀帝出就外兵	（一）114	議遂定
天興元年十二月	白　華	請赴汝州決戰	（一）114	議竟不能決
汴京被兵之時	陳　岢	上封事言得失	（一）109	爲時相赤盞合喜等沮之，策爲不行
未知年月	馮　壁	劾胡土門、毛花輦等	（一）110	

未知年月	楊雲翼	論君臣之大禮	（一）110	
未知年月	楊雲翼	論人君先正其心	（一）110	
未知年月	楊雲翼	諫遣官理冤獄而不及陝西	（一）110	朝廷是之

東北內蒙地區金代之政區
及其城市發展

一、前　言

　　女眞族自十二世紀初興起，自東北往西、往南擴張，先攻滅遼朝，盡有其地，復自燕雲南下攻宋，汴京之役，北宋亡。金兵傾力渡淮、江，然終未能降服南宋，遂與南宋議和，以淮河西趨大散關一線爲雙方國界。於是東北、蒙古地區、華北地區爲金之領地；其中東北、蒙古與燕雲地區爲遼之舊壤，此外爲北宋故地。金初擴張迅速，《金史》載其疆域謂：「東極吉里米、兀的改諸野人之境，北自蒲與路之北三千餘里，火魯火疃謀克地爲邊」〔註1〕，是以東方已臨韃靼海峽，北方達外興安嶺，然外蒙與內蒙部份地區原爲遼之上京道，是蒙古諸部之游牧地，金朝未直接劃入政區內。

　　金代政區仿遼制設五京，另置十四總管府，共爲十九路，其間有散府、節鎮、防禦、刺史、州（軍）、縣等，京府州共百七十九，縣六百八十三，大體類遼政區等級劃分，府州數接近，然縣則爲遼之三倍，其原因當爲華北領地沿宋之舊縣城較多之故。蒙古與東北地區於遼朝統治之下已有城市之興起，東北多在渤海國之基礎下或沿其舊，或更築新城，蒙古地區則多爲營建新城，其間不乏移民以築城，實施城郭之制，此筆者已有所論述〔註2〕。本文

〔註1〕見《金史·地理志》上，卷二十四（北京：中華），頁549，本文所引皆省稱〈金志〉。

〔註2〕關於遼代東北與內蒙古地區之城市及移民築城等，參見拙作，〈試論內蒙古遼代之古城〉，《興大歷史學報》第十三期（台中：興大歷史系，民91年）頁25至70。〈試論東北遼代之古城〉，《興大人文學報》第卅二期下冊（台中：興大文學院，民91年），頁731至777。〈遼代政區之建置與移民築城〉，《中古史

-139-

即繼之探討金承遼之統治，於東北與內蒙地區原遼之舊壤中，金朝政區之劃分情形，以及其城郭之制建置狀況，較之遼代庶可明瞭金代於此地區城市之發展。

二、東北之政區與建置——上京、咸平、東京路

金代十九路中處於東北地區者為上京、咸平、東京三路。

（一）上京路

據《金史・地理志》載上京路為金之舊土，在熙宗天眷元年（1138）建號為上京，海陵王時一度廢上京之號，成為會寧府，至世宗大定十三年（1173）時復號上京，領有節鎮四、防禦一、縣六、鎮一〔註3〕。茲將上京路之政區建置列〈表一〉如下：

表一：上京路政區

編 號	府州縣名	品級	建置時間	建置來源	戶籍數	原屬建置	隸屬	新建	舊建	註
001	上京會寧府	京 府（下）	太宗升會寧州為府天眷元年（1138）號上京	天會二年（1124）會平（寧）州	31270	女眞海古之地（皇帝寨）	上京路	V		1.
001-1	會寧縣	（倚）	與府同時				會寧府	V		
001-2	曲江縣		大定七年（1167），十三年更名	鎮東縣			會寧府	V		
001-3	宜春縣		大定七年				會寧府	V		
002	肇州武興軍	防禦（下州）	天會八年		5375	遼出河店	上京路	V		
002-1	始興縣	（倚）	與州同時				肇州	V		

研究》第一期（台北：蘭台，民91年）頁247至278。

〔註 3〕參見註1，頁550。

003	隆州利涉軍（隆安府）	節度（下州）	天眷三年大定廿九年（1189）改名，貞祐升隆安府	濟州，濟州路	10180	遼黃龍府	上京路	V	
003-1	利涉縣	（倚）	與州同時				隆州	V	
003-1-1	（利涉）鎮（混同館）		與縣同時			寧江州混同縣	利涉縣	V	
004	信州彰信軍	刺史（下州）	開泰七年（1018）遼信州		7359	渤海懷遠軍，遼信州	上京路	V	
004-1	武昌縣					渤海懷福縣	信州	V	
004-1-1	（武昌）鎮				80		武昌縣	?	
005	蒲與路	節度	國初，海陵（天德）	萬戶			上京路	V	
006	合懶路	總管府	貞元元年（1153）				上京路	V	2.
007	恤品路	節度	天會二年，海陵	萬戶		遼率賓府	上京路	V	3.
008	曷蘇館路	節度				（曷蘇館女眞）	上京路		4.
009	胡里改路	節度	國初，海陵	萬戶		（遼越里吉）	上京路	V	5.
010	島古迪烈統軍司		天會三年後升招討司	龐葛城			上京路	V	6.

表一註

1. 建置時間及其來源〈地理志〉上京路條載「舊有會平州，天會二年築」。校勘記引〈習古迺傳〉証之，又〈太宗記〉天會二年四月載「以實古迺所築上京新城名會平州」，見頁50，然〈地理志〉會寧州條言會寧府「初爲會寧州，太宗以建都，升爲府」則會平州當即會寧州。又〈盧彥倫傳〉載其於天會二年，知新城事，當亦指參與實古迺之建新城。

2. 合懶路治所據張博泉定於朝鮮咸鏡北道鏡城，見《金史簡編》附錄二（瀋陽：遼寧人民：1984 年），頁 425；何俊哲等《金朝史》（北京：中國社科：1992）亦如是，見頁 617。據譚其驤《中國歷史地圖集釋文匯編・東北卷》（北京：中央民族學院：1988 年）以其地爲朝鮮咸鏡南道咸光城，見頁 166。以上言路治地點雖有不同，然皆在朝鮮境，該路領地實部分在朝鮮境，少部分在中國境，圖見譚其驤《中國歷史地圖集》第六冊（北京：地圖：1982），頁 48-49。另見王崇時〈關於金代曷懶路的幾個問題〉，《遼金史論集》第二輯（北京：書目文獻，1987 年），頁 303 至 315。

3. 恤品路據張博泉定爲蘇聯濱海省烏蘇里斯克（雙城子），見上註；何俊哲亦如是，僅將蘇聯改爲俄羅斯，見上註。譚其驤等亦同，見頁 167；而《中國歷史地圖集》可見，該路絕大部分領地在俄羅斯境內。

4. 按〈校勘記〉6 所述。曷蘇館在東京路，不在上京路，今暫依〈地理志〉所載列於此。曷蘇館之罷見東京路蓋州，頁 553，556；另見譚其驤〈金代路制考〉附二〈曷蘇館路考〉，《遼金史論文集》（瀋陽：遼寧人民，1984 年），頁 541 至 543。

5. 胡里改路，據前揭譚其驤等定其路治爲五國部之越里吉，見頁 163、168。

6. 烏古敵烈統軍司治所在龐葛城，地處嫩江西岸之哈拉古城址。參見張泰湘、崔福來〈龐葛城考〉，《中國考古集成・東北卷・金（二）》（北京出版社），頁 1098 至 1101。據《金史・太宗本記》載天會三年「以龐葛城地分援所徙烏里虎、迪烈底二部及契丹民」，見頁 52，是以統軍司之設爲管轄未降之部分烏古（烏里虎）、敵烈（迪烈底）族及契丹族人。

〈地理志〉所列上京路之節鎮爲肇州、隆州、蒲與路、恤品路、胡里改路；曷蘇館路後廢，且其地應在東京路。〈志〉文中言「領節鎮四」，若未計曷蘇館路則正確。領「鎮一」則有誤，當爲領鎮「二」。上京路下復轄有四路，此與東京路下轄有婆速府路同，爲較特殊之政區規劃，又上京路轄烏古迪烈統軍司（後升招討司），非一般之府州設置。故上京路之政區當爲府一，節鎮四，防禦、刺史州各一，總管路一，統軍司一，縣六，鎮二。

上京會寧府及其轄縣皆爲新建築城而置。會寧府即爲太祖時之「皇帝寨」，《大金國志》載：「國初無城郭，星散而居，呼曰皇帝寨，國相寨、太子莊，後升皇帝寨曰會寧府，建爲上京」〔註 4〕。又《三朝北盟會編》載：「阿骨打建號，改曰皇帝塞（寨），至亶（熙宗）改曰會寧府」〔註 5〕。是以上京初爲寨居之地，後於太宗天會二年（1124）始築新城，熙宗時又續增建而完成

〔註 4〕見宇文懋昭，《大金國志》（國學基本叢書，台北：商務，民 57 年），卷 33，頁 244。

〔註 5〕見徐夢莘，《三朝北盟會編》（台北：大化，民 68 年）甲集，〈政宣上帙三〉，頁 21。

其規模，其後有海陵之遷都而毀上京宮室，世宗時之修復等﹝註6﹞。太宗時所築新城當時或號會平州（會寧州），即〈地理志〉所載上京路「舊有會平州，天會二年築，契丹之周特城也」，會寧府「初爲會寧州，太宗以建都，升爲府」﹝註7﹞。至於契丹之周特城或即指於皇帝寨周邊（當在南方）之契丹人聚落（村寨）。至於上京屬縣除倚縣會寧外，曲江、宜春二縣皆於世宗時建置。

　　肇州爲遼時之出河店，當時並無政區建置，金太宗天會八年以「太祖兵勝遼，肇基王績於此，遂建爲州」，倚縣始興同時置；是以肇州取王基肇建之地，而始興縣則初始興王之意甚明﹝註8﹞。隆州爲遼之黃龍府，金以舊地改置，雖遼之黃龍府轄五州、三縣，金則僅置州與其倚縣、一鎮，然其政區地域仍如遼舊﹝註9﹞。信州及其倚縣武昌皆沿遼之舊信州而省廢其定武縣。蒲與路於遼時並無建置，其地爲室韋等部族之地，南起今呼蘭、肇州以北，西境以今嫩江與金之泰州相接，治所往北三千里至火魯火疃謀克，則抵今外興安嶺之境，東至今湯旺河（屯河）之地﹝註10﹞；是以其北方已達俄國之境。合懶路政區爲吉林東部延邊朝鮮族自治州及朝鮮東北之咸鏡南、北道，其治所在朝鮮境﹝註11﹞。其地於遼代爲女眞、濊貊聚落，約爲原渤海國之龍原、南海府，長白山以東顯德府東部之地﹝註12﹞。遼滅渤海盡有其地，經州縣之整併，皆納入其版圖內；然金代於合懶路下並無州縣之置。

﹝註6﹞ 參見〈表一〉註1。上京營建之始末詳情參見景愛，《金上京》（北京：三聯，1991），頁13至27。

﹝註7﹞ 同註3，並頁511。

﹝註8﹞ 見註1，頁551、552。關於金代肇州之故地城址，及出河店建置爲肇州之討論，參見王景義，〈略論金代肇州〉，《中國考古集成・東北卷・金（二）》（北京出版社，以下簡稱《集成》），頁1073至1077。

﹝註9﹞ 遼代之黃龍府，參見《遼史・地理志》，頁470、471。本文所引皆省稱〈遼志〉。金代隆州利涉縣，因縣印之發現，對利涉縣之地望產生爭議，有以縣印發現地在吉林扶餘新城局，故以附近之石頭城子古城爲縣治，見劉景文，〈吉林扶餘發現金代利涉縣印〉，亦有以爲扶餘縣印地仍非利涉縣，應在州治農安，見都興智，〈金代的利涉縣印和利涉縣〉，二文在《集成》頁767、680。

﹝註10﹞ 參見譚其驤，《中國歷史地圖集釋文匯編・東北卷》（北京：中央民族學院，1988年。以下省稱《匯編》），頁166。另參見景愛，〈關於金代蒲與路的考察〉，《遼金史論文集》（瀋陽：遼寧人民，1985），頁544至563。

﹝註11﹞ 參見譚其驤，《匯編》，頁166、167。另見王崇時，〈關於金代曷懶路的幾個問題〉，《遼金史論集》第二輯（北京：書目文獻，1987年），頁303至315。

﹝註12﹞ 參見譚其驤等，《中國歷史地圖集》第五冊（地圖，1982年，以下省稱《圖集》），頁78、79。

恤品路爲遼之率賓府，遷耶懶路女眞族於此，立爲速頻路節度使，其地又有押懶（耶懶）猛安〔註13〕。此地約爲原渤海之安邊、安遠、率賓、東平四府之地〔註14〕，金代於此路下並無州、縣之置。曷蘇館路屬東京路，於此不論。胡里改路南部約爲原渤海國之懷遠、鐵利府，郢州及龍泉府北部，路之北部即爲屋惹（兀惹）、里眉（里迷）等部聚地〔註15〕。

烏古迪烈統軍司初設時間不詳，但知海陵天德二年（1150）改爲招討司，大定五年（1165）改設爲東北路招討司；後移司於泰州。章宗泰和年間又置分司於金山〔註16〕。統軍司至招討司之設置，正如其名爲鎮禦烏古迪烈部，烏古部大抵活動於海勒水（海拉爾河）、臚朐河（克魯倫河）下游一帶，敵烈部則在烏古部之西，臚朐河中游一帶，爲遼代北方之強鄰，曾於呼倫貝爾草原上有過數次對遼朝之反叛。金初仍承此餘續，但於金太宗天會二年（1124）「烏虎里、迪烈底兩部來降」，次年二月，「以龐葛城地分授所徙烏虎里、迪烈底二部及契丹民」〔註17〕。烏古迪烈部由大興安嶺以西越嶺而東，駐居於嫩江流域一帶，龐葛城即爲金初置統軍司及改置招討司初期之所在地，以鎮烏古迪烈部爲主。其後烏古迪烈部於呼倫貝爾草原仍有叛亂，其中部份爲未東遷而居原地之部族，加以金代中期後，蒙古諸部興起，北方主要邊患略爲南移，即呼倫貝爾草原之南緣，故招討司之改置於泰州而不再置於龐葛城，即反應此種情勢之變化〔註18〕。

由前初步的觀察，上京路金代新建置者大體爲府一、州一、縣四、路二，廢置遼之政區者爲府一、州四、縣三。

（二）咸平路

咸平路〈金志〉載轄有府一、刺郡一、縣十，然其咸平府下所轄玉山縣，於註文中言其縣爲章宗承安三年（1198）新置，而於宣宗貞祐二年（1214）陞

〔註13〕參見註1，頁552。

〔註14〕見註12。

〔註15〕參見註12，並參見譚其驤等《圖集》第六冊，頁8、9、48、49。

〔註16〕參見《金史‧兵志》，卷25，頁1003。

〔註17〕參見《金史‧太宗紀》，卷3，頁50、52。

〔註18〕參見〈表一〉註6。關於烏古迪烈部於遼代之活動地另可參見津田左右吉〈遼代烏古迪烈考〉，《滿鮮地理歷史研究報告》第貳（東京：東京帝國大學文科大學，大正五年），頁1至16。王國維〈金界壕考〉議論及金時烏古、迪烈部之所在，見《觀堂集林》卷15，〈史林〉7（台北：河洛，民64年）頁714、720至722。王氏所言爲譚其驤《匯編》書中所收，見頁169。

為節鎮鎮安軍〔註 19〕。咸平路政區規模小，僅咸平府及韓州，餘為縣，列其政區為〈表二〉如下：

表二：咸平路政區

編號	府州縣名	品　級	建置時間	建置來源	戶籍數	原屬建置	隸屬	新建	舊建	註
101	咸平府安東軍	總管府節度	天德二年（1150）	國初咸州路	56440	高麗銅山縣地，遼咸州	咸平路		V	
101-1	平郭縣	（倚）	大定七年更名	舊名咸平		遼咸平縣	咸平府		V	
101-2	銅山縣		大定廿九年更名	東平鎮東軍		同州鎮安軍	咸平府		V	
101-3	新興縣		皇統三年（1143）更名來屬	廢州		遼銀州富國軍	咸平府		V	
101-4	慶云縣		（更名）	檀州密雲		遼棋州祐聖軍	咸平府		V	
101-5	清安縣		皇統三年更名	降為縣		遼肅州信陵軍	咸平府		V	
101-6	榮安縣						咸平府		V	
101-7	歸仁縣					遼通州安遠軍，本渤海強師縣	咸平府		V	
101-8	玉山縣（鎮安軍）	（節鎮）	承安三年（1198），貞祐二年升節度	以烏速集・平郭・林河間相去六百里地置			咸平府	V		
102	韓州	刺史（下州）			15412	遼東平軍韓州	咸平路		V	
102-1	臨津縣	（倚）	未詳				韓州	V		
102-2	柳河縣					遼柳河縣	韓州		V	

咸平路初名咸州路，即遼之咸州安東軍，其倚縣為咸平，故〈金志〉稱咸平府之倚縣平郭「舊名咸平」，於大定七年（1167）更名。咸平府下轄八縣，係將遼所置之州縣省併而來。遼同州轄東平、永昌二縣，金初為東平鎮東軍，大定廿九年省併更名為銅山縣。遼銀州轄延津、新興、永平三縣，金則廢州

省爲新興縣。遼祺州倚縣慶雲，爲密雲漢俘所置，金則廢州存縣。遼肅州倚縣清安，金則廢州存縣（降爲縣）。遼通州轄通遠、安遠、歸仁、魚谷四縣，金則存歸仁縣，餘皆廢省。咸平府僅榮安縣未記其來源，此縣或爲遼之容州，金改爲縣。韓州即因遼舊，然遼之韓州僅倚縣柳河，金之韓州除存柳河縣外，復立臨津爲倚縣，然記「未詳何年置」，而於韓州條下註「舊有營」，此當爲王寂《遼東行部志》所言韓州之變遷，而移治於「舊九百奚營」，臨津爲倚蘇昭河之偏臉城爲是〔註20〕。

金代咸平路廢去遼之政區爲州七、縣六，增置府一、縣一。

（三）東京路

〈金志〉載東京路轄府一、節鎮一、刺郡四、縣十七、鎮五，然記所列之數，少計二州（來遠州及升化成縣之全州）一路（婆速府路），縣之數計當爲十九，或因縣有廢置、升降之故。今將東京路政區列爲〈表三〉。

表三：東京路政區

編 號	府州縣名	品 級	建置時間	建置來源	戶籍數	原屬建置	隸 屬	新建	舊建	註
201	東京遼陽府	京府（中）	天德二年	東南路都統司、總管府	40640	遼東京	東京路		V	
201-1	遼陽縣	（倚）					遼陽府		V	
201-2	鶴野縣						遼陽府		V	
201-2-1	長宜鎮（曷蘇館）						鶴野縣		V	
201-3	宜豐縣		皇統三年	廢遼衍州爲縣		遼衍州安廣軍	遼陽府		V	
201-4	石城縣		後興定三年（1219）改置爲巖州			遼巖州白巖縣	遼陽府		V	
202	澄州南海軍	刺史	天德三年	更遼州名	11935	遼海州南海軍	東京路		V	
202-1	臨溟縣						澄州		V	
202-1-1	新昌鎮						臨溟縣		V	

〔註20〕參見《匯編》，頁 171、172。其餘咸平府省併遼之州縣除〈金志〉所載外，關於遼被省併之州縣轄屬，參見拙作前揭文〈遼代政區之建置與移民築城〉，其中〈表二〉部份。

202-2	析木縣		皇統三年	廢州來屬		遼銅州析木縣	澄州	V	
203	瀋州昭德軍	刺史（中州）	明昌四年（1193）	改爲刺史	36892	遼太宗置瀋州昭德軍節度使	東京路	V	
203-1	樂郊縣			更縣名		遼三河縣	瀋州	V	
203-2	章義縣		皇統三年	降爲縣來屬		遼廣州	瀋州	V	
203-3	遼濱縣		皇統三年	廢爲縣		遼遼州始平軍	瀋州	V	
203-4	挹樓縣		大定廿九年	更名		遼興州興中軍常安縣	瀋州	V	
203-5	雙城縣		皇統三年（章宗時廢）	遼州降爲縣		遼雙州保安軍	瀋州	V	
204	貴德州	刺史（下州）	國初	廢軍爲刺史州	20896	遼貴德州遼遠軍	東京路	V	
204-1	貴德縣	（倚）					貴德州	V	
204-2	奉集縣					遼集州奉集縣	貴德州	V	
205	蓋州奉國軍	節度（下州）	明昌六年改名	明昌四年辰州遼海軍	18456	遼辰州	東京路	V	1.
205-1	湯池縣					遼鐵州湯池縣	蓋州	V	
205-1-1	神鄉鎮					（遼耀州巖淵縣）	湯池縣	V	
205-2	建安縣					遼縣	蓋州	V	
205-2-1	大寧鎮						建安縣	V	
205-3	秀巖縣		明昌四年升，後廢，貞祐四年復升	本大寧鎮			蓋州	V	
205-4	熊岳縣					遼盧州熊岳縣	蓋州	V	
206	復州	刺史（下州）	明昌四年	降爲刺史	13951	遼懷遠軍節度	東京路	V	
206-1	永康縣	（倚）	大定七年更名	舊名永寧			復州	V	
206-2	化成縣		皇統三年	降爲縣來屬		遼蘇州安復軍	復州	V	

206-2-1	歸勝鎮				疑爲遼 德勝縣	化成縣		V	
207	來遠州	下州	大定廿二 年陞軍，後 升爲州	舊來遠城		本熟女 眞地	東京路		V	
208	婆速府路	總管府	天德二年 爲總管府	國初統軍司			東京路	V		
（209）	全州		貞祐四年	升復州化成 縣		遼蘇州	東京路		V	

表三註

1. 按〈地理志〉載曷蘇館路於天會七年徙置寧州，其故治所改屬遼陽府鶴野縣之長宜
鎮，故長宜鎮下載「曷蘇館在其地」，明昌四年罷曷蘇館路節度使，改建辰州，後改
名爲蓋州，見表一註 4，譚其驤前揭文。是以曷蘇館路於天會時徙於遼置之寧州（東
京道），明昌時罷路，改寧州爲辰州。

　　東京遼陽府沿渤海、遼之舊城而置，遼時轄九縣，金省併爲四縣，存遼
陽、野鶴二縣，餘縣皆廢，又廢遼衍州存其倚縣宜豐而併入遼陽府；另廢遼
巖州，其倚縣改置石城縣，共爲四縣。巖州原爲高麗時白岩城，唐、遼時沿
用爲岩州，名其倚縣爲白巖城（燕州城）。金廢州而存其倚縣改名爲石城，然
於金末復置巖州；更倚縣名爲安東，且置行省〔註21〕。

　　澄州即遼之海州，金存其州、倚縣，但改其州名。臨溟縣轄新昌鎮，原
爲遼嬪州之倚縣新昌，金廢嬪州而將其倚縣降爲鎮，改隸於臨溟縣下。澄州
所轄另一縣爲析木，原爲遼東京下所轄，後因置銅州而以之爲倚縣，金廢銅
州將析木改隸於澄州〔註22〕。

　　瀋州及倚縣樂郊皆沿遼之瀋州、樂郊縣，轄下章義縣爲遼之廣州，其倚
縣爲昌義，金降廣州爲縣，並更縣名爲章義改隸於瀋州。遼濱、挹樓、雙城
三縣情況類似，金廢遼州存其倚縣遼濱。廢興州，存其倚縣常安；又於章宗
時更縣名爲挹樓。降雙州爲縣，存其原倚縣名；然此雙城縣於章宗時廢〔註23〕。

　　貴德州及其倚縣仍沿遼之舊，但原轄之奉德縣似廢去或省併，而又將遼
集州廢去，以其倚縣奉集改隸於貴德州。

　　蓋州爲遼之辰州，〈金志〉言「明昌四年（1193）罷曷蘇館（路），建辰

〔註21〕 參見《匯編》，頁 173，並見〈金志〉，頁 535。
〔註22〕 參見拙作註 20 前揭文〈表二〉，另見《匯編》，頁 138、151、174。
〔註23〕 參見拙作註 20 前揭文〈表二〉，並見《匯編》，頁 137、144、174、175。〈金志〉
　　　　載挹樓條中言遼興州興中軍之常安縣（倚縣）即爲挹樓，見頁 556。然〈遼志〉
　　　　載興州軍名爲「中興」，又未載倚縣常安，見頁 461。

州遼海軍節度使。六年，以與『陳』同音，更取蓋葛牟爲名」〔註24〕，說明蓋州之由來；其轄下有湯池、建安、秀巖、熊岳四縣。湯池縣爲遼之鐵州，金廢其州而存其倚縣湯池改隸。又湯池轄有神鄉鎮，原爲遼之耀州，隸海州（金改海州爲澄州），〈遼志〉言耀州本渤海椒州，故縣五皆廢，「東北至海州二百里」，其轄下「巖淵縣，東界新羅，故平壤城在縣西南，東北至海州一百二十里」〔註25〕。〈遼志〉所載有錯亂之處，所言巖淵縣地界實爲原渤海椒州之境，其五縣皆廢，即遼將渤海之南京南海府（沃州）及其所轄之椒、晴二州皆廢，而徙置爲海州（南海府）、耀州（椒州）、嬪州（晴州），〔註26〕原椒州之巖淵縣已爲遼耀州之附郭，故〈遼志〉言耀州及巖淵縣至海州之里道正確，然言巖淵縣「東界新羅，故平壤城在縣西南」則有誤，此係原渤海椒州未廢遷時之情況，其時在東，距西遷置爲耀州相距甚遠，何以能東北至海州二百里、及一百二十里地？故金廢遼之耀州，將其倚縣巖淵降爲神鄉鎮而隸蓋州湯池縣〔註27〕。蓋州轄建安縣爲遼辰州之倚縣，〈金志〉列於湯池之後，恐其時蓋州之倚縣爲湯池〔註28〕。建安轄有大寧鎮，其與秀巖縣當爲同地，〈金志〉言大寧升爲縣時即稱秀巖，當秀巖廢爲鎮時則稱大寧，因陞廢而有不同。熊岳縣爲遼盧州之倚縣，金廢盧州存熊岳而改隸於蓋州。

復州沿遼所置復州，原倚縣永寧更名爲永康，原德勝縣則廢罷，金復州另轄化成縣，原爲遼蘇州，遼時轄來蘇、懷化縣，金則降蘇州爲化成縣屬復州，貞祐年又陞之爲金州。化成縣下轄歸勝鎮，原爲遼之歸州，金廢歸州存其倚縣歸勝而降爲鎮〔註29〕。

來遠州原爲遼之來遠城，爲熟女眞之地，世宗時升爲軍，後升爲州。金初將遼之保、宣州歸高麗後，此地邊防更形重要，城在今鴨綠江黔實島上〔註30〕。

婆速府路由金初統軍司置爲總管府，此路皆爲猛安戶，地在今遼寧丹東

〔註24〕見頁 556。
〔註25〕見頁 462。
〔註26〕見拙作註 10 前揭文〈表二〉。
〔註27〕參見《匯編》，頁 177。
〔註28〕譚其驤以爲金沿遼之舊，仍以建安爲倚縣，然此推斷仍嫌證據不足，見其《匯編》，頁 176 辰州條。
〔註29〕見〈金志〉，頁 557。另見拙作註 20 前揭文〈表二〉、《匯編》，頁 154、177、178。
〔註30〕參見《匯編》，頁 136、178。

東北之九連城〔註31〕。

大體上金代東京路新置婆速府路，改來遠城為州，放棄保、宣二州予高麗，其廢置遼之州縣為州十二、縣七。

三、內蒙之政區與建置──北京、西京路

金代北京路大體為遼代上京道之東部及中京道地區，亦即今內蒙東部及東北西部、河北北部小部份地區。西京路大體為遼西京道，今內蒙中部及山西、河北北部小部份地區。

（一）北京路

〈金志〉載北京領府四、節鎮七、刺郡三、縣四十三、鎮七、寨一，實際所列漏計節鎮、縣各一，鎮七、寨四。〔註32〕其政區建置列為〈表四〉。

表四：北京路政區

編號	府州縣名	品級	建置時間	建置來源	戶籍數	原屬建置	隸屬	新建	舊建	註
301	北京大定府	京府（中）	貞元元年更名北京	國初因遼為中京	64047	遼中京	北京路		V	
301-1	大定縣	（倚）				遼縣	大定府		V	
301-1-1	恩化鎮						大定縣	?		
301-2	長興縣					遼縣	大定府		V	
301-3	富庶縣					遼縣	大定府		V	
301-3-1	文安鎮					疑為遼文定縣	富庶縣		V	
301-4	松山縣		皇統三年廢州來屬，承安三年隸高州泰和四年復	天輔七年置觀察使		遼松山州松山縣	大定府		V	
301-5	神山縣		泰和四年罷州	承安三年置惠州		遼澤州神山縣	大定府		V	今屬河北省

〔註31〕參見〈金志〉，頁557，並前註頁178。
〔註32〕參見〈金志〉，頁557至564。

編號	名稱						
301-6	惠和縣	皇統三年			遼惠州惠合縣	大定府	V
301-7	金源縣				遼縣	大定府	V
301-8	和眾縣	皇統三年	罷榆州來屬		遼榆州和眾縣	大定府	V
301-9	武平縣	皇統三年,大定七年更名,承安三年隸高州泰和四年復	降縣來屬(武安縣)		遼新州,武安州	大定府	V
301-10	靜封縣	泰和四年來屬	承安三年胡設務置隸全州,三年隸高州			大定府	V
301-11	三韓縣	皇統三年,承安三年升高州為全州支郡。泰和四年廢	廢高州為縣		遼高州	大定府	V
302	利州 刺史(下州)			21296	遼州	北京路	V
302-1	阜俗縣				遼縣	利州	V
302-2	龍山縣	皇統三年	廢州來屬		遼覃州故縣	利州	V
302-2-1	蘭州寨					龍山縣	?
302-2-2	漆河鎮					龍山縣	?
303	義州崇義節度軍(下州)	天德三年更名	宜州	30233	遼宜州	北京路	V
303-1	弘政縣				遼縣	義州	V
303-2	開義縣	皇統二年	廢州來屬		遼海北州故縣	義州	V
303-2-1	饒慶鎮					開義縣	?
303-3	同昌縣	大定元年罷川州隸懿州,承安二年復隸川州,泰和	國初隸川州		遼成州故縣	義州	V

四年來屬

編號	名稱	等級	金代沿革	沿革註	戶數	遼代沿革	隸屬	考
304	錦州臨海軍	節度（下州）		舊隸興中府	39123	遼州	北京路	V
304-1	永樂縣					本前燕西樂縣地，遼縣	錦州	V
304-2	安昌縣					遼縣	錦州	V
304-3	神水縣		大定廿九年復	皇統三年廢為鎮		遼縣	錦州	V
305	瑞州歸德軍	節度（下州）	泰和六年更名	本來州，宗州	19953	遼來州	北京路	V
305-1	瑞安縣		明昌元年更名宗安，泰和六年更名	舊名來賓		唐來遠縣，遼縣	瑞州	V
305-2	海陽縣		皇統三年	廢州來屬		遼潤州故縣	瑞州	V
305-2-1	遷民鎮					疑為遼遷民縣	海陽縣	V
305-3	海濱縣		皇統三年	廢州來屬		遼隰州故縣	瑞州	V
306	廣寧府鎮寧軍	節度（下府）	泰和元年來屬	天輔七年升府置節度	43161	遼顯州	北京路	V
306-1	廣寧縣		大定廿九年改名			遼山東縣	廣寧府	V
306-1-1	歡城鎮						廣寧縣	?
306-1-2	遼西鎮						廣寧縣	?
306-1-3	闇城寨						廣寧縣	?
306-1-4	兔兒窩寨						廣寧縣	?
306-2	望平縣		大定廿九年升	原梁漁務			廣寧府	V
306-2-1	梁漁務鎮						望平縣	?
306-2-2	山西店鎮						望平縣	?
306-3	閭陽縣		天會八年來屬	廢州更名		遼乾州（奉	廣寧府	V

陵
縣）

編號	地名	備註	舊名／沿革說明	戶數	沿革	路別／所屬	V	數
306-3-1	閭陽鎮					閭陽縣 ？		
306-3-2	衡家鎮					閭陽縣 ？		
306-3-3	大斧山寨					閭陽縣 ？		
306-3-4	北川寨					閭陽縣 ？		
306-4	鍾秀縣（？）	天會八年改名	舊名奉玄（先）縣			（未詳存廢）	V	1
307	懿州寧昌軍	節度（下州）	泰和末來屬 咸平行懿州	42351	遼慶軍廣軍，懿改昌軍，順復寧軍	北京路	V	
307-1	順安縣				遼順安縣	懿州	V	
307-2	靈山縣				本渤海靈峰縣地，遼乾州靈山縣	懿州	V	
308	興中府	散府（下府）	因遼舊	40927	本唐營州，遼霸州升興中府，改州為中府	北京路	V	
308-1	興中縣					興中府	V	
308-1-1	黔城鎮					興中縣 ？		
308-2	永德縣	大定七年更名			遼安州安德縣	興中府	V	
308-2-1	阜安鎮					永德縣 ？		
308-3	興城縣	皇統三年廢州隸錦州			遼巖州縣故名	興中府	V	
308-4	宜民縣	泰和四年來屬	大定6年降川州為宜民縣隸		遼川州	興中府	V	

308-4-1	咸康鎮		國初來屬	懿州廢縣		遼故縣	宜民縣	V
309	建州保靖軍	刺史（下州）		因遼舊	11439	遼初武寧軍，後更名	北京路	V
309-1	永霸縣					遼縣	建州	V
310	全州盤安軍	節度（下州）	承安二年		9319		北京路	V
310-1	安豐縣	（倚）	承安元年	改豐州舖為縣，初隸臨潢府			全州	V
311	臨潢府	總管府（下府）	天德二年改名置路，大定（安）後罷路來屬	國初上京，北京路	67907		北京路	V
311-1	臨潢縣	（倚）					臨潢府	V
311-2	長泰縣						臨潢府	V
311-3	盧川縣		承安二年	以黑河舖升隸全州			臨潢府	V
311-4	寧寨縣		泰和元年				臨潢府	?
311-5	長寧縣		皇統三年	廢州來屬		遼永州縣故名	臨潢府	V	天輔七年曾置節度使
312	慶州玄寧軍	刺史（下州）	（皇統三年）	廢州改置	2007	遼祖州，懷州奉陵軍	北京路	V
312-1	翔平縣						慶州	V
313	興州寧翔軍	節度	承安五年	升興化縣為州，皇統三年降為縣隸大定府	15970	遼北安州興化軍	北京路	V	今屬河北省
313-1	興化縣	（倚）	承安五年	皇統三年降興化軍為縣		遼舊縣	興州	V	同上
313-2	宜興縣		泰和三年	升白檀鎮為縣			興州	V	同上
314	泰州德昌軍	節度東北招討	承安三年復置	正隆置初隸上		遼長春州	北京路	V

		司		京大定廿五年罷				
314-1	長春縣		承安三年來屬	天德二年降爲縣隸肇州		遼長春州升韶陽軍	泰州	V

表四註

1. 〈金志〉列廣陵府三縣，然於文中言舊有奉玄縣，改爲鐘秀縣，但未列出，見頁560。

　　大定府即遼之中京大定府，金置爲北京，領十一縣、二鎮。遼中京原轄十州、九縣，金加以廢置省併，未設轄州，大體將遼州廢而存其倚縣併入。原遼九縣僅沿存金源、大定、長興、富庶四縣。其餘爲：松山縣即遼松山州倚縣，金廢州來屬。神山縣即遼澤州倚縣，金廢州來屬，章宗承安二年（1197）曾增置惠州而以之爲倚縣，泰和年間廢惠州，歸屬大定府。惠和縣即遼惠州倚縣，金廢州來屬。和眾縣即遼榆州倚縣，金廢州來屬。武平縣即遼武安州，金初降爲武安縣，後更名武平，承安年間曾改隸高州，泰和年間來屬。三韓縣即遼高州倚縣，金初廢高州爲縣，承安年間復置，泰和年間廢高州來屬。靜封縣於承安年間以胡設務所置，初隸全、高州，泰和年間來屬〔註33〕。

　　利州原爲遼中京所轄支郡，金仍存利州，所轄阜俗縣仍因遼舊爲倚縣，龍山縣原爲遼潭州倚縣，金廢州來屬。

　　義州原爲遼之宜州，金初更其州名，所轄倚縣弘政仍沿遼舊，開義縣亦原爲遼之海北州倚縣，海北初隸宜州，後改隸乾州，開義縣則改隸宜州。同昌縣原爲遼成州之倚縣，金罷成州以之歷隸川、懿州後來屬〔註34〕。

　　錦州仍沿遼舊，曾隸興中府，所轄永樂、安昌二縣仍如遼舊，但廢去遼錦州所轄之巖州及其轄縣興城，另將遼中京所轄神水縣改隸於錦州〔註35〕。

　　瑞州原遼之來州，原轄隰、遷、潤三州、來賓一縣，金更州名並存其倚縣來賓，但亦更其名爲瑞安。另轄之海陽縣爲廢遼潤州而存其倚縣，海濱縣爲廢遼隰州而存其倚縣，原遼之遷州或當廢罝〔註36〕。

　　廣寧府原爲遼之顯州，金初升府，曾隸咸平、東京路，泰和年來屬北京

〔註33〕參見〈金志〉，頁557、558。另見註20拙作〈表三〉。
〔註34〕參見〈遼志〉，頁465、487，〈金志〉，頁559。
〔註35〕參見〈金志〉，頁559，註20拙作〈表三〉。
〔註36〕參見同上註，另見〈遼志〉，頁489。

路，其下轄三縣。廣寧縣即遼之山東縣，閭陽縣即遼乾州倚縣奉陵，金廢州更名來屬。望平縣為大定年間升梁漁務為縣。原遼顯、乾二州共轄有四支郡州、七縣，金則省併頗多〔註37〕。

懿州為沿遼之舊州軍，曾隸咸平府，泰和年來屬。轄順安縣仍因遼之舊，靈山縣則為遼乾州原轄縣；原遼懿州所轄之寧昌縣似廢去〔註38〕。

興中府為沿遼舊，但僅轄四縣、二鎮，遼則轄安德、黔二州、四縣。倚縣興中同遼舊。永德縣為廢遼安德州存其倚縣安德並更名而來。興城縣為廢遼巖州而存其倚縣來屬。宜民縣為遼川州倚縣，金廢州改隸之，且將原遼川州轄咸康縣降為宜民縣下之鎮級政區〔註39〕。

建州為沿遼之舊，然遼時所轄永霸、永康二縣，金則存倚縣永霸〔註40〕。

全州為金代中期承安年間所設，初曾轄有數縣、支郡高州，後僅存其治所安豐縣。安豐初隸臨潢府，後改隸全州〔註41〕。

臨潢府即遼上京之地，金初改名北京，又改立為臨潢府路，沿用遼之臨潢府名。後因以大定府為北京，即罷路而併之於北京路。府下轄縣五，遼之上京則轄有縣十，金因遼舊縣而存者為臨潢、長泰二縣，餘遼縣恐皆廢。其他三縣中盧川為黑河舖升置，寧塞為新置，皆在章宗時期。長寧縣原為遼永州之倚縣，熙宗時廢永州而來屬，遼永州所轄其他二縣亦恐皆廢〔註42〕。

慶州原為遼代祖陵之地，遼設祖州，金太宗時改奉州，熙宗時廢，遼之懷州於金太宗時仍沿用，同樣於熙宗時廢。金之慶州沿遼舊慶州，又加上祖、懷二州之地，而原遼慶州轄三縣、祖州二縣一城，懷州二縣，而金刮其地為慶州，但僅轄朔平一縣〔註43〕。

興州為遼北安州，熙宗時降為縣，即存其倚縣興化，章宗時復升置為興州，原轄有利民縣，後廢。金之興州倚縣興化因遼之舊，又升興化縣轄下之白檀鎮為宜興縣〔註44〕。

泰州為遼泰州名而來，金初曾仍沿用，至世宗時罷去，章宗時復置泰州

〔註37〕參見〈金志〉，頁559、560，註20拙作〈表三〉，〈遼志〉頁463至465。
〔註38〕參見〈金志〉，頁560，〈遼志〉頁465，註20拙作〈表三〉。
〔註39〕參見〈金志〉，頁560、561，〈遼志〉頁486、487、註20拙作〈表三〉。
〔註40〕參見〈金志〉，頁561。
〔註41〕參見同前註。
〔註42〕參見〈金志〉，頁561、562，另見註20拙作〈表一〉。
〔註43〕參見〈金志〉，頁562，另見註20拙作，〈表一〉。
〔註44〕參見〈金志〉，頁562、563，另見註20拙作〈表三〉。

於長春縣，以遼之泰州降為金安縣而隸之，但尋廢去。倚縣長春乃遼之長春州倚縣，金亦廢其長春州。至於遼泰州原轄康樂、興國二縣恐亦廢去〔註45〕。泰州遼、金之地望不同但相距不遠，遼、金皆在其泰州設東北路招討司，以禦北方，足見此地為邊防重鎮及軍事指揮中心。

　　金代北京路政區廢置遼之州縣較多，約計有州十九、縣廿七。其中神山縣以西包括興州興化縣之地於今地劃入河北省，姑列於此。

（二）西京路

　　金代西京路大體相當於遼之西京道，唯西部遼天德軍及東勝州西部之地入於西夏，故政區輻員略小。又西京路南部州縣較多，但屬山西、河北境，故未在本文論述之內。〈金志〉載西京路之政區為府二、節度州七、刺郡八、縣卅九、鎮九，然計其所列刺郡當為六、縣為四十、另漏計散州一。茲將金代西京路之政區列為〈表五〉如下：

表五：西京路政區

編號	府州縣名	品級	建置時間	建置來源	戶籍數	原屬建置	隸屬	新建	舊建	註
401	西京大同府	京府（中）			98440				．．	屬山西地區
401-1	大同縣									同上
401-1-1	奉義縣									同上
401-2	雲中縣									同上
401-3	宜寧縣		大定八年更名			遼德州宣德縣			V	
401-3-1	窟龍城（鎮）								？	
401-4	懷安縣									屬山西地區
401-5	天成縣									同上
401-6	白登縣									同上
401-7	懷仁縣									同上

〔註45〕參見〈金志〉，頁563，另見註20拙作，〈表一〉。又關於遼、金泰州之今址，爭議頗多，大體應在大興安嶺東側，綽爾河與洮兒河二流域。參見景愛，〈遼金泰州考〉，《遼金史論集》（上海古籍，1987年），頁175至195。

401-7-1	安七疃（鎮）							同上
402	豐州天德軍	節度（下州）西南路招討司	大定元年降置	皇統九年天德總管府	22683	遼德州應天軍改天德軍	西京路西南路招討司	V	
402-1	富民縣					遼縣	豐州	V	
402-1-1	振武鎮						富民縣	V	
403	弘州	刺史							屬山西地區
403-1	襄陰縣								同上
403-2	順聖縣								同上
403-2-1	陽門鎮								同上
403-2-2	大羅鎮								同上
404	淨州	刺史（下州）	大定十八年升天山縣置，初爲豐州支郡	天山榷場置爲縣	5938			V	
404-1	天山縣	（倚）	大定十八年升置	天山榷場			淨州	V	
405	桓州威遠軍	節度（下州）西此路招討司	明昌七年改刺史		578		西京路西北路招討司	V	1.
405-1	清塞縣	（倚）	明昌四年罷錄事司置			金置錄事司	桓州	V	
406	撫州鎮寧軍	節度（下州）	承安二年升節度	明昌三年置刺史爲桓州支郡	11380	遼秦國大長公主建州	西京路	V	2.
406-1	柔遠鎮	（倚）	明昌三年來屬	大定十年置縣，隸屬德州		燕子城	撫州	V	
406-2	集寧縣		明昌三年升置	春市場			撫州	V	
406-3	豐利縣		明昌四	泥濼			撫州	V	

編號	名稱	類型	升置	地點／沿革	戶數		隸屬		備註
			年升置						
406-4	威寧縣		承安二年升置	撫州新城鎮			撫州	V	
407	德興府	散府							屬河北地區
407-1	德興縣								同上
407-2	嫣州縣								同上
407-3	縉山縣								同上
407-3-1	永安鎮								同上
407-4	望雲縣								同上
407-5	礬山縣								同上
407-6	龍門縣								同上
408	昌州	散州	後來屬	天輔七年建昌縣隸桓州，明昌七年後置隸撫州	1241	狗灤	西京路	V	3.
408-1	寶山縣						昌州	V	
409	宣德州	刺史							河北地區
409-1	宣德縣								同上
409-2	宜平縣								同上
410	朔州	節度							屬山西地區
410-1	鄯陽縣								同上
410-2	馬邑縣								同上
411	武州	刺史							同上
411-1	寧遠縣								同上
412	應州	節度							同上
412-1	金城縣								同上
412-2	山陰縣								同上
412-3	澤源縣								同上
413	蔚州	節度							同上
413-1	靈仙縣								同上
413-2	廣靈縣								同上
413-3	靈丘縣								同上
413-4	定安縣								同上
413-5	飛狐線								同上
414	雲內州開遠縣	節度（下州）			24868		西京路	V	

414-1	柔服縣						雲內州		V
414-1-1	寧仁鎮		大定廢縣爲鎮	舊縣			柔服縣		V
414-2	雲州縣		大定廿九年升置	初升裕民縣皇統元年曷董館		曷董館	雲內州		V
415	寧邊州	刺史（下州）		國初鎮西軍初隸嵐州後升防禦	6072		西京路	V	
415-1	寧邊縣		正隆三年				寧邊州	V	
416	東勝州	刺史（下州）		國初武興軍	3531	古東勝城	西京路		V
416-1	東勝縣						東勝州		V
416-1-1	寧化鎮						東勝縣		V

表五註

1. 〈金志〉言明昌七年改刺史，然《金史・食貨四》載明昌四年有桓州刺史張煒，見卷 49，頁 1102。又明昌三年復置撫州刺史，隸桓州，可知其時桓州仍爲節度州，應於明昌四年改制。桓州爲金所建城，見李逸友，〈內蒙古文物概況〉，《集成・東北卷》（綜述一），頁 421 至 425。

2. 撫州於譚其驤等《圖傳》中未標示，昌州亦同，然以曾爲桓州支郡，而昌州初爲撫州支郡而言，則二州當仍在桓州之地境。見頁 51。撫州初應爲刺史州隸桓州，後置節度，明昌三年「復置」爲刺史，承安二年又爲節鎮。然，昌州條延其於明昌七年爲州而隸撫州，知撫州已爲節鎮《金史・章宗紀二》承安二年五月，升撫州爲鎮寧軍，見頁 241。故明昌四年桓州由節鎮改爲刺史，而撫州則於明昌四年由刺史改爲節鎮。然桓州爲西北路招討司當爲節鎮，何以後改爲刺史州？是否招討司後置於撫州？有待進一步考察。

3. 據《圖集》標示狗濼在桓州之南，並標示「西京鹽司」地。《金史・食貨四》，卷 49。大定廿五年「更狗濼爲西京鹽司」見頁 1094，在此前爲鹽場，大定十一年，「更定狗濼鹽場作六品使司」，見頁 1095，是以狗濼爲舊地名初爲鹽場，後爲西京鹽司。其地於遼時屬奉聖州，金收服西京爲天輔六年三月，九月則歸化州、奉聖州皆降，見《金史・太祖紀》，卷 2，頁 37，38。〈金志〉言天輔七年降（昌州）爲建昌縣，或此地於遼末時曾建爲昌州，亦或金降奉聖州後曾置昌州，降爲縣後於明昌七年又「復置」，隸撫州，後爲獨立州。

　　豐州沿遼之舊，遼、金皆置爲西南路招討司所在，足見其爲邊地之重鎮及軍事指揮中心。遼時轄富民、振武二縣，金則存富民，而將振武降爲鎮以

隸於縣〔註46〕。

淨州爲金世宗時新置，爲豐州之支郡，倚縣天山原爲榷場升置；當爲北方界壕之邊州〔註47〕。

桓州亦當爲金世宗時新置，爲西北路招討司所在，與豐州同爲邊防重鎭。倚縣清塞原爲錄事司罷置爲縣〔註48〕。

撫州爲桓州支郡，有猛安戶在此州內，轄四縣。倚縣柔遠先隸宣德州，後來屬。集寧、豐利、威寧三縣皆爲鎭級改升。〈金志〉謂撫州原「遼秦國大長公主建爲州」，當爲投下軍州，然〈遼志〉有「景宗女秦晉大長公主所建」之徽州爲近，餘則未見。但遼投下徽州在阜新縣，柔遠則在張北，〈金志〉所載遼公主建州有待考察〔註49〕。

昌州曾於金初降爲建昌縣而隸桓州，章宗時復置而隸撫州，後獨立爲昌州，倚縣寶山以狗濼置〔註50〕。

宣德州爲遼之歸化州，世宗時更名宣化而宣德。倚縣宣德即遼之文德縣，又以大新鎭升爲宣平縣〔註51〕。

雲內州沿遼之舊，又徙奚族二部來戍。原遼之倚縣柔服依舊，原寧仁縣則廢爲鎭而屬柔服，另新置雲川縣，爲曷董館陞置，曾名裕民縣〔註52〕。

寧邊州初爲鎭西軍，當沿遼之舊，但在黃河以東之地，遼舊治所在河西，已入西夏，故海陵時增置倚縣寧邊。金晚期宣宗時改隸嵐州〔註53〕。

東勝州亦沿遼之舊，但與寧邊州同在黃河以東之地。倚縣東勝同遼舊，

〔註46〕參見〈金志〉，頁565。另見註20拙作，〈表五〉。

〔註47〕參見〈金志〉，頁566。

〔註48〕同前註。

〔註49〕〈金志〉見同前註，〈遼志〉見頁448，其所言景宗女有誤，查《遼史‧公主表》中景宗四女皆無封號，見頁1001、1002，而與「秦晉大長公主」相合者爲聖宗欽哀皇后所生之巖母董公主，見頁1003、1004。又道宗三女特里公主，曾於天祚初進封爲此號，見頁1010。遼投下徽州之地望參見馮永謙〈遼志十六頭下州地理考〉，《集成‧東北卷》14，頁21至34。撫州之地望，見譚其驤等《圖集》，頁51，唯圖中未訂出撫州，而記入宣德州中。其地望以州治柔遠而言今屬河北省。

〔註50〕參見〈金志〉，頁567。

〔註51〕參見〈金志〉，頁568。宣德州之東半部今屬河北省。

〔註52〕參見〈金志〉，頁569。

〔註53〕參見同前。又改隸之嵐州，〈金志〉中未見。另參見《圖集》，頁10及51。

下轄寧化鎮〔註54〕。

　　西京路除遼之天德軍，東勝、寧邊二州黃河以西之地，包括遼之金肅州、河清軍、寧邊州治皆為西夏所取。其餘政區之輻員與遼之西京道相當。西京路廢罷遼縣二，新置州四、縣十，然其州縣新置指政區而言，以城鎮而言，則皆為舊有，或改置或升置。唯寧邊州之倚縣寧邊在河東，當為新建置。另桓州及倚縣清塞亦為新建。

四、城市之發展

　　金代東北與內蒙地區係以上京、東京、北京、西京為核心之政區，亦以此四京為其政區（路）之名。唯咸平路以遼東京路之咸州建為咸州路而後改名。上京為金源龍興之地，於遼為東京道女真各部生聚之地。東京與咸平為遼東京道之西南部份地區，是以金之上京、東京、咸平三路實則大體在遼之東京一道而已，然城市發展則略有差異。金之北京路為遼之中京道，小部份入咸平路，以遼之中京為北京，又以遼上京道東部即以上京為核心區建為臨潢府，並成立路級政區，然後併入北京路，即遼之中京道與上京道大興安嶺以東之地為金之北京路政區。金之西京路幾全同於遼之西京道，唯遼時天德軍及東勝州黃河以西之地於金代時皆淪入西夏。

　　遼代東京道州縣城市之前緣大體在東經126°以西、北緯45°以南之地，即東京道西南，今吉林中部、遼寧中、東部一帶，在經緯渡以東地區原來為渤海國之地，經遼代大量移民、廢州縣政策下，幾無政區可言。遼將渤海民西遷，漢民北遷，造成大量移民城之出現，也形成多民族城市之發展〔註55〕。女真興起自經緯度向南、西面擴張逐漸攻取、接收遼代諸城市，在政區上逐建置咸平、東京、上京路，前二路輻員依舊而政區更置，州縣城市數量上幾無發展。省併州（軍）縣為金代政區建置之特色，即在於調整而未多建設。

　　上京路在經緯渡以東、以北（女真以北尚有其他部族，如室韋等），本女真各部族生聚之地，早期即有村、寨、堡等聚落。當完顏部初興時有頗多關於城鎮之記載，如《金史》載其先世獻祖時「耕墾樹藝，始築室，有棟宇之制」〔註56〕，此指有宮室之制。然女真聚落生活形成之村寨當早於宮室之制，

〔註54〕參見同前〈金志〉。
〔註55〕遼代移民城之造成，參見註2拙作〈遼代政區之建置與移民築城〉。
〔註56〕見《金史・世紀》，卷1，頁3。

而村寨亦猶城堡；於諸多史料中所見有關村寨或城堡之記載，實不乏其數。
金初太祖前後時期，於擴張征戰之際，即記錄爲數甚多之城，如窩謀罕城、
鈍恩城、阿疎城、米里米石罕城、留可城、寥晦城、來留城等等。城或記稱
爲寨，故村寨同於城堡，蓋女眞初期之聚落，平居爲村寨，戰守則爲城堡，
大體多以木柵建築，所謂「其俗依山而居，聯木爲柵」以生聚立防〔註57〕。

金初所見之村寨、城堡可視之爲女眞生聚之傳統型態，型制簡陋樸實，
不比州、縣之城市，但應具有小型城鎮之生活機能，在城市之區域網絡上亦
有其地位與功能。寨堡隨猛安、謀克制度之推廣而散佈於金之國土各地，如
王寂於章宗明昌元年（1190）任提點遼東刑獄時，因公出按所記之行程，其地
名有南州寨、胡土虎寨、南謀嫻千戶寨、松瓦千戶寨、特撥合寨、闕羅寨、
叩畏千戶營、耶塔剌處寨、和魯奪徒千戶、蒙古魯寨、鼻里合土千戶營〔註58〕。
其千戶營即猛安，或稱千戶寨，其餘寨堡即此制度下之產物〔註59〕。村（堡）
寨與猛安、謀克制最簡要之關鍵即《金史》所載：「猛安、謀克部村寨，五十
戶以上設寨使一人，掌同主首」〔註60〕，即女眞部之村、寨並無不同，如上
文所言爲女眞族生聚之地而兼鎮守之所。村寨規模之大小與人口多寡有其不
同，是以農耕爲基礎且獨立性、封閉性較強之社會單位，由於猛安謀克制之
特色，村寨猶如武裝移民於各地之屯田軍性質。因此，在城市區域網絡上多
只具有交通及防衛網絡之功能，如前述王寂巡按行程路途所經之村寨即如
此，至於女眞猛安謀克戶之土地、經濟，租佃漢人，與漢人通婚等諸多問題
則當爲社會經濟之課題，於此暫不討論〔註61〕。

猛安謀克聚落形成之村寨在上京路約 69 處，咸平、東京、北京諸路約有
85 處，在西北路招討司下者 8 處，西南路招討司下者有 6 處，約略在東北及

〔註57〕見徐夢莘《三朝北盟會編》，〈政宣上帙三〉（台北：大化，民 68 年），頁甲 22。
　　　關於女眞初期之村寨城堡參見林瑞翰〈女眞初起時期之寨居生活〉，徐玉虎〈女
　　　眞建都上京時期的風俗（上）〉。二文收於《宋遼金史研究論集》（台北：大陸
　　　雜誌社，大陸雜誌史學叢書，第一輯第五冊）。頁 132 至 137，138 至 144。
〔註58〕參見王寂，《遼東行部志》（台北：廣文，史料續編本，民 57 年）。
〔註59〕三上次郎有相同看法，參見《金代女眞社會の研究》，第二篇〈猛安謀克制度
　　　の研究〉（東京：中央公論美術，昭和 47 年），頁 383。
〔註60〕見卷 27，〈食貨志一〉，頁 1031。
〔註61〕關於金代猛安謀克之問題，參見註 59，另見張博泉等《金史論稿》第一卷，
　　　第三編（長春：吉林文史，1986 年），頁 219 至 404。

內蒙之猛安謀克村寨達 168 處〔註62〕。然無妨視之爲大小不等之村鎮，甚至已發現有築爲城鎮之情形：如上京路不匋古阿鄰謀克，即位於鏡泊湖游東山上之小土城，拏里渾河猛安在吉林延吉縣依蘭村龍坪部落北部之古城子，咸平路松瓦千戶當即通遠館，其他爲四平市側之一面城，混里海巴謀克在今昌圖北之八面城，東京路銅州猛安在今遼寧海城縣東南之析木城，盧州渤海軍謀克在今遼寧蓋縣西南之熊岳城，開州千戶屬婆速府路，在遼陽城東之鳳凰城（山堡），曷蘇館猛安初置於遼陽野鶴縣之長宜鎮，後徙於寧州（永寧城）〔註63〕。此外，尚有合重渾謀克當在近寧安之沙兒虎城，可陳山謀克位於吉林和龍縣沙器洞古城，茱欄河謀克在琿春太平川山城〔註64〕，而托撒孛菫寨即在農安萬金塔古城〔註65〕。上述諸猛安謀克治所即駐在於城鎮，在城市交通網路上自有其地位；然女眞之村寨部分與軍事防禦、鎮守有其關係。

　　金代之邊堡（界壕、長城）素爲研究金史者所熟知，有甚多之相關探討。邊堡非本文主旨，然邊堡附有堡障（城）體部分，即戍軍堡及屯軍城等，屬於軍事性之大小城鎮，部分爲猛安謀克，以及諸紐（軍）之屯駐地，此類軍城沿邊牆設置，其數量可觀，以各線邊堡保守綜計，其戍軍堡至少有 610 座以上，大型軍城（屯軍城）推估當有 60 餘座以上〔註66〕。戍軍堡類之小土城

〔註62〕參見前註張博泉書，頁 282 至 318。又李薇〈關於金代猛安謀克的分佈和名稱問題〉，《黑龍江文物叢刊》1984：2 期（哈爾濱，黑龍江文物出版編輯室），主要補訂三上次郎之考證，其列出東北、內蒙之猛安 121，謀克 24。見頁 26 至 31。

〔註63〕參見張博泉前揭書，頁 293、298、302、304、306、307、309。其中混里海巴謀克治所係據《昌圖府志》所載，然八面城曾爲遼之韓州，金韓州治所亦在此，見馮永謙，〈遼寧地區遼代建置考述〉，《集成》（遼三），頁 1560。則謀克治所同於韓州州治所乎？同樣銅州猛安所在之析木城亦爲澄州轄下之析木縣，是復見猛安治所置於縣治之情形。

〔註64〕參見佟柱臣，〈中國東北地區考古要論〉，《集成・東北卷》〈綜述〉一，頁 44。

〔註65〕參見龐志國，〈農安萬金塔古城治所初探〉，《集成・東北卷》〈金二〉，頁 673、674。

〔註66〕金代邊堡非止單一長城線，另有呼倫貝爾之北線，而主線又有內、外、中等線，然其總長度未確定，北線約 700 公里，主線東西直線長度約 2500 公里，加上其他有遺跡可查之單線計程，全程近 5000 公里，見賈洲杰，〈金代長城〉，《集成》（金一），頁 28 至 32。項春松，〈巴林左旗金代臨潢路邊堡界壕踏查記〉，《北方文物》1982：2 期（哈爾濱：北方文物），頁 38 至 45，文中以邊堡全線爲 3500 公里。彭占杰，〈金代長城初論〉，《遼金史論集》第六輯（北京：社科文獻，2001 年），頁 347 至 365，以邊堡之主線長 1600 公里。至於金代邊堡之戍堡與屯軍城之數未有完整之資料，戍堡障城之間距說法不一，項春松以平均 5 公里

規模爲邊長各 100 公尺左右，可供 500 人駐居，屯軍城類之較大城堡規模爲周長 1000 公尺左右，此爲保守估計其大、小軍城之規模；而戍軍堡駐居人數與堡城數推估，邊堡主線當有 225000 人左右之戍軍〔註67〕。其他屯軍堡內指揮、調遣、轉運、戍卒等尚未計入。

邊堡之軍城是否與猛安謀克村寨一致？目前難以定論，筆者以爲應大部分一致，即東北、內蒙地區之猛安謀克村寨大部分駐居於邊堡附近，形成大、小不等之軍城，但此課題尚需進一步探討。以邊堡之戍軍堡小城及較大之屯軍城合計，東北與內蒙地區當有大小軍城近 700 座左右，猛安謀克村寨 168 處，取其半數與軍城一致，則東北與內蒙地區約有近 800 座之小型城鎮。

金代府州縣之城市及寨堡小型城鎮於東北、內蒙地區，於建制之政區設置而言，依上文各表通計，上京路城鎮之數爲 13，咸平路爲 10，東京路爲 26，北京路爲 118，西京路爲 15，總計爲 182；較諸遼代東北與內蒙地區政區設置之城鎮數 207 左右爲少〔註68〕，金代政區建制較少已見上文所論，係省廢遼之州縣，以及遼上京道西北路招討司之大部分邊防城鎮，金未於此設置政區之故。

以考古調查之綜計，金代東北地區之城鎮在黑龍江省之數量即有 300 餘座〔註69〕，以及 198 餘座〔註70〕，或百餘座〔註71〕。若以能列出調查之城鎮

設障，孫秀仁以平均 10 公里設戍堡，見〈金代呼倫貝爾諸部及界壕〉，《集成》（金二），頁 223。今以賈洲杰之邊堡長計，依據上述各家所言，則金代邊堡之戍軍城當有 1000、500、330 餘座，取其平均數則爲 610 餘座軍城。又彭占杰文中所述較大型之屯軍城爲 70 至 80 公里爲間距，以此爲參考基準，則屯軍城應有 60 餘座。若以李逸友〈內蒙古歷史考古學的發現與研究綜述〉，《集成‧東北卷》（綜述一），頁 460 至 472，文中所述，金邊堡有三條主線，其東西分佈之水平長度爲 5000 公里，此與賈洲杰所言相同，與其他各線及支線合計，則總長度可達 15000 公里。以此長度估計戍軍城當爲上述之三倍。至於戍堡爲猛安謀克之屯駐地，可參見吳喜才，〈白城地區三十年來文物考古的主要收穫〉，《集成‧東北卷》（綜述二），頁 1496 至 1500，文中以白城地區 53 座遼金城址，言大城爲遼建而金沿用，小城即金之戍堡爲猛安謀克之屯駐地。

〔註67〕見前註項春松文，而彭占杰以戍軍堡城周爲 600 至 800 公尺，屯軍城周長爲 1400 公尺左右。又項春松文以 60 至 70 公尺設一堡（馬面）計，邊堡全線 3500 公里，計 25000 餘座，每堡以二人輪換戍守，則戍堡卒需 10 萬人，其估計有誤，應全線當有 5 萬餘座馬面（堡、戍樓），戍卒應爲 20 萬餘。又若以賈洲杰前揭文之邊堡 5000 公里計，馬面間距 60 至 150 公尺不等，平均當置 5 萬堡，長度不同，設堡間距雖有異，然堡數相同。

〔註68〕東北與內蒙遼代政區之城鎮數，東北爲 150，內蒙爲 57，參見註 2 拙作，此處係以上京、東京、中京道之府州縣城估計其數。

〔註69〕參見王宏北、崔廣彬，〈金代黑龍江地區城鎮化的初步研究〉，《大連大學學報》，

應取近 200 座左右為宜。吉林省亦有不同之數據，有稱金代古城為上百座〔註72〕，有謂 260 餘座，或 200 餘座〔註73〕估計吉林之金代古城亦當為 200 座左右。遼寧省於十年前計發現之遼代府州縣三級城址有 117 座，若金代沿用遼代之城址，則亦當有此數〔註74〕。但金代沿用遼城，尤其是政區，僅為原則上沿用，如上文所述，金代省廢遼代府州縣三級之政區為數不少，不宜以遼代城址及其數量即為金代之城址及數量。以政區而言，遼寧省有金代之州縣不過 50 餘座；而其餘城鎮與內蒙皆未有較完整之數量統計〔註75〕。而內蒙金代州縣城約 15 座，綜計上述金代於東此與內蒙地區推估之城鎮約近 600 座左右，再加上文推計邊堡之各類軍城與猛安謀克城（村）寨，則金代於關外之

第 24 卷 5 期，（大連大學，2003 年），頁 57 至 60；但其根據未說明。另見王禹浪、鮑海春，〈論金源文化與開發〉，《金史研究論叢》（第二屆金史國際學術研討會論文專輯，哈爾濱，1995 年），頁 1 至 36，文中指出金代古城 300 餘處，且言阿什河流域及哈爾濱周邊發現且認定之金代古城為 170 餘座，並列古城分佈表，列出 157 城，這些古城進一步之略述則見其《金代黑龍江述略》（哈爾濱出版社，1993），頁 142 至 167。其餘百餘座金代古城則未見列出。又王禹浪、曲守成〈黑龍江地區金代古城初步研究〉，《集成》（金二），頁 870 至 874，亦指出已發現 300 餘處金代古城。然未見全部列出，亦未見其依據。

〔註70〕參見呂遵祿、干志耿、呂東、干振瑋、〈黑龍江省的金朝古城〉，《遼金史論集》第八輯（長春：吉林文史，1994 年），頁 359 至 389。文中指其城數為 198 處，而位置準確，規模已測量者為 168 處，餘有 30 處僅知地點，其古城之列敘與前註王禹浪文相同但略多。

〔註71〕參見註 66，孫秀仁前揭文，頁 9，其言「至少約一百數十處以上」，其間距頗大，但亦有與前註所列百餘處相合。另見王永祥，王宏北，〈黑龍江金代古城述略〉，《集成》（金二），頁 861 至 867，文中列述之古城為 108 座，其內容與王禹讓前揭文相似。

〔註72〕參見龐志國，〈德惠縣后城子古城〉，《集成》（金二），頁 657。

〔註73〕參見吉林省文物考古研究所，〈吉林省遼十年的文物考古工作〉，《集成·東此卷》（綜述二），頁 1290 至 1299。文中所言為「遼金古城」，未作斷定為遼或金？由於未嚴格區別、斷定，故所言 260 餘座古城亦無法定為全係金代之城。另龐志國，〈從德惠后城子金代城址的發掘看金代北方城市的經濟〉，《集成》（金二），頁 668 至 672。文中指出吉林之遼金古城為 263 座，亦指出遼金古城多未嚴格區分。李健才以吉林之遼金古城有 200 多座，遺址八、九百餘，而分佈於遼寧省、內蒙東部、黑龍江北岸、烏蘇里江以東俄國境內之遼東古城尚無確切統計，見〈東北地區金代古城的調查研究〉，《遼金史論集》第九輯（鄭州：中州古籍，1995 年），頁 181 至 193。

〔註74〕參見遼寧省地方志編撰委員會辦公室，《遼寧省志·文物志》（瀋陽：遼寧人民，2001 年），頁 59。

〔註75〕參見註 73，李健才前揭文，頁 187 至 192。

東北與內蒙地區城鎮之數量爲近 1400 座左右。遼代之政區城邑聚落數約 600 左右〔註 76〕，其中應有部分在漠南地區，若以此二數據來看，及金代關外之城鎮已爲遼代之兩倍餘，同時說明以遼、金二史〈地理志〉所載政區之建置數，於關外地區遼稍多於金，然以本文討論之結果則金城鎮遠多於遼，當可言金代關外城鎮有顯著之發展。

城鎮數量增加人口應相對有所增長，金代亦有移民或人口之流動，但不如遼代之大量移民而形成甚多之移民城。若以遼、金二史〈地理志〉所載各府州軍人口試作比較，可列出關外地區各路（道）之戶數如下表，其數據見上文各政區表及註 2 拙作〈遼代政區之建制與移民築城〉。

	上京路	咸平路	東京路	北京路	西京路	總　計
金	54184	71816	142733	411237	458144	1138114
遼	104400		58604	24700（中京道）	16100	571004

遼代除上京路戶數多於金代外，其餘關外諸路戶數少於金代，金上京路政區皆在東北，與咸平、東京路同，僅北京路與西京路部份政區分佈於內蒙東部，北京路相當於遼之中京道，遼上京道大部分地區金代並未設政區，戶數自然較爲少。遼、金西京道（路）部分在漠南地區，戶口皆應不計入，但本文暫不減除。以總計數而言，大體上金代關外地區之戶數約爲遼之二倍，足見其戶口之增加情形。又金代相對保留遼代居民狀況之州縣有 62 處，其中以遼、金皆有戶數記載之 19 州、3 府之戶數比較，金代戶數增加頗大，除去一個府州減少外，其餘 20 個府州人口皆呈現較多之增加，此可供爲參考〔註 77〕。

〔註 76〕遼代之城邑聚落未見完整之數計，筆者對遼代漢北地區之古城曾作探討，收集之資料東北地區爲 125 筆、內蒙地區爲 131 筆，總計 256 筆，確認其政區地名者約爲《遼史》所載政區之半數，即 100 筆左右可知爲遼代之各級政區建制，參見註 2 拙作各文。遼代城邑聚落之總數參見項春松，〈遼國城鎮聚落形態研究〉，《集成·東北卷》（遼一），頁 61 至 69。但該文所言數字 600 處之根據不明。

〔註 77〕參見梁方仲，《中國歷代戶口、田地、田賦統計》（上海人民，1985 年），頁 117。此 21 個府州之名稱未見列出，其中當有漠南如南京道（路）之戶數，故此數計可供參考，但金代戶數較遼代增長應無疑問，其相應比較之地區，以遼之政區而言除南京道、西京道部分外，大部分皆在內蒙古與東北地區。

五、結　語

　　遼代隨其建國與擴張，俺有東北與蒙古地區，除其他北方民族外，並接收渤海與漢人及其文化，築城及移民爲遼代城市化之重要政策，即長城以北之城市化爲遼代之顯著特色。燕雲地區原有漢地城市之外，東北渤海國之地亦爲城市化地區，遼代除承襲兼改制外，餘皆以移民城之形成完成其城市化之建構。金興滅遼，復承繼遼之疆域，於長城以北之政區、城市、人民亦大體相沿，但仍有其特色與相異之處。

　　金初兵興及建國即置政區，但關外政區之大體定型應在熙宗時期，由各政區〈表〉中所載加以觀察，政區之建置分爲金初太宗、熙宗時期，此爲初創而大體定型期，而以天會、皇統年間建置較多。其次爲中期海陵、世宗時期，此爲置廢更張時期，而以天德、大定年間較爲頻繁。其三爲中期章宗時期，此爲調整定型時期，而以明昌、承安年間調整爲多。

　　以城市建置而言，原則上金沿遼舊，但有省廢、新建。府、州、軍、縣、路等政區（倚縣不計）在上京路之城市 13，沿遼之舊者 5，新建者 7，另 1 則不明，故上京路政區中新建城市超過一半，爲各路最高。咸平路則多沿遼舊，10 城中僅有 2 城爲新建設治，佔五分之一而已。東京路計 26 城，僅得 2 城爲新建置，另 1 不詳，餘皆沿遼之舊；佔 4% 左右。北京路 118 城，其中過半數（62）爲寨、堡型之小城市，而多數不明其爲新建或沿舊改置即在此種小城市，北京路除 2 城爲新建外，餘皆沿遼之舊，佔不及 2%，若將不明者皆計入新建，則計有 19 座，佔全路之 16% 左右。西京路得城 15（在山西、河北者不計），新建設治者存 2 城，約佔 13%。若將金代於長城以北五路之城市，以政區設置之數綜計約 182 城，其新建之城所佔比率爲 8% 左右，若將不明者皆計入新建，則其比率爲 17% 左右。可見金代於長城以北之東北、內蒙地區置爲各級之政區城市，大體係沿遼舊，新建者甚少；亦可說明遼代建置政區與築城之城市化基礎爲金代所沿用。

　　在關外金代政區建置較遼爲少，即州縣數稍少，除去遼上京道今外蒙地區金代未設政區外，省併罷廢遼之政區，以至於州縣等數量較少。金較遼增置之政區數爲府 2、州 8、縣 15、路 4、司 1，而省廢之政區數爲府 1、州 42、縣 45。以東北、內蒙遼金所置政區之城市數而言，大約遼代爲 207 座左右，金代爲 182 座左右，金較遼要少 25 座左右。金代政區與城市較明顯之影響因素有三：一爲遼上京道地區，除東部外，金代大部分未設治，城市相對應減

少。其二爲遼代除東北西南部爲其政區設治主要分佈地,其餘地區則甚少,金代則往北、往東發展設治,則城市相對應增多。其三爲金代省廢遼之州縣等,城市亦相對應減少。以政區之幅員與轄區範圍而言,雖一時難以觀察其間之關係,但大體上金之州縣等應略大於遼。

遼、金皆有移民之流動,但金遠不如遼。遼代由東往西、由南往北有大量之移民而形成移民城之興起,金代此種移民城甚少,故遼代新建築城甚爲明顯且數量頗多。以城址發現而言,金代約爲遼代之兩倍餘,尤以猛安謀克村寨城與邊堡之軍城爲數甚多。至於金代省廢遼之州縣,應在於新政權對前朝政區之調整,更名、升降、廢置、轄區等皆屬政區之新調整。遼之祖、懷、慶三州爲其陵廟之地,有其政權象徵之意,金朝則併之爲一州一縣之政區以轄之,聊爲存勝國之意。若以人口計量而言,關外地區人口有顯著增長,與城市發展之比例類似,即金代約爲遼代之兩倍餘,此或可說明城市發展與人口增長爲相互對應之關係。

元史札記

一、崇奉孔子

　　《元史》卷二，〈太宗本紀〉載五年六月：「詔以孔子五十一世孫元措襲封衍聖公。」又據卷一四六〈耶律楚材傳〉載蒙古陷汴京時，「楚材又請遣人入城，求孔子後，得五十一代孫元措，奏襲封衍聖公，付以林廟地」。則孔子之後入元之際，因楚材求得而奏襲衍聖公。

　　封孔子後人為衍聖公乃起於宋。前此，孔子受封為公、侯始於漢，隋文帝追諡為先師，唐太宗追尊為先聖，此後為定稱。唐玄宗追諡孔子為文宣王，為孔子封王之始。宋真宗追尊孔子為至聖文宣王，至聖之號由此而起。宋仁宗時以文宣王之號不當常封為爵，乃改封為衍聖公，故孔子後人襲此爵；原唐玄宗時封孔子後為文宣公，自宋仁宗始改衍聖公直至元時。前所述可參見陳登原《國史舊聞》，一五五〈封孔子〉條，茲不贅言。

　　《元史》卷六十八〈禮樂志二〉載太宗十年時孔元措來朝，言收錄禮樂冊器及知禮樂舊人。十一年，元措至燕京，得金掌樂許政、掌禮王節及樂工九十二人；十二年製登歌樂，肄習于曲阜宣聖廟。此言元初太宗時以孔元措恢復舊金之禮樂，遂取代太祖初年徵用之西夏樂，漢文化之禮樂乃得延用於蒙古朝廷。此與卷七十二〈郊祀上〉所載：「又用孔氏子孫元措言，合祭昊天后土，始大合樂作牌位，以太祖、睿宗配享。」意義相同。其時為憲宗時，開始引用漢制郊祀。元措卒後，曾有族人襲爵之爭。卷一五八〈姚樞傳〉載世祖時之事：

　　　　樞奏曰：在太宗世，詔孔子五十一代孫元措仍襲封衍聖公。卒，
　　其子與族人爭求襲爵，訟之潛藩，帝時曰：第往力學，俟有成德達

-171-

才，我則官之。……且陛下閔聖賢之後詩、書不通，與凡庶等。既命洛士楊庸選孔、顏、孟三族諸孫俊秀者教之。

雖聖人之後，亦不免爭為襲爵；而尚需學者為教官，以教育聖賢之後，恐其詩、書不通也。

《元史》所載孔門後代及襲衍聖公爵者不過六人，五十一代孫為孔元措襲爵，五十四代孔思晦襲爵，五十五代孔克堅襲爵，五十六代孔希學襲爵，江南襲封者為孔洙，另五十三代孔治未見襲爵。孔思晦見卷一八列傳，其子克堅、孫希學皆見於傳中。思晦襲封於仁宗時，卷一八一〈元明善傳〉載延祐二年明善上書「正孔氏宗法」，奏思晦襲封，「制可之」。克堅受封於順帝時，卷四十〈順帝本紀三〉載於至元六年十一月。卷四十四〈順帝本紀七〉載至正十五年十月，克堅為同知太常禮儀院，並載克堅子希學襲爵事。據思晦傳中知克堅後官至國子祭酒，而思晦、希學則未詳具其終官；思晦當主闕里事，希學亦當主其事，二人應并兼曲阜縣尹為是。闕里之廟見卷七十六〈祭祀志五〉，為太宗九年令元措所修復。五十三世孔治未見襲爵之記載，卷九〈世祖本紀三〉載至元十三年「以孔子五十三世孫曲阜縣尹孔治兼權主祀事」，是以孔治為縣尹、主祀，未見襲爵封也。而據《元文類》卷十九，閻復〈曲阜孔子廟碑〉中稱：

粵明年元貞改元，光聖五十三代孫密州尹治入朝，璽書錫命中議大夫，襲封衍聖公，月俸百千，秩視四品。孔子世爵，弗傳者久，至是乃復申命有司，制考辟雍，作廟於京師。

是成宗初即位時封孔治襲爵，此《元史》未載。閻復言「孔子世爵，弗傳者久」，蓋指五十一世元措之後至成宗時五十三世治襲封之間也，即五十二世未見襲封之詳，此或與前引〈姚樞傳〉云元措死後，其子與族人爭襲爵，而世祖未之立有關。卷十二〈世祖本紀九〉載至元十九年世祖時「江南襲封衍聖公孔洙入覲，以為國子祭酒」，江南孔門之後於宋亡後入朝，仍禮尊其位，此或又與世祖未封五十二世有關。閻復碑文以成宗初治襲封，十九年後又見仁宗之詔，卷二十五〈仁宗本紀二〉載延祐元年「敕中書省定議孔子五十三代孫當襲封衍聖公者以名聞」，則孔治當卒於此前，延祐二年思晦即以五十四代襲封，以下則銜襲至元末未斷。

元代之崇奉孔子，成宗時下詔為一大事，卷十八〈成宗本紀一〉載至元三十一年七月「詔中外崇奉孔子」，即前引閻復文中亦載：

聖上嗣服之初，述祗祖考之成訓，興學養士，嚴祀先聖，自曲阜始。制詔若曰：孔子之道，垂憲萬世，有國家者，所當崇奉。中外聞之，咸曰：大哉王言，拭目太平文明之治。

通令全國一律崇奉孔子殆始於此。漢民族所稱之先師、先聖，蒙古朝廷不惟尊奉如故，仍重衍聖之封，至下詔天下崇奉孔子，可謂極矣！則立廟、祭祀、崇儒奉聖等皆為崇奉孔子；至於孔氏身名之崇，除前述衍聖之封外，亦有數事可見。

《元史》卷二十二，〈武宗本紀一〉載大德十一年七月「加封至聖文宣王為大成至聖文宣王」，其制書據《元文類》卷十一，閻復〈加封孔子制〉云：

蓋聞先孔子而聖者，非孔子無以明，後孔子而聖者，非孔子無以法，所謂祖述堯舜，憲章文武，儀範百王，師表萬世者也。朕篡承丕緒，敬仰沐風，循治古之良規，舉追封之盛典，加號大成至聖文宣王，遣使闕里，祀以太牢。於戲！父子之親，君臣之義，永惟聖教之尊，天地之大，日月之明，奚罄明言之教，尚資神化，祚我皇元。

後世之大成至聖即起於元世。既加封孔子，亦封其夫人，卷三十六〈文宗本紀五〉載至順三年正月：「封孔子妻郠國夫人并官氏為大成至聖文宣王夫人」。《元文類》卷十一，虞集〈封宣聖夫人制〉曰：

我國家惇典禮以彌文，本閨門以成教，迺睠素王之廟，尚虛元媲之封，有其舉之，斯為盛矣。大成至聖文宣王妻并官氏，來嬪聖室，垂裕世家，籩豆出房，因流風於殷禮，琴瑟在御，存燕樂於魯堂，功言邈若於遺聞，儀範儼乎其合德，作爾褘衣之象，稱其命鼎之銘，噫！秩秩彝倫，吾欲廣關睢雀巢之化，皇皇文治，天其與河圖鳳鳥之祥，可特封大成至聖文宣王夫人。

特封孔子夫人為文宗之時，此前二年，先行加封孔子父母等。卷三十四〈文宗本紀三〉載至順元年：

加封孔子父齊國公叔梁紇為啟聖王，母魯國太夫人顏氏為啟聖王夫人，顏子兗國復聖公，曾子郕國宗聖公，子思沂國述聖公，孟子鄒國亞聖公，河南伯程顥豫國公，伊陽伯程頤洛國公。

據〈孔思晦傳〉中云：「聖父舊封齊國公，思晦語于朝曰：宣聖封王，而父爵猶公，願加褒崇。乃詔加封聖父啟聖王，聖母王夫人。」則文宗之加封

孔子父、母乃思晦之言。《元文類》卷十一，謝端〈加封孔子父母制〉：

> 闕里有家，系出神明之胄，尼山請禱，天啓聖人之生，朕聿觀人文，敦求往哲，惟孔氏之有作，集群聖之大成。原道統則堯授舜，傳之周文王，論世家則契至湯，下逮正考甫，其明德也遠矣！故生知者出焉，有聞必先，克昌厥後，如太極之生天地，如鉅海之有本源，雲仍既襲於上公之封，考妣宜視夫素王之爵。於戲！君子之道，考而不繆，建而不悖，于以敦典而敍倫，宗廟之禮，受其所親，敬其所尊，于以報功而崇德，尚篤其慶，以相斯文。齊國公叔梁紇，可加封啓聖王，魯國太夫人顏氏，可封啓聖王夫人。

文宗加封孔子父、母，並顏、曾、子思、孟子、程顥、程頤，可知乃本於宋儒之道統觀，正如謝端文中所言「原道統則堯授舜，傳之周文王」。蓋元代朱子之學大盛，爲儒學之正宗，道統觀念亦隨之建立，此爲元初趙復、許衡、姚樞之流，極力倡建而成；筆者曾作〈略論元代朱學之盛〉一文述論及此，茲不贅言。與之類似者，卷二十五〈仁宗本紀二〉載延祐三年六月「制封孟軻父爲邾國公，母爲邾國宣獻夫人」，亦有張士觀〈追封孟子父母制〉一文，皆因崇奉孔子、尊儒學、重朱學以致。

至於衍聖公之封，進而加增其品秩可見。前述閻復碑文中稱五十三代孔治爲「秩視四品」，文宗時升從三品，卷三十五〈文宗本紀四〉載至順二年七月：

> 藝文少監歐陽玄言：先聖五十四代孫襲封衍聖公，爵最五等，秩登三品，而用四品銅印，於爵秩不稱。詔鑄從三品印給之。

前此，〈孔思晦傳〉中稱仁宗時思晦襲封爲四品印，泰定三年，山東廉訪副使王鵬南言：「襲爵上公，而階止四品，於格弗稱，且失尊崇意。」明年，由中議大夫升嘉議大夫。至順二年，改賜三品印。是王鵬南建言於前，歐陽玄復肇言於後，乃文宗至順二年改升三品。

《元史》卷一四〈鐵木兒塔識傳〉載至正年間，鐵木兒塔識奏陞聖公爲三品，其或有誤，原文宗時已升三品，至正順帝時當升爲二品乃是。卷四十一〈順帝本紀四〉載至正八年：「帝幸國子學，賜衍聖公銀印，升秩從二品。」可知〈鐵木兒塔識傳〉中所言當係奏陞爲二品。

因崇奉孔子故加孔氏身名之號，襲衍聖公而欲毋使絕爲最。崇孔子乃崇奉其學術爲主，兼及其人格之光明高大與夫教晦不倦，故崇孔子可謂崇儒學

也。蒙古乃北方游牧之族，其歷史、文化背景皆異於中原漢族，雖以武力亡金滅宋，復不得不用金、宋之制，固應實際之需要，然則儒士之積極爭取爲其關鍵，崇奉孔子厥爲明證。因崇孔故又生立廟、儒學等等相關作爲，此待另篇述明。

許有壬《至正集》卷四十四，曾作〈上都孔子廟碑〉一文，綜述元代崇奉孔子之扼要情形，略引之如下：

> 若我太祖皇帝之應天啓運也，干戈中徵耶律楚材，置左右備諮訪，聞周孔教，深用嘉納，知天下不可馬上治，立十路課稅使副皆用儒者，國朝尊孔道、用文臣實自是啓之。太宗嗣位，修曲阜廟，孔子五十一代孫元措仍襲封衍聖公，置編修所於燕，經籍所於揚，以開儒治，……學漢語文字，……學國語弓矢，……迄定宗朝不輟。憲宗悉除漢地河西儒户徭役。世祖在藩邸，拓納儒士，……正大位，詔先聖廟國家致祭，……而學政備舉矣。成宗首詔敦勸且議貢舉，又特詔中外百司申世祖之制，其略曰：孔子之道，垂憲萬世，有國家者所當崇奉，……武宗、仁宗、英宗、文宗恪守祖訓，凡大播告必首及此。武宗加號大成，遣使闕里，祀以太牢，示萬世無上之絕尊。仁宗行賓興法，先德行、尊五經，繼志述事有加焉。今上皇帝（順帝）三降德音，靡不懇切。……尚論歷代之興樂制度，莫不相因，而我朝截然首出爲一王法，立經陳紀，大括宇宙，細盡事物，不資載籍，動合孔子之道，非天啓大聖爲斯文主，以康濟斯世而能然耶！

有壬所述，就崇奉孔子之大概而言，正如前述《元史》中所載，爲近世以來尊孔立定規模也。至如元代亦崇佛、道，然比之崇儒尊孔而言，則有相當之差距，其間意義亦有所不同，餘容另作述明可知。

二、譯印漢籍

元起溯漠，初未嘗知漢文化，於漢文書籍當無所接觸，蒙、漢間之溝通需借轉譯。語言、文字皆靠轉譯，此可賴通事之類人才爲之，然閱讀講論精要之文籍，則非博學宿儒無以爲功。

太祖之世，底定漠北，其南方經略，多倚重於木華黎。太祖本人與漢人及漢文化之接觸，僅耶律阿海、耶律楚材、長春眞人等可數數人耳，其時蒙

古朝廷所知之漢文化，皆不過由此聽聞面見而來。

太宗滅金，掩有華北，用漢人、行漢法爲蒙古朝廷之部分政策，由之漢文化始能乘勢而入。如耶律楚材，博極群書，復旁通天文、術數、釋老、醫卜等學，其學雜，又貴爲契丹皇族，乃得見侍於太祖左右，然太祖並未實際授權重用之；所喜者，爲楚材之雜學也。及太宗繼統，楚材有定策之功，因得試行漢法，以十路徵收課稅所之政績，獲太宗之信任，爾後對華北之治理，楚材等漢人頗受倚重。

據《元史》卷一四六〈楚材傳〉中載，蒙金交兵，汴梁將下之際，大將速不台遣使言欲屠城，以金人抗拒持久之故，幸賴楚材力爭於帝前，全活汴京百四十七萬人；楚材又力求汴京之典禮文物，其意在漢文化之續存及備用甚明，史載：「命收太常禮樂生，及召名儒梁陟、王萬慶、趙著等，使直釋九經，進講東宮。」九經據《金史》卷五十一〈選舉志〉所言，《易》用王弼、韓康伯註，《書》用孔安國註，《詩》用毛萇註、鄭玄箋，《春秋左氏傳》用杜預註，《禮記》用孔穎達註、孫奭疏，《孝經》用唐玄宗註。直釋九經，當指此九經並其註疏。此爲東宮進講，仍需透過轉譯而行，然而「直釋」及轉譯情形不得其詳。〈楚材傳〉中另謂：「又率大臣子孫，執經解義，俾知聖人之道。」此大臣子孫若係蒙古人，則楚材之執經解義，復得轉譯始成；抑或此輩子孫能通漢語文，目前尚難考察。而大臣子孫亦可能爲漢人子弟也。據許有壬《至正集》卷四十四〈上都孔子廟碑〉載太宗時即派子弟十八人「學漢語文字，漢官子參學國語弓矢……至定宗朝不輟」，乃元初太宗、定宗二朝皆有漢蒙語文之互相學習教育也。

語文之運用可促進文化接觸之深廣度，而文籍之解說與閱讀尤能增進對文化了解。蒙古朝廷對漢文化有規模之學習與吸收應始於世祖時期。忽必烈家世已見沾染漢文化之背景，其於潛邸時即廣召天下才俊，得大量漢人之加入，爲其政治集團中堅；此皆有學者論及之。故忽必烈即位爲帝後，用漢人、引漢法，開有元一代之規模。世祖朝雖蒙古、西域色彩未減，但漢法之大量採用亦爲其時之特色，於文教上多依宋制，故蒙古人需受漢學，規模於焉開始。然首要者，當在譯印漢籍，俾使具體吸收漢文化。

世祖在藩邸時已注意漢文化之吸收，《元史》卷一五九〈趙璧傳〉載世祖「又令蒙古生十人，從璧受儒書。敕璧習國語，譯《大學衍義》，時從馬上聽璧陳說」，此爲具體譯漢籍較早之記錄，然未詳其譯本流行之情形。又《元史》

卷五〈世祖本紀二〉載至元元年：「敕選儒士編修國史，譯寫經書，起館舍，給俸以贍以。」贍養儒士於文化工作之中，除修史外即譯經書，譯書乃供蒙古（或併西域）人學習之用。譯寫漢籍爲蒙文，可供蒙、漢子弟就學，如至元八年所立之蒙古國子學，《元史》卷八十一〈選舉志一‧學校〉載：

> 於隨朝蒙古、漢人百官及怯薛歹官員，選子弟俊秀者入學，然未有員數。以《通鑑節要》用蒙古語言譯寫教之。俟生員習學成效，出題試問。

是以蒙文譯漢學爲教材之學習。《通鑑節要》據《宋史》卷二〇三〈藝文志二〉編年類中稱爲司馬光所作，其卷數爲六十；《通志‧藝文略第三》有《資治通鑑節要》六十卷，謂司馬光撰，所指應皆爲一書，然其書今未得見，無從判別。《通鑑節要》之蒙文本已於至元六年時即頒行各路，〈選舉志一‧學校〉載其時設立諸路蒙古字學：

> 命諸路府官子弟入學，上路二人，下路二人，府一人，州一人。除民間子弟，上路三十人，下路二十五人。願充生徒者，與免一身雜役。

各路蒙古字學在於習學蒙古文字，若以《元史》卷五十八〈地理志一〉所載元代有路一百八十五，府三十三，州三百五十九，官方子弟入學者當在七百餘人，民間子弟則達五、六千之譜。此正可見元初極力推行其「國語文」運動，大抵一般州、縣學並未施行雙語文教學也。

《元史》卷十二〈世祖本紀九〉載至元十九年四月：「己酉，刊行蒙古、畏兀兒字所書《通鑑》。」是知《通鑑》全書於斯時已用蒙古、畏兀兒二種文字譯寫成，且加之刊行。然《元史》卷一二八〈相威傳〉載至元二十年時，相威進譯語《資治通鑑》，未知此二者是否爲一事？而其時間相差僅一年。相威爲魯國王木華黎之後，史稱其「喜延士大夫，聽讀經史，論古今治亂。」當與其譯《通鑑》有關；而除相威外，一時未見其他有關之人選，以蒙古、畏兀兒二種語文譯二百九十四卷（《目錄》、《考異》各三十卷不計）之書，當有參與其事者多人。

《元史》卷二十二〈武宗本紀一〉載大德十一年八月辛亥：「中書左丞孛羅鐵木兒以國字譯《孝經》進。」並命中書省「刻版模印，諸王而下皆賜之」，武宗詔曰：「此乃孔子之微言，自王公達於庶民，皆當由是而行。」乃朝廷倡孔門之孝道。而《元典章》卷二〈聖政〉條設有「旌孝節」專目，可視爲元

初即倡孝道，並以之爲國朝大政之本，政教治令之根，是以武宗譯《孝經》，頒賜諸王而下。

仁宗時所譯印之漢籍有《大學衍義》、《元史》卷二十六〈仁宗本紀三〉載延祐四年：

> 翰林學士承旨忽都魯都兒迷失、劉賡等譯《大學衍義》以進，帝覽之，謂群臣曰，《大學衍義》議論甚嘉，其令翰林學士阿憐鐵木兒譯以國語。

其實仁宗爲皇太子時，即已譯《大學衍義》之節本，《元史》卷二十四〈仁宗本紀一〉，大德十一年載：「時有進《大學衍義》者，命詹事王約等節而譯之。」以仁宗曰：「治天下，此一書足矣。」並與《圖象孝經》、《列女傳》並刊行，賜之臣下。王約見《元史》一七八，其經史、文辭皆佳，嘗從名士魏初遊學，傳中屢見其與仁宗之密切關係。延祐四年忽都魯、劉賡等所譯《衍義》當爲全本。忽都魯《元史》無傳，見其名當係西域人，或所譯爲畏兀兒文，故仁宗覽之，復命另譯以國（蒙古）語。劉賡見《元史》卷一七四，其幼有文名，師事名儒王磐，多典文翰、國學，言其他語文則未詳。阿憐（鄰）鐵木兒見《元史》卷一二四，其先世爲畏兀兒名士哈剌・亦哈赤・北魯，阿憐本人「善國書，多聞識，歷事累朝」，既有畏兀家學，復善蒙古語文（國書），當可受命譯書，此亦可說明忽都魯所譯當係畏兀文書，而阿憐兼通，故仁宗復命譯之國語也。此外，〈仁宗本紀三〉載延祐五年九月：「以江浙省所印《大學衍義》五十部賜朝臣。」則當爲漢文本而印賜之。

仁宗時除譯印《大學衍義》外，嘗節譯《通鑑》，主其事者即前述譯《衍義》之忽都魯都兒迷失以及李孟，《元史》卷二十五〈仁宗本紀二〉載此事於延祐元年四月，「帝以《資治通鑑》載前代興亡治亂」，故命二人「擇其切要者譯寫以進」，有所選擇而後譯之，亦可謂節譯本，此節本之《通鑑》當爲蒙文譯本。李孟爲名儒，且爲仁宗之師，君臣師弟關係匪淺，見《元史》卷一七五其傳。

《元史》卷二十四〈仁宗本紀一〉至大四年六月：

> 帝覽《貞觀政要》，諭翰林侍講阿林鐵木兒曰：此書有益於國家，其譯以國語刊行，俾蒙古、色目人誦習之。

此阿林鐵木兒當即前述之阿憐或阿鄰，然其本傳中未述及爲侍講學士，僅見其曾爲翰林待制、翰林學士承旨：「翻譯諸經，紀錄故實」，是語文、學

術皆佳之儒臣，其譯《衍義》、《政要》，允爲洽當。《政要》爲君臣治國之典範，唐、宋以來視之爲從政要領，今則以蒙古語刊行，專供蒙古、色目人學習，無異於吸收漢文化中之政治理論也。此外，於卷一三七載仁宗時察罕曾譯《政要》以獻，〈察罕傳〉中謂：「帝大悅，詔繕寫遍賜左右。」是知阿憐、察罕皆有譯本。

前此，世祖之子眞金頗受漢文化，除少從名儒姚樞、竇默受《孝經》之外，《元史》卷一一五〈裕宗傳〉又載：

每與諸王近臣習射之暇，輒講論經典，若《資治通鑑》、《貞觀政要》，王恂、許衡所述遼、金帝王行事要略，下至《武經》等書。

《通鑑》、《政要》實爲欲達治體者所必讀，故前述譯印之漢籍，當有此二部書，《孝經》亦可作如是觀。

《通鑑》之譯復見於泰定帝時，《元史》卷三十〈泰定本紀二〉載泰定四年六月：「翰林侍講學士阿魯威、直學士燕赤等進講，仍命譯《資治通鑑》以進。」世祖時已譯《通鑑》，今復譯之；猶如《政要》、《衍義》，前既譯之，後朝仍譯。

《元史》卷三十六〈文宗本紀五〉載至順三年四月：「命奎章閣學士院以國字譯《貞觀政要》，鋟板模印，以賜百官。」此復譯《政要》事，乃爲奎章閣學士集體之工作，並大量印刷，以分賜百官。前仁宗時所譯印蒙文本，似特爲蒙古、色目人誦習，今文宗所譯印者，則包括漢人在內之百官；而該譯人員多寡亦有所不同。

《政要》於泰定帝時亦另有譯本，卷一七二〈曹元用傳〉載元用曾「奉旨纂集甲令爲《通制》，譯唐《貞觀政要》爲國語。」並稱「書成，皆行於時」。可知仁宗之後，文宗之前，復有《政要》之譯本，亦行之於當時。

卷二十七〈英宗本紀一〉載延祐七年十二月：

翰林學士忽都魯都兒（迷矢）譯進宋儒眞德秀《大學衍義》，帝（英宗）曰：修身治國，無踰此書。……以《大學衍義》印本，頒賜群臣。

前此，忽都魯已譯於延祐四年仁宗之時，今英宗初即位，復譯進此書，是否仍爲仁宗時譯本上進之？抑或再譯之新本？而潤飾修改舊本以上進亦有可能。至於後述頒賜群臣之《衍義》印本，未言明係漢文本或蒙文本，抑或此時忽都魯所上進本，皆難以確認之。而早在世祖即位前已命趙璧譯《衍義》，

不知是否留供後人之參閱？

《帝範》之譯爲帝王之教材，卷一三七〈察罕傳〉載仁宗詔察罕譯《帝範》之事。另述及其譯爲漢文之史料，如譯《脫卜赤顏》爲《聖武開天紀》，另譯《紀年纂要》、《太宗平金始末》等書，付之史館，乃備修史之用。

卷三十，〈泰定帝本紀二〉載泰定三年三月：

> 翰林承旨阿憐帖木兒、許師敬譯《帝訓》成，更名《皇圖大訓》，敎授皇太子，考試國子生。

阿憐譯書已見前述，許師敬爲儒學宗師許衡之子，幼受庭訓，通經博學。此書之譯，除爲宮廷教育之課本外，亦爲國子生必讀，然則《帝訓》當爲漢文轉譯爲蒙文之作。卷一四三〈馬祖常傳〉謂其「譯潤《皇圖大訓》、《承華事略》」，馬祖常曾加之譯潤二書。據倪燦《補遼金元藝文志‧史部‧故事類》分列許師敬之《皇圖大訓》，王惲《承華事略》，但未言明其爲蒙文或漢文，以祖常「譯潤」而言，今可見王惲之《承華事略》、《秋澗集》卷七十八，載〈進呈承華事略牋〉謂：

> 謹採儲闈之事要，庶幾賈傅之遺規，倘賜乙觀，豈勝至幸，……
> 臣惲今所纂集，名曰承華事略。

王惲以賈誼爲梁懷王傅時建言之「遺規」編纂《事略》，在牋文中亦明表爲皇太子而作，其時爲至元十八年十二月。其《事略》共分六卷，凡二十篇，全文具在。卷一六七〈王惲傳〉中亦載其事：

> 裕宗（眞金太子）在東宮，惲進《承華事略》，其目曰：廣孝、立愛、端本、進學、擇術、謹習、聽政、達聰、撫軍、崇儒、親賢、去邪、訥誨、幾諫、從諫、推恩、尚儉、戒逸、知賢、審官，凡二十篇。

《秋澗集》中列目有「明分」篇在「撫軍」篇之後，而無「知賢」篇，此與《元史》所列有一篇（目）之差，餘皆同。《事略》與《帝訓》皆由馬祖常譯潤之，則二書原爲漢文經轉譯爲蒙文，復由祖常加之譯潤。

《帝訓》之外又有《聖訓》之譯。卷三十〈泰定本紀二〉載泰定三年七月：「詔翰林侍講學士阿魯威、直學士燕赤譯《世祖聖訓》，以備經筵進講。」是用《聖訓》爲經筵教材。同卷，泰定四年七月載：「遣翰林侍讀學士阿魯威還大都，譯《世祖聖訓》。」二者同爲一事，蓋前年爲下詔之舉，而後一年始著手進行轉譯工作。

卷一八一〈元明善傳〉載仁宗時詔明善「節《尚書》經文，譯其關政要者以進」，明善則舉集賢直學士文陞「同譯潤」，此爲二人合作之節譯《尚書》，然節譯之原則在於有關政要者。

茲總結元朝廷所譯（印）漢籍，除泛云譯寫經書外，經部書有《孝經》、《大學衍義》及其節本、《尚書》節本；史部書有《資治通鑑》、《通鑑節要》、《貞觀政要》、《帝範》、《帝訓》、《世祖聖訓》、《承華事略》諸書。是知史部較受重視，蓋以史爲鑑，知成敗得失，有益於治體也。

（原刊於《慶祝札奇斯欽先生八十壽誕論文集》，1995 年）

元代之吏書

一、前　言

　　《元史》中載「當時由進士入官者僅百一，由吏致位顯要者常十之九」〔註1〕，這是說元代的仕途出身，絕多由吏而入官，並可至通顯之位。姚燧有進一步的說明：

　　　　大凡今仕惟三塗：一由宿衛，一由儒，一由吏。由宿衛者，言出禁中，中書奉行制敕而已，十之一。由儒者，則校官及品者，提舉、教授出中書，未及者，則正、錄而下出行省、宣慰，十分一之半。由吏者，省、台、院、中外庶司、群縣，十九有半焉〔註2〕。

由吏出身者佔了絕對多數。姚燧所指為元代中期以前之情形，中期行科舉以後，仍是「由進士入官者僅百一」的情形。元末葉子奇說：

　　　　仕途自木華黎王等四怯薛大根腳出身分任省台外，其餘多是吏員。至于科目舉士，止是萬分之一耳，殆不過粉藻太平之具〔註3〕。

　　從上述資料可知元代由史入仕之比重，故而有「我元有天下所與共治，出刀筆吏十九」之語〔註4〕，而「公卿大夫喜尚吏能，不樂儒士」〔註5〕之說，也正是在元代這種以吏進為多的環境中出現。

〔註1〕見《元史》，卷一八五，〈韓鏞傳〉（台北：藝文），頁10上。
〔註2〕見姚燧，《牧菴集》，卷四，〈送李茂卿序〉（台北：商務，四部叢刊），頁43上。
〔註3〕見葉子奇，《草木子》，卷四，〈雜組〉（台北：商務，四庫珍本十集），頁10下。
〔註4〕見揭傒斯，《揭文安公集》，卷六，〈善餘堂記〉（四部叢刊初編），頁104上。
〔註5〕見蘇天爵，《滋溪文稿》，卷十九，〈李遵道墓誌銘〉（台北：國立中央圖書館，元代珍本文集彙刊）頁749。

元初，「我國家初定中土，取士之制未遑，仕者悉階吏進」〔註6〕，但在至元間，大興文治，一時名儒，雖用之無遺，「然天下之大，簿書期會之繁，因仍金舊，悉以付吏，任之既久，趨之者日益眾」。〔註7〕元初固未建立取士之制，世祖忽必烈採行漢法，大用漢儒，但仍是沿金之舊制，以吏治天下，自然造成「趨之者日益眾」的現象。終元之世，並無更改，故明初方孝孺說：

> 元之有天下，尚吏治而右文法。凡以吏仕者，捷出取大官，過儒生甚遠，故儒生多屈爲吏〔註8〕。

元代入仕之途頗雜，吏進是最主要的出身。前面所引資料都是很好的說明，而類似的記載相當多。大體上分析漢族三品以上高級官員的出身，居首的確實是由吏進，其次是宿衛、蔭襲等爲多〔註9〕，「捷出取大官」所言不虛，而前朝兩宋所重的科舉，所佔比例甚低，葉子奇說是「粉藻太平之具」也不爲過。

元行吏治，吏風盛行，趨之者眾的結果，文法吏事，刀筆簿書等，自不免爲當時士人所重。習吏事爲舉業，言吏治、吏法等也爲其時常見之議論，吏書的出現應是在這種背景中產生。從元代一些吏書的內容裡，可以整理出當時吏學的面貌。

二、元代吏治之形成

元代以吏治天下與蒙古的統治有關，而蒙古採吏治多少承金代的遺風。金、元二朝代的建立是接續兩宋科舉興盛之後，卻未承襲重科舉輕胥吏之風，這似乎與北方民族的統治意識有關。

金代較諸其前後二代的遼、元來看是相當漢化的，在用人入仕的方面而言更可以看出。《續通典》中說「遼太祖起自溯漠，干戈倥傯，未置科目」，而後始有鄉、府、省三試，即鄉荐、府解、及第等，程文爲詩賦、詩義二科〔註10〕，《金史》說遼起於唐末，頗用唐之進士取人之法，「然仕於其國者，考其

〔註6〕見蘇天爵前註書，卷十四，〈焦先生墓表〉，頁561。
〔註7〕見許有壬，《至正集》，卷五九，〈故中奉大夫侍御史墓公墓誌銘〉（台北：商務，四庫全書），頁12上。
〔註8〕見方孝孺，《遜志齋集》，卷二二，〈林君墓表〉（四部叢刊初編），頁502下。
〔註9〕參見拙作，《元代的士人與政治》（台北：學生，民國81年），頁98、99。
〔註10〕見《續通典》，卷十八，〈選舉二〉（浙江古籍，1988年）頁1219。

致身之所自進士，纔十之二三耳」〔註 11〕。遼之科舉至中期聖宗時始開始，至遼末天祚帝時，共行一百三十五年之久，據《遼史》明文所載共錄取二四九八人左右〔註 12〕，雖然遼初太宗時已有科舉進士的記錄〔註 13〕，但在聖宗以前是沒有定期制度化的考試，後來制度化的科舉分別採用了唐、宋部份舊制而成〔註 14〕。遼代科舉主要對象是漢人，即南面燕雲十六用漢制之地，這也是遼代兩元政治之下的措施，與北面契丹的「國制」迥異，就入仕之途而言，進士出身能佔到十之二、三，已算不低的比率了。

金設科舉始於太宗天會元年，初有詞賦、經義、同進士、同三傳、同學究等五科〔註 15〕，考試是「遼人應詞賦，兩河人應經義」〔註 16〕，此即《金史》上所稱之南北選〔註 17〕，而後有鄉、府、省、殿等級考選，並南北通選。金代科舉的科目盛、人數增、府試地點多，是其時之特色，也可看出科舉之盛〔註 18〕。以最小的推算來看，金代錄取進士平均每舉為一二〇人左右，據之總計，金代共錄取五千餘人左右，最大的計算，平均數可達一四八人左右，總錄取額為一六四八四人〔註 19〕，較之遼代的總數及平均數三十九人〔註 20〕，要高出許多。

金代入仕的途經，女眞人大都依賴世襲、蔭補、軍功，漢人則絕大多數爲進士出身〔註 21〕，其科舉之盛過於遼、元二代無疑。在遼代兩元政治之下，南北分別的制度與治理，一時難以考察與本文有關的吏治問題。金代重科舉，

〔註 11〕見《金史》，卷五一，〈選舉一〉（台北：藝文），頁 1 下。
〔註 12〕參見李家祺，〈遼朝科舉考〉，《現代學苑》，五卷，八期，頁 21 至 26。
〔註 13〕參見《遼史》，卷七九，〈室昉傳〉（台北：藝文），頁一上。
〔註 14〕參見朱子方、黃鳳岐，〈遼代科舉制度述略〉，《遼金史論集》，第三輯（北京：書目文獻，1987 年），頁 1 至 12。
〔註 15〕參見李世弼，〈金登科記序〉，收於王惲，《秋澗集》，卷九七，玉堂嘉話（四庫全書），頁 6 上至 9 下。
〔註 16〕見宇文懋昭，《大金國志》，卷五，〈太宗文烈皇帝三〉（台北：商務，國學基本叢書），頁 49
〔註 17〕參見同註 11，頁 6 下。
〔註 18〕參見趙冬暉，〈金代科舉制度研究〉，《遼金史論集》，第四輯（北京：書目文獻，1989 年），頁 212 至 235。
〔註 19〕最小之計算數，爲前註趙文所列，最大之計算數，見陶晉生，《女眞史論》（台北：食貨，民國 70 年），頁 51 所列之表。
〔註 20〕據李家祺前揭文計出。
〔註 21〕參見陶晉生，〈金代的政治結構〉，《史語所集刊》，第四十一本，第四分（台北：中研院，民國 58 年），頁 567 至 589。

但元好問認爲這是朝廷表示公道、繫人望的措施，與女眞的內屬、外戚、功臣、腹心等有極大的分野〔註22〕，這都是屬於統治階層的特殊關係，與女眞入仕的特權密不可分，雖然女眞亦在金代中期設有進士的考選制度，但並非入仕之主要途徑〔註23〕。由於特權入仕，遂造成內朝權勢的強大，自金代中期世宗以後，逐漸駕凌了外朝，至金末則成重用小吏的現象〔註24〕。劉祁以爲其時的宣宗及權相朮虎高琪是使吏權大盛的主使者，他說：

> 貞祐間，朮虎高琪爲相，欲樹黨固其權，先擢用文人，將以爲羽翼。已而，台諫官許古、劉元規之徒，見其恣橫，相繼言之，高琪大怒，斥罷二人，因此大惡進士，更用胥吏。彼喜其獎拔，往往爲盡心，于是吏權大盛，勝進士矣！又高琪定制，省部寺監官，參注進士吏員，又使由郡轉部，由部轉台省，不三五年皆得要職，士大夫反畏避其鋒。而宣宗亦喜此曹深刻，故時全由小吏侍東宮，至爲僉樞密院事。南征帥又有蒲察合住、王阿里之徒居左右司，李澳輩在外行尚書六部，陷士大夫數十人，亦亡國之政也〔註25〕。

文中所說蒲察合住、王阿里、李澳等人，是宣宗喜刑法威嚴而用之人，他們乃「胥吏中尤狡刻者也」〔註26〕。至說高琪因怒許、劉二人而惡進士、用胥吏，恐怕也只是加深重用胥吏的程度，根本上金代就有重近習小吏的情形，劉祁說：

> 金朝近習之權甚重，置近侍局於宮中，職雖五品，其要密與宰相等，如舊日中書；故多以貴戚世家恩倖者居其職，士大夫不預焉。南渡後，人主尤委任，大抵視宰執台部官皆若外人，而所部心腹則此局也。其局官以下，所謂奉御、奉職輩，本以傳詔旨、供使令，而人主委信，反在士大夫右，故大臣要官，往往曲意奉承。或被命出外，帥臣郡守，百計館饋，蓋以其親近易得言也。然此輩皆膏梁子弟，……至于大臣退黜，百官得罪，多自局中，御史之權反在其

〔註22〕參見元好問，《遺山先生集》，十六，〈平章政事壽國張文貞公神道碑〉（台北：成文，九金人集），頁1下。
〔註23〕關於女眞進士參見陶晉生，〈金代的女眞進士科〉，《邊政研究所年報》，第一期（台北：政大，民國59年），頁135至144。
〔註24〕參見陶晉生前揭文，頁580至582。
〔註25〕見劉祁，《歸潛志》，卷七（知不足齋叢書），頁4下至5上。
〔註26〕同註25，頁2下。

下矣。其後，欲收外望，頗雜用士人，……此曹本僕役之權，士大
夫處之可羞，……〔註27〕。

原來近侍小吏多特權入仕，其要密如舊時中書，南渡後得宣宗重任，更使之
權勢高張，除在政治上權過外朝，也帶來一時風氣的轉變。

南渡後，吏權大盛。自高琪爲相，定法：其遷轉與進士等，甚
者反疾焉。故一時之人，爭以此進，雖士大夫家有子弟讀書，往往
不終輒輟，令考試台部令史，其子弟輩既習此叢，便與進士爲讎。
其趨進舉止，全學吏曹，至有舞文納賂，甚于吏輩者……〔註28〕。

因吏權大盛，吏進入仕成爲風氣，也因之吏學是當時之「顯學」了，如
李元佐：

粹於律學，有刪注刑統賦，刑名歌括傳於世，金之省部台院試
補掾者，咸出其門，……精於吏事，爲名輩所推重如此〔註29〕。

有吏治，自有吏學，大概即「以吏爲師」之意。

金代重科舉已如前述，進士出身者亦不乏其人，但金代重吏也是事實，
金世宗即規定女眞進士出身當依漢人進士，先補省令史，以提高吏員的素質〔註
30〕。大約在此前吏員尚不用進士出任，世宗以後始漸士吏轉用〔註31〕，而由
吏入官，可至於高位，劉祁說：

金朝用人，大概由省令史遷左右司郎中、員外郎、首領官，取
其簿書精幹也，由左右首領官選宰相、執政，取其奏對詳敏也，其
經濟大略安在哉？此所以在位者，多長于吏事也〔註32〕。

以長於吏事爲考慮，由吏出職爲官也往往多見，而由士、官入吏也有定
制：

省令史選取之門有四：曰文資，曰女直進士，曰右職，曰宰執
子，其出仕之制各異，……〔註33〕

此正可爲王惲所說：「兼金人舊例，台掾、書吏皆於終場舉人內試補勾

〔註27〕同註25，頁13上、下。
〔註28〕見前註，頁5下。
〔註29〕見魏初，《青崖集》，卷五，〈故鎭國將軍太原李公墓誌銘〉（四部叢刊），頁17
下、18上。
〔註30〕見《金史》，卷八，〈世宗本紀下〉，頁7上。
〔註31〕參見《金史》，卷八六，〈李石傳〉，頁3下、4下。
〔註32〕見同註25，頁11下，12上。
〔註33〕見《金史》，卷五二，〈選舉二〉，頁10下。

當」〔註34〕作一註腳。《金史》上又說：

> 諸宮護衛，及省、台、部譯史、令史、通事，仕進皆列於正班
> 〔註35〕。

這是吏員出職任官之制，是以金代吏士、吏官皆可補轉，在制度上是相通互補的。

金代中期以後吏治色彩漸濃，吏士可互爲補轉，似乎是在理想上可提高吏員水準，又可使士能在實際行政上多所歷練，這或是女眞統治者的想法，金世宗曾說：

> 女直進士可依漢兒進士補省令史，夫儒者操行清潔，非禮不
> 行。以吏出身者，自幼爲吏，習其貪墨，至於爲官，習性不能遽改，
> 政道興廢，實由於此〔註36〕。

以士或吏出身，判然有別，儼然已成爲一刻板印像，故而到金末，雖獎掖胥吏，但仍有「士大夫處之可羞」的觀念。總之，金代中晚期吏治興起，其原意不惡，至金末大用近習小吏，非其初心，更奈何士吏之別的觀念，自唐宋科舉以來，已然根深蒂固矣！

元代重吏在前言中已有所說明；「尚吏治而右文法」，比諸金代猶有過之。金雖重吏，但仍崇儒尊進士，元代則崇儒未必如金，進士亦無所尊，使吏治的層面與深度更往前推進一大步。元代的吏治基本上是希望能以士爲吏，這與金代初行吏治的用心相似。

《元史》中載至元時期歲貢吏員的規定是官吏可轉任，而選吏、貢吏時要求「儒吏並通」。其具體的內容爲：性行純謹，儒吏兼通者爲上，才識明敏、吏事閑熟者次之，月日雖多、才能無取者不許呈貢。至於隨路貢舉元額，各道按察司每歲於書吏內，以次貢二名，其標準爲：儒人一名必諳吏事，吏人一名必知經術。到成宗元貞年時，下詔各路荐舉，其要求是儒通吏事，吏通經術，性行修謹者〔註37〕，可見「儒吏並通」爲其理想，吏事經術、性行是三要項，又三者兼具爲上選，才能與吏事合者其次，無才能者則不取。若反

〔註34〕王惲，《秋澗集》，卷九十，〈便民三十五事〉（四庫全書），頁 20 上。

〔註35〕見《金史》，卷五一，〈選舉志一〉，頁 1 下。

〔註36〕見《金史》，卷八，〈世宗本紀下〉，頁 7 上。

〔註37〕參見《元史》，卷八三，〈選舉三〉，銓法下，頁 15 下至 17 上。另見《大元聖政國朝典章》，卷十二，吏制，〈儒吏〉條〈職官吏員〉條等（台北：故宮博物院影印元刊本）。

推上來看，才能成爲基本要件，加上吏事、閑熟爲佳，再加上性行優則更佳。

明初方孝孺對於元代以士爲吏的理想有下面的說明：

> 吏皆忠厚廉潔，寬於用法，而重於有過，勇於致名，而怯於言
> 利，進而爲公卿者，既以才能政術有聞于時，而在郡邑之間者，亦
> 謹言篤行，與其時稱。豈特吏之素賢乎？士而爲吏，宜其可稱眾也。
> 元亡未久，而遺風舊俗之俱變，求之於世，……〔註38〕。

士吏合一正是「儒吏並通」的實現，而才能是基本要件，正如成宗大德九年（1305）詔書中說：「各舉廉能識治體者，……務要皆得實材，毋但具數而已」〔註39〕，其中的「實材」。這裡也牽連到了人才問題，大體上蒙古與漢人在觀念上未必一致，二者都能重學術、品德，但蒙古人更重視才能。才能爲基本，熟練文法以利於行事的吏事，就是所需要的人才，德性好自然更佳。元初重用耶律楚材、王文統等，即看中其才能，而並未言及其以德性、學識取勝。當學者竇默推荐大儒許衡爲相時，世祖是「不悅而罷」，這些多少都透露了蒙古統治者對人才的選擇〔註40〕。

程鉅夫爲南宋遺民，他批評儒士的虛靡之風氣說：

> 數十年來士大夫以標致自高，以文雅相尚，無意乎事功之實，
> 文儒輕介胄，高科厭州縣，清流恥錢穀，滔滔晉清談之風，頹靡壞
> 爛，至于宋之季極矣，窮則發，敝則新，固然之理也！國朝合眾智
> 群力，壹宇內，自筦庫達於宰輔，莫不以實才能立實事功，而清談
> 無所用乎時〔註41〕。

程氏所言元代重實才似乎是對宋末士風的一種反動，但元初的執政者未必能有這種意識，而刻意提倡用實才來立事功；倒不如說蒙古的思想裡本就樸素簡實，無所謂文雅、清談，應是其重實學、實才之本質而能見「立實事功」，這也應該是元代重吏事的根本原因。

金代重吏治，這種風氣遺留到元初。元滅金而有華北漢地，所需之行政人才自然取之於金之遺士，吏治乃復熾於元初；虞集說明了此中之原委：

> 我國家初以干戈，平定海內，所尚武力有功之臣，然錢土投轉

〔註38〕見同註8。
〔註39〕見註37，《元典章》，卷二，〈舉賢材〉。
〔註40〕參見拙作前揭書，頁133至142。
〔註41〕見程矩夫，《雪樓集》，卷十四，〈送黃濟川序〉（元代珍本文集彙刊），頁3上、
　　　　下。

輸，期會工作，計最刑賞，伐閱道里名物，非刀筆簡牘，無以記載施行，而吏始見用。固未遑以他道進士，公卿將相，畢出此二者而已。事定，軍將有定秩，而爲政者，吏始專之。於是天下明敏有材智操略，志在用世之士，不繇是無以入官，非欲以是名家，趨急用也〔註42〕。

此正如蘇天爵所說，元初定天下，庶物日與，如軍旅、章程、食貨、刑獄、繕作之事等，皆需刀筆簡牘以記載施行，故而「士之豪傑有用之士，群起而趨之」〔註43〕。這都是說元初爲解決實務庶事，急需大量吏員之故，而華北遺士本知吏治，固可以配合以行。至於蒙古統治者的樸實思想，當以能處理實務者即爲實才，而「吏始見用」應是很自然的事。

在蒙古統治階層的想法中，士吏不應有別，要皆有才能爲本，甚且以爲吏較儒爲有用。但在唐宋科舉之下的漢士實難以接受，金代如此，元代亦如此，因此在士人之間常有關於儒吏方面的議論，其用意也無非是想消解心理上的矛盾〔註44〕。自元初以後吏治行而不改，吏進遂成爲重要的入仕途徑。元代吏之名目繁多，在行政體系上佔相當大的部份，其對政治上的影響也是一樣〔註45〕。

三、吏書與吏學

元以吏治天下，大開吏進之門，習吏的風氣也隨之盛行。以吏爲師是學吏業最普遍的方式，如爲首領官的經歷，「吏之治辦與否，皆總於經歷，經歷因爲之長，又吏所師也」〔註46〕，各級衙門中本有大批的見習吏員，如貼書、寫發、主案之流，他們在官府中實習吏業，而後可選爲正式的吏員〔註47〕，其所師者，即爲其上級的吏員，這是投身爲吏，再以吏爲師的情形。像經歷這種首領官爲諸吏之長，是所有吏員之師。習吏業又有專業之吏師，如吳澄

〔註42〕 見虞集，《道園學古錄》，卷十五，〈嶺北等處行中書省左右司郎中蘇公墓碑〉（台北：商務，國學基本叢書），頁 259。
〔註43〕 見蘇天爵前揭書，卷十二，〈元故奉元路總管致仕工部尚書韓公神道碑銘並序〉，頁 463、464。
〔註44〕 參見拙作，〈元代的儒吏之論與儒術緣飾吏治〉，《華學月刊》，第一三九期（台北：中國文化大學，民國 72 年），頁 9 至 20。
〔註45〕 可參見許凡，《元代吏制研究》（北京：勞動人事，1987 年）。
〔註46〕 見謝端，〈送張文琰序〉，《元文類》，卷三六（國學基本叢書），頁 486、487。
〔註47〕 參見許凡前揭書，頁 59 至 72。

稱其同郡人張紹「漸清儒術，練習法律，爲律吏師」〔註48〕，這應當就是專業的吏師，則以吏進之人，所習的吏業，有由此中而得。補爲吏者亦有自習讀書而來，這是推測，但應合理，如會稽人王仲麟「讀法家書，爲吳屬曹吏」〔註49〕，是自習補吏之例。一般而言，通吏事而入仕者，大體不出上述三途；至於由儒而入仕者則不在其內。

吏書爲政書、政典之屬，政書所載皆典章制度。吏書所記在大的方面而言是爲政之道，在小的方面而言是吏事，也就是習吏之學。元代吏書正是給以吏治天下的時代環境中的一種參考書。

本文所論的吏書爲徐元瑞的《吏學指南》，胡祇遹的《雜著》，張養浩的《爲政忠告》，王結的《善俗要義》等四種〔註50〕。

《吏學指南》全稱爲《習吏幼學指南》，作者徐元瑞，爲吳郡人但生平不詳，該書成於元成宗大德五年（1301）。徐氏撰此書是爲習吏啓蒙之用，他摘取當時吏用之字及古法之名，加之詮釋，俾便初學者能掌握「律書要旨」，見其書名當可明白此意〔註51〕。

《雜著》爲胡祇遹《紫山大全集》中題爲《雜著》的部份，胡氏爲河南武安人（1227 至 1295），號紫山，元初名臣，歷任方面風憲之職，《元史》有其傳（卷一七○），其雜著多爲政論。

《爲政忠告》又名《三事忠告》，即《牧民忠告》、《風憲忠告》、《廟堂忠告》三書合成，作者張養浩（1270 至 1329），山東濟南人，歷仕五朝，由成宗時之縣令，武宗時監察御史，仁宗時禮部尚書，至英宗時參議中書省事，卒於文宗時陝西行台中丞任內，其仕宦經歷頗富，三書皆其理論與實際之結合。《元史》有張氏之傳（卷一七五）。

《善俗要義》爲王結（1275 至 1336）《文忠集》中之部份，寫成於王氏任職順德路總管時，下達其轄下各縣施行之條則。王氏爲河北中山人，早年爲仁宗典牧太監，歷任順德、揚州、東昌各路總管，後任行省、中書之參知

〔註48〕見吳澄，《吳文正集》，卷十九，〈大元通制條列綱目後序〉（四庫全書），頁 14 上。

〔註49〕見陳基，《夷白齋稿》，卷十四，〈贈葛孟顯序〉（台北：商務，四部叢書廣編），頁 6 下。

〔註50〕此四書爲浙江古籍出版社所出版，以吏學指南並外三種爲總書名，屬元代史料叢刊中一部（1988）。以下引用此四書，皆以總書名，《指南》稱之。

〔註51〕參見前揭書書首，楊訥，〈校點說明〉，以下之介紹皆同此。

政事、翰林學士、中書左丞等，元末順帝初致仕。《元史》有其列傳（卷一七五）。

《吏學指南》是給初學吏事者啟蒙之用，也就是吏學的初步讀物，徐元瑞說明這吏學的重要，他說：

> 嘗聞善為政者必先於治，欲治必明乎法，明法然後審刑，刑明而清，民自服役。所以居官必任吏，否則政乖。吏之於官，實非小補。夫吏，古之胥也，史也，上應天文，曰土公之星，下書史牒，曰刀筆之吏，得時行道，自古重焉。秦漢以來，為將為相，……李唐季年，得權猶甚，……趙宋因仍，……官稱既振，吏權益輕。……欽惟聖朝一統，天下同文，繇吏入官，深合古法，凡居是職，可不愛重。……夫讀律則法理通，知書則字義見，致君澤民之學，莫大乎此〔註52〕。

徐氏以元代由吏入官，乃深合古法，並以宋代之前，吏可為將相，自古重之。這種說法正是元代儒吏之論中的一種，即援古重吏以說今，如吳澄、王惲等皆有此論調〔註53〕。其實不論古近，吏治清明本是為政之基礎，行政之實務而直接關係於民者即吏員，刀筆利害，非同小可，吏之於官的確是「實非小補」。吏學即在於明法通律，居官任吏可以為治，其理在此，可說明吏學之重要。

貢師泰在為《牧民忠告》寫序中說該書有補於世教，當為守令之準則〔註54〕，而林泉生說：崇安縣令鄒從吉以忠信使民，民樂受其治，即得力於此書。又說此書：

> 采比古人嘉言善行，自正心修身，以至事上惠下，摘姦決疑，卹隱治賦，凡可為郡縣楷式者，無不曲盡其宜，且簡而易行，約而易守，……欲使天下牧民之吏，人人盡其道，……〔註55〕。

這是給地方基層官員的教條，也是其為政之道，雖說是供守令之用，但元代吏官相通，吏書亦可為居官治民之書。

《善俗要義》編撰之旨趣，是要地方守令非止辦賦稅、理辭訟而已，務

〔註52〕見前揭書，序文，頁3。
〔註53〕吳澄見前揭書，卷二四，〈贈何仲德序〉，頁19下至20下，王惲見其前揭書，卷四六，〈吏解〉，頁10上至11下。
〔註54〕參見《吏學指南》，頁269。
〔註55〕見《指南》，頁311。

要課耕桑以厚民生，明教化以正民俗，因守令爲民之師帥，治民不惟在行政事務上，尚需以師的身份教化百姓，使之勸農桑，正人倫、厚風俗，遠刑罰，才能達成爲治的目的〔註56〕。

《雜著》與前三書略有不同，其一爲理論較多，其二爲論時政利害。論時政有行政弊端，鈔法、農田水利、戶政、法律、軍政、官制等。理論部份有關爲政之道，銓選法、爲臣之道等。這二部份有如元代一般臣僚之議論，與吏學無直接關係，其中間有言論與吏政相干，可供學吏之參考，如「官吏稽遲情弊」言稽遲之害民甚於違錯。「又稽遲違錯之弊」言姦吏苦虐軍民，不通吏事者無法依格例按察。「又責吏不責官之弊」言稽遲違錯當依權責處分，不得僅罪吏而不罪官。「論遷轉太速」言吏職遷轉之弊。

除前述議論外，《雜著》中言吏學者有三，一是〈縣政要式〉，將一縣之政的重點作一勾勒，包括縣政的內容，作業程序與方式，居縣之守則、態度，領導統御之法，教化與威刑之分野等等，對於司縣者而言，是一篇提綱契領的指南〔註57〕。二是〈吏治雜條〉，其條例三十三事作爲準則，如「身止無私，門無雜人」，「詞訟省減」，「不投下好尙」，「獄無滯囚」，「強宗大姓侵凌細民，體察禁治」，「倉庫完固，防愼火燭，巡獲嚴密」等等，大體上與前述〈縣政要式〉內容相近，不過是以條例式標舉，有數語交待，有一語言畢而間加小註。其中有二條較長，其一言「六房吏弊當周知其情，毋爲所賣」，例舉逃兵賄賂吏人，使官方公文追查受阻。其二言「問獄以情」，例舉吏人刑求致罪之失。總之，都是吏治上的實務著眼。

言吏學的第三篇是〈析獄雜條〉，這是一篇談訟獄之理論與實際的文章，極爲難得。除去說明訟獄之害及興訟之不可免外，也反覆提醒胥吏在其中的重要性。在實際性的一面，有極細緻的描述，從觀察原告投訴的言辭與事情的相應說起，層層分析，然後再找被告摟細抵對。其次是證人之來歷，察明與原告、被告之關係，「或關親戚、或圖錢物酒食，或挾讎怨，或避形勢，或受囑託」，一一詳加考慮。其次看狀文：

> 凡人告狀，官人當先熟讀，其文有理無理，寫狀人中間有無潤飾，亦可見其過半。當先引原告人當廳口說所告事理，一一與狀文相對，同則憑狀鞫問，不同則便引寫狀人與告狀人對辭。若有與口

〔註56〕見《指南》，頁343、344。
〔註57〕見《指南》，頁235至238。

辭增減，便決寫狀人，亦減止無情妄告之一端耳〔註58〕。

這個例子足以看出其描述之詳細，是處理實務很好的教材。其他又對「知言、察情、明理、鍊事」等法作一說明，並提出治獄之手續及時間上的控制等，務使姦吏不得倚法舞文，以及注意其他行政上之配合。

《吏學指南》的特色是在於對一般吏事字詞的解說，可說是本吏事字辭典。除首篇列出了歷代吏師外，其餘分為八十九條，每條例出若干名詞以釋之，其多寡不一，初計其所收字詞總數約有一三九一目之多，包括制度名稱，行政程式、用語、刑獄、錢糧、婚喪、戶政、賦役、銓敘、職官、倫理等，包羅甚廣，大凡一般吏政中所需了解及實務上常用之字詞都在其中。有些條目分別極細，例如「推鞫」條例出了各種推問名稱，有鞫問、推問、歸問、錄問、詢問、廉問、案問、考問、訊問、追問、會問、根問、磨問、體問、取問、勘問、詰問、駁問、擘問、隔問、究問、對問、約問、就問、劾問、舉問、聚問、盤問、理問等，共二十九個詞，每詞有其特定所指，如此成為二十九種「問」的方法，其細密之極，實不易想知。不過絕大部份都是一字或一詞的解說，而攸關吏事者。

《指南》的第二部份又可分為二段，前段包括三篇官箴，三篇短文，短文為宋人所作的〈獄訟說〉、〈瘴說〉、元人的〈吏員三尚〉，其用意在於惕勵。另有以「律己」、「二恕」、「慘刻」三個標題的資料編輯，收集在歷史上的人物記事，作為這三類的代表，每題收秦漢至唐宋人物十餘人簡述之。看這三個標題，更知其用意是對學吏者的惕勵。後段載錄了「為政九要」，其目為因書、正心、正內、正婚、禁捕、正農、急務、為政、時利等。見其條目可知其內容；但每條並非一完整文章，是以數段文字合成，頗像箴言、格言之類，是以不妨視之為吏事之教條，其如篇名乃為政之要領也。

《為政忠告》是以牧民、風憲、廟堂三事為三篇綜合之書，分別提供給縣守、御史、執政等的參考，對學吏者而言仍有其作用。因吏進入仕可轉官，升遷機會頗多，不難至御史、執政之位。前文已說到元代吏進可捷取高官並不在少數，故而在吏書中可放入未來可能居位的「忠告」也是合理的。

《牧民忠告》分上、下卷，上卷有拜命、上任、聽訟、御下、宣化等五篇，下卷有慎獄、救荒、事長、受代、居閑等五篇，每篇又有五至十條不等，如御下篇有御吏、約束、待徒隸、省事、威嚴等五條，都是提供一些簡單的

〔註58〕見《指南》，頁 257。

道理與方法，如約束條說：

　　　　諸吏曹勿使縱游民間，納交富室，以泄官事，以來訟端，以啓
　　倖門也。暇則召集講經讀律，多方羈縻之，則自然不橫矣！〔註59〕

　　《風憲忠告》分十篇，其目爲自律、示教、詢訪、按行、審錄、荐舉、
糾彈、奏對、臨難、全節等，每篇皆是一完整文章，以說理教示性質，作爲
監察官員的守則，故篇末常有「凡初入風憲者，不可不知」，「君子其愼諸」
之類的話語。

　　《廟堂忠告》亦分十篇，其目爲修身、用賢、重民、遠慮、調燮、任怨、
分謗、應變、獻納、退休等，其性質與「風憲忠告」相似，作爲大臣的守則，
說是爲臣之道則更爲恰當。它與前書的說教性皆重，此外，在一般士人的言
論中也不難看到類似的題目，似乎在吏學的實際性上稍弱，而成爲居官者的
官守之常了。

　　《善俗要義》主旨在對人民的教化。其三十三條皆以短文的方式對每一
條目略作說明，可說是官方頒給人民遵守的規條，而用另一種方式表達出來；
對習吏事者而言，正是吏治之要項。書的內容包括勸農治生等民生所需，家
庭、宗族、鄉黨等倫理，社會風俗與治安等項目，總括而言不外乎「敦俗治
生」之教養內容，正如其書名是要「善俗」，也就是要照顧人門的生活與平民
的社會。

　　就筆者歸納的三人類來看，三十三條的分配大體相當，在治生方面所言
及者，有農桑、栽植、儲蓄、牛羊、雞豚、魚鴨、水利、工商、菜蔬、義糧
等等，畜產、養殖、農、工、商皆在其中，民生所需當可不虞。在正人倫方
面是以家庭及五倫爲主，兼及宗親、鄰里、官師儒等，這是傳統的倫理觀。
在社會秩序的維持上，前二類正是相應的基礎，端正社會風俗要戒游惰、禁
賭博、息鬥訟、弭盜賊、明要約、賑饑恤寡等等〔註60〕。

　　就這三類的次序而言，是先養而後教，再加之約束，期能達到富而好禮
之社會，故而《善俗要義》雖然言之無什高論，但卻規劃了一個理想社會的
藍圖，這應當也是作者土結的心願，他頒發給地方守令最基層的官員們施行
此要義，並散布到鄉里城鎮以實踐之，這對習吏業的人而言，的確是要切身
體會的。

──────────────

〔註59〕見《指南》，頁 287。
〔註60〕見《指南》，頁 344 至 364。

四、結 語

元代可說是重吏輕儒，然其輕儒並非有意如此，主要的是觀念所致。蒙古民族的歷史、文化異於漢族，在思想上也有所不同之處，因此對儒、吏的觀念不似漢人認爲儒者爲官、非儒者爲吏。蒙古人早期就未清楚分別官、吏之異，其游牧社會中是氏族、部族統治，上下之別是游牧封建關係。而後漸形成的草原帝國，除萬戶、千戶等制度的建立，在可汗的中央又有「怯薛」的組成，其中各單位所負責者如弓矢、車馬等，無一非吏事，然主其事者也都是官；這是官吏不別較顯著的例子。

就職事而言，蒙古統治階層是因才能任事居職，本爲其樸實之思想，此正契合金末吏風之餘緒，於是大開吏進之門。元代實行官吏合一，遷轉相通，但儒吏並進，而以「儒吏兼通」爲理想，正是要使吏通經術以提高素質，儒諳吏之有實務行政的經歷。設若士儒皆由吏進，雖說是以吏治天下，實則亦是儒治天下了。

吏進是元代最普遍的入仕之途，習吏事爲干祿之門，吏學將成其時之顯學。世祖時，中書省臣上奏：「皆以爲天下習儒者少，而由刀筆吏得官者多」〔註61〕，於是開始制科舉，但事終不行。至仁宗後始有科舉之制；然終元之世，不過另闢一入仕之途，所佔比重仍遠不如吏進。習吏之學風行，但元代卻未見專設爲吏之學校，殊爲可惜！於是吏學不在民間自修即在官府以吏爲師。

吏書是元代吏學部份的內容，法律、典制、算數等爲習吏者所需知外，吏書所載即爲理論及實務等另一部份。在理論上大體仍反映儒家傳統之思想，如言爲臣之道，修身律己，愛恤百姓，弭訟止爭，厚俗敦倫等等。不過大部份的理論較爲具體，如言縣政之要，不但條例其綱目，且逐條剖析，說理切於實際，甚至每條又分細目，加之提要性之方法與程序，在實務上則更具體，從接觸到實務開始，到處理事情的過程，有相當完整的敘述，如同親臨現場，非有吏事經驗，是無法寫出的。

各書之內容若有特定之對象，如《爲政忠告》，並非爲衙府小吏而作，是居官者之守則，則此吏書成爲官書之性質，但元代官吏相通，爲吏者可轉遷爲官，由吏進而擢取高官並不在少數，是以吏書非只爲吏而作，亦有爲官而

〔註61〕見《元史》，卷八一，〈選舉一〉，頁3下。

作。較特別的《吏學指南》，其書中字詞之解說，不惟對當時習吏者有用，對現在了解元代政治、典制、社會等方面，也是極爲難得之辭書。

（原刊於蒙藏會《蒙古文化國際學術研討會論文集》，1993 年）

元史中所載之蒙古舊俗

一、前　言

　　明初修《元史》，成書極速，不及一年即告完成，其雜蕪缺略，備受後人批評，此素為讀史者所知〔註1〕。《元史》所據之資料主要為元代各朝之《實錄》、《經世大典》、《大一統志》、《后妃功臣列傳》，其他尚有元代之文集碑傳，明初所採訪之各類資料等〔註2〕。就這些史源來看，作為傳統紀傳體的史書可謂大概完備，而元人本身修史之功亦不得埋沒。

　　唐宋以來官修史書成為傳統，元朝廷亦遵循此法，致力於修史；除去宋、遼、金三史之修成外，對於本身之國史修纂也不遺餘力，所以有實錄、大典、列傳等修成。當時多有文史學士、熟諳掌故諸人，亦有史院等專職機構，故而史料收藏、史典修纂等應頗為可觀。

　　就元代蒙古民族建立的朝廷而言，不論史料或史籍，在內容方面應該保存不少其民族本身特有之部份。元代資料今日已不能全見，可謂全留下的是漢文資料；漢文資料中自不乏關於蒙古民族之歷史性的記載，這些記載在元人修史時的取捨難以詳知，當時修成的實錄、列傳等已不可見，《經世大典》

〔註1〕對《元史》一書的批評頗多，清代以來較為人所知者，有四庫提要，趙翼的《廿二史劄記》，錢大昕的《十駕齋養新錄》，魏源的《元史新編》，邵遠平的《元史類編》，汪祖輝的《元史本證》，梁啟超的《近三百年學術史》等。其詳可參看鄭鶴聲，〈清儒對於元史學之研究〉，《中國史學史》論文選集（二），（台北：華世，民國65年），徐浩，《廿五史述要》（台北：世界，民國55年），金靜庵，《中國史學史》（台北：國史研究室，民國61年）等。

〔註2〕參見徐浩、金靜庵等前揭書。關於《元史》之源流及元代修史等問題，容他文再論。

復多不全，明初修《元史》時之取捨也同樣難悉究竟，或全部照實錄等編纂？或有何增刪？這些都不是今日可以確證的。

　　本文之目的是就今本《元史》中，檢閱有關蒙古民族舊俗之記載，此舊俗係指蒙古固有之禮儀習俗，並不包括軍政制度如「怯薛」、「札魯忽赤」等，亦不包括所有之蒙古詞語的解說，而只在「舊俗」上面著手。其次，本文不在於探討整個蒙古的舊俗，僅限於《元史》一書中有所記載之處，擇出後略加整理解說，就中絕大部份在其他史料內都可看見，且一些禮俗尚有專文討論者，故本文不需再做詳細的論證。總之，本文不過是尋行數墨而加以整齊排比，不在於求何發明或創見也。

二、舊禮習俗

　　這部份所見者，多在祭祀、儀會之類的禮俗中，茲條例如下：

（一）禮樂之制

　　　　元之有國，肇興朔漠，朝會燕饗之禮，多從本俗，太祖……即皇帝位，始建九斿白旗，世祖至元八年，命劉秉忠、許衡始制朝儀，至是皇帝即位、……皆如朝會之儀，而大饗宗親、錫宴大臣，猶用本俗之禮爲多。若其爲樂，則自太祖徵用舊樂於西夏，太宗徵金太常遺樂於燕京，及憲宗始用登歌樂祀天於日月山，而世祖命宋周臣典領樂工，……〔註3〕。

　　在這裏分爲禮、樂二部份，樂的部份太祖開始即採用外來之樂，而後太宗、憲宗、世祖等相繼採用金、宋之樂，似乎不見用蒙古本俗之樂，事實上《元史》裏還是記載了少數屬於蒙古的舊樂。在「宴樂之器」一節中，有琵琶、火不思、胡琴等三種〔註4〕，這三種樂器的型制都有簡單的記載，照札奇斯欽先生的說法是，琵琶爲中亞型，火不思尚待考訂，胡琴則指馬頭琴（Morin Khuur）而言〔註5〕。或許是屬於「宴樂」，故而有屬於蒙古本俗之樂的採用，在其他的各種場合都是用漢樂，舉凡樂器、樂章、樂服、樂隊、舞蹈皆如此，可見蒙古本俗之樂舞，在《元史》上實爲罕見之至。

〔註3〕見《元史》，卷六七，〈禮樂志〉序文（台北：藝文），頁1下、2上。

〔註4〕見《元史》，卷七一，〈禮樂志五〉，頁8上、下。

〔註5〕參見札奇斯欽，《蒙古文化概說》（台北：中央文物供應社，民國75年），頁114。又馬頭琴或稱GHOGOR，與胡琴有所不同。

禮的部份從蒙古舊俗者稍多，國初的朝會、燕饗循「本俗」，但自世祖定朝儀後，就只有在重大宴會中多用本俗之禮，然則宴會之禮在《元史》中並未說明，不過關於宴會之本俗則略有記載（後文當述及之）。國初朝會所行之本俗也不見於《元史》之中，大概與宗親們的聚會（Khuraltai 忽剌兒台）相似，《元史》中記載太祖、太宗、定宗、憲宗、到世祖等，都是召集諸王百官或宗親們的大會而即位〔註6〕，不過這雖與一般朝會有異，但無妨視爲選可汗而召開的大會縮小，或者就是國初的朝會了。《元史》中又記載太宗即位前的會議之際，耶律楚材「定策立儀制」，遂使國朝尊屬有拜禮自此始〔註7〕，朝儀之初創應始於此，其詳雖不可知，耶律楚材應是採用金禮的。太宗、定宗、憲宗三朝是否沿用楚材所定儀制？或者僅部份採用，有待進一步的考察；此與史稱世祖時定朝儀有所不同。在太宗以前應該是無所謂朝儀，則《元史》說國初朝會多從本俗殆無疑問，不過就其文句來看，似乎世祖以前都是用蒙古舊俗之禮的，其中多保有部族之習；則「其禮，交抱以爲揖，左跪以爲拜。其位置以中爲尊，右次之，左爲下」〔註8〕當爲其舊俗了。

其次是可汗的「九斿白旗」，爲蒙古本俗，也是儀制的一種，是不同於漢族帝王的鮮明標幟，但《元史》中記載甚少，有太祖即位時以及木華黎受封爲國王時〔註9〕，其他各朝可汗則不見有文字記載。至於旗子在別的史料中頗多記錄，如《蒙古祕史》、《聖武親征錄》、《元史譯文證補》、《蒙韃備錄》、《蒙古黃金史》（Altan Tobchi）等，不再贅述〔註10〕。

（二）國禮與通贊

> 俟諸王以國禮扶皇帝登寶位畢。……宣讀通贊，……先以國語
> 宣讀，隨以漢語譯之〔註11〕。

這是「皇帝即位受朝儀」中的一項。蒙漢語文的同時使用，正是元朝廷

〔註6〕參見卷一，頁14上，卷二，頁1上、8下，卷三，頁2下，卷四，頁6上等。

〔註7〕參見卷一四六，〈耶律楚材傳〉，頁3上。另見卷二，〈太宗本紀〉，頁1上。

〔註8〕見王國維，《黑韃事略箋證》（蒙古史料四種，台北：正中，民國51年），頁481。類似記載元初無朝儀者，有陶宗儀之，《輟耕錄》，卷一，〈朝儀〉（台北：商務：四部叢刊廣編），頁21下。

〔註9〕見卷一，頁14上，卷一一九，頁4上。

〔註10〕參見札奇斯欽，《蒙古祕史新譯並註釋》（台北：聯經，民國68年。以下簡稱祕史），頁289至293。

〔註11〕見《元史》，卷六七，〈禮樂志一〉，頁7下。

的特色，通贊的書寫當為蒙古翰林學士所為「掌譯寫一切文字及頒降璽書」〔註12〕，先國語（蒙語）再譯讀漢語。皇帝登位由諸王以國禮扶持，正是蒙古傳統舊俗「忽剌兒台」的另一種象徵，表示可汗（新帝）是由宗王們所擁立，合乎「會議」的精神。但「忽剌兒台」是為推立可汗而行，即位受朝儀是皇位已定後再行的一次大禮，這其間雖有區別，然仍不失蒙古舊俗，況且文中還強調以「國禮」為之；只是如何為之則欠詳。

（三）五禮

元之五禮，皆以國俗行之，惟祭祀稍稽古，其郊廟之儀，禮官所考，日益詳慎，而舊禮初未嘗廢，豈亦所謂不忘其初者歟！然自世祖以來，每難於親其事，……」〔註13〕

這是說漢族所謂的吉、凶、軍、賓、嘉等五禮，在元代都是以蒙古本俗之舊禮而行，不過祭祀之禮參用漢禮，但蒙古舊俗也未廢止。禮儀雖有制定，然則自世祖以下，是「每難於親事」，接著《元史》中說：英宗原有「親郊」之意，但未遂其志，親享於廟者，計武宗三次，英宗五次，至文宗時，祭祀之禮乃告完成，而後始能「親享」。究其原因約略有幾：其一為朝廷奉道、釋而輕帝王之祀，其二為蒙古之俗敬天畏鬼，「其巫祝每以為能親見所祭者，而知其喜怒，故天子非有察于幽明之故、禮俗之辨，則未能親格」，其三是蒙古本無宗廟之制，元初即未能建立此禮〔註14〕。

既說「五禮皆以國俗行之」，又說「舊禮初未嘗廢」，但《元史》中所載卻非常有限，「凡吉禮，郊祀、享太廟、告諡，見〈祭祀志〉。軍禮見兵志，喪禮五服見〈刑法志〉」〔註15〕，在吉禮中的確可以看到「國俗」的遺留。軍禮在兵志中，僅有「儀杖軍」類似，但不是蒙古舊制。喪禮五服根本是漢族之制，「國俗，……父母死無憂制」〔註16〕，以國俗行之的喪禮是另有所指，與嘉禮相同，《元史》中都只留下有一、二記錄。賓禮則未見用舊俗的記載。

在《元史》中記載了一些相當珍貴的資料，即〈祭祀志〉篇末的「國俗舊禮」條〔註17〕，共錄九段蒙古的禮俗，其中最後也是最長的一段，為蒙

〔註12〕見《元史》，卷八七，〈百官志三〉，頁4下。
〔註13〕見《元史》，卷七二，〈祭祀志〉序文，頁1下。
〔註14〕參見同前註。
〔註15〕見《元史》，卷七一，頁14上。
〔註16〕見《元史》，卷一八七，〈烏古孫良楨傳〉，頁2上。
〔註17〕見卷七七，頁15上至18下。至於博兒赤「跪」割牲，或係採漢禮。

古奉佛以後的「遊皇城」之俗，在此暫不引介，因爲蒙古舊俗應爲薩滿信仰，佛教還算是較後的。其他各段舊禮都屬漢族五禮中的幾項，但未能五禮皆備。

1、太廟祭祀

> 每歲太廟四祭，用司禮監官一員，名蒙古巫祝，當省牲時，法服同三獻官，升殿詣室户告脤，還至牲所，以國語呼累朝帝后名諱，而告之。明旦，三獻禮畢，獻官御史、太常卿、博士，復陞殿分詣各室，蒙古博兒赤跪割牲，太僕卿以朱漆盂奉馬乳酹奠，巫祝以國語告神訖，太祝奉祝幣，詣燎位，獻官以以復版位，載拜禮畢。

這是祭太廟的吉禮，所謂國俗舊禮，就是祭帝王之祖，但多蒙古之俗，其中仍不免參雜漢儀，三獻官及進行的程序爲漢制，其他蒙古制如巫祝，當係薩滿，語文用蒙文，博兒赤（Bo'orchin）即《元史》〈四怯薛〉條中的「親烹飪以奉上飲食者，曰博爾赤」〔註18〕。馬奶容後文再述。

2、上都祭祀

> 每歲駕幸上都，以八月二十四日祭祀，謂之灑馬妳子，用馬一、羯羊八，彩段練絹各九疋，以白羊毛纏若穗者九，貂鼠皮三。命蒙古巫覡及蒙古、漢人秀才達官四員領其事。再拜告天，又呼太祖成吉思汗御名而祝之曰：托天皇帝福蔭，年年祭賽者。禮畢，掌祭官四員，各以祭幣表裏一與之，餘幣及祭物則凡與祭者共分之。

這裏除漢人參與掌祭外，其他多蒙古舊俗。八月二十四日或爲祭天之俗，「馬妳子」即《黑韃事略》中所言之「馬彌子」，也就是著名的馬潼，容後文再述。祭品中除段絹外，全悉蒙古之物。祭文說「托天皇帝福蔭」，即「托著長生天底氣力皇帝底福蔭」〔註19〕，這是蒙古可汗們詔旨中開頭的語句。至於分享祭物亦爲舊俗，有名的例子是月侖（訶額侖）太后當也速該死後，在參與祭祖時，未被分享胙肉（Keshig）之事，此胙肉係指經過神袛或祖先祝福過之恩賜品或福澤〔註20〕，故分享祭品也算是種賞賜，是種視爲同族人之象徵。

3、燒飯院

> 每歲九月內及十二月十六日以後，於燒飯院中，用馬一、羊三、

〔註18〕見卷九九，〈兵志二〉，頁2下。
〔註19〕見王國維前揭書，頁488。
〔註20〕參見《祕史》，頁72、73。

馬湩、酒醴、紅織、金幣及裏絹各三疋，命蒙古達官一員，偕蒙古
巫覡，掘地爲炊，以燎肉，以酒醴馬湩雜燒之，巫覡語呼累朝御名
而祭焉。

這仍爲祭祖之俗，所定日期月份是否有特殊意義或來源則不詳，另外一
個「脫舊災」之俗也是十二月十六日以後，而在十二月下旬還有一個脫災之
俗，後文當言及。本段「掘地爲炊」的儀式，一時未找到旁證，暫略。至於
「燒飯院」，爲進行此祭儀的地點，當在宮內，應是專供「燒飯」之處。「燒
飯」（inerü, tüleshi）在其他蒙古式的葬祭中常可看到，而《祕史》中已有幾次
的記載，宋、明人的資料中也有不少關於這種祭俗的說明，據王國維的考證，
「燒飯」之名始自遼、金，不但爲契丹、女眞、蒙古等民族之舊俗，且在漢
魏時的烏桓族和後來的滿洲人亦行此禮〔註21〕，可知這是北疆靠東方民族的
傳統禮俗。本段所說祭禮規模較小，但不雜漢人、漢制，可能是皇室家族的
祭祀之俗。

4、射草狗

十二月下旬的脫災俗，稱之爲「射草狗」，地點在西鎮國寺內的牆邊地面
上舉行，由太府監供綵幣，中尚監供細氈、針線，武備寺供弓箭環刀等。用
稈草紮成人、狗形各一，用雜色彩緞爲腸胃。參與其事者有所規定，爲別速、
札剌爾、乃蠻、忙古台、列班、塔達、珊竹、雪泥等氏族之達官貴人。與會
者交相射草人、狗至糜爛，然後以羊、酒祭之。祭畢，帝后及太子、嬪妃、
射者等各解所服之衣，交由蒙古巫覡祝讚之。讚畢，衣服各還其人；此禮乃
告完成。

這段記載可以看出全是蒙古的習俗，「射草狗」爲俗語，「脫災」爲此俗
的意義，選十二月下旬，當是歲末除舊之意。其俗的由來及典故並不清楚。
至於參與者除帝室等外，限定的幾個氏族是非常特別的。別速（Besouid）爲
察剌孩・領忽（charghai-lingkhu）納嫂妻所生之子別速台而成的氏族，爲海都
（Khaidu）汗之後裔〔註22〕。札剌爾（Jalayir）即《元史》中所稱與莫拏倫衝
突之押剌伊而部〔註23〕。乃蠻（Naiman）原爲西北突厥族，在成吉思可汗時

〔註21〕王國維之考證，見《觀堂集林》，卷十六，〈蒙古札記〉，燒飯條（台北：河洛，
　　　　民國64年），頁811至813，《祕史》及其他史料所載之燒飯禮，可參見《祕
　　　　史》，頁72、73、205等，並見其註釋。
〔註22〕參見《祕史》，頁38。
〔註23〕參見卷一，〈太祖本紀〉，頁2上。

代分爲南、北二國，於可汗即大位前二年俱爲收服〔註24〕。忙古台（Monkhutid）爲納臣・把阿禿兒（Nachin-Ba atur）之子忙忽歹（Monkhutai）之後，忙忽歹與海都汗爲堂兄弟，皆爲莫挐倫之孫〔註25〕。列班氏一時難考。塔達或指塔塔兒（Tatar）族，在成吉思汗及其前數世時，即與蒙古本部有長期之衝突，其事散見《祕史》。珊竹氏即撒勒只（Salji）氏，《新元史》稱爲薩而助特氏，撒勒只爲成吉思汗祖孛端察兒（Botonchar）同母兄弟，皆爲阿蘭・豁阿（果火）所生。此族與太祖不睦而多被殺〔註26〕。雪泥氏（Sünid）同別速氏皆爲海都汗之孫輩而分立成氏。《新元史》有雪你台氏，又立蘇畏亦特氏（蘇尼特），其實二者相同，爲察刺孩・領忽之弟抄眞・斡兒帖該所生第四子形成的〔註27〕。

5、脫舊災

十二月十六日以後，另有一「脫舊災、迎新福」之俗。行此禮俗者爲帝、后、太子；也是由薩滿（蒙古巫覡）來主持，地點則在皇帝之寢殿。先選日常用的黑、白羊毛線，將帝、后們自頂至手足纏緊，坐著由巫覡唸咒語，再以銀槽盛火，放米糠及酥油，以所焚起之煙薰身。然後將線弄斷投入槽中，皇帝再手裂數寸長之紅帛，並唾之者三，併投入火中，最後是解衣、帽給巫覡，此禮即告完成。

6、「撒塔海」之俗

> 凡后妃妊身將及月辰，則移居于外氊帳房。若生皇子孫，則賜百官以金銀綵段，謂之撒塔海。及彌月，復還內寢，其帳房則以頒賜近臣云。

這是后妃懷孕生皇子孫之習俗，居於室外氊帳生產，皇帝賞喜等；但不知若生公主是否也賞喜撒塔海。

7、臨死之俗

〔註24〕乃蠻的二大勢力，分別由卜欲魯（黑）汗（Buyirukh-khan）及太（塔）陽汗（Tayang Khan）分掌南、北二國，其事見《祕史》，頁 203 及 262 至 273 等，另見《元史》，卷一，〈太祖本紀〉征乃蠻事蹟。
〔註25〕納臣（眞）及其子忙忽歹，見《祕史》，頁 36、37，納臣另見《元史》，卷一，〈太祖本紀〉，頁 2 下、3 上。
〔註26〕參見《新元史》，卷二八，民族表上（台北：藝文），頁 2 上、下，《祕史》，頁 16。
〔註27〕參見《祕史》，頁 38，《新元史》，卷二八，頁 15 上、38 下，至於《新元史》誤一族爲二，參見韓儒林，《穹廬集》，〈蒙古氏族札記二則〉（上海：人民，1982 年），頁 54 至 60。

凡帝后有疾危殆，度不可愈，亦移居外氈帳房。有不諱，則就
殯殮其中。葬後，每日用羊二次，燒飯以爲祭，至四十九日而後已，
其帳房亦以賜近臣云。

此段記載恰與前段成生、死之對比，很清楚地說明了帝后們生命的起始
與終結都要在傳統的氈帳之中，這的確是蒙古之舊俗。至於「燒飯」至四十
九日，似與漢人相類。

8、殯葬之禮

凡宮車晏駕，以香楠木爲棺，「中分爲二，刳肖人形」，寬長恰足以容身
而已。殮用貂皮襖、帽，靴襪、繫腰、盒缽等都用白粉皮，殉葬品有金壺瓶
二、盞一、椀、楪、匙、筯各一。殮後，用四條黃金箍來束棺，輿車爲白氈
青緣，以「納失失」爲簾，覆棺也用「納失失」。出殯時，有蒙古巫嫗穿著新
衣騎馬爲前導，並牽著一匹用黃金妝飾鞍轡，罩著「納失失」的「金靈馬」（Altan
Amin）。每天用羊祭奠三次，直到葬地。開掘陵墓所起出之土，是成塊依次排
列著，棺入墓穴後，再依次將土塊塡塞，多出的土塊就遠運他處。另有三名
送葬官員負守陵之責，居駐於陵墓五里之外，每日要行一次「燒飯」之祭，
如是三年後始得返回。

這是蒙古帝王的喪葬之俗，有濃厚的「國俗」色彩，身上穿著器物皆皮
製，殉葬品甚爲簡單，僅象徵飲食器皿而已。「納失失」爲波斯金錦，後文將
述及。「金靈馬」喻爲死者所乘騎，由巫嫗（薩滿）牽引，領導往另一個遙遠
的世界而行。棺式特殊，爲北疆民族的形制。其墓穴照文字上所說應是塡爲
平地，這很合乎其他資料上的記載，如南宋時的《黑韃事略》一書所載：「其
墓無塚，以馬踐蹂，使如平地」〔註28〕。元末明初的《草木子》一書中載：

> 元朝宮裏，用梡木二片鑿空其中，類人形大小，合爲棺，置遺
> 體其中，加髹漆畢，則以黃金爲圈三圈定，送至其直北園寢之地，
> 深埋之，則用萬馬蹴平，俟草青方解嚴，則已漫同平坡，無復考誌
> 遺跡〔註29〕。

《草木子》中所說棺木製作及金圈，幾與《元史》所載相同，平地而無
墓塚是無疑的，守墓官員俟三年而返，正是「俟草青方解嚴」，自然如青草大
地，無法尋覓了。這也是元代諸帝葬於起輦谷，但至今仍無法確知何處的一

〔註28〕見註8，王國維前揭書，頁522。
〔註29〕同前註，王國維箋引。

個主要原因。

《多桑蒙古史》中記載兩則蒙古喪葬之俗，一是常人之死，要置肉、乳於前，親友們來獻食。在墓前以其愛馬、弓矢殉葬，凡參加葬禮者須行過兩火之間（火爲聖潔，藉以避邪除不祥），死者之居帳之器物應加以清潔，並設喪食爲紀念。其二爲諸王之死，在帳中先置死者於座上，前桌有肉及馬乳各一。葬時將此帳與牝馬、駒、備鞍轡之牡馬等各一，連同貴重物品，置於墓中。墓地不許人知，並派人看守〔註30〕。

至於蒙古是否有用活人殉葬之俗？在《蒙古黃金史》（Altan Tobchi）及竹外尼（Juvaini）世界征服者史（The History of The World Conqueror）中，皆有此類記載，不過在《蒙古祕史》及《元史》中，卻都未見，這恐怕還是個爭論的問題〔註31〕。

（四）宗廟祭祀

《元史》載：「其祖宗祭享之禮，割牲、奠馬潼，以蒙古巫祝致辭，蓋國俗也」〔註32〕這是對蒙古民族祭祖最簡明的說法，但前已言及，蒙古有祭祖卻無宗廟之觀念，祭祖即上述「國俗舊禮」（1）、（3）兩段的記載。自世祖大量採用漢法後，漢式儀制始在朝廷中漸建立起來，《元史》中的禮儀部份也多係記載這些，即如此，仍參雜了少許蒙古舊俗於其中。如世祖元年以「必闍赤」致祭神位於中書省〔註33〕，太廟中加薦羊、鹿、野豕、馬、馬潼、塔剌不花（其狀如獾）、野雞鷳、黃羊、胡棗兒（其狀如鳩）、葡萄酒、西域湯餅等等非漢制祭品〔註34〕。由於蒙古舊俗與漢制有干格之處，爲此也引起一些爭議，如爲了蒙古祭祖的簡明「國俗」與漢制三獻禮之不調和。引起博士、大樂署長等的議論，又爲了蒙古習俗以右爲尊，而引起宗廟建制的議論。這些都顯示了蒙古舊俗與漢法在國家禮制上的問題。結果是蒙漢俱用，祭品同時配享，蒙古太祝亦致祭，而祭禮畢，還行「拋撒茶飯」之俗，「蓋以國禮行事，尤其所重也」〔註35〕。

〔註30〕參見馮承鈞譯，《多桑蒙古史》，（台北：商務，民國56年），上冊，頁33。
〔註31〕參見札奇斯欽，《蒙古文化與社會》（台北：商務，民國76年），頁99、100。
〔註32〕見卷七四，〈祭祀三〉，宗廟上，頁1上。
〔註33〕參見同前註。
〔註34〕參見卷七四，頁3上、6上、15下等。
〔註35〕參見卷七四，頁9下至12下。

（五）郊祀

《元史》載：

> 元興朔漠，代有拜天之禮，衣冠尚質，祭器尚純，帝后親之，宗戚助祭，其意幽深玄遠，報本反始，出於自然，而非強爲之也〔註36〕。

此語甚確，在上文「國俗舊禮」（2）段中，所謂灑馬妳子即祭天之禮，《元史》的紀、志中有不少關於祭天的記載，不用贅舉。在蒙古傳統的「薩滿」信仰裏，天（Teng-geri）是至高無上的權威，有各種各樣的「諸天」在最高的「長生天」（Mon-gke Tenggeri）之下。一切福禍、生命皆來自於天，而人死後的歸宿也是天，祭天就是敬天、畏天〔註37〕。雖然漢制祭天禮中也看到參用蒙古舊俗的祭品，但元代諸帝仍然多用「國禮」、「舊制」，自不免《元史》的〈祭祀志〉裏要感嘆「每難於親郊」了。

（六）烝報

《元史》中載「國俗，父死則妻其從母；兄弟死則收其妻」，這是當時朝臣在上疏中言及「綱常」時所指出的話語〔註38〕，也是《元史》中極明確記載這種「烝報」的「國俗」之處。以漢人的倫理觀念而言，自不能接受這種舊俗，但自匈奴以來，烝報婚俗是北疆民族的一個傳統，有其社會、經濟的因素。在其他資料中如《馬可波羅行記》、《多桑蒙古史》等都記載了蒙古這種舊俗，例子上如前述《祕史》中的察剌孩·領忽，《蒙兀兒史記》中細述太祖之女脫烈公主、阿剌合公主之婚嫁，即烝報之俗〔註39〕，元代的法律上明文禁止此蒙古舊俗，但以漢人、南人爲限，蒙古族人似未見有明令禁止〔註40〕。

（七）「布渾察兒」

《元史》中記汪罕父子欲謀害太祖，允許雙方之子女聯婚，請太祖「來飲不渾察兒」，並自註：「布渾察兒，華言許親酒也」〔註41〕。這件事情在《祕史》中亦有記載，所謂「布渾察兒」原指羊的頸喉，其筋肉堅韌、耐嚼，取

〔註36〕見卷七二，〈祭祀志一〉，頁2下、3上。
〔註37〕關於蒙古對天之信仰，可參見拙作，《早期蒙古游牧社會的結構》（台北：嘉新水泥公司文化基金會，民國65年），頁116至118。
〔註38〕見卷一八七，〈烏古孫良楨傳〉，頁2上。
〔註39〕參見拙作前揭書，頁51、52。
〔註40〕參見《元史》，卷一〇三，〈刑法志二〉，頁22上、下。
〔註41〕見卷一，〈太祖本紀〉，頁10上。

堅久不離之義，以示夫妻百年好合，故吃羊頸喉肉就成爲男女婚筵，亦即「許婚的筵席」，有漢人「奠雁」之義〔註42〕。

（八）卜巫及巫祝、巫覡等

前述言各種祭祀裏屢見蒙古之巫祝或巫覡等，這是指蒙古舊有的宗教信仰薩滿教之巫師，《元史》中所載巫祝、神巫等都是指這種薩滿（Saman）。薩滿教是北亞民族流行的泛靈信仰，蒙古民族在未接受佛教以前，絕大多數人都是崇奉這種本土信仰的，在許多史料中也都可以看到有關的記載。巫師的作法及卜巫自是不能分開，許多場合都是用卜巫來定凶吉以決策。薩滿信仰與蒙古社會及前述各種舊俗有很深的關係，這些問題在此不作討論〔註43〕。

（九）燒埋銀

《元史》載至元十九年（1282）：

> 耶律鑄言，前奉詔殺人者死，仍徵燒埋銀伍十兩，後止徵鈔銀
> 二錠，其事太輕，臣等議，依蒙古例，犯者沒一女入仇家，無女者，
> 徵鈔銀四錠，從之〔註44〕。

此處之燒埋銀及蒙古例當與蒙古舊俗有關。蒙古法本爲習慣法，屬於北亞法系統，與漢地法律有許多不同，元代蒙古法多少影響了漢法，故《元史刑法志》所載即可見北亞法系的色彩。蒙古的刑罰有濃厚的賠償主義在其中，殺、盜均可以用定額之賠償來免刑，從成吉思可汗「大札薩」開始，即有這種律法，如殺害伊斯蘭教徒之賠償爲四十金，殺害漢人則可以驢一頭賠贖之，若盜馬者；須賠同種馬九頭（九頭爲一組，即一個九），如無賠償能力時，則以子替代，無子則賠以如羊之類可供屠宰之畜〔註45〕。

《元史》說徵燒埋銀即爲賠贖金，這在〈刑法志〉有關「殺傷」的各種條文中，除去實刑以外，大多數都另要徵收燒埋銀爲贖金的，這與《元典章》中有關「燒埋」的法條及判例是一致的〔註46〕。至於「盜賊」方面之條文，多以實刑

〔註42〕參見《祕史》，頁214，札奇先生之註解。
〔註43〕有關蒙古之薩滿信仰可參見拙作前揭書，頁113至122。
〔註44〕見卷十二，頁11下。
〔註45〕參見島田正郎，《北亞洲法制史》（台北：中國文化學院，民國53年），頁10至13，另見哈勘楚倫，《淺談成吉思汗大雅薩法典》（台北：蒙藏委員會，民國76年），頁23。
〔註46〕參見卷一○五，頁9下至15上，《元典章》見卷四三，〈燒埋條〉（台北：故宮，民國65年）。

處分，間亦出現賠償之法，如「諸盜駝馬牛驢騾一，陪九」，「諸奴婢盜人牛馬，既斷罪；其贓無可徵者，以其人給物主，其主願贖者聽」；《元典章》中亦同樣可見〔註47〕。「傷殺」、「盜賊」中的這些資料一方面說明至元十九年耶律鑄的意見確是「依蒙古律」，一方面也顯露出漢法是受到蒙古法的影響。宋人彭大雅所看到元初的蒙古法是：

> 其犯寇者殺之，沒其妻子、畜產，以入受寇之家。或甲之奴盜乙之物，或盜乙之奴物，皆沒甲與奴之妻子、畜產，而殺其奴、及甲，謂之斷案主。

又說：

> 有過則殺之，……不殺則罰充八（都）魯軍，或三次四次，然後免，其罪之至輕者，沒其資之半〔註48〕。

彭大雅所見未必確實，但大體不差，重要的是表現出賠贖主義的色彩，至於說罰充八都魯軍的處份，《元史》中也有類似之記載，「諸蒙古人因爭及乘醉毆死漢人者，斷罰出征，並全徵燒埋銀」〔註49〕，大概是準蒙古舊俗之習慣法而出現如此之法條。

（十）圍獵與兩都

狩獵原爲游牧民族重要的生活方式，除去軍事訓練、娛樂以外，也是一種生產手段。圍獵是大規模的行動，通常爲可汗或部族長們來領導舉行，在《元史》中常常可以見到這種記錄。以世祖爲例：其春、秋獵之地在大都及上都附近，如至元十八年「正月，……丁未，畋于近郊，……丙辰，車駕幸涼州，……二月，辛未，車駕幸柳林，丙申，車駕還宮。……三月，車駕幸上都，……八月，車駕至自上都」〔註50〕。大都與上都是每年二次大圍獵的中心地區，涼州、柳州皆距大都不遠，時間上或有些出入，不過兩都的巡幸是與圍獵同時進行的。而在世祖之前的幾朝，多與契丹的「捺鉢」一樣，四時皆有行營驛駐之所，也及時舉行圍獵。總之，北疆民族的游獵生活是眾所周知，其資料相當多，而《元史》則散見於紀、傳之中，都是片斷數字的記

〔註47〕參見卷一〇四，頁12下、20上。「以一賠九」，另見於《元典章》，卷四九，〈偷頭口〉條，其文明言依「蒙古體例」。
〔註48〕見王國維前揭書，頁496、497。
〔註49〕見卷一〇五，頁10下。
〔註50〕見卷十一，頁10下至14上。

錄；也不需一一列舉了〔註 51〕。尚須注意的是元代兩都不僅爲游獵生活的中心，同時也是朝廷理政的中心所在，帝王巡幸兩都，則中央政府也隨之移動於兩都，在那裏決定了全國之大政。

（十一）其他

本段主要是對幾個名詞略作提示。（1）太祖本紀中說汪罕與烈祖（也速該）結盟「稱爲按答」，其下自註：「按答，華言交物之友也」〔註 52〕，這是《元史》中首次使用並說明「按答」一詞，此外有太祖與畏答兒約爲「按達」，註曰：「定交不易之謂也」〔註 53〕。盟友或盟兄弟也盛行於漢人之間，故此名詞只是蒙古語音譯的說明，但仍不失爲其舊俗。（2）〈世祖本紀〉中說：「蒙古有兩荅刺罕，言於帝曰……」〔註 54〕，「荅刺罕」爲封爵或官號，制度之意大於禮俗，其初源始見於蠕蠕（柔然），相繼爲突厥、回紇等使用。在蒙古初起時，成吉思可汗即用以行賞，大體是對可汗或家族中人有恩者的封號，即爲報私恩的酬勞，稍帶有禮俗，故在此僅作一提出〔註 55〕。（3）喝盞（Otog，斡脫、月脫，指進酒之儀），《元史》中並無這些名詞出現，但卻有這種禮俗之記錄，如：「至順元年，文宗以伯顏功大，不有異數不足以報稱，特命……，又命凡宴飲，視諸宗王禮」〔註 56〕這是記載元末篾兒乞（篾兒吉𩕳）伯顏之事，《元史》此文仍無法知道同宗王的宴飲之禮爲何？在馬祖常爲伯顏寫的碑文中則清楚可知：「至順元年，特命：王有大勳勞于天下，凡宴饗賜月脫之禮，國語喝盞也」〔註 57〕，可知凡賜宴飲如宗王禮者，即指「喝盞」之禮。又如《元史》記哈刺哈孫「（受）賜大帳如諸王諸藩禮」〔註 58〕，據劉敏中所寫之碑文中說：「因賜御帳什器，及宴飲樂節如宗王儀」〔註 59〕，這也是指「喝盞」。

〔註 51〕關於元代的游獵，可參見勞延煊，〈元朝諸帝季節性的遊獵生活〉，《遼金元史研究論集》，（台北：大陸雜誌），頁 111 至 117。

〔註 52〕見卷一，頁 6 上。

〔註 53〕見卷一二一，〈畏答兒傳〉，頁 14 上。

〔註 54〕見卷四，頁 1 下。

〔註 55〕關於荅刺罕之研究，可參看韓儒林，《穹廬集》〈蒙古荅刺罕考〉及「增補」二文（上海：人民出版社，1928 年），頁 18 至 50。

〔註 56〕見《元史》，卷一三八，〈伯顏傳〉，頁 18 上、下。

〔註 57〕見馬祖常，《石田文集》，卷十四，〈敕賜太師秦王佐命元勳之碑〉（台北：商務，四庫全書），頁 3。

〔註 58〕見卷一三六，〈哈刺哈孫傳〉，頁 5 上。

〔註 59〕見劉敏中，《中庵集》，卷十五，〈丞相順德忠獻王碑〉（台北：商務，四庫全書），頁 9 上。

在《祕史》中記載此宴飲禮有三，其中一次指可汗之宴飲，二次指賞賜給「答剌罕」的特權〔註 60〕。對這種宴飲之禮俗敘述較詳的是陶宗儀《輟耕錄》一書，他以爲蒙古此禮乃沿亡金舊禮，諸王大臣非有特命不得用，當天子宴會時，「一人執酒觴，立於右階；一人執拍板，立於左階」，執板者高聲唱道：「斡脫」，執觴者因應相和而唱：「打弼」；執板者即打一拍。「從而王侯卿相合坐者坐，合立者立」，於是眾樂皆作，然後向天子進酒。當天子飲畢，眾樂皆止，「別奏節以飲陪位之官」，此即所謂「喝盞」。據伯希和（Paul Pelliot）之研究，「斡脫」、「打弼」語源自突厥文，前者乃「請」之意，後者乃「敬獻」之謂〔註 61〕。根據上述所示，「喝盞」之禮至遲始於太祖時期，但陶宗儀以爲係金代之禮，今就《金史》所見，一時難於考察。又據《黑韃事略》所載，有飲馬乳與牛羊酪之俗，謂：

> 凡初酌，甲必自飲，然後飲乙，乙將飲則先與甲、丙、丁呷，
> 謂之口利，不飲則轉以飲丙，丙飲訖，勺而酬乙，乙未飲而飲丁。
> 丁如丙禮，乙纔飲訖，勺而酬甲，甲又序酌以飲丙、丁，謂之換醆；
> 本以防毒，後習以爲常〔註 62〕。

如是，蒙古日常生活之飲用舊俗當即此。「喝盞」之禮限於天子、宗王、或特賜者，若非女眞之禮儀，當爲北疆民族顯貴之宴飲禮節，而「換醆」則爲蒙古通見之俗；惜《元史》中皆未明文記載此二名詞。《馬可波羅行記》中記載可汗飲酒時，宮內眾樂皆作，侍臣進酒後，退三步而跪，可汗舉杯時，參與宴會之臣民皆下跪，以示尊敬，可汗始飲酒。《西域蕃國志》記載帖木兒帝國的宴會，稱凡尊貴者飲時，下人皆跪。明初《草木子》書中載：舉盞至尊者前半跪；退三步執台，全跪；當尊者飲畢，起前接盞時，又半跪，這是奉酒侍臣的三跪之禮，在《事林廣記》中亦有類似之圖文可供參考〔註 63〕。上述各資料所言宮廷飲酒之禮，似乎爲平日之宴飲；「喝盞」當係大典或特殊宴會之禮，「換醆」則爲常見之通俗。

〔註 60〕參見《祕史》，頁 198、250、330 等。
〔註 61〕關於「喝盞」之探討，參見前註，頁 198，札奇先生之註文，另見韓儒林前揭書，頁 31 至 33。至於《輟耕錄》所載，見卷二一，〈喝盞〉條，頁 314。
〔註 62〕參見註 8 王國維書，頁 476。
〔註 63〕參見韓儒林前揭書，頁 45，註 35 所載，《事林廣記》之圖轉見於沈從文，《中國古代服飾研究》（台北、龍田、民國 70 年），頁 399。

三、飲食服飾

蒙古飲食習慣當與北疆民族的傳統一致，不外乎畜養與狩獵而來的各種動物，植物則以野生者居多。《元史》中記載的食物以前述〈祭祀志〉見到較多，通常祭品即為其民族之食物，故就此可知有馬、羖羊、貂鼠、馬湩、鹿、野豕、塔剌不花（土撥鼠）、野雞鵪、胡塞兒、葡萄酒、西域湯餅等，這中間或有後來所增加之飲食物，但絕大多數應是蒙古舊有者。試再以其他資料所載來作一比較。

《黑韃事略》中說蒙古人是「食肉而不粒」，其獵獲之食物計有兔、鹿、野豕、黃鼠、頑羊、黃羊、野馬、河魚等，牧養的食物以羊居多，牛次之。馬是在大宴會中才食用；其飲用食品為馬乳與牛、羊酪。至於烹調的口味只有用鹽而已；「火燎者十之九，鼎煮者十二三」〔註64〕。在《蒙古祕史》中能見到的食物，有鹿、羊、野、馬湩、河魚、土撥鼠、羖羊、牛乳酪、羱羊、葡萄酒、野生之杜梨、山丁、紅蒿、野蔥、野韭、野蒜等，另外尚有肉湯〔註65〕。

《元史》與前述二資料對比，大體不差。到世祖以後由於疆域之擴大及交通之開暢，飲食勢必更為複雜，至於那些確屬蒙古舊有飲食，則亦愈不易分別了，如元代中期的飲膳太醫忽思慧，有《飲膳正要》一書，書中載許多補益身子的食物，是本簡單的食補食譜。由於忽思慧本人為西域人，故而食譜中每多回回食品及煮食之法，但其中食物也多係蒙古舊食，再加上漢食、漢藥，使之成為一本綜合食譜了。在書中列出的「獸品」，計有牛、羊、黃羊、鋤爪、馬、野馬、象、駝、野駝、熊、驢、麋、鹿、獐、犬、豬、野豬、獺、虎豹、麂、麇、麝、狐、犀牛、狼、兔、貍、塔剌不花、黃鼠、猴等，另「禽品」十七種，「魚品」二十二種〔註66〕，真可謂琳琅滿目了。

在諸飲食中最著名的也是《元史》中記載最多的，即為馬湩（Airagh, chige, Kumis，馬乳、馬乳酒、馬媚子），所載多集中於祭祀之禮；不論漢制或國俗舊禮，都看到常用馬湩奠祭，無怪乎〈祭祀志〉中說：「凡大祭祀，尤貴馬湩」〔註67〕。馬湩還是最普遍、最受喜愛之飲料，所以才常用為祭品。南宋人看到太祖時的蒙古人說：「其為生涯，只是飲馬乳，以塞飢渴，……出入只飲馬

〔註64〕參見同註62。又蒙古人之習，通常似不願殺食馬肉。
〔註65〕參見註5，札奇斯欽前揭書，頁28。
〔註66〕參見忽思慧，《飲膳正要》（台北：商務，四部叢刊廣編），
　　　　卷首目錄及卷末圖書部份。
〔註67〕見卷七四，頁11下。

乳」〔註 68〕。馬潼的資料相當多，這裏不擬討論，只取《元史》中所載幾件有關馬潼之事以見。

世祖之媳伯藍也怯赤（裕宗真金太子妃），是世祖出獵途中，因口渴而討取馬潼時所遇見，由於她禮節得當，應對識體，深受世祖贊賞，終而擇之為子媳〔註 69〕。世祖喜飲馬潼，《元史》說他因過飲而得足疾〔註 70〕，此世祖與馬潼，一為可喜之事，一為可憂之事。

世祖時，吉兒吉思之妻為皇子之乳母，故皇太后待之以家人禮，「得同飲白馬潼，時朝廷舊典：白馬潼非宗戚貴胄不得飲也」〔註 71〕，這是說馬潼中以白馬乳最為珍貴，正是蒙古尊貴白馬之俗。白馬乳既貴，所製之馬潼也應為上品，但這種上品者卻稱之為「黑馬嬭」，所稱為黑，是因撞製愈久則愈清，清則似黑。通常馬潼色白而濁，味酸而羶；黑馬嬭色清而味甜，氣亦不羶〔註 72〕。黑馬嬭在《元史》中亦有記載：世祖時名將土土哈，初襲其父之職為哈剌赤（Kharachi），其父班都察掌尚方馬畜，「歲時挏馬乳以進，色清而味美，號黑馬乳」〔註 73〕。哈剌赤則為儀衛中的殿上執事，「二十人主潼，國語曰：哈剌赤」〔註 74〕，此即為「怯薛」之職。但在《元史官志》中有「尚舍寺，……供進愛蘭乳酪」〔註 75〕，此「愛蘭」當即 Airagh，指馬潼，或謂馬乳酪。

上述殿上執事的「哈剌赤」，《元史》接著又記載：「酒海直漏南，酒人北面立酒海南」，此酒海即為《祕史》中記載西元一二〇六年時，可汗分配司廚、掌酒坐次而提到的「大酒局」（Yeke Tusurge）〔註 76〕。此種「大酒局」於宴會時盛裝馬潼，容量必相當大，世祖曾造大樽於殿中，樽高一丈七，內為銀質，外為木質，並鏤雲龍於其上〔註 77〕，此即為「大酒局」。這種酒海非漢人之制，至遲已出現於成吉思可汗之時，當為蒙古舊俗無疑。元初由西方東來的旅行家，在遊記中也多記載了所見到的各種酒海，其中不乏令其驚異之制

〔註 68〕見《蒙韃備錄》（王國維箋，蒙古史料四種），頁 447。
〔註 69〕參見《元史》，卷一一六，〈后妃傳〉，頁 1 下、2 上。
〔註 70〕參見卷一六八，〈許國楨傳〉，頁 25 上。
〔註 71〕參見卷一二二，〈昔兒吉思傳〉，頁 17 上。
〔註 72〕參見前揭，《蒙韃備錄》，頁 504。
〔註 73〕參見卷一二八，〈土土哈傳〉，頁 14 上。
〔註 74〕見《元史》，卷八十，〈輿服志三〉，頁 1 下。
〔註 75〕見卷八七，〈百官志三〉，頁 17 下。
〔註 76〕參見《祕史》，頁 322，並見札奇先生之註文。
〔註 77〕參見《元史》，卷十三，〈世祖本紀十〉，頁 12 下。

作〔註78〕。

在服飾方面，《元史》所載多爲漢制，蒙古舊俗只能求得片斷。史稱察必皇后爲世祖改革舊式帽服：原來的「胡帽」無法擋陽光，因其無前簷之故，南必后動手加製前簷，此後遂成爲定式。此外，又製作一衣，「前有裳、無衽，後長倍於前，亦無領、袖；綴以兩襻，名曰比甲」，此種「比甲」便於騎射，故當時人都模倣而作〔註79〕。「胡帽」即蒙古通用之氊帽，多爲後簷或高簷，改革後帽式較複雜，簷有圓、方，有前簷、後簷，而簷之長短不一，多爲後簷較長。故宮所藏成吉思汗及忽必烈之帽像，即爲《元史輿服志》上稱「紅金苔子暖帽」、「白金苔子暖帽」〔註80〕，苔子指帽後之帔，帽質皆皮，帽頂外部用有色之緞子，或鑲錦邊。暖帽名貴者爲貂皮製作，太宗窩闊台像即戴此種貂帽，而前述「國俗舊禮」中殯葬所用貂皮帽，也即因其名貴之故。〈輿服志〉中又記載帝王之帽有「寶頂金鳳鈸笠」，「鈸笠」當爲《黑韃事略》中所說「冬帽而夏笠」的笠；而在河南出土的「焦作金墓」樂舞俑，也可看出其實樣之大致〔註81〕，故宮元成宗像所戴即「鈸笠」，頂嵌大珠或寶石，其價昂貴，如《輟耕錄》記有官府買紅寶石一顆，重一兩三錢，值中統鈔十四萬，用於嵌帽頂〔註82〕，又說自成宗以後，這種「鈸笠」始爲大慶典時爲帝王們所戴。也有繫珍珠寶等於帽頂者，如《元典章》中記一案件：有蔡國祥者，被搶去一帽，上繫紅瑪瑙珠子一〔註83〕，這應是民間富人妨「鈸笠」之帽。

蒙古貴婦所戴之「固姑冠」極爲著名，不少資料中皆有記載，故宮后像裏也可看到，但在《元史》中似乎沒有這類記載，在此即不作敘述〔註84〕。

前述南必皇后製作的「比甲」外，又有一種「比肩」服，〈輿服志〉載「服銀鼠，則冠銀鼠暖帽；其上並加銀鼠比肩」，註曰：「俗稱襻子苔忽」，這種「比肩」是皮製，有表裡，較馬掛略長，似半袖衫。鄭思肖有詩句「顋笠氈靴搭護衣」，其自註稱：「搭護，元衣名」〔註85〕，搭護即苔忽，即「比肩」也，

〔註78〕關於蒙古酒海之研究，參見韓儒林前揭書，頁140至144。
〔註79〕參見卷一一四，〈后妃列傳〉，頁3上、下。
〔註80〕見卷七八，〈輿服志一〉，頁10上。
〔註81〕見前揭，《黑韃事略》，頁478。焦作金墓圖樣見沈從文前揭書，頁381。
〔註82〕參見陶宗儀，《輟耕錄》（台北：商務，國學基本叢書），頁52。
〔註83〕參見〈新集至治條例〉，刑部，諸盜，頁9下。
〔註84〕關於「固姑冠」，可參見《祕史》，頁77，並見札奇先生之註釋。
〔註85〕見周錫保，《中國古代服飾史》（台北：丹青，民國75年），頁375。又關於元代服飾多參看此書，此外，亦參看札奇斯欽，《蒙古文化與社

爲蒙古式似罩衣之服。另有一種「半臂」，在元順帝時賜乃蠻台「珠絡半臂，并海東名鷹、西域文豹，國制以此爲極恩」〔註 86〕，此種「半臂」服綴以珠絡，當爲名貴之至。「半臂」在宋代服裝中已有，是極短袖管，在手與臂之間，故謂之「半臂」，亦有幾乎無袖的一種。原來非正式禮服，多爲武士們所穿著，在宋代男、女皆穿，若將袖子延長則成爲「褙子」，若減短袖子則成爲背心了〔註 87〕。元代之「半臂」或受宋人之影響，如此則非蒙古舊有之服。

蒙古舊俗之服《元史》中尚記載兩個名詞，一爲「怯綿里」（Kermenling），一爲「納石失」（Nashit），〈輿服志〉中註釋前者謂「翦茸也」，後者謂「金錦也」。這兩個名詞札奇斯欽先生都有過說明，其中對「納石失」的論述頗詳，在此不必贅述〔註 88〕，但就其文中列出《元史》裏有關的記載如下：1.做爲帝王服飾之材料，在〈輿服志一〉、冕服條，〈百官志一〉、中書省工部條。2.做爲可汗喪葬之用，在「國俗舊禮」條。3.做爲百官之禮服（質孫服），在前述冕服條。4.製造之地點及機構，在前述工部條，〈百官志五〉、昭功萬戶都總司、弘州蕁麻林條，〈鎮海傳〉。5.做爲可汗恩賜、犒賞之用，在〈世祖本紀六〉，〈塔不已兒傳〉，〈拔都兒傳〉，〈昔里鈐部傳〉。6.儲藏與管理，在〈百官志六〉、太府監、內藏庫條。至於「怯綿里」，原指灰鼠皮毛 Kermen，加語尾 ling，就成像灰鼠皮一樣的東西，而「翦茸」即「翦絨」，似章緞之類的絲絨。

〈輿服志〉中另有「塔納都納石失」，註謂：「綴大珠於金錦」，「塔納」Tana 原指東珠，「塔納都」Tanatu 即「有東珠」之意。「青速夫金絲闌子」，註謂：「速夫，回回毛布之精者也」，Suf 爲波斯語，指長毛呢，羊毛織品。

元代服飾中最爲著名的應是「質孫服」了，〈輿服志〉記載說：「質孫，漢言一色服也」，爲內庭大宴時所服，冬、夏各有不同，但無定制，凡勳戚、大臣、近侍，「賜則服之」，以至於樂工、衛士皆有。雖然服制有上下、精粗之別，但總稱之爲「質孫」。接著《元史》中又條列出帝王及百官的服色，天子之「質孫」，分冬服十一等，夏服十五等；百官則冬服九等，夏服十四等。其名目不在此處抄錄，前述帽、服及一些服飾名詞之解說，即爲「質孫」式樣。

會》（台北：商務，民國 76 年），頁 35 至 44。

〔註 86〕見《元史》，卷 139，〈乃蠻台傳〉，頁 2 下。

〔註 87〕參見周錫保前揭書，頁 295。

〔註 88〕參見札奇斯欽，〈元史中幾個蒙古名詞的解釋（上）〉，《大陸雜誌》，第二十七卷第一期（台北：大陸雜誌社），頁 18 至 22。

　　由「質孫」服而有「質孫」宴，《元史》說：「預宴之服，服同制，謂之質孫」〔註89〕，於是「質孫」宴成爲元廷極有特色之俗，中外的史料裏也多敘述這種盛典，由於係燕樂之事，元人的詩文集中往往可看到相關的描寫，如柯九思的〈宮詩〉說「萬里名王盡入朝，法宮置酒奏蕭韶，千官一色眞珠襖，寶帶攢裝穩稱腰」〔註90〕，所謂「千官一色眞珠襖」，就是「質孫」服，柯九思在詩後的自註中說：「質孫，漢言一色，言其衣服皆一色也」，類似的資料就不再引述。

　　「質孫」Jisun，原意爲顏色，元代常舉行這種同一顏色禮服之宴；箭內亙有〈蒙古之詐馬宴與只孫宴〉一文，對「質孫」宴作了頗詳之探討。又因爲元人如周伯琦在〈詐馬行〉詩序中說「質孫」宴即「詐馬」宴。而元末時人如王褘、葉子奇則說「詐馬」之宴與馬飾華麗有關，至乾隆帝又以爲詐馬即「塞宴四事」中，俗稱「跑等」之事。故而箭內亙認爲此二種宴會實有區別也〔註91〕。但據韓儒林〈元代詐馬宴新探〉之研究，從「史集」波斯文的「納石失衣」Jamaha-yi nasich（納石失的詐馬），指出 Jamah 即外衣、衣服之意，又指出《元史》中所載，賜質孫宴服即賜納石失衣或金織文衣，此三者實一，「質孫」（顏色）亦即「詐馬」（衣服）〔註92〕。

　　《元史》中載受賜「質孫」服者約十餘人〔註93〕，武宗時，月呂魯之妻曾受賜此服，爲命婦受「質孫」衣之始〔註94〕，婦人製「質孫燕服」首見於太宗六年，可知至遲其時已有官方生產機構，以及定制法式〔註95〕。管理及收藏方面，屬於太府監下的右藏庫〔註96〕，而其制之定似在世祖至元十九年〔註97〕。

〔註89〕見卷六七，〈禮樂志一〉，頁6下。

〔註90〕見陳衍，《元詩紀事》，卷十七（台北：鼎文，民國60年），頁324。

〔註91〕參見箭內亙，《蒙古史研究》，下卷，〈蒙古の詐馬宴と只孫宴〉（東京：刀江書院，昭和四十一），頁945至956。

〔註92〕參見韓儒林前揭書，頁247至254。

〔註93〕此十餘人爲塔海，卷一二二，頁7上，昔里鈐部，卷一二二，頁13下，伯顏，卷一二七，頁15下，土土哈，卷一二八，頁14下，孁孁，卷一四三，頁4下，張珪，卷一七五，頁2下，秦起宗，卷一七六，頁19下，吳元珪，卷一七七，頁5下，耶律買哥，卷一五〇，頁10上，驢馬，同上，梁曾，卷一七八，頁3上。關於受賜「納石失」衣或金織文衣者，未加記錄。

〔註94〕參見閻復，〈太師廣平貞憲王碑〉，《元文類》，卷二三（台北：商務，國學基本叢書），頁287。

〔註95〕參見《元史》，卷二，〈太宗本紀〉，頁4下。

〔註96〕參見《元史》，卷九十，〈百官志〉六，頁17上。

「質孫」衣的樣式在《元史》中未見，較早的記載是《黑韃事略》，彭大雅所說簡要，徐霆所疏頗能予人一個概念，他說其式如深衣，腰間密密打褶，以紅紫鮮艷之帛，撚線束腰〔註98〕，這與蒙古毡毛皮服形式大不相同了。

四、結　語

《元史》為漢人所修，係根據元代之實錄、典籍而來，也有明初採訪蒐集之資料。元人所修成之實錄等，也多成於漢人之手，其時雖有熟於掌故之人，但對於蒙古舊俗、舊制似乎用力不夠，以至所載甚略。除去關於制度、其他非漢語名詞外，本文所述禮俗生活等是蒙古民族歷史文化重要的部份。對於這方面在《元史》中的記載，大概皆如前面所述，可知就書中所記，以禮俗部份為多，而集中在「祭祀」志裏佔較大比例。其餘則多零星散見，或語焉欠詳。

《元史》體例自稱為本紀準兩漢史，志準宋史，表準遼金史〔註99〕，然不能成其佳作。志是最易看出一時代之禮儀、制度的，故而蒙古舊俗在〈祭祀志〉中較多，尤其以「國俗舊禮」一條的數段記載最為可貴，但「禮樂」、「輿服」、「刑法」等志，對了解蒙古舊俗而言，與「祭祀」同等重要，資料卻相當少，殊為可惜。蓋修史者不惟對於民族之歷史發展作詳密之記錄外，對於其社會、文化也宜條理縷述，如《元史》既能有「國俗舊禮」，何不能在其他地方妨此成篇？若妨《遼史》「世表」及《金史》「世紀」，或後來《新元史》之「序紀」單立一、二卷，除敘祖宗事蹟外，可增敘舊有禮俗儀制，又或不然，亦可在有關諸志中，妨「祭祀」志之「國俗舊禮」，分別書寫，則庶幾可以掌握大概了。另外，對於非漢語名詞，不論人名、地名或物名，皆應加註說明，可避免讀史之困擾，亦有助於了解其故實。

就本文的討論，個人以為對於蒙古舊俗的了解，若僅靠《元史》之記載，大約只能得其半，其他則須求諸於《元史》以外之資料了。

（原為蒙藏會《藏學術研究論叢》，1988 年）

〔註97〕參見《元史》，卷十二，〈世祖本紀〉七，頁 10 上。
〔註98〕參見王國維前揭書，頁 479、480。
〔註99〕參見《元史》，卷首，〈纂修元史凡例〉。

略述元代文化對高麗朝廷之影響

一、前　言

　　元與高麗之關係始於太祖十三年（高麗高宗五年，1218）。前此兩年，契丹金山、六哥率眾入侵高麗，後佔據江東城（平安南道地區），高麗無力抵擋。元太祖遣哈只吉（哈眞）、箚剌（扎剌）領兵出征，與高麗聯兵攻滅江東城之契丹勢力，因聯盟之軍事行動，元麗關係乃始於此時。〔註1〕

　　金末元初之際，高麗邊境面臨女眞、契丹之侵擾，除金之殘餘勢力外，東北尚有東夏蒲鮮萬奴、遼王耶律留哥兩大勢力。蒲鮮萬奴爲金遼東宣撫，叛而自立，附於蒙古，後建立東夏國復叛於蒙古，其政權維持近廿年，爲蒙古所滅。當時高麗頗受威脅，曾納糧示好，東夏亦曾兵援高麗抵抗契丹之入侵〔註2〕。契丹人耶律留哥爲金北邊千戶，自立爲都元帥，附於蒙古，受封爲遼王〔註

〔註1〕參見《元史》，卷二○八，〈高麗列傳〉（台北：鼎文），新校本），頁4607、4608。又《元史・太祖本紀》僅載契丹六哥入據江東城，元遣哈眞、札剌平之，見頁20。鄭麟趾，《高麗史》（亞細亞文化社，1983年）載「契丹遺種，金山、金始二王子遣其將鵝兒、乞奴二人，引兵數萬，渡鴨綠江，侵寧朔定戍之境。」並載蒙古元帥哈眞、札剌，會同東眞國蒲鮮萬奴所遣完顏子淵兵馬，與高麗元帥趙沖、金就勵聯兵，於高宗六年（元太祖十四）攻陷江東城。見卷二二，頁6至16。又據《朝鮮史略》（台北：商務，四部叢刊廣編），卷四所載與，《高麗史》同，並說蒙古屯兵督（高麗）納歲貢，見21至22。此次蒙古兵援高麗平金山等史事，尚可參見《元史》，卷一四九，〈耶律留哥〉傳所載。

〔註2〕蒲鮮萬奴之事蹟，金、元二史皆未列傳，可參見《新元史》，卷一三四，〈蒲鮮萬奴傳〉。另可參見趙鳴岐、王榮愼匯編，《東夏史料》（吉林文史出版社，1990年），及二人合作之，《東夏史》（天津古籍出版社，1990年）。

〔註3〕耶律留哥之事蹟，參見註1，《元史》其傳。

3〕，入侵高麗之金山等人即爲其叛走之部眾。蒙古爲控制東北之形勢，自當出兵追擊契丹叛眾，並攻東夏，以求徹底底定東北。

蒙古兵援高麗擊滅契丹之眾，即逐步加強對高麗之影響，雖然高麗一時受外來侵入得以解除，但卻面臨蒙古一新來的威脅。整個元代與高麗之關係非常密切，除去高麗內亂，與元廷之間些許糾紛外，大體上高麗皆受元之控制。即元爲上國，高麗爲臣屬，其間尚有置征東行省之時。元對高麗之控制爲強勢性，而高麗亦始終無以擺脫此種形勢，完全爲「事大」以待元廷。

元與高麗之關係，就《元史》與《高麗史》而言，多重在外交、軍政關係上，其他方面甚爲少見，如今存《經世大典》〈高麗〉門所記，爲敘錄性內容，載太祖十三年至世祖至元中之大要關係，並其自注等，爲《元史》所收納〔註4〕。由《永樂大典》中輯出之《元高麗紀事》，敘太祖十三年至成宗大德五年間之編年紀事，據王國維言，新、舊《元史》之〈高麗傳〉皆以此爲底本修成〔註5〕，其內容與《元史》同屬軍政、外交關係之類。至於《高麗史》中之元、麗關係，可補充之資料頗多，亦輯出成書，但係以〈世家〉列王之本紀中輯錄，其他志、傳部份則未採輯〔註6〕。述元、麗關係在一般韓國史、朝鮮史，或中韓關係之論著中皆未遺漏，但重點亦在軍政、外交爲主，間論及經貿、文化關係，所述文化關係內容不多，言宋、麗交流者較多，大體上是因資料之緣故。

元代對高麗之控制甚嚴，雙方政治上往來緊密，而高麗及其前之三國時代深受漢文化影響，以元、麗關係之密，元文化應對高麗有相當影響。本文試就史料所載，檢視元代時期中國文化（漢式及蒙古式）對高麗之輸入及產生之影響，其中包括禮儀習俗、制度、學術等方面；大體上以官方來往爲主要範圍，其他文學、藝術、科技等則不在本文討論範圍。

二、元代禮俗制度之傳入高麗及影響

高麗前之新羅、三國時期即深受漢文化之影響。蒙元興起，往東發展的一面，取代金朝之勢力，隨即兵略高麗，由於蒙古助高麗剿滅入侵之契丹人，蒙古將領始有與高麗王皰的正式面見，史載蒙古統帥哈眞遣蒲里帒完至，要

〔註4〕見蘇天爵，《元文類》，卷四一，（台北：商務，國學基本叢書），頁560、561。

〔註5〕見佚名，《元高麗紀事》（台北：廣文，史料四編），王國維所言，見頁48註記。

〔註6〕見金渭顯，《高麗史中中韓關係史料彙編》，上、下冊（台北：食貨出版社），民國72年。

求國王出迎：

> 王引見大觀殿，皆毛衣冠佩弓矢，直上殿，出懷中書，執王手
> 授之。王乃變色，左右遑遽莫敢近，侍臣崔先旦泣曰：豈可使醜虜
> 近至尊耶？設有荊軻之變，必不及矣！遂請出。蒲里帒完等更服我
> 國衣冠入殿，引私禮，但揖而不拜。及還，贈金銀器、紬布、水瀨
> 皮有差〔註7〕。

可見蒙古將領之倨傲及高麗王廷之震攝，也說明蒙古初期與高麗之接觸是以
武力兵威為後盾，此後，終元朝之世仍不脫離此種心態，而高麗亦終不免要
以謹慎事大為其政策。

二年後，蒙古使者著古與等至高麗，仍以高姿態索取各項物資，計瀨皮
一萬領、細紬三千匹，細苧二千兩，綿子一萬斛、墨、筆、紙、紫草、莊花、
藍筍、朱紅、雌黃、光牀、桐油等〔註8〕。而後蒙元即類此常向高麗索取各種
物資不等，甚至包括寫經的僧人、〔註9〕女子、〔註10〕童男、女、工匠，〔註
11〕凡此說明蒙元對高麗的強勢徵索。但因非本文所欲述者，其它類似資料則
不再列出。

高麗對元稱臣受封，雙方皇（王）室、貴族之聯姻頗未中輟，所謂「今
高麗婦女在后妃之列、配王侯之貴，而公卿大臣多出於高麗外甥者……」，〔註
12〕即說明此種狀況。婚姻關係自有蒙古生活習俗傳入高麗王室，但未必有多
大影響。〔註13〕至於國王、世子、王孫頗取蒙古名字，如忠宣王名益智禮普

〔註7〕見《高麗史》，卷二二，頁 16 下、17 上。
〔註8〕見前註《高麗史》，頁 20 上、下。
〔註9〕參見如《高麗史》，卷三二，忠烈王二十八年，夏四月條：三十一年十二月庚
　　　寅條，見頁 10 下、26 下。
〔註10〕如《元史》載順帝時御史台臣言：「高麗為國首效臣節，而近年屢遣使往選媵
　　　妾，至使生女不舉，女長不嫁，乞賜禁止」。見卷三八，頁 826。實際上元徵
　　　高麗女子之記載頗多，不及贅述。又如高麗名臣李奎報〈蒙古國使賫迴上皇
　　　大弟書〉中說：「但未教以小國不曾發遣女孩，及會漢兒文字言語人，亦不進
　　　奉諸般要底物等事，督責甚嚴……」，可知索取女子、通譯人員、物資等，是
　　　元對高麗的經常要求。見《東國李相國集》（漢城：明文堂刊本，1982 年），
　　　卷二八，頁 2 上。
〔註11〕見前註李奎報〈送撒里打官人書〉所載，元徵童男、女各五百人，諸般工匠等。
　　　頁 8 上、下。又見《高麗史》，卷一○九，〈李穀傳〉，言屢徵童女事，見頁 14
　　　下。
〔註12〕見前註〈李穀傳〉，頁 16 上。
〔註13〕元與高麗的聯婚，參見蕭啟慶，〈元麗關係中的王室婚姻與強權政治〉，收在

化，忠肅王名阿剌訥忒失里，忠惠王名普塔失里，忠穆王名八思麻朵兒只，忠定王爲迷思監朵兒只，恭愍王爲伯顏帖木兒，世子完者禿，王孫脫脫不花、帖古不花。〔註14〕此外，王室尙習蒙元之俗，辮髮胡服。高麗早在成宗時即以百官禮服依中國及新羅之制，〔註15〕顯宗時又以依宋制禁臣民梔黃、淡黃色衣，〔註16〕可知高麗服著原受漢制之影響。

蒙元宰制高麗，其國王率先受到影響，《新元史》載忠烈王爲世子時入元，歸國時即辮髮胡服，「國人皆太息泣下」，〔註17〕忠烈王即位後，復於四年時下令境內皆服上國衣冠開剃：

> 蒙古俗剃頂至額，方其形，留辮其中，謂之開剃，時自宰相至下僚，無不開剃。唯禁內學館不剃，左承旨朴恒呼執事官諭之，於是學生皆剃。〔註18〕

辮髮及於百官、學生；故〈輿服志〉之序文說：「事元以來，開剃辮髮，襲胡服，殆將百年」。〔註19〕其他如忠烈王二十七年曾將服色擬於上國（元），以芝黃代赭袍，未幾復用黃袍，〔註20〕內侍吏員亦曾參酌元制之服飾。〔註21〕忠烈之前爲元宗，忽必烈曾允其「不易衣冠」，〔註22〕以示優徠，然忠烈王甫繼位，迎齊國公主歸時，「以胡服同輦入國，觀者駭愕」，從行官員未如蒙元俗開剃，「王責之」。〔註23〕忠烈王時又定輿輅之制，即「依上國（元）體例」。〔註24〕大體上，高麗自忠烈王開始施行所謂「上國衣冠」，時爲元世祖至元初

《元代史新探》（台北：新文豐，民國72年），頁231至262。

〔註14〕參見《新元史》，卷二四九，〈高麗傳〉，頁16下至20下。又《元史》，卷三〇，〈泰定帝記〉載致和元年六月，高麗世子完者禿訴取其印，則此世子當爲忠肅王（燾）之世子（禑），見《高麗史》，卷九一，〈宗室二〉，頁10上。另參見蕭啓慶前揭文，頁250，《新元史》，卷四二，〈順帝記〉載至正元年十一月「高麗瀋王之孫脫脫不花」，此瀋王即爲忠宣王（謜）。

〔註15〕參見《高麗史》，卷八五，〈刑法二〉，頁7上。

〔註16〕參見同前註，頁10上。

〔註17〕見《新元史》，卷二四九，頁10下。

〔註18〕見《高麗史》，卷七二，〈輿服志〉，頁11下。另見《朝鮮史略》，卷五，頁4上。

〔註19〕同前註，頁1下。

〔註20〕同前註，頁5上。

〔註21〕參見同前註，以大內使令奴，身份微賤，故未改循元制，頁14上。

〔註22〕見《高麗史》，卷二五，〈元宗一〉，頁26下。

〔註23〕見《朝鮮史略》，卷四，頁44下。

〔註24〕同註18，頁15下、16上。

期，要到恭愍王中、晚期（元末明初）後，乃開始「以華變夷」，漸效大明之制。

《高麗史》載恭愍王「用元制，辮髮胡服坐殿上」，李衍宗進諫言「辮髮胡服非先王制，願殿下勿效」，恭愍王即解。〔註25〕當時或見於元末紛亂，強勢不及之故，乘機改易胡俗。蒙元強勢壓力迫使高麗王室、官員用辮髮胡服，並非高麗嚮往蒙元之習，所謂「祖宗衣冠禮樂悉遵唐制，迨至元朝，壓於時王之制，變華從戎，上下不辨，民志不定」，〔註26〕正適於說明此中情形。直至辛禑十三年「始革胡服，依大明制」。〔註27〕

蒙古民族之畋獵亦傳入高麗王室，其國王大都好遊獵，如忠烈王與公主獵於德水縣馬堤山，率忽赤（宿衛、弓箭士）鷹坊全如蒙古式之出獵，至「父老見者皆嘆息」，而高麗朝廷復有鷹坊之設亦可知〔註28〕。

元代禮儀影響高麗王室較爲顯著，如忠惠王行胡跪之禮，而後恭讓王於元末時下令禁止；又如恭愍王以胡樂爲禮。〔註29〕與前述之胡服髮辮、胡名等合觀之，高麗朝廷幾不異於蒙古所治之土。

高麗對蒙元爲臣屬國之地位，依成吉思汗定制，內屬之國須納質、助軍、輸糧、供戶數籍、置達魯花赤；〔註30〕象徵宗主國的元朝廷，尙有賜曆予屬國之制。元世祖中統三年「賜高麗國曆」〔註31〕，殆爲最早之記錄，至元以後，常見前一年賜次年曆日予高麗之記載。元世祖至元十八年（高麗忠烈王七）新製成授時曆，由許衡、郭守敬等完成之新曆頒行全國，同時遣使頒達高麗〔註32〕，但高麗改用授時曆爲忠烈王之後的忠宣王〔註33〕忠宣王留元之時即心儀太史院曆數，史載：

> （忠宣王）賜（崔）誠之內帑金百斤，求師受業，盡得授時曆

〔註25〕參見卷一〇六，〈李承休〉附傳，頁 18 上。

〔註26〕此爲高麗末名臣趙浚請革胡服之議，見《高麗史》，卷一一八，〈趙浚傳〉，頁 9 下。

〔註27〕同註18，頁 13 上。

〔註28〕參見《高麗史》，卷二八，頁 17 上、下。另參見蕭啓慶前揭文。鷹坊見《高麗史》，卷七七〈百官二〉，頁 27 下。

〔註29〕參見蕭啓慶前揭文，頁 251。

〔註30〕參見《高麗史》，卷二六，〈元宗二〉，頁 15 上。

〔註31〕見《元史》，卷五，〈世祖二〉，頁 81。

〔註32〕見《高麗史》，卷二九，〈忠烈王二〉，頁 30 下。

〔註33〕見《高麗史》，卷五十，〈曆志一〉，頁 1 下。

數，東還，遂傳其學，至今（朝鮮）用之。〔註34〕

崔誠之隨忠宣王入元，後翊助忠宣，參贊擁立元武宗，其習得授時曆而傳授其學於高麗。元代曆法亦嘗爲高麗太史局官員尊用以修正社日〔註35〕。

在官制上高麗初用新羅之制，旋即倣唐制。至忠烈王時改官制，「凡擬上國者悉改之」，但而後各王更改不定，或用新制，或用舊法。〔註36〕其受元制之影響主要在不與「上國」比擬，如三師三公之廢，或以爲帝王之制始得設置，忠烈王爲稱臣屬國，受封於元，故不敢與上國皇帝比擬。恭愍王五年曾復置，但十一年又罷之；〔註37〕官制之置廢率多同此，即忠烈王因避而廢，恭愍則復而又廢。如中書門下省，忠烈王改爲僉議府，元賜以正四品印，復將之改名都僉議使司，升爲從二品。恭愍王五年復稱中書省，十一年後改稱都僉議府，十八年改爲門下府。又如忠烈王廢中書令，後置都僉議令，「尋以嫌於上國中書令」，改判都僉議使司事。其他如門下侍中改僉議中贊，中書、門下平章事改僉議侍郎贊成事，參知政事改僉議參理，知門下省事改知僉議府事。〔註38〕高麗百官更置不只此，大概的原則是「不擬上國」，故更改名目以避，其次是元朝廷賜印、認可或更改。

在元代制度傳入高麗所造成的影響中，極有鮮明特色者爲宿衛制度，蒙元之「怯薛」夙爲研究者所注意，而如何影響了高麗朝則鮮少論及。高麗原有侍衛軍或宿衛，忠烈王即位時以「衣冠子弟」嘗從爲禿魯花者，分番宿衛，號爲忽赤（Khorchi）」，這是蒙元質子軍、弓箭士宿衛之制，而後又以忽赤四番爲三番，「依中朝體制」的元制，各番三宿而代，又改三番爲四番等等。〔註39〕因史料所載有限，難以與元制相比，大體上應是全受元制影響而更改其原有之宿衛制；有些地方尚可見其頗得「怯薛」之精神。如高麗末期恭愍王二十年，羅州牧使李進修上書說：

〔註34〕見《高麗史》，卷一〇八，〈崔誠之傳〉，頁11下。
〔註35〕參見《高麗史》，卷一二二，〈伍允孚傳〉，頁6上。
〔註36〕參見《高麗史》，卷七六，〈百官一〉，頁1上、下。
〔註37〕參見同前註，頁2下。
〔註38〕以上均參見同註36，頁3至5。
〔註39〕參見《高麗史》，卷八二，〈兵志二〉宿衛條，頁2下。關於入元爲禿魯花者，如金澂率子弟宿衛於世祖朝，參見《海東金石苑補遺》，卷六，〈大元高麗國故壽寧翁主金氏墓誌銘〉（台北：新文豐，石刻史料新編，第二輯），頁20上。此墓誌又收在崔瀣，《拙稿千百》（漢城：亞細亞文化社，1972年），頁88至92。

> 侍衛之於官闕，猶四支之於身體，仁義識理者為最，勇敢者次
> 之，宜置四怯薛官，各那顏若干人，……忽赤忠勇各四番，均分屬
> 之，訓練士卒，嚴明器械，更日侍衛……〔註40〕。

又如辛禑元年，曾令宰臣、樞密皆宿衛，改變原來宰臣、樞密各一人輪次入值之方式。〔註41〕朝廷重臣輪次入值頗合乎元廷之制，蓋元太祖立制，「怯薛」四大環衛為四大功臣領值，皆為國之重臣，所謂「四大根腳」之顯赫貴族。此宿衛制終元之世皆沿用不變，高麗深受影響亦沿用於朝，至高麗末辛禑四年「改忽赤四番為近侍左右前後衛」乃止〔註42〕。

在法制上高麗亦頗受影響，原高麗議法制大抵皆倣乎唐，刑法亦採唐律，其後有建議採用元之《議刑易覽》，兼採《至正條格》、《大明律》者〔註43〕，至麗末辛禑三年仍有「令中外決獄，一遵至正條格」之記載〔註44〕。關於《議刑易覽》，辛禑十四年典法司上疏說：

> 前元有天下，制以條格通制，布律中外，尚懼其煩而未究，
> 復以中國俚語為律，而名之曰議刑易覽，欲令天下之為吏者，皆
> 得而易曉也，……今大明律考之議刑易覽，斟酌古今，尤頗詳盡
> 〔註45〕。

在高麗晚期明朝建立後，元代法制仍受到相當重視，而在朝鮮王朝實錄中，可以找到十餘條《至正條格》之條文，以及《議刑易覽》之若干條文；而在朝鮮初，鄭夢周亦以明律、條格、高麗法刪撰新律。〔註46〕可見元代中晚期之律法影響及高麗與其後之朝鮮。關於行政法制上有恭愍王時一條記錄，即文字上的僉署是用刻木作署，即「效元朝法也」〔註47〕。元對高麗之法規曾有改制之舉，如成宗大德年間，元派闊里吉思往高麗為行省平章，時欲改革奴婢之法，忠烈王上表請止，結果到次年，元以闊里吉思不能合輯人

〔註40〕見同前註，頁3下。
〔註41〕見同前註，頁4上。
〔註42〕見同前註。
〔註43〕見《高麗史》，卷八四，〈刑法一〉，頁1上、下。
〔註44〕見同前註，頁30下。
〔註45〕見同前註，頁34上、下。
〔註46〕參見李玠奭，〈元朝中期的法制整備及其系統〉，《蒙元史學術研討會論文》，
　　　　（1999年，台北）。鄭夢周刪撰新律，見《高麗史》，卷一一七，〈鄭夢周傳〉，
　　　　頁17上。
〔註47〕見註43，頁28上。

民而令其返國〔註48〕。又忠烈王時，元遣使頒至元寶鈔、中統寶鈔通行於高麗〔註49〕，是將高麗視同元領之域。

與考試、教育有關者，在元末順帝時，深受名儒危素贊嘆爲忠節之士的高麗林樸，其後主成均館國學，上書分其國學爲五經、四書齋，科舉則「一依中朝搜檢通考之法」〔註50〕，而在其時左右，《高麗史》載：恭愍王十八年始用元朝之鄉、會、殿三試之制，定爲常式〔註51〕。則此前頗用唐、宋之制加以改良的舊法。忠肅王時曾以「選上國（元）應舉秀才而廢考藝試，成均七館諸生皆赴初場，未合古制」〔註52〕，即高麗自有其「古制」舊法。元取高麗秀才，當係招爲「賓貢科」之人才，此科源自唐、宋之法，新羅時期登唐「賓貢科」者五十八人，五代時十餘人，宋代亦有高麗所貢之士。其榜但皆附於尾，除官亦卑冗，或放歸本國。元朝廷對高麗貢士則一視同仁，立賢無方〔註53〕。高麗賓貢士人留元爲官，或定居不返者有之，回國歸鄉者亦有之，其回國者自會帶些元朝文化的色彩。

元代行漢制科舉爲中期仁宗之時，與高麗忠宣王（源）有關，忠宣王入元之時，曾反對帝師八思巴立祠比孔子，又與姚燧言科舉之設於仁宗；及李孟爲平章，科舉乃行〔註54〕。

三、元代學術思想之傳入高麗

高麗早受漢文化影響，基礎相當深固，對於漢籍經典徵購當不遺餘力，以滿足教讀所需。《高麗史》載成均提舉司遣博士柳衍、學諭俞迪入元購書於江南，但以船壞而沒，當時在南京之太子府參軍洪瀹，以寶鈔一百五十錠使柳衍購書，得經籍一萬八百卷而返。其後，洪瀹上奏元仁宗，帝乃賜新即位之忠肅王宋秘閣藏書，計四千三百七十一冊，一萬七千卷〔註55〕，對高麗而

〔註48〕參見《高麗史》，卷三一，〈忠烈王四〉，頁31上、下，卷八四，〈刑法二〉，頁43下。

〔註49〕參見《高麗史》，卷七九，〈食貨二〉，貨幣條，頁12上、下。

〔註50〕參見《高麗史》，卷一一一，〈林樸傳〉，頁42上至44上。

〔註51〕參見《高麗史》，卷七三，〈選舉一〉，頁11下。

〔註52〕見同前註，頁11上。所謂「藝試」，一時未知高麗之法爲何。

〔註53〕參見崔瀣，前揭書，卷二，〈送奉使李中父還朝序〉，頁4至6。

〔註54〕參見李齊賢，《益齋亂稿》，卷九上，〈忠憲王世家〉（漢城：亞細亞文化社，1972年），頁350、351。

〔註55〕參見《高麗史》，卷三四，〈忠肅王一〉，頁20上、下。

言異常珍貴。

　　高麗王、世子、士大夫等經常往來於元朝廷，不免沾染元代之文化，其中以忠宣王（璋）最著，前述其入元時曾議仁宗行科舉，尊孔等，而其本人亦受學於隨侍之名儒鄭可臣、閔漬。元仁宗爲皇太子時，璋爲太子太師，構「萬卷堂」，一時名士如姚燧、蕭㪍、閻復、王構、趙孟頫、盧集、元明善、張養浩等皆遊其門〔註56〕，是以元儒亦與之唱和交遊，如姚燧有〈高麗瀋王詩序〉〔註57〕，此瀋王即璋所受之冊封。趙孟頫有〈留別瀋王〉詩，其中句子云：「珍重王門晚受知，一無長恨曳裾遲」〔註58〕，是以趙氏遊瀋王之門略晚。

　　至於高麗與元儒臣間之交遊亦不乏其人，如稍早的李奎報與耶律楚材嘗有交往，有〈送晉卿丞相書〉二封，〔註59〕時奎報年歲已老矣。李藏用隨高麗王入元，時爲世祖朝，得識翰林學士王鶚，藏用在元時得「海東賢人」之號，有贈以寫眞像爲禮者〔註60〕。忠宣王留燕構「萬卷堂」時，召高麗名儒李齊賢至，因之齊賢亦與遊王門名士交往，從學益進，深得姚燧等人稱嘆不止，其後於忠穆王朝時上書都堂，言師儒教學之道，講究四書六經之學〔註61〕。元宣撫使趙良弼得識高麗儒臣李穎，史載「一見，恨相知之晚」，後寫詩云：「扶蘇山下李髯卿，別後三年怎麼生，兩遇使華無一字，誰言人老愈鍾情」，其見重如此。其他又如王惲有〈呈高麗世子〉，其詩云：「霞綺紅潮鴨綠清，風姿渾是父工英」，其〈和高麗參政李顯甫〉詩句：「共羨朝天蒙寵渥，三韓秋色滿歸塗」，〈贈高麗樂軒李參政甥樸學士〉云：「鴨綠江頭老謫仙，……蓬山秀色雞林筆」，其〈和贈高麗鄭學士詩韻〉有「雞林詩好動京師」之句；三韓、鴨綠、雞林皆爲高麗之地〔註62〕。因使元朝而結交相遊、唱和者當不止李穎少數人，元麗交往密切，使伴應相當眾多，皆文人儒士之流，不難想見，如忠烈王時李承休，於至元年間爲使伴，沿路作詩贈所結識之元人，以至於

〔註56〕參見同註54，頁245至257。另見《高麗史》，卷三四，〈忠宣王二〉，頁6下、8下。

〔註57〕見姚燧，《牧庵集》，卷三（台北：商務，四庫全書本）。

〔註58〕見趙孟頫，《松雪齋集》，卷五（台北：商務，四庫全書本）。

〔註59〕見李奎報前揭書，卷二八，頁18上、下、27上、下。

〔註60〕見《高麗史》，卷一○二，〈李藏用傳〉，頁24上、下。

〔註61〕見《高麗史》，卷一一○，〈李齊賢傳〉，頁21下、34上、下。

〔註62〕見《高麗史》，卷一○六，〈李穎傳〉，頁36上。王惲，《秋澗集》（四庫全書本），卷二二，頁15下，17上、17下；卷十五，頁6上。

燕京，與元所遣之館伴翰林學侯友賢相識，友賢亦贈以詩〔註63〕。留元與名士遊者，又如朴全之，於忠烈王時，因世祖詔選子弟入侍，故全之得與中原名士遊，商榷古今、山川風土如指諸掌，得忠烈王之重視〔註64〕。又如曾中元朝制科之趙廉，與中朝士大夫講明經史，無有不通〔註65〕。另有元人入高麗而交遊者，如崔瀣與豫章張雲龍乃「得四方之士而與之遊」〔註66〕，此種情形亦當如高麗士人入元之結交相同，元入高麗人士與其國人交遊恐亦不在少數，但一時難以考察，茲暫略。

以上所述是就見及的資料中，明文記載有關文化之活動，以元麗關係而言，入元高麗人士不論如出使、入質、貢士等，應相當頻繁，人數也應相當眾多，其與元士交遊往來，多少沾染斯時之文化，事實上，除去蒙古文化制度外，大部份還是以接觸漢文化為主。高麗長期受漢文化影響，行漢法漢制，文物粲然可觀，故有「我國古稱文物侔於中華」之自許〔註67〕，其入元接觸漢文化並無干格之處；然以時王之制，不免復受蒙古文化之影響。由於交往密切，高麗忠烈王特別設置「通文館」，令「禁內學官等，參外年未四十者，習漢語」。後又以傳譯人多微賤不實，特設「司譯院」以掌譯語〔註68〕。

高麗士大夫原讀漢文經籍，近受唐、宋之影響，國學、科舉皆頗發達，元朝尚未行科舉之時，入高麗使者趙良弼、焦天翼往觀監試放榜說：「真盛事也，吾等聞之久矣，今得見之。其於亂離，不墜文風如此，良可嘉也」〔註69〕，所謂亂離係指反王室的江華島勢力，林衍廢立、三別抄之亂等高麗內部之動亂，這些動亂也與反元之情緒有關。當時趙良弼等漢士心理可以想見，中華科舉不行，而高麗反見盛事。高麗學校、科舉發達，在文化學術上多承唐、

〔註63〕參見李承休，《動安居士集》，〈行錄〉卷四，〈賓王錄〉（漢城：亞細亞文化社，1977年），頁211至249。另見札奇斯欽師，〈從動安居士文集看蒙古與高麗關係的一隅〉收在《中國域外漢籍國際學術會議論文集》（台北：聯經，民國76年），頁19至45。

〔註64〕參見《高麗史》，卷一○九，〈朴全之傳〉，頁1上。

〔註65〕參見《高麗史》，卷一○九，〈趙廉傳〉，頁32上。

〔註66〕見崔瀣前揭書，〈送張雲龍國琛而歸序〉，頁125至128。

〔註67〕見註61，頁22下。

〔註68〕見註36，頁46下、47上。所謂禁內學官指祕書、史館、翰林、寶文閣、御史、同文院、式目、都兵馬、迎送，稱之為禁內九官。當時能通蒙古語者在仕官上尚有優待，如元宗時，「散員康秀才，以本系微賤，限在七品，然能通蒙古語，宣限五品」，見卷七五，〈選舉三〉，頁24下。

〔註69〕見《高麗史》，卷二七，〈元宗三〉，頁15上。

宋之傳統，但入元後開始接觸盛行的理學。

元代理學以程朱為主流，朱子之學由許衡、姚樞、竇默等名儒提倡於朝廷，這是趙復於太極書院講學傳道的影響。加之南方本有程朱學風，於是開元代朱學大盛之局〔註70〕。高麗儒士入元接觸當令的朱子學極為易事。通常以朱子學之傳入高麗由名儒安珦開始，他隨忠宣王入元，得新刊朱熹《四書集註》，攜回高麗而授徒〔註71〕，《高麗史》中載其興學之苦心，及其晚年常掛朱子像，並號晦庵，以致景慕；又曾使博士金文鼎等往元朝，畫孔子及七十子像，並求購祭器、樂器、六經諸子史書等〔註72〕。約略同時，隨忠宣王入元之白頤正，亦「多求程朱性理之書以歸」，傳授其學於李齊賢、朴忠佐〔註73〕，齊賢之外舅權溥亦得《四書集註》，鏤刻刊印，以廣其傳，使學者又知有道學矣！故史稱東方性理之學為權溥所倡。〔註74〕大抵上，程朱之學傳入高麗當在忠宣王之後，由入元之儒士歸國倡學。

程朱學初傳入高麗鮮少人知，深通經史、易卜之學的禹倬，「閉門月餘，參究乃解」，於是教授生徒，理學漸行〔註75〕。至麗末時期猶有學者力倡程朱之學，李穀之子穡，主持儒學成均館時，除更定學制，親臨分經授業，禮聘名儒金九容、鄭夢周、朴尚衷、朴宜中、李崇仁等以他官兼教。穡於講學畢，又與學子相與問難，於是學者坌集，程朱性理之學始興〔註76〕。若所載屬實，則程朱之學之盛行當在麗末時期。而當時講學名儒鄭夢周，自少好學不倦，研窮性理，深有所得〔註77〕。其餘除金九容外，皆有其傳，但傳中不能看出

〔註70〕關於元代朱學之盛行，可參見拙作〈略述元代朱學之盛〉《中華文化復興月刊》第十六卷十二期，頁12至18。

〔註71〕參見蔣非非、王小甫等，《中韓關係史》古代卷（北京：社科文獻，1998年），頁265。另見李元淳等著，詹卓穎譯，《韓國史》（台北：幼師，民國76年），頁148。柳鐸一，〈朱子書在韓國接受過程之研究〉，收在《中國城外漢籍國際學術會議論文集》（台北：聯經，民國76年），頁246至262

〔註72〕參見《高麗史》，卷一〇五，頁30上、31上。

〔註73〕參見李齊賢前揭書，〈櫟翁稗說前集二〉，頁489，並見〈益齋年譜〉，頁573，《高麗史》，卷一〇六〈白文節傳〉頁2下。李齊賢之受程朱學，參見洪瑀欽，〈益齋亂藁中所見李齊賢之新儒學思想〉，收在《第二屆中國城外漢籍國際學術會議論文集》（台北：聯經，民國78年），頁283至310。

〔註74〕參見同前註，並見《高麗史》，卷一〇七，〈權溥傳〉，頁15上。

〔註75〕參見《高麗史》，卷一〇九，〈禹倬傳〉，頁21上。

〔註76〕參見《高麗史》，卷一一五，〈李穡傳〉，頁10下、11上。

〔註77〕見註46〈鄭夢周傳〉，頁19下。

其深究於性理之學〔註78〕。倡理學者尚有崔良敬，嘗入元爲宿衛，「出則手弓箭，入則目簡編，濂溪、二程、晦庵之書，皆彙而觀之，夜分而寢，雞鳴而起。」其程朱學應頗富盛名，故「先達皆從之遊」〔註79〕。麗末鄭習仁，史稱：「居父母憂皆廬墓終制，治喪一用朱子家禮」〔註80〕是以身謹守朱子學者。

　　元代文化在學術思想上以程朱理學影響高麗最鉅，奠定爾後朝鮮時期理學興盛之基礎。除理學外，有學者提出趙孟頫書法風行於高麗；孔子後人孔昭留高麗，建「闕里祠」，開朝鮮祠孔之風，其後人亦居官講學。朱子曾孫朱潛入居不歸，以及元代雕刻風格、敬天寺喇嘛式建築等〔註81〕。元代雜劇亦以新興藝術傳入高麗，致有忠烈王宴會時有優人呈百戲之記載〔註82〕，然所呈百戲未必皆爲元雜劇，當有其他技藝在內，應是承兩宋以來漢文化藝術。建築藝術除敬天寺外，在麗末因元朝影響與批判佛教之新進士大夫興起，呈現出庶民的風格，如木造建築鳳停寺極樂殿、浮石寺之無量壽殿。高麗工藝的青瓷，受到元朝北方系窯技術的影響，形成獨特之青瓷藝術，其他如印刷術、木棉的引進、火藥的製作、醫學與《農桑輯要》之傳入，在這些方面都對高麗產生相當的影響〔註83〕。這些有關工藝、科技方面的文化，於此暫不詳述，容後他文再論。

四、結　語

　　蒙元以強大軍事武力崛起於十三世紀初期，其向西發展，有三次西征之舉，打通東西交通與文化、貿易之往來。其向南發展，滅金與宋，統一中國，造成「胡漢」複合之新局。其向東發展，宰制高麗，威逼日本，成東亞之霸主。高麗毗鄰遼東，遼、金、元三代皆與之有密切關係，而當變亂鼎革之際，高麗最易遭致干擾。元與高麗之關係即緣之於此，高麗終不能免以「事大」對元。

　　高麗與蒙元接觸之初即委曲求全，高宗十九年時有答蒙古官人書云：「其

〔註78〕朴尚衷、朴宜中，見《高麗史》，卷二五。李崇仁見卷二八。
〔註79〕參見李齊賢前揭書，卷七，〈有元高麗國匡靖大夫都僉議參理上護軍春軒先生崔良敬公墓誌銘〉。〈推誠亮節有功臣重大匡陽君崔公墓誌銘〉。
〔註80〕見《高麗史》，卷一一二，〈鄭習仁傳〉，頁31下。
〔註81〕參見王儀，《蒙古元與王氏高麗及日本的關係》（台北：商務，民國62年），頁119至131。又本文所述部份係參考該書，難免或有重複之見。
〔註82〕見註71，頁266。
〔註83〕參見李元淳前揭書，頁149至152。

投拜之心一也，豈有二哉，且小國雖愚暗，既知畏服大國之義，其嚮仰有年矣！」﹝註84﹞當年即為高麗向蒙元稱臣之年，而同年十二月，高麗答東眞國書云：「夫所謂蒙古者，猜忍莫甚，雖和之不足以信之，則我朝之與好，非必出於本意﹝註85﹞。」這可以說明高麗對蒙元之整體態度與心理。

　　元與高麗為主屬關係，因強權政治之影響，文化上的關係也不免呈現這種型態；高麗之前所受漢、唐之影響亦復如此。元代之文化為蒙漢雜糅，但仍以漢式為主，高麗則久染漢文化，對於元代文物制度多能接受，除去蒙古習俗如辮髮胡服等，制度如宿衛之習於「怯薛」，其餘多仍漢文化。就高麗與中國長期文化交流而言，元代文化對其朝廷之影響，應不異於漢、唐以來之影響的性質，即與強鄰交通，自然產生之影響；但至於辮髮胡服之類，恐係模仿當時令主之意。世祖時即表明對高麗的政策：「其在本國（高麗）之禮樂刑政，聽從本俗，不復以朝廷（元）典章拘制」﹝註86﹞可知元朝並未強勢要求高麗變服色、易制度；故而言元麗文化關係或交流，元朝廷並未強勢推銷。透過本文之粗淺探討，一則可以說明此點，一則可以略知高麗朝廷又確實受到上國蒙元文化的影響。

﹝註84﹞見《高麗史》，卷二三，〈高宗二〉，頁 16 下。
﹝註85﹞見前註，頁 25 下。
﹝註86﹞見《高麗史》，卷一二五，〈柳清臣傳〉，頁 25 下。

十三世紀之蒙元帝國與漢文化

一、前　言

　　西元一二〇六年（金章宗泰和六年，宋寧宗開禧二），蒙古各部召開大會於斡難河，鐵木眞受推爲成吉思可汗，建立大蒙古國，是爲元太祖元年。太祖立國後一則以建設其帝國組織，置官任職，施行游牧封建，一則以發展勢力，向西、南擴張。就前者而言，帝國組織爲草原傳統之建置，正如《元史》所說：

　　　　元太祖起自朔土，統有其眾，部落野處，非有城廓之制，國俗
　　純厚，非有庶事之繁，惟以萬戶統軍旅，以斷事官治政刑，任用者
　　不過一、二親貴重臣耳〔註1〕。

　　軍政兩大系統皆爲蒙古式制度，作爲宿衛之「怯薛」（Keseg）組織亦重編擴建，其他重要之官職如「必闍赤」（bichigchi）、「達魯忽赤」（darghachi）亦隨後設置，與前引文中之斷事官（札魯花赤 Jarghuchi）爲最具蒙古制之代表。就後者而言，西向擴張臣服畏吾兒、西遼，至於西征中、西亞、俄羅斯等地。南向擴張則攻金入華北，旁及於遼東、高麗（東北爲南方金國之地，而高麗則臣服於金）、西夏之征伐。亦由於此二方面之發展，蒙古帝國於短期內接觸寬廣之土地、人民，自不免面臨民族之差別與文化之異同。而後帝國之繼續擴張，此種接觸愈爲頻繁，對於游牧帝國蒙古式之制度、文化帶來不小衝擊，就現實之統治與帝國之維繫需有所調整，而在社會、文化上亦需有所適應。

〔註 1〕見《元史‧百官一》，卷八五（台北：鼎文書局新校本），頁 2119。

十三世紀之中國，由蒙古立國與南方金、宋二朝對峙至忽必烈之統一建立元朝，可謂蒙元帝國初期發展完成之時代。即由漠北草原至南方城鎮農村之逐步統合，由蒙古游牧文化加上西域文明與漢文化之接觸，而終以華北漢地爲帝國中心，至附會漢法成爲重要之制度，其間之轉折演變素爲治史者所重。本文之作在於綜述十三世紀初蒙元帝國建立至十三世紀末忽必烈時期漢文化與帝國之關係，亦即元初五朝對漢文化之觀念及其附會漢法之具體情形。有關本文之論著前輩學者已有言及，或在《元史》範圍內部分述及，或在專題之中特定論述〔註2〕；然就十三世紀此種關係全面之發展來看，仍有作一綜述之需要，故本文擬參考前賢之作，整齊排比，略述己見，未必能有所創新。

二、元初四朝與漢文化

元初四朝指太祖、太宗、定宗、憲宗四帝時期，此時期自蒙元帝國建立，繼續擴張於西、南二面，其間有三次西征與滅金及西夏、攻宋。西方領域形成欽察、察合台、窩闊台、伊利（兒）幾個汗國，中國本土佔有東北、蒙古、新疆、西夏及淮北金朝領地；南方則與宋爭戰於江淮一帶。在民族與文化上接觸到西域及漢，亦可說即元代社會之色目人與漢人及其文化。

蒙元帝國自一二〇六年建立以來，至憲宗蒙哥汗一二五九年時已過半世紀之久，在中國本土只餘南宋與之抗衡於江南之地；帝國西、南二面之擴張皆極爲可觀。四朝在兩方面之擴張，太祖時代似著重於向西之發展，太宗繼之，

〔註 2〕關於元初採行漢法制度及與漢文化之關係之論，於蒙元史中述及者如韓儒林《元朝史》（北京：人民出版社，1986 年）周良霄、顧菊英《元代史》（上海：人民出版社，1993 年）姚從吾《元朝史》（姚從吾先生全集）四，（台北：正中書局，1971 年）：拙著《蒙古民族史略》（台北：中央文物供應社，1980 年）；李則芬《元史新講（四）》（台北：1978 年）。專題論著者如姚從吾〈忽必烈對於漢化態度的分析〉，《東北史論叢（下）》（台北：正中書局，1959 年）；蕭啓慶《西域人與元初政治》（台北：台灣大學文學院，1966 年），〈忽必烈時代「潛邸舊侶」考〉（台北：《大陸雜誌》20：1-3，1962 年），〈論元代蒙古人的漢化〉，《蒙元史新研》（台北：允晨文化公司，1994 年）頁 219 至 263。札奇斯欽〈西域中原文化對蒙古帝國的影響和元朝的建立〉，《蒙古史論叢（上）》（台北：學海出版社，1970 年）。白鋼〈關于忽必烈"附會漢法"的歷史考察〉《中國史研究》，1981：4；趙華富〈論忽必烈"行漢法"的原因〉《史學月刊》，1985：4。J. Dardess "Conquerors and Confucians"（台北：虹橋書店，1974 年）所論主旨在於元末，但略涉及相關論點。Morris Rossabi "Khubilai Khan, His Life and Time", Berkeley, University of California Press, 1988，論及忽必烈之文化政策。

重於西方之發展，但亦南進滅金，平衡偏重西向之勢。定宗朝時間甚短，似有意西向擴張，而未著意於南向；至憲宗時亦如太宗對兩面之發展而有平衡之勢。四朝之兩面並進發展中似較重於偏西，而帝國之重心亦在漠北之地，此情形至世祖忽必烈時始有重大之轉變，將帝國之重心南移至華北漢地〔註3〕。此四朝發展之大勢與擴張重心之不同，略可看出其時民族、文化之偏向，南向即接觸到漢人與漢文化，西向則為西域人與西域文化。就北亞草原民族之傳統而言，與西方之接觸往來毋寧是較長期而自然，在中亞交通史上也說明北方草原與西方之長期往來，本為地理上之自然因素。南方則較具封拒性，以長城可為其大概說明。

西元一二二一年，長春真人邱處機奉成吉思汗之詔往西域觀見途中記道：

> 北度野狐嶺，登高南望，俯見太行諸山，晴嵐可愛；北顧但寒煙衰草，中原之風自此隔絕矣〔註4〕。

出長城後即立見南、北風景之異，地理與生態環境不同，文化即見差異，「中原之風」自是隔絕。若以新石器時代北疆之考古文化而言，長城地區可說是東蒙細石器文化與中原文化在文化整體上而言之分水嶺，然則北疆草原之東蒙古或河套之文化成分仍有北亞四個文化系統特徵之混合而呈不同之比重，其中即有華北之中原文化。在西北地區早期之漁獵文化與北方草原細石器文化似屬同一文化範圍，而後中原文化自東往西延伸進入〔註5〕。此說明新石器時代北疆與西北皆有華北中原文化進入之跡，亦有中、西亞地區文化進入之跡〔註6〕。可知新石器時代北疆草原之文化已相當複雜且有所交通，然則

〔註3〕參見札奇斯欽，〈西域和中原文化對蒙古帝國的影響和元朝之建立〉，前揭書，頁217至232。

〔註4〕見李志常，《長春真人西遊記》，王國維箋註《蒙古史料四種》（台北：正中書局，1962年）頁258。王氏註記張德輝紀行言：「由嶺而上則東北行，始見氈幕氊車，逐水草畜牧，非復中原風土。」

〔註5〕參見張光直，〈考古學上所見漢代以前的北疆草原地帶〉，《歷史語言研究所集刊》第四十三本，（台北：中央研究院，1971年）頁277至301，文中所言四個北亞文化系統為華北中原文化、中原東北沿太平洋岸北上的太平洋海岸文化；貝加爾湖區新石器文化為代表的森林漁獵文化；鹹海地區的克爾提米那（Keltiminar）文化為代表的草原狩獵文化。西北地區之考古文化參見〈考古學上所見漢代以前的西北〉，同上，《史語所集刊》，頁81至111。

〔註6〕參見前註，另見江上波夫，〈新石器時代的東南蒙古〉，蔡鳳書譯，口隆康編，《日本考古學研究者中國考古學研究論文集》（東京：東方書店，1990年）頁1至35。

史書上明確記載自匈奴之草原帝國與南方漢帝國以長城隔絕內外，形成截然不同之南、北文化，恐怕是先秦「夷夏」觀念有以造成，「夷夏」不僅斷分文化亦隔別民族，至於「非我族類，其心必異」〔註7〕，「外而不內，疏而不戚」〔註8〕，此種「夷夏」觀大致由商、周逐漸發展至東周初時形成，從生活習俗、文物制度、心性各方面之異以至於輕「夷」重「夏」，造成對於民族與文化之軒輊評價〔註9〕。以北方草原民族而言，有文化差異之存在，但恐難以接受「以夏變夷」之全面「漢化」，尤其在於如蒙元帝國以征服者擊敗南方朝廷之心理上而言。

元初四朝之擴張，已改變亞洲之政治格局，而中國之北、中部皆在其統治之下，亦正欲進一步南下以底定全中國，是以大蒙古國之可汗不僅治有漢地，接觸漢文化，亦治有西域與西方文化相銜。前述元初四朝之擴張方向乃就其國勢發展而言，其文化上之偏好大體上重於西方，其時之蒙古文化制度固承自北亞民族之傳統，又有蒙古族本身演進之形態，不易有漢文化之影響，亦不易有了解與喜好漢文化之人物，反而在許多方面有遵用西域文化之表現；帝國中為蒙古與西域結合成之政治、文化重心，僅極少數之漢文化色彩存在〔註10〕。太祖成吉思汗時代帝國之核心人物絕大多數為蒙古與西域人，其主持國政與文教，所謂「斷事官治政刑，萬戶統軍旅」，而西域人則多充「必闍赤」之類掌詔令、錢穀、汗廷教師，如眾所周知之蒙古文字創造者塔塔統阿即是。蒙古與西域人聯合漸形成北亞民族聯盟亦是始於太祖時期，而其時所接觸極有限之漢人（廣義之漢人）與漢文化如下：

1、耶律阿海家族。阿海為遼之故族，金章宗時奉使至克烈部，得見成吉思汗因以結交。後與其弟禿花留侍可汗而不歸，兄弟二人為最早北降之漢人，其主要之作為乃從征攻戰與統軍鎮守，為太祖時之高級將帥。兄弟二人之子孫後人皆歷元初四朝為將領〔註11〕。阿海家族皆在於軍功，但未見有代表漢文化之言行作為對可汗或帝國之影響，此類人物於元初四朝至忽必烈時期所

〔註7〕見《左傳》成公四年，竹添光鴻，《左傳會箋》第十二（台北：廣文書局，1965年），頁41。

〔註8〕見《漢書》，卷九四下，〈匈奴傳〉下（台北：藝文印書館），頁25上。

〔註9〕關於先秦夷夏觀之形成，參見拙作，〈論上古之夷夏觀〉，《中國民族與北疆史論——漢晉篇》（台北：丹青圖書公司，1987年），頁19至67。

〔註10〕關於元初四朝偏重西域文化之情形，參見前揭札奇斯欽文。

〔註11〕參見《元史》，卷一五〇，〈耶律阿海傳〉。頁3584至3550。卷一四九，〈耶律禿花傳〉，頁3532至3533。

在多有，其影響於帝國者在於攻城掠地，擴張鎮守，又加入帝國之官僚系統中，增多蒙元政權統治階層之漢人數量；此類漢人於後文中將不再列入討論，僅列論於漢文化有所表現作為者。

2、長春眞人邱處機。邱處機為金元之際全眞教之大師，太祖西征途中召往西域談論，此為治蒙元史者素知之事，故其過程不贅述。眞人與可汗談論之重點在於養生之道與天道好生之德為主，間言及孝道、諫獵等，因而全眞教得到蠲免差發之特權〔註 12〕。這次「雪山論道」之邱處機代表漢地宗教領袖受到蒙元可汗之重視，但論道內容雖有漢文化色彩，卻未有系統之討論與思想之教導，沒有多少漢學之成分，似乎表現出蒙古傳統薩滿信仰中對漢地「孛額」（Böe）之禮遇〔註 13〕。略為類似之情形亦可在代表漢文化之耶律楚材身上看到。

3、耶律楚材。楚材為仕金之契丹皇族後人，其學識博雜，旁及天文、地理、律曆、數術、釋老、醫卜、佛學等，亦正因如此，頗得太祖之青睞，然則楚材之侍太祖左右，其作為僅表現於星曆之象、卜筮、異獸之徵等〔註 14〕，類似太祖早期之視豁兒赤（Khorchi）及有「告天人」（Teb Tenggeri）之號的闊闊出（Kököchü）一般〔註 15〕，直如薩滿信仰中之「孛額」而深受蒙古傳統社會之尊重，但此種宗教之師雖為社會中之貴族，除非身兼氏（部）族長，否則其地位有所局限，並無政治上之實權〔註 16〕。楚材在太祖時代並無具體作為，僅展現出漢地儒者之博學多識於天象及神秘玄妙之徵上，直至太宗時始受重用而行漢法治漢地。薩滿信仰之觀念曾為蒙元可汗移作看待代表漢文化之儒家，如同太祖之視邱處機與耶律處材；如憲宗時曾問漢化之西夏學者高智耀言：「儒家何如巫醫？」，智耀即解說以明，而憲宗云：「前此未有以是

〔註 12〕參見同註 4。
〔註 13〕參見札奇斯欽前揭文。
〔註 14〕參見《元史》，卷一四六，〈耶律楚材傳〉，頁 3455 至 3463。
〔註 15〕豁兒赤見札奇斯欽，《蒙古祕史新譯並註釋》（台北：聯經出版公司，1979 年），第二一節，頁 140；闊闊出見第二四四節，頁 365。馮承鈞譯，《多桑蒙古史》（台北：商務印書館，1967 年）言：「珊蠻者，其幼稚宗教之教師也，兼幻人、解夢人、卜人、星者、醫師於一身」，見頁 33。此珊蠻即薩滿，多桑所言之情形正如豁兒赤、闊闊出之身份，亦類似耶律楚材之表現而得太祖之喜好。
〔註 16〕關於蒙古早期之薩滿信仰及其活動情形，參見拙作，《早期蒙古游牧社會之結構》（台北：嘉新文教基金會，1967 年），頁 113 至 122。

告朕者〔註17〕。」可知其接觸漢文化之有限。至於被視爲受漢文化較深之世祖忽必烈，尚且問「孔子何如人？」，答曰：「是天的怯里馬赤（Kelemechi）」，即天的通譯者，不即薩滿「告天人」之類？故「世祖深善之，蓋由其所曉以通之」〔註18〕，即以蒙古傳統之薩滿觀念「以通之」。儒家、孔子則似薩滿之宗教，而世祖在潛邸時所受漢儒張德輝、元好問奉爲「儒教大宗師」之號，亦正可以說明此種觀念〔註19〕。

　　漢文化在蒙元建國之初並未受到重視，太祖幾乎全然不了解漢文化，亦未表現出有多大興趣，反而接受屬同文化圈之西域文化，引用西域人才爲高官、貴族、姻親、皇子師等；故無法看出太祖受到漢文化之影響。史書中僅見其於臨終前一月，金遣使來言和，帝謂群臣曰：「朕自去冬五星聚時，已嘗許不殺掠，遽忘下詔耶〔註20〕。」此係受漢文化觀星象以徵人事之兆，當係耶律處材之解天象而爲太祖所用〔註21〕。《元史》中又記載：「太祖十二年，以國王置太師一員」〔註22〕，此國王太師即木華黎，沿用漢官名號，故又載：「三公，……有元襲其名號，特示尊崇」，其意甚明，然未見他人有此尊號者；漢人則更不可見。

　　太宗窩闊台汗繼立，大體承襲前朝之發展，因南進滅金而有重大之擴張，亦因之統有華北漢地、漢人，所接觸之漢文化較廣。帝國發展迅速，因實際統治之需要與漢地勢力之控制，以漢人治領漢地勢不可免。自太祖南向攻金後，即有漢地勢力之歸附，或爲金之官僚、將領，或爲地方武裝力量，蒙元朝廷加諸漢地官號，付以統領軍民之權，儼然成爲漢地之世侯，直至世祖時期更定官職，完成削藩之事。漢地世侯在於爲蒙元效命，雖有統軍民之地方權力，但皆在蒙古將帥控領之下，如太祖時期以木華黎爲太師、國王、都行

〔註17〕見《元史》，卷一二五，〈高智耀傳〉，頁3072至3073。
〔註18〕見葉子奇，《草木子》，卷之四上，〈談藪篇〉（北京：中華書局，1997年），頁83。
〔註19〕參見《元史》，卷一六三，〈張德輝傳〉，頁3824至3825。
〔註20〕見《元史》，卷一，〈太祖紀〉，頁24。此爲太祖二十二年六月事，而前一年載：「十一月丁丑，五星聚見於西南」，太祖之言即指此。
〔註21〕耶律處材侍太祖，本以星象言人事，嘗作〈西征庚午元曆〉，以庚午歲（太祖五年）「國兵南伐，而天下略定」，其子正冬至，日月合璧，五星聯珠，應太祖受命之符。見《元史》，卷五二，〈曆志〉，頁1119、1120。故太祖二十一年丁丑，「五星聚見於西南」，當象爲受天命之吉，以止殺掠爲應。正符合耶律處材漢文化之所爲。
〔註22〕同註1，頁2120。

省承制行事，此都行省即總領漠南漢地之最高統帥；所謂「太行之北，朕自經略，太行以南，卿其勉之」，建行省於雲、燕；其後木華黎之子孛魯嗣之〔註23〕。主持全國大政之行政最高首長仍是蒙古式的大斷事官與必闍赤之長，直至世祖時援引漢制，中央機構始作重新之調整。

太宗時主全國大政之中央朝廷極少受到漢文化之影響，其時「龍庭無漢人士夫」〔註24〕，應為簡明之寫照。漢文化中之漢法漢制為元初漢人極力所爭取者，尤其在於治理漢地宜用漢人行漢法，耶律楚材為當時最具代表之人物，前文已言及太祖時楚材雖在近密侍從，但未受重用以行漢法，至太宗時始得以之行漢法於漠南漢地。其時帝國之中央在漠北草原蒙古本土，西方領地設西域行省，南方漢地設燕京行省；憲宗時西方又分為別失八里與阿母河二大行省，漢地仍為燕京行省區。耶律楚材等漢人所行之漢法即在燕京行省，故楚材等漢人擁有中書令、左、右丞相等漢式官稱，並非世祖以後中央行政首長之官稱，而是太宗「改侍從官名」之漢地高官，用以主持漢地政務，且其中尚有西域人出任。在往後之行省中，蒙古、西域人常與漢人共領省事以治漢地，並非全由漢人主持漢地之治理；甚至西域人之權勢地位往往高於漢人；蓋新疆之西域人（回回）早受漢文化影響，且其地農村、城鎮、商業不異於中原漢地〔註25〕。故而漢地治理並非全賴漢人，亦並非全依漢法而行。

雖然治理漢地之燕京行省有不少人參與，重要之領導人物除耶律楚材外，尚有耶律阿海、禿花兄弟，石抹明安、咸得不父子，劉敏、世亨父子，粘合重山、南合父子，楊惟中、姚樞、王檝等人，其他中下級官員如十路徵收課稅所之漢官儒士等，以數量而言應相當龐大，但倡漢文化、行漢法之核心人物仍為耶律楚材，其於太宗初時定策、立儀制、徵稅充國用，以實用之效而受重視，總其大體之作為在於立朝禮、倡文治教化、召考士人立儒戶，

〔註23〕見《元史》，卷一一九，〈木華黎傳〉，頁2936。

〔註24〕見姚燧，〈中書左丞姚文獻公神道碑〉，《牧庵集》，卷十五（台北：商務印書館，四部叢刊初編），頁130下。

〔註25〕見《元史》，卷二，〈太宗本紀〉，太宗三年，「始立中書省，改侍從官名，以耶律楚材為中書令，粘合重山為左丞相，鎮海為右丞相」，此中書省即為設於燕京行省之機構，負責漢地之治理。其中鎮海即為西域人。此外前後參與漢地行省治理之西域人尚有牙剌瓦赤、安天合、奧都剌合蠻、合荅等人。關於西域人在元初政壇上之地位與權勢可參見蕭啟慶前揭書。燕京行省主政之漢人與西域人情形，參見拙作註2前揭書，頁161至164。

以漢法訂漢地賦稅、存撫百姓籍編民戶等〔註26〕。耶律阿海兄弟前文已言及，其主要作爲在於征戰鎮守。石抹明安爲攻陷金中都之主將，與耶律阿海兄弟，奉太祖命召聘邱處機之西域人札八兒共留守中都，安撫中都「悉令安業，仍以粟賑之，眾皆感悅」；其子咸得不襲行省〔註27〕。劉敏初爲安撫使兼燕京路徵收稅課、漕運、鹽場、僧道、司天等事，助「總裁都邑」之耶律楚材鎮撫地方治安，「選民習星曆者，爲司天太史氏；興學校，進名士爲師」，行省燕京歷太宗、定宗、憲宗三朝；其子世亨襲行省〔註28〕。粘合重山佐楚材「建官立法，任賢使能，與夫分郡邑，定課賦，通漕途，足國用」；其子南合行省軍前，未留於燕京〔註29〕。楊惟中與姚樞奉太宗之命行省於南征軍，「即軍中求儒、道、釋、醫、卜、酒工、樂工」，負漢地人才蒐求之責，其後得名士，伊、洛諸書送燕京，立周敦頤祠，建太極書院，延儒士趙復、王粹等講學，「遂通聖賢學，慨然欲以道濟天下」〔註30〕。趙復講學於太極書院，爲北方立朱子道統，倡明理學於元初，其間之影響與對學術之貢獻甚大。〔註31〕王檝於中都降時救民給糧，復民農耕，以宣撫使恢復廟學(國子學)，率諸生行釋菜禮〔註32〕，耶律楚材譽之謂其於「灰燼之餘，草創宣聖廟……諸儒相賀曰：可謂吾道有光矣」並以詩相賀，前述楊惟中曾提舉此國子學，而姚樞亦講學其中〔註33〕；此皆爲發揚漢文化之儒學立場而爲。

元初四朝燕京行省爲漢地治理大政之中樞，帝國所行之漢法皆在於此，

〔註26〕耶律楚材之作爲，郝經有簡要之説明：「定賦稅、立造作、榷宣課、分郡縣、籍戶口、理訟獄、別軍民、設科舉、推恩肆赦」，見《陵川集》，卷三二，〈立政議〉(台北：商務印書館，四庫全書)，頁19下。另參見拙作，《元代的士人與政治》(台北：學生書局，1992年)，頁203。又關於耶律楚材在蒙元時期之整體作爲可參見韓儒林，〈耶律楚材在大蒙古國的地位和所起的作用〉，《穹廬集》(上海人民出版社，1982年)，頁178至194。

〔註27〕參見《元史》，卷一五○，〈石抹明安傳〉，頁3557。卷一二○，〈札八兒·火者傳〉，頁2961。耶律阿海兄弟見註11。

〔註28〕參見《元史》，卷一五三，〈劉敏傳〉，頁3610。

〔註29〕參見《元史》，卷一四六，〈粘合重山傳〉，頁3466。

〔註30〕參見《元史》，卷一四六，〈楊惟中傳〉，頁3467。姚樞見註24。

〔註31〕參見拙作註26前揭書，頁206。

〔註32〕參見《金史》，卷一五三，〈王檝傳〉，頁3612。

〔註33〕參見耶律楚材，《湛然居士文集》，卷三〈釋奠〉(北京：中華書局，1986年)，頁46。關於蒙元初時之國子學參見蕭啟慶，〈大蒙古國的國子學——兼論蒙漢菁英涵化的濫觴與儒道勢力的消長〉，《蒙元史新研》(台北：允晨文化公司，1994年)，頁65至94。

漢人具體所爲之大要情形如上述。以中央及大行省區而言，漢人與漢法僅限於漢地，蒙古與西域人共治西方領地，又參與漢地治理，帝國初期似未特別重視漢人及其文化。西域人在帝國初建時即受到重視及重用，遠超過漢人或漢文化所受之對待，即使在世祖以漢地爲政權中心後，西域人仍擁有相當之權勢地位，大體係因其民族上與蒙古皆爲北亞民族，語言爲阿爾泰語（Altaic）語系，文化同屬北亞文化圈，而西域各族（國）降服較早，關係較密切，復能治理農商城鎮，故如畏兀兒文明與人才爲帝國初興時所急需。又因西域人與漢人之民族性、文化背景及立場不同，漢人嚴於夷夏之防，民族意識較深，其治國深受儒家思想支配，西域人對漢地既缺乏「吾土吾民」之心，又與蒙古人同無中國傳統之包袱；加之漢人數量龐大，難免受統治者所忌，故而促使蒙古與西域聯合之勢，此形勢終有元一代皆未改變〔註34〕。

若以耶律楚材爲漢文化之核心，其所力主施行之漢法基本上仍沿用至世祖建大元國號之後。太宗朝所議行與漢文化有關之措施、制度應皆出於燕京行省諸漢人，如其時之中書省至世祖時轉變爲中央大政所在，行省則分立地方，立丁、地稅法，〔註35〕絲料法，〔註36〕酒醋課，〔註37〕商稅。〔註38〕禮樂上如前述朝禮爲楚材所訂，樂則由太祖之西夏樂轉變成太宗用金樂，憲宗則始行登歌樂。〔註39〕尊孔、修廟始於太宗以孔元措襲封衍聖公、敕修孔子廟。〔註40〕曆法修訂爲中書省臣請奏契勘金之「大明曆」，然其結果不詳；此前耶律楚材於人祖時曾指正其失，創「西征庚午元曆」，但不果頒用，至世祖時曾稍用西域「萬年曆」，後命許衡等治新曆頒行。〔註41〕貨幣交鈔之議印始於太宗八年，楚材以發行不過萬錠爲宜，〔註42〕後忽必烈於癸丑年（憲宗三

〔註34〕參見拙作註2前揭書，頁159、160。
〔註35〕參見《元史》，卷九三，〈食貨一〉，「稅糧」條，頁2357。
〔註36〕參見前註，「科差」條，頁2361。
〔註37〕參見《元史》，卷九四，〈食貨二〉，「酒醋課」條，頁2394。
〔註38〕參見前註，「商稅」條，頁2397。
〔註39〕《元史》〈耶律楚材傳〉中稱太宗即位時，楚材「立儀制」當爲制朝儀之始，所謂「國朝尊屬有拜禮，自此始」，大約爲簡單之朝拜禮，見頁3457。故〈禮樂志〉中載：至元八年初起朝儀，由劉秉忠、許衡制訂，此爲國家典禮之完整朝儀，見卷六七，頁1664。樂之演變見同卷頁。
〔註40〕參見《元史》，卷二，〈太宗本紀〉，頁32、34；楚材傳中則稱此舉爲其奏請，見頁3459。
〔註41〕參見前註，頁34；另見同註21，頁1120。
〔註42〕參見〈太宗紀〉，頁34；另見楚材傳，頁3460。

年）於其京兆分地立交鈔提舉司，至中統元年造中統元寶交鈔。〔註43〕太宗
得中原時用楚材之言行科舉選士，以經義、詞賦、論三科試諸路儒士，由尤
虎乃、劉中主其事，得士四千三十人，〔註44〕但此次初行漢法之科舉選士未
成定制，以至未能繼續實施，世祖大用漢法亦事未果行，至仁宗朝始參酌舊
制而行之〔註45〕。

由上可知，以燕京行省為中心在元初四朝奏行之漢法，加上前述漢士之
具體作為，大體稍有可觀；約略而言包括賦稅、禮樂、尊儒、教化、興學、
科舉、鈔法、曆法等方面。在帝國之體制中，漢文化具體形成漢法治漢地之
結果，而其重要在於成為世祖朝大用漢法以治國之基礎，亦成為有元一代在
文化、制度上重要之部份。

三、忽必烈模式與複合體制

漢文化對元初四朝最具體之影響為燕京行省之治理，漢地儒士爭取到以
漢法治理漢地為其成功之例，雖然尚未能參與中央大政之決策，同時常需與
西域人及西域法抗衡，但對於漢文化逐漸為蒙古朝廷所接受有相當之進展。
漢地世侯在地方勢力中亦召攬儒士，助其治理地方並講學修業，多少維繫漢
文化之不墜；至忽必烈開府漠南，漢地各方人才漸為其收攏，形成以漢文化
為中心之集團。

元初受漢文化影響最鉅之蒙古親貴為忽必烈，緣於其家族與漢文化之環
境，加以漢地治理之背景，得以形成其漢文化色彩濃厚之集團〔註46〕。漢人
則思「得君行道」，自然積極擁護具漢文化色彩之蒙古親貴，不惟忽必烈本人
受到漢士之支持，後來真金太子之受擁戴，亦出於同樣之心理。要之，即欲
以漢文化之「夏」來變蒙元之「夷」。然則蒙元帝國之政權有異於漢人所認知
之性質，蓋自太祖初起時即有跨越於西方之領域，至四朝之擴張與鎮守，帝
國之政權已非傳統漢式之朝廷立於中國本土，迨忽必烈建國號大元，則既為
統一中國之皇帝，復為蒙古帝國之大可汗，帝國中央之國策非僅止於中國本
土之考量，尚須顧及其他汗國及草原舊地，因之，漢文化或漢法至多亦恐止
於中國本土，難以行於其他地區，如同燕京行省之行漢法，決不能及於西方

〔註43〕參見《元史》，卷四，〈世祖一〉，頁59、67。
〔註44〕參見〈太宗紀〉，頁35；楚材傳，頁3461。
〔註45〕參見《元史》，卷八一，〈選舉一〉，頁2015。
〔註46〕參見姚從吾、蕭啟慶註2前揭文。

之行省區，亦不能行省於蒙古本土。

忽必烈將帝國重心南移至華北，代表漢地成爲大政之中樞，燕京行省變成大元之首都所在（大都），既是繼過去治理漢地之中心，亦是蒙古大帝國之汗廷，而以蒙古人言，此乃係傾向漢文化之行爲；以漢人言，則成爲中國式朝廷之建立。早在太宗初立時，有近臣別迭等言：「漢人無補於國，可悉空其人以爲牧地」，幸賴楚材力辯，立十路徵收課稅使以充實國用，證實漢人、漢法之可用〔註47〕；但亦足見別迭等蒙古本位者之觀念。《元史》又載世祖時：

> 西北藩王遣使入朝，謂本朝舊俗與漢法異，今留漢地，建都邑城郭，儀文制度，遵用漢法，其故何如？〔註48〕

此復見蒙古本位者對漢文化之觀念，以爲與蒙古文化之「本朝舊俗」截然不同，世祖則成爲服膺漢文化者，故留漢地而「遵用漢法」。世祖固用漢法（人），但亦用蒙古法（人）、西域法（人），與前四朝之情形類似，是「胡漢」雜糅、分區而治，且於漢地始用漢法，不過世祖將帝國重心南移至漢地，以漢法重新調整中央之儀制，遂至於「遵用漢法」；然此亦爲蒙元建國以來漢人極力爭取之目標，至此時已大體完成。正如其時力倡漢法之郝經所言，世祖立新政、去舊汙：「登進茂異，舉用老成，緣飾以文，附會漢法」，所謂「緣飾」、「附會」即禮儀典制以漢文化爲本之新政權，「援唐宋之故典，參遼金之遺制，設官分職，立政安民」〔註49〕；蓋寓有「以夏變夷」之意。實質上，蒙元帝國於世祖時雖已建「大元」國號，成爲中國之正統皇朝，但早於中統初建元詔書中即說：

> 朝廷草創，未遑潤色之文；政事變通，漸有綱維之目。……稽列聖之洪規，講前代之定制〔註50〕。

其變通綱維係「稽講」而來，有帝國列聖之傳統與中原前代之儀制，簡言之，由蒙古法與漢法「稽講」構成之複合體制；既未全以蒙古法治理中國，亦未全盤漢化以「變夷」。郝經所言之立新政，實則爲忽必烈所建模式而爲有元一代所遵用。

忽必烈模式是以全蒙古帝國人可汗兼中國人元朝之皇帝，與各汗國間維

〔註47〕見註14，頁3458。
〔註48〕見註17，頁3073。
〔註49〕見註26郝經前揭文，頁20下、21下。
〔註50〕見《元史》，卷四，〈世祖一〉，頁65。

持其封建關係，並對中國實行直接統治，而其中國治理為北亞（蒙古與西域）制與漢制之複合體制。類似多體制國家之元朝，由下述三端可見其概：其一，有蒙古舊制與西域之法，政制上如兀魯思（ulus）、五戶絲分封，怯薛（宿衛）制度，樸買、包銀法等，雖謂舊制，亦不免多少沾染漢制，成為另一種複合體制。如五戶絲食邑之分封源於草原分封之舊法，但又結合漢地二稅戶、官僚制而成。〔註51〕怯薛制度為太祖初興時之草原舊制，由簡而繁，至世祖時亦結合部份漢制而成較新之形態。〔註52〕其次為中原漢法之廣泛製用，如儀典官制，多承金、宋之法。其三為居於蒙古法與漢法雜糅之間者，如地方行政蒙古、漢人、回回並管之制，又如禮樂與生活之俗，有漢文化之禮亦或間雜蒙古之俗〔註53〕。以上粗舉三端略可明瞭複合體制為蒙元帝國之特色，由元初四朝至世祖時漸趨成熟；忽必烈既以漢地為帝國重心，遂訂定為統治之模式。此三端確實說明忽必烈「祖述變通」表現於制度與機構中之情形〔註54〕，亦說明蒙元帝國在蒙古文化與漢文化接觸半世紀以來之結果，此為文化之「涵化」（Acculturation）問題，由接受、綜合、至反應之過程與可能之結果。若由太祖初建帝國時言，大體上似未接受漢文化，太宗時即明顯開始接受，歷定、憲二朝之綜合，至世祖時始反應出帝國對漢文化之結果，形成忽必烈模式。綜觀其複合體制之三端為帝國之總體結構，自有元一代政權之鞏固而言，極不易產生太大變更，此為其可能之結果。蓋以蒙古軍、政舊制為其權力核心與屏藩政權之所需，亦即「大根腳」閥閱政治之基石，此與閥閱貴族之特權及勢力密切相關，透過舊制（包括人事）較易掌握全國大權。其次為用漢法、漢人，此與現實治理上之需要，與人才及方法有關；太宗之用耶律楚材等燕京行省之例，及忽必烈漠南治理之經驗可為明證。雜糅並行之制為解決其文化傳統之保留與適應，尤其於生活禮俗上之民族性與漢族間差異之共存自適為其主要之考慮，但亦有民族軫域之因素，不得不有雜糅之制產生。

　　忽必烈模式中大用漢法為治元史者所熟知，綜合一般之論著，其所行之漢法約略為置中書省等漢制中央機構、樞密院、御史台之設，其他如建國號、

〔註51〕參見李治安，《元代分封制度研究》（天津：天津古籍出版社，1992 年），頁 62 至 107。

〔註52〕參見註 26 拙作前揭書，頁 80 至 84。

〔註53〕參見拙作，《元史中所載之蒙古舊俗》（台北：蒙藏委員會，1989 年）。

〔註54〕參見周良霄、顧菊英前揭書，頁 277。

立行省、行國鈔、廣運河、定律令、建太廟、治河渠水利、立翰林國史院、創設司農司、立國子學、定朝儀服色、頒戶口條畫、編「大定政要」等〔註55〕。其中行省制已有舊法，但進一步作全面劃分。國鈔始於太宗時印造交鈔，進而為大元之幣制。朝儀亦於太宗時即有初步禮樂之制。戶口條畫為籍冊制度，與蒙古斷事官之斷戶口、分份子有淵源關係，不過用漢法作重新規整。忽必烈所「遵用漢法」當不止此，如立皇太子與東宮制度、經筵講習、譯印漢籍、銓選考課、先農社稷之祀等等漢制，而以百官之制尤多，有元一代典章制度十之七、八皆出自其時，正如《元史》所稱：

> 世祖度量弘廣，知人善任使，信用儒術，用能以夏變夷，立經
> 陳紀，所以為一代之制者，規模宏遠矣〔註56〕。

忽必烈模式可稱為一代之制，漢文化對蒙元帝國於禮樂典制上之影響亦大體如此。此外，在蒙古人接受漢文化之廣義角度來看，由於環境因素，朝廷之提倡，政治利益之追求，導致其研習漢學，於儒學、文學、美術等方面皆可見其表現，蒙元一代具體可考者有一五六人，而於前五朝中之人數為十七人〔註57〕。人數雖然極少，但略可說明漢文化並非僅賴帝王之施政與朝廷典制中始明瞭其情形，亦可於對漢學之研習中得見其梗概。

四、結　語

十三世紀為蒙元興起至鼎盛時期，近百年間由草原部落聯盟擴張為亞洲首強之大帝國，聲勢及於歐洲。太祖成吉思汗時代即展開向西、南二方面之擴張，兼及往東之擴張，因地理因素蒙古草原多與西域往來，又以與西域同屬一文化圈之故，蒙元帝國初興時接觸西域文化（人）較多於漢文化（人），使帝國極早即接受西域文化，形成蒙古與西域聯盟之北亞色彩，漢文化幾乎

〔註55〕參見註2，周良霄、顧菊英前揭書，頁271至274，姚從吾前揭文，頁398、399。

〔註56〕見《元史》，卷十七，〈世祖十四〉，頁377。

〔註57〕參見蕭啟慶，〈元代蒙古人的漢學〉，《蒙元史新研》（台北：允晨文化公司，1994年），頁97至212。該文並不計入元代諸帝王，按諸帝皇子對漢學認識或學習之程度不一，如世祖本人及其子真金所受漢文化為眾所周知，而真金之子甘麻剌（顯宗）善畫，王惲〈題顯宗墨竹行〉、〈顯宗畫三教晤言圖〉、〈題顯宗承華殿墨戲〉等詩皆可為證，見《秋澗集》（四庫全書本），卷二五，頁22上；卷二七，頁11下；卷三十，頁11上。又關於元代帝王漢文學之情形可參看 Herbert Franke, "Could the Mongol Emperors Read and Write Chinese？", China under Mongol Rule, Variorum 1994, chapter Ⅴ, pp28-41。

未被接受。至太宗南進滅金，領有華北之漢地、漢人，因統治上之需要，開始以漢人用漢法治漢地，然則漢地治理仍不乏西域人與西域法，除前朝之傳統外，亦因西域法有治理農村與城市之能力，未必須全賴漢人，故而太宗朝形成西域文化與漢文化競爭漢地治理權之局面，另有蒙古式治理參雜其間，漢人需與西域人抗衡，復得抵擋反漢文化之蒙古權貴，爭取汗廷之支持，此皆造成蒙元初期數朝之政治風波；隨著汗廷之權力衝突與可汗之偏好，漢地治理之傾向則有不同，漢文化在帝國之待遇亦受影響。

燕京行省為元初四朝漢地治理之中心，初由木華黎父子統帥領之。太宗時則以金末儒士耶律楚材等任省事，但亦有蒙古、西域人掌權行政，由行省之職權與人事變動，約略可看出漢文化於四朝之待遇，大體上尚未站穩其重要地位，不過雜糅於蒙古、西域之間，而蒙元中央之大政及西方領地幾全無漢人之參與。至於地方軍政雖有漢人世侯掌控，但皆在蒙古親貴將臣統帥之下，或直接受命於中央；僅地方民、財之政須受行省之督轄，但形式上要大於實質上之統隸關係。

忽必烈因家世關係與漠南治理之經驗，集結大量之漢人，形成漢文化集團為其政治基礎，及其爭得汗位，遂將帝國之重心南移至漢地，並於初期大用漢人、行漢法，漢人於其時取得重要地位，但旋即因政治事件使漢人權勢大衰，漸形成蒙古與西域之北亞聯盟掌握軍國大政，漢人大多成為數量龐大之行政官僚，甚少參決大政。漢人於元代政治間之升降並未影響漢法之行，而忽必烈對漢文化之態度正反應出蒙元建國以來經半世紀與漢文化接觸之結果，即將漢文化（法）成為帝國總體結構之一，形成複合體制，所謂「緣飾」、「附會」、「遵用」即是如此，雖帶有「以夏變夷」之成份，但並未全盤漢化，是以蒙元帝國對漢文化而言，仍未便以同化概稱之。

（原刊於中國元史研究會，《元史論叢》，第 8 輯，2001 年）

八十餘年以來遼金史研究之
方向與課題

一、前　言

　　國史中遼金史的研究較爲薄弱，舉凡研究者、教學課程、論著等方面，都能顯現出這種情形，而在史學界也未能將之與其他斷代史等同齊觀。究其原因大約有幾：一是史料較缺乏，影響研究的題目，二是往往視之爲宋史的附庸，併入宋史的範圍之中〔註1〕。前者是研究資料的問題，的確是受到相當的限制，後者是觀念的問題，大約係傳統夷夏觀及大漢主義的影響所致。此外，遼、金二代之政權爲契丹、女眞所建，其民族自身之歷史、文化異於漢族，在研究上多少產生隔閡，不如其他漢族朝代較易契入。其次，契丹、女眞族的語言問題，也不免影響了研究其歷史的興趣及增加研究的難度。

　　遼、金史的研究在晚清開始受到注意，此前因清代學風所及，二史之研究已有起步，如萬斯同爲金諸帝、將臣、功臣作圖表，錢大昕之考異、拾遺，趙翼之叢考、箚記，施國祁之詳校、箚記。其他如杭世駿、盧文弨之補金史，厲鶚、楊復吉之拾遺遼史，黃任恆、王仁俊、繆荃蓀、倪燦、盧文弨、金門詔補作遼、金藝文志，輯遼文存、文萃。黃任恆考遼代文學、錄金石，陳衍爲遼詩記事，吳廷燮作遼、金方鎮年表，李愼儒、楊守敬各爲遼、金地理作考、圖，丁謙考遼、金外國傳地理，汪遠孫爲遼、西遼作午表，汪輝祖作遼史同名錄，莊仲芳、張金吾收金文學爲文雅、文最，李有棠爲二史作記事本末等等〔註2〕，凡此多在於爲二

〔註1〕參見陶晉生，〈民國以來遼金史研究的回顧〉，《民國以來國史研究的回顧與展
　　　　望論文集》（台北：臺灣大學，民國81年），頁123至134。
〔註2〕以上所述，《遼史》部份大略可參看楊家駱，《遼史彙編》（台北：鼎文書局，

史之考訂、校補、整編，此種研究之風氣與方向固爲清代之學風，也延續到民國時代，如羅振玉、孟森、王國維、羅福成、羅福頤、羅繼祖、陳漢章、金毓黻等之於金石碑刻、校訂、輯補皆可見其間關係〔註3〕。

　　遼金二史的研究雖說較不如他史之盛，但民國以來至今，研究之成果也有一定數量，就所知目前收輯較完整的目錄爲叢禹所編之《遼金史研究論著索引》〔註4〕，大體上收容了宋德金所編西元一九四九至西元一九八二年的遼金史論文目錄〔註5〕，也收容了宋晞所編《宋史研究論文與書籍目錄》正、補編中有關遼金史的部份〔註6〕，綜合三種目錄，刪其重覆，並比對筆者所編目錄之初稿，大約研究二史之論著應近四千條（篇、本）左右，而二史彼此相差條目不多，約略相當。以量而言，已有不少數目，自無法窮盡細部，但對二史研究之狀況，已有數人作過專論，如陶晉生、王民信、趙振績、張博泉、宋德金、黃鳳歧、景愛、李錫厚、徐松巍〔註7〕，諸人所編，異同兼有。此外，大陸所編《歷史學年鑑》、《中國史研究動態》，隨其出版，逐年介紹研究及發

民國 62 年），其總目及內文所收：《金史》部份可參看國防研究院，《金史》（台北：國防研究院，民國 59 年），下冊，附錄。

〔註 3〕參見陶晉生前揭文；另見《遼史彙編》所收。

〔註 4〕該書出版於 1991 年，內蒙古大學出版社出版，所收錄爲 1900 年至 1990 年之論著。

〔註 5〕參見歷史研究雜誌編，《遼金史論文集》（瀋陽：遼寧人民出版社，1985 年），附錄，〈論文資料索引〉。

〔註 6〕該書增訂本於民國 72 年由文化大學出版部出版，補編爲補充 1983 年至 1986 年之論著。該書所收包括遼金二史在大陸及臺灣發表之論著，其中大陸部份也都爲叢禹索引所收。但叢禹之索引所收臺灣之論著甚少，遠不如本書。本書所收爲 1905 年至 1986 年之論著。

〔註 7〕參見陶晉生前揭文；王民信，〈從遼史論文目錄看契丹史研究〉，《契丹史論叢》（台北：學海書局，民國 62 年），序文；趙振績，〈近六十年來國人對遼金元史的研究〉，《史學彙刊》，第四期（台北：中國文化學院，民國 61 年），頁 219 至252：張博泉，〈金史研究的進展與構想管見〉，《金史國際學術研討會專集》（鄭州：中州古籍出版社，1995 年），頁 1 至 5；〈近百年來金史研究的進程與展望〉，《社會科學戰線》，1995 年四月號（長春社會科學戰線雜誌社），頁 249至 254；宋德金，〈金史研究的回顧與展望〉，《遼金史論集》，第八輯（吉林：吉林文史出版社，1994 年），頁 24 至 44；〈建國以來金史若干問題的研究〉，《遼金史論文集》，頁 564 至 596；黃鳳歧，〈近年來我國契丹史研究述略〉，《遼金史論集》，第七輯（鄭州：中州古籍出版社，1995 年），頁 1 至 15；景愛，〈遼史研究綜述〉，《北方文物》，第九期，1995 年；李錫厚，〈遼史與遼史研究〉，《中國社科院研究生院學報》，1995 年第五期；徐松巍，〈八十年代以來金史研究的若干思考〉，《求是學刊》，第二期，1994 年。

表（出版）狀況，其中即有遼、金史之部份。上述皆可爲參考及了解二史研究之資料。

在研究史的時間過程上，張博泉對金史的研究提出三個階段說：一是本世紀的前半個世紀的五十年，爲傳統封建史學轉爲近代史學之研究，二是 1950 至 1979 年的三十年間，爲馬克斯主義唯物史觀指導研究時期，三是 1980 至 1995 年的十五年間，爲改革開放的大好時機，使金史研究呈現騰躍之時期，以第三個時期才使金史走上研究的軌道。〔註 8〕這種分期充滿政治史觀，雖然在大陸上政治氣候對學術研究有極大之影響，但仍宜以實際之學術研究分析探討，以爲分期之標準。或不需作分期，可以時間序列之，指出該時期之情況及特色，如陶晉生所作之處理方式，也能了解類似的分期。遼、金史研究的狀況，如前述諸人所言，已能有大體的掌握。本文擬參考前賢所說，訂出項目作爲觀察的範圍，以其研究之方向與課題略述之。

又研究二史之學者專家，前輩先驅者皆已作古，除上述王國維等人外，尚有馮家昇、陳述、傅樂煥、毛汶、劉銘恕、徐炳昶、尹克明、岑仲勉、姚從吾、李符桐、趙鐵寒、蔣復璁、楊家駱等，其研究與貢獻，前述陶、張諸文皆有論及，此不贅述。

二、民族史與民族關係

遼、金二代爲契丹、女眞民族所建之政權，對於二民族之歷史自爲重要的研究課題，此範圍內所涉的問題有民族之起源與先世的活動，部族與組織、周邊民族（國家）關係，契丹、女眞後裔等。

（一）民族起源或族屬問題

因史書記載語焉不詳，前後矛盾，又有不同史料記錄間或異同，莫衷一是，引起不少的討論。對於契丹族屬與源流即有幾種說法與主張〔註 9〕，這與論女眞族之起源一樣，眾說紛云〔註 10〕，要之，對於二族之族屬與起源，由

〔註 8〕見張博泉：前揭〈近百年來金史研究的進程與展望〉一文。

〔註 9〕這幾種說法是 1.匈奴說，2.鮮卑說，3.鮮卑系的別部，4.鮮卑與匈奴的融合，5.古匈奴與東胡之融合演變而成，6.烏桓說。參見黃鳳岐前揭文。又楊家駱，《遼史世系表長箋》（中國學術史研究所，民國 54 年），集史書資料論證契丹先世及活動歷史，極其詳盡。

〔註 10〕參見孫進己，《東北民族源流》（哈爾濱：黑龍江人民出版社，1987 年），頁 176 至 212。該書討論了以肅慎、挹婁、勿吉、靺鞨、女眞、滿族爲一個民族

民初至現代不時有諸家之研究，其研究之方向早期在於史書之材料考釋，後期除仍重視史書材料外，又兼引用學理如馬克斯思想、摩耳「古代社會」理論，也用了些文物、考古發掘等，故而在分析論證上顯然較為充實。論證的重點上是以史書之記載為基本根據，再由禮俗、服飾、語言、活動地域等作不同的考察，方法運用較以往擴展許多，但在其中對於考古資料並未充份運用，故在這方面的研究中不易看到，這是往後可以探討的課題。同樣的，探討二民族先世活動、地域時，也多以古籍記載為主，少見考古資料的充份運用。

考古資料的報告、解說等，在研究論文的目錄中占有極大的篇幅，大約占研究論文的五分之一以上，因此有相當豐富的材料可供研究之用，這些材料的蒐集匯整似未見到，其內容、性質的分析也未綜合，僅有單篇的論文形式，對於充份運用這些材料方便性而言，尚有一段距離。

（二）關於部（氏）族與組織方面

討論的論著有相當的數量，其中不少是與部（氏）族關係或民族關係併同討論者。早期如方壯猷〈契丹民族考〉（《女師大學術季刊》，第一卷第二期、第三期，民國 30 年），王國維〈金源姓氏考〉（《學衡》，第五十三期，民國 11 年），金毓黻〈遼部族考〉（《東北集刊》，第五期，民國 33 年），陳述〈金史氏族表〉（《史語所集刊》，第五本第三、四分，民國 35 年）。而後對於二史對民族問題研究大體上在四個方向：

其一、契丹、女真民族本身的部（氏）族組織、名稱。如契丹古八部的三種說法，大賀氏的八部、十二部兩種說法，遙輦氏的三種說法，其中也有部數相同而名稱相異者，﹝註11﹞這些不同的研究，多以史書記載為主要依據，一時無法得到共識。此外，趙振績有〈契丹族系考〉（中國文化大學博士論文，民國 63 年），全面考察契丹之部族問題，又如孫進已〈契丹部族組織發展變

的通說，其中引論諸家之言，而作者以為女真族乃逐漸形成的，由肅慎種的鞣鞨部落被渤海統治的部份逐漸形成，而肅慎、挹婁等為同一種族中的不同，各有其民族系列；何俊哲、張達昌、于國石合著的《金朝史》（北京：中國社會科學出版社，1992 年），頁 12 至 32，也作了類似的討論，以為女真族源與肅慎有關，近則出於黑水鞣鞨；李學智提出女真族源的新看法，是以其出於室韋如者部，參見〈釋女真〉，《宋遼金史研究論集》（臺北，大陸雜誌社），頁 174 至 187。

﹝註11﹞參見宋德金：前揭〈建國以來遼金史若干問題的研究〉一文，頁 568 至 571。

化〉（《社會科學輯刊》，第四期，1981 年），王民信〈契丹古八部與大賀遙輦迭剌的關係〉（《契丹史論叢》，民國 62 年）都是討論部族組織名稱者。

其二、對契丹、女眞民族中的部（氏族）族之研究。如李符桐〈遼朝國舊拔里乙室已二部爲回鶻考〉（《師大歷史學報》，第一期，民國 73 年），馮繼欽〈遼代鴨綠江女眞新探〉（《博物館研究》，1986 年），孟廣耀〈烏古敵烈部變遷考〉（《蒙古史研究論文集》，1984 年），楊若薇〈釋遼內四部族〉（《民族研究》，第二期，1978 年）。由於史料所限，二民族內部各部（氏）族，無法看到有較廣的討論及較多的部族研究。此類論文以考證爲主要方式，使部（氏）族有清晰的認識。

其三、討論民族間的關係或政策。如王民信〈遼朝統治下的奚族〉（《政大邊政研究所學報》，第五期，民國 63 年），李符桐〈奚部族及其與遼朝關係之探討〉（《大陸雜誌》，第三十三卷第七期，民國 55 年），張正明〈女眞與其他少數民族的關係〉（《中國北方民族關係史》，1989 年），趙振績〈渤海族系與契丹之關係〉（《中國歷史學會史學集刊》，第十一期，民國 79 年），王明蓀〈契丹與中原本土之歷史關係〉（《宋遼金史論文稿》，民國 77 年）。簡裕龍有〈契丹與女眞的統治關係研究〉（中興大學碩士論文，民國 85 年）爲近年來的專書。景愛討論女眞與高麗關係，湯開建研究遼朝的党項分布。加上其他諸學者之研究，大體上討論了奚、回紇、高麗、渤海、蒙古、阻卜、韃靼、庫莫奚、術不姑、党項、室韋、五國部、漢族等。這方面的研究較爲廣泛，也有相當的深度。

其四、討論契丹、女眞族於遼、金亡後的情形。如陳述〈大遼瓦解後的契丹人〉（《中國民族問題研究集刊》，第五期，1955 年），何冠環〈金亡後完顏族遷移考略〉（《史潮》，第四十五期，民國 79 年）。近年之專著有孟志東《雲南契丹后裔研究》（中國社科出版社，1995 年），由現狀言其歷史語文、圖文皆具。此類論文較少，尚有些課題值得研究。

三、政軍與制度

此項包括較廣，份量也較多，舉凡內政、外交、軍事、政事制度皆在其內；就論文目錄而言，數量最多。其研究的方向與課題大約有幾：

一、**通論性質的研究**。如毛汶〈金人反遼之背景與動機〉（《學風》，第六卷第十期，民國 25 年），黃鳳岐〈關於遼朝逐漸衰亡的原因的探討〉（《洛陽

師專學報》，第一期，1986 年），蔡美彪〈契丹的部落組織和國家的產生〉（《歷史研究》，1964 年）。通論性質涉及的範圍廣，層面多，較不易論述，所見的論文也不多，倒是在歷史教學的討論中往往出現這一類的文章，或者在討論二朝的歷史地位等問題時，較易有全盤的意見。如張正明〈契丹的歷史貢獻和遼朝的歷史地位〉（《中國北方民族關係史》，1989 年）。

　　二、**政治結構或問題的研究**。如陶晉生〈金代的政治結構〉（《史語所集刊》，第四十一卷第四期，民國 69 年），趙衛邦〈契丹國家的形成〉（《四川大學學報》，第二期，1958 年），姚從吾〈契丹君位繼承問題的分析〉（《臺大文史哲學報》，第二期，民國 40 年），李錫厚〈論遼朝的政治體制〉（《歷史研究》，第三期，1988 年），王明蓀〈略論遼代的漢人集團〉（《宋遼金史論文稿》，民國 77 年）。契丹君位繼承有數篇討論外，遼、金史上整體觀察政治結構、衝突、體制等的研究較少，是可再深討的課題。陶先生的〈結構〉外，又有〈金代的政治衝突〉（《史語所集刊》，第四十三卷第一期，民國 71 年），兩文研究都用了社會科學的理論與方法來解析此種通盤的問題。又有任愛君由契丹族俗討論國家體制等。

　　在個別的政治問題上研究不多，而大部份在對人物的探討方面呈現出來，（參看後文），同時往往集中在如遼太祖、金太祖的功業政績上，其餘各朝政治尚有空間待研究。

　　三、**外交方面**。在遼、宋澶淵之盟，宋、金海上聯盟這二個課題上研究較多。宋遼關係早期有聶崇岐〈宋遼交聘表〉（《燕京學報》，第二十七期，民國 29 年），傅樂煥〈宋遼聘使表稿〉（《史語所集刊》，第十四本，民國 38 年），吳徵麟〈補遼史交聘表〉（《史學論叢》，第一期，民國 30 年），盧逮曾〈五代十國時遼的外交〉（《北大四十周年紀念刊乙論》，下卷，民國 29 年）等文，至近代以來論著不多。陶晉生《宋遼關係史研究》（台北：聯經出版社，民國 73 年）是較為全面、新觀點的著作。外交關係有時也與民族關係略有重疊之處，故需參考關於前述民族間的關係部份。

　　在宋金關係上，大部份討論岳飛抗金的問題，著重於宋金之鬥爭，如鄧廣銘〈南宋對金鬥爭中的幾個問題〉（《歷史研究》，第十卷第二期，1963 年）堪為代表，這個方向是大陸學者較偏好的。陶晉生與王明蓀都提出了較新的看法，解決了金宋初期關係的主要問題〔註 12〕。金、宋關係的全面探討尚為

〔註 12〕參見陶晉生，〈完顏昌與金初的對中原政策〉，《邊疆史研究集》（台北：商務印

缺乏，中、晚期與蒙古、宋間關係亦待研究。此外，遼、金與高麗、西夏的關係，可併爲參考。

四、軍事方面。韓道誠有〈契丹軍制考〉(《國立編譯館館刊》，第一卷第四期)，林瑞翰〈遼代兵制〉(《大陸雜誌》，第十七卷第七期)，沈起煒《宋金戰爭史略》(湖北人民出版社，1958 年)，張秉仁〈論遼金之戰〉(《河南師大學報》，1983 年，第四期)，劉慶研究金軍戰法，又有〈遼金軍事改革〉(《遼金史論集》，第四期，1989 年)，程光裕《宋太宗對遼戰爭考》(台北：商務印書館，民國 61 年)，陶晉生《金海陵帝的伐宋與采石戰役的考實》(臺大文學院，民國 52 年)，陳述〈糺軍史實論證〉(《史學集刊》，第六期，1950 年)，王可賓〈遼代女眞人的軍事民士制〉(《北方文物》，第四期，1986 年)，土曾瑜〈試論遼朝軍人的征集和輪調系統〉(《中華文史》，第四期，1986 年)，王曾瑜〈試論遼朝軍人的征集和輪調系統〉(《中華文史》，第九期，1986 年)，關樹東〈遼朝部族軍的屯戍問題〉(《中央民族大學學報》，第六期，1996 年)。金代軍制的研究要少於遼代，關於糺軍討論的論文頗多，但意見也不一致。戰史的研究較偏於宋遼與宋金之間；又如漆俠有系列地研究宋遼戰爭。在國防與戰略上著眼的討論甚爲少見，研究軍人、武將在政治、社會上的地位也較缺乏。楊若薇《契丹王朝政治軍事制度研究》(北京：中國社會科學出版社，1991 年)是近年來對遼朝政軍結構、制度形成較全面的研究。劉慶、毛元祐《中國宋遼金夏軍事史》(北京人民出版社，1994 年)由兵制、戰爭、武器、兵學等方面論述，對遼、金史軍事上有一定的研究。其他尙有李錫厚、杜成安、陳烈、徐紅、張國慶、游彪、李華端等人的有關研究。

五、政治制度方面。遼、金在官制研究上日人島田正郎、三上次郎有頗多論述，而政制的範圍較廣，通常以中央、地方制度來作簡便的劃分，但二朝又有其部族傳統，政制則顯得複雜些。楊樹藩《遼金中央政治制度》(臺灣商印書館，民國 67 年)，就二史職官作全面之敘述。論中央制度其他如張亮采〈遼代漢人樞密院之研究〉(《東北集刊》，第一期，民國 30 年)，李錫厚〈遼代宰相制度的演變〉(《民族研究》，第四期，1987 年)，唐統天〈遼代尚書省研究〉(《北方文物》，第一期，1989 年)，李涵〈金初漢地樞密院試析〉(《遼

書館，民國 60 年)，頁 33 至 49；王明蓀，〈金初的功臣集團及其對金宋關係的影響〉，《邊政研究所年報》，第十期 (台北：國立政治大學邊政研究所，民國 79 年)，頁 135 至 154。

金史論集》，第四輯，1989 年），孟繁清〈金代的令史制度〉（《宋遼金史論叢》，第二期）注意到低階官吏問題。對於地方政制之研究，一般而言是相當少的，但遼、金有其特色的制度，受到一定的重視，投下軍州、斡魯朵問題，以陳述、費國慶、張正明的研究而言，分別成主張爲封建農奴制度及奴隸制的組織與身份兩種看法〔註 13〕。此外，楊若薇也有相關的討論。在猛安謀克制度上，張博泉有較全面、系統的研究《金史論稿，第一卷》（吉林文史出版社，1986 年），他以爲猛安謀克原是軍事組織，後來與村寨組織結合，而後發展成軍事與行政結合的地方組織。但呂振羽、蔡美彪、翦伯贊等人主張原爲氏族部落組織，而後發展成地方和軍事組織。郭人民主張由建國前帶有軍事意義的生產組織，後來成爲軍事制度。華山、王賡唐則主張其爲單純的軍事貴族制〔註 14〕。其餘尚有費國慶、焦費、程妮娜、胡順利等人的討論論文可供參考。

勃極烈制度也是受到重視的研究，如趙冬暉〈金初勃極烈官制的特點〉（《遼金史論集》，第一輯，1986 年），程妮娜〈金初勃極烈制度研究〉（《金史》論稿），第二卷‧1992 年），武忱〈金制迭勃極烈官職唯斡魯一人出任〉（《瀋陽師院學報》，第三期，1982 年）等，對於此制度有較普遍的看法。程妮娜又有對金初路制的探討，而譚其驤〈金代路制考〉（《遼金史論文集》，遼寧人民出版社，1985 年）有全面的概述。此外，景愛考察蒲與路，陳得芝探討遼代西北路招討司等，都有其見地。蔣松岩研究金代提刑按察、御史臺，徐松巍對金代監察制度有系列的研究。在軍政與制度方面相關的研究除前述例舉之外，尚有王民信、何天民、趙永春、董克昌、楊茂盛、吳鳳霞、孟繁清、武玉環、王進蓮、冉守祖等人，都有其研究及論文發表。

四、社會與財經

（一）社會性質的討論

大陸學者研究的興趣較高，也有整理出研究的情形，大體上對遼代的社會性質有三種說法：一是以氏族公社建立的奴隸制國家，在中期景、聖宗時逐步轉化爲封建制，如蔡美彪的看法即如此。二是如向鐵、華山、費國慶等

〔註 13〕參見宋德金，〈建國以來遼金史若干問題的研究〉前揭文，頁
572 至 575。
〔註 14〕參見同前文，頁 585 至 587。

人的看法，認爲契丹由原始氏族公社制直接過渡到封建社會。三是陳述的看法，以爲遼代處在部落軍政聯合體，國內主要部份到遼末時才向封建制過渡近於完成。對金代社會性質的看法有幾：一是如尙鉞、華山、王賡唐所說，女眞由原始氏族社會直接過渡到封建社會，二是漆俠、韓耀宗、蔡美彪所說，金國建國前爲奴隸社會，到海陵王至世宗時始完成封建化。三是呂振羽、張博泉所說，金初完成了氏族向奴隸制變革，到熙宗至章宗時始完成了封建制〔註15〕。這種研究方向往往與經濟、生產併同處理，而不免套用或局限於有關三階段發展的形式之中。相關的討論另有趙冬暉〈金代女眞社會奴隸制度的特點〉(《社會科學輯刊》，第五期，1984年)，喬幼梅〈女眞奴隸制的演變〉(《文史哲》，第五期，1992年)，孫進已〈金代女眞的社會性質〉(《遼金史論集》，1989年)等。

(二)禮儀習俗方面

近十年較受到注意，專著如王可賓《女眞國俗》(吉林大學出版社，1988年)，宋德金《金代的社會生活》(陝西人民出版社，1988年)，柯大課《中國宋遼夏金習俗史》(人民出版社，1993年)。其他論文在於「柴冊儀」、「再生禮」、「祭天儀」、葬禮、飲食、服飾、衛生、射柳、「射鬼箭」等課題〔註16〕。對於契丹著名的「捺缽」生活，則爲傅樂煥〈遼代四時捺缽考〉(《史語所集刊》，第十本，民國32年)，姚從吾〈說契丹的捺缽文化〉(《東北史論叢》，下冊，民國48年)之研究爲著，女眞帝王之遊獵則有勞延宣之兩篇研究：〈金朝帝王季節性的遊獵生活〉(《大陸雜誌》，第二十三卷第十一期、十二期，民國50年)。大體上生活禮俗研究尙稱普遍。

〔註15〕參見同前文，頁566至568、583、585；另參見蕭黎主編，《中國歷史學四十年》(北京：書目文獻出版社，1989年)，頁195至198。

〔註16〕這些禮俗研究如王民信，〈契丹的柴冊儀與再生禮〉，《故宮圖書季刊》，第三卷第三期(民國62年)；舒焚，〈遼帝的柴冊儀〉，《遼金史論集》，第四輯(1989)；馮家昇，〈契丹祀天之俗與其宗教神話風俗之關係〉，《史學年報》，第四期(民國21年)；景愛，〈遼金時代的火葬墓〉，《黑龍江省文物博物館學會成立紀念文集》(1980)；賈洲杰，〈契丹喪葬制度研究〉，《內蒙古大學學報》，第二期，1978年；張國慶，〈遼代契丹人飲食考述〉，《中國社會經濟史研究》，第一期，1990年，〈遼代契丹服飾考略〉，《學習與探所》，第四期，1990年；于敏，〈金代女眞族醫藥衛生民族史初探〉，《東北地方史研究》，第九期，1989年；徐炳琨，〈橫簇箭和射柳儀〉，《社會科學輯刊》，第九期，1980年；黃清連，〈遼史射鬼箭初探〉，《史原》，第四期(民國73年)。

（三）婚姻、婦女、家庭等方面

有胡迪生〈淺談契丹族婚姻制度〉（《東北地方史研究》，第一期，1989 年）、曹顯微〈契丹女性社會地位述略〉（《昭烏達蒙族師專學報》，第三期，1990 年），鄧榮臻〈金代女眞族妻後母說考辨〉（《北方文物》，第一期，1990 年），趙冬暉〈女眞族家長制家庭公社〉（《黑龍江文物叢刊》，第一期，1983 年），張國慶〈遼代契丹人家庭考論〉（《宋遼金元史》，第三期，1991 年），宋德金〈遼金婦女的社會問題〉（《中國史研究》，第二期，1995 年）。韓世明〈遼金時期女眞家庭形態研究〉（《宋遼金元史》，第四期，1993 年）。此方面之研究資料較不易完整取得，影響研究，故成果並不豐富。但對遼代婚姻制有蔡美彪主張的部落外婚制，朱子方主張的族外婚，向南、楊若薇主張的氏族外婚、部落內婚制〔註17〕等三種不同的研究。

（四）城市與戶口方面

近年來有于杰、于光度《金中都》（北京出版社，1989 年），景愛《金上京》（三聯書店，1991 年）二書之出版，是相當專業的研究。遼代的有李逸友〈遼代城郭營建制度初探〉（《遼金史論叢》，1987 年，第三期），陳陸〈遼幽州市容舉例〉（《中和月刊》，第九期，1941 年）。大體皆在名都大城之研究，其餘城鎮少見討論。但通論性有札奇斯欽〈契丹和他們的城市〉二篇（《東方雜誌》，第五卷第一、十一期，民國 71 年）。在交通方面的研究甚少，偶見三、二篇而已。

戶口、人口方面的研究不多，對於「二稅戶」較有討論，羅繼祖主張爲專指寺院居民而言，張正明主張部曲多爲二稅戶，領主與朝廷各取其半稅，蔣松岩主張有投下、寺院所屬的兩種二稅戶〔註18〕。此外袁震〈遼代戶口〉（《歷史研究》，1957 年，第三期）、王育民〈金朝戶口問題析疑〉（《宋遼金元史》，第一期，1991 年），高樹林〈金朝戶口問題初探〉（《中國史研究》，第十二期，1986 年）爲通論二朝之戶口問題。奴婢的研究有傅衣凌〈遼代奴隸考〉（《食貨》，第一卷第十一期，民國 24 年），張博泉〈金代奴婢問題研究〉（《史學月刊》，第九期，1965 年），賈敬顏〈金代的驅及其相關的幾種人戶〉（《社會科學輯刊》，第五期，1987 年）。李錫厚〈遼代諸宮衛各色人戶的身份〉（《北京師院學報》，第四期，1985 年），研究頗具特色。韓光輝〈遼代中國北方人口的遷移及其社會影響〉（《宋遼金元史》，第四期，1989 年），黃鳳岐〈遼初對

〔註17〕參見宋德金，前揭〈建國以來遼金史若干問題的研究〉一文，頁 572。
〔註18〕參見同前註，頁 589 至 590。

掠奪人口的安置〉(《社會科學輯刊》,第六期,1987 年),注意到遼代人戶及流動的問題,劉浦江對金代戶口有所關注,王曾瑜〈金代戶口分類制度和階級結構〉(《歷史研究》,第六期,1993 年)皆爲近年戶口制的研究。

法制上有傅百臣〈金代法制研究〉(《金史論稿》,第二卷),葉潛昭《金律研究》(臺灣商務印書館,民國 61 年)爲對金代法律較全面的整理。陳述〈遼代刑法史論〉(《遼金史論集》,第二期,1987 年),嵇訓杰〈遼代刑法概述〉(《民族研究》,第一期,1982 年),爲二篇遼法之研究。

(五)財經、貿易方面

有早期陳述的名著《契丹社會經濟史》(三聯書店,1963 年)論遼之社會經濟,張博泉有《金代經濟史略》(遼寧人民出版社,1981 年)論金代經濟。合論的著作較近的有葛金芳《宋遼夏金經濟研析》(武漢出版社,1991 年),漆俠、喬幼梅《遼夏金經濟史》(河北大學,1994 年),林榮貴《遼朝經營與開發北疆》(社會科學出版社,1995 年)。又通論論文如楊樹森〈遼代社會經濟及其發展〉(《中國古代經濟史論叢》,1983 年),孫進已〈遼代女眞族的經濟及社會性質〉(《克山師專學報》,1985 年)。

財經研究的內容有費國慶研究「打草穀」,羅繼祖、王家琦研究遼賦稅,劉浦江研究金賦稅,何天民研究遼代群牧制,張英研究金代畜牧,劉興唐、賈敬顏研究金代礦業,武玉環述論金代商業,吳宏岐論金代漕運,這些方面研究較少。稍多的研究爲遼、金的農業,如張國慶、黃鳳岐、張博泉、郭人民、趙鳴岐等十餘位學者之論文。宋遼、宋金貿易亦稍多,如廖隆盛、岑家梧、全漢升、陳新權、杜文玉、任崇岳、靳華、喬幼梅、閻玉哲、林文益等等。貨幣之研究較多,紙幣、交鈔、銅錢皆有,因出土文物之故,如窖藏銅錢、承安寶貨等,因此有不少的討論,亦有由錢幣上之文字作討論對象者,凡此不一一列出。又有研究寺院經濟,如白文固〈遼代寺院經濟初探〉(《社會科學》,第四期,1981 年),論題頗具新方向,惜相關研究甚少。關於金世宗曾實施「通檢推排」之賦役,引起不少討論,除探討其法之行外,在評價上多受人注意,如向鉥、張博泉是採否定的看法,趙光遠則持肯定之說〔註19〕。吳慧〈遼金元鹽法考略〉(《鹽業史研究》,第一期,1988 年),郭正中〈論遼代鹽業及鹽務管理〉(《社會科學戰線》,第五期,1993 年),此課題鮮有人論及。

〔註19〕參見同前註,頁 587、588。

五、文化與教育

（一）二代文化與漢化

綜述二代文化的研究不多。有張柏忠〈契丹早期文化探索〉（《考古》，第二期，1984 年），汪海鏡〈遼代制度文物之研究〉（《東北月刊》，第三卷第五期，民國 30 年），張博泉〈論金代文化發展的特點〉（《社會科學戰線》，第一期，1986 年），宋德金〈正統論與金代文化〉（《歷史研究》，第一期，1990 年）。二代的漢化問題是較早受到注意的，近年來漸注意到儒家思想，漢族士人在二代的情形。在漢化上，早期如毛汶〈遼人漢化考〉（《國學論衡》，第六卷第三、四期，民國 25 年），姚從吾〈契丹漢化分析〉、〈女真漢化的分析〉（《大陸雜誌》，第四卷第四期，民國 41 年；第六卷第三期，民國 42 年），陶晉生〈金代女真的漢化〉（《臺大文史哲學報》，第十七期，民國 57 年）。近年仍有相關之研究，《遼文化》、《契丹文化》為研究之總結，尚不知刊行情況如何。其他如馬赫〈遼代文化與華夷同風〉（《民族研究》，第三期，1987 年），宋德金〈契丹漢化禮俗述略〉（《遼金史論集》，第一期，1987 年），張晶〈金代女真與漢文化〉（《中州學刊》，第三期，1989 年）。至於漢士與儒家思想如范壽琨研究金代孔廟建制與作用外，又有〈遼代儒家思想簡論〉（《社會科學輯刊》，第五期，1988 年），劉慧宇研究儒家思想對金代女真族的思想政治變革，而趙振海有〈儒家思想對契丹族意識形態之影響〉（《社會科學研究》，第六期，1984 年），董克昌〈大金統治思想主體的儒家化論〉（《遼金史論集》，第五輯），孟廣耀〈試論遼代漢族儒士的華夷之辨觀念〉（《北方文物》，第四期，1990 年），都興智〈金初女真人與遼宋儒士〉（《遼寧師大學報》，第六期，1991 年）。

（二）教育與科舉方面

早期有毛汶〈金代學術之沿革〉（《學風》，第五卷第十期，民國 24 年），還有陳述〈遼代教育史論證〉（《遼金史論集》，第一期，1987 年），都興智〈金朝教育論〉（《遼寧師大學報》，第二期，1988 年），張博泉〈金代教育史論〉（《史學集刊》，第一期，1989 年），張帆〈金代地方官學略論〉（《社會科學輯刊》，第一期，1993 年），關於遼代之教育論者甚少。近又有程方平《遼金元教育史》（重慶出版社，1993 年）專書，論述三朝之教育制度及發展。早年陳東原有〈遼金元之科舉與教育〉（《學風》，第三卷第四期，民國 22 年），將三朝之教育與科舉制度並述，類似者有方壯猷〈遼金元科舉年表〉（《說文》，第

三卷第十二期，民國 33 年）。李家祺〈遼朝科舉考〉（《現代學苑》，第五卷第八期，民國 57 年），朱子方、黃鳳岐〈遼代科舉制度述略〉（《遼金史論集》，第一期，1987 年）。金代科舉有趙冬暉〈金代科舉制度研究〉（《遼金史論集》，第四期，1989 年），陶晉生〈金代女眞進士科〉（《政大邊政所年報》，第一期，民國 59 年）等。

（三）語文方面

其早溯自羅振玉、孟森、柳詒徵、金毓黻、羅福頤、羅福成、王靜如、毛汶等人，加上研究未斷，近年來仍有大量之研究。契丹文字的研究隨著出土文物而引起較多的探討，其方向較側重於小字之研究，由於大字不併音，解讀困難仍在探索階段。小字研究相對地較多，清格爾泰、劉鳳翥、陳乃維、于寶林、邢復禮合著《契丹小字研究》（中國社會科學出版社，1985 年），可說是目前的集成之作。其餘相關論文甚多，不及贅述。女眞文字亦有大量的研究，其中如同契丹大、小字一樣，女眞的大、小字及現存文字屬於那一種，都引起不少意見，而女眞字研究的集成為金光平、金啓孮父子之學，有《女眞語言文字研究》（文物出版社，1980 年），金啓孮又有《女眞文辭典》（文物出版社，1984 年），〈論金的女眞文學〉（《內蒙古大學學報》，第四期，1984 年），兼論及女眞語文。在契丹、女眞語文方面全是大陸學者之研究，臺灣地區李學智有金史語解，女眞譯語之研究外，則無所見，此係資料及考古文物之關係。

（四）文史藝術方面

早期蘇雪林《遼金元文學》（商務，民國 23 年），吳梅《遼金元文史學》（商務，民國 23 年），為通論二朝文學，顧敦鍒〈遼文學〉（《之江學報》，第一卷第三期，民國 23 年），魏洪禎〈契丹之文學〉（《責善》，第一卷第三期，民國 29 年），魏洪禎〈契丹之漢文學〉（《海疆校刊》，民國 36 年）。近年有米治國〈遼代文學初論〉（《社會科學戰線》，第一期，1985 年），林明德〈金代文學批評析論〉（《輔仁學誌》，第九期，民國 69 年），孫泓〈契丹的文學〉（《遼金史論集》，第七輯，1995 年），詹杭倫《金代文學思想史》（成都科技大學出版社，1990 年）為對金代文學創作、理論的專書。

陳述〈遼代的詩詞曲與小說戲劇〉（《文史哲》，第一期，1980 年）敘述遼文學的幾個方面，陳荊鴻〈遼金詩概述〉（《文學世界》，第四卷第四期，民國

49 年），其餘有諸宮調、詩歌等之研究，周惠泉有系列的數文探討金代文學，而對於元好問的文學有較多的討論。

（五）史地研究方面

馮家昇〈遼金史地理志互校〉（《禹貢》，第一卷第四期，民國 23 年），楊樹森研究遼地志北疆界，向南有補遼地志之作，而譚其驤《遼史地理志》補正〉（《禹貢》，第一卷第二期，民國 23 年），朱希祖〈鴨江行部志地理考〉（《地學雜誌》，第二十卷第一期，民國 21 年），爲較早訂考之作。姚從吾〈遼金元歷史地理〉（《中國歷史地理》，下冊，文化大學出版，民國 72 年），魏良弢、鄧銳齡、韓儒林研究西遼之地理。其他對遼金山河、地名考論者有數文，如同地方制度研究一樣，爲數不多。

史學研究方面楊樹森〈遼代史學述論〉（《遼金史論集》，第三輯，1987 年），趙振績〈遼金元的史學〉（《臺北女師專學報》，第四期，民國 63 年），崔文印〈金史散論〉（《史學史資料》，第五期，1979 年），劉浦江〈關於契丹國志的若干問題〉（《史學史研究》，第二期，1992 年），顧吉辰也作有關的考證，馮家昇有〈遼史源流考與遼史初校〉（哈佛燕京學社，民國 21 年），王明蓀有研究《金史》源流、史官、史家等論文〔註 20〕。關於劉祁《歸潛志》一書的討論有陶晉生、陳學霖、宋德金等人之著述〔註 21〕，此外，崔文印研究《大金國志》，李錫厚研究《契丹國志》，謝啓晃等對遼代修史者如耶律儼等數人寫大略傳記。其餘有數篇探討《遼史》、《金史》史書的論文。大體上而言，史學這方面的研究並不多。

（六）藝術方面

有莊申〈遼金時代之華北書畫家〉（《港大中文學會年刊》，1966 年），陳兆復〈契丹繪畫〉（《內蒙古社會科學》，第九期，1980 年），張光福〈略論金

〔註 20〕參見王明蓀，〈金修國史及金史源流〉，《書目季刊》，第二十二卷第一期（台北：書目季刊社，民國 77 年）頁 47 至 60；〈遼金之史館與史官〉，《國史館館刊》，復刊第六期（台北：國史館，民國 78 年 6 月），頁 15 至 28；〈王若虛之史學批評〉，《興大歷史學報》，第二期（臺中：中興大學，民國 81 年）頁 59 至 69。

〔註 21〕參見陶晉生，〈劉祁與歸潛志〉，《邊疆史研究集──宋金時期》（台北：商務印書館，民國 60 年）頁 87 至 110；陳學霖，〈歸潛志與金史〉，《遼金史研究論集》（臺北，大陸雜誌社），頁 1 至 5；宋德金，〈劉祁與歸潛志〉，《史學月刊》，第三期，1982 年。

代美術〉（《中央民族學院學報》，第二期，1982 年），金申〈遼代契丹族畫家的藝術成就〉（《民族團結》，第一期，1984 年）。由於考古與文物發掘，壁畫類的述論因之而起，此不贅述。

陶瓷方面也受到注意，但研究論文不多。如李文信〈遼瓷簡述〉（《文物參考資料》，第二期，1958 年），朱子方〈遼瓷瑣談〉（《藝林叢錄》，1964 年），關松房〈金代瓷器和陶器問題〉（《文物參考資料》，第二期，1958 年），趙光林等〈金代瓷器的初步探索〉（《考古》，第五期，1979 年），其餘尚有順平、王長啓、汪宇平等人少數論文。另外，隈苪〈契丹樂舞考〉（《社會科學戰線》，第一期，1989 年），宋廣學〈金代的戲俑〉（《人民畫報》，第十二期，1963 年），為遼、金舞樂方面的作品，甚為少見。工藝上亦有關造鏡、浮雕、絲織、木器、壺等研究文章，仍甚為少見。通常文物與考古有關，較多的文章是屬於發掘所見而作的報告，數量相當多，於此無法盡述。

（七）宗教信仰方面

朱子方有〈遼代佛學著譯考〉（《遼金史論集》，第二輯，1987 年），呂澂〈契丹大藏經略考〉（《現代佛學》，1951 年），討論佛學資料、經典。陳述〈遼代宗教史論證〉（《陳垣百年誕辰紀念論文集》，1981 年），韓道誠〈契丹佛教發展考〉（《大陸雜誌》，第十卷第四、五、六期，民國 48 年），其餘尚有李家祺、王玲、李龍政、周湛然、問耕、魏洪祺、王吉林等有關佛教資料、寺院的少數論文，而金代佛教之論述難以發現。通論金代的有宋德金〈金代宗教簡述〉（《社會科學戰線》，第一期，1986 年），溫玉成〈金代糠禪述略〉（《法音》，1988 年），提出新的課題。原始民間信仰者有富育光〈金代女真的薩滿教〉（《黑河學刊》，第三期，1988 年），邢康則論遼代，作〈契丹巫教在遼立國後的地位及其變化〉（《昭烏達族師專學報》，第二期，1989 年），此類民間信仰論著甚少。

道教的關注與研究較多，邢康〈論遼代的道教〉（《昭烏達族師專學報》，第四期，1988 年），張榮錚〈金代道教試論〉（《天津師大學報》，第一期，1983 年）。范牛〈宋遼金元道教年表〉（《責善》，民國 30 年）為道教在數朝發展的繫年。孫克寬對全真教的研究較有系統與全面性，其論著多在其專書中，如《宋元道教之發展》（東海大學，民國 54 年）。

遼金道教之研究在於全真、真大二派，也相應於宋、元二代之發展情形，自與當時之政治、社會有關，故姚從吾有〈金元全真教的民族思想與救世思

想〉（《治史雜誌》，第二期，民國 28 年），窪德忠有〈全眞教與金元社會〉（《鵝湖雜誌》，第十一卷第七期，民國 75 年），錢穆有〈金元統治下之新道教〉（《人生雜誌》，第三十一卷第三期，民國 55 年），郭旃有〈全眞道的興起及其與金王朝的關係〉（《世界宗教研究》，第三期，1983 年），陳俊民〈略論全眞道的思想源流〉（同前），蔣義斌〈全眞教祖王重陽思想初探〉（《中國歷學會史學集刊》，第十七期，民國 73 年）爲道教思想史的研究，陳智超〈金元眞大教史補〉（同前世界宗教研究），以新史料補舊有之研究。除此外，遼金二朝與其他宗教之研究鮮有所見。

（八）關於人物方面

遼金二朝多集中於帝王、貴族人物上，或因部（氏）族的結構形態與史料關係，但也不免受到傳統對統治層的偏好影響。大體二朝人物被提出討論研究者約各有三十位左右，〔註 22〕在遼代討論較多的爲太祖、耶律楚材、耶律大石、承天后、述律后等人，金代爲元好問、世宗、海陵王、張子和、希尹、太祖。兩朝人物來看，在金代注意到了文學、醫學人物是很有特色的地方，遼代則注意到漢士或漢文化人物。

六、參考書與資料整理

遼、金二史研究方面的專著即此處所謂的參考書，以別於史料、史籍等資料性的專著。在前面的敘述裏，每節中都多少出現一些專書，以爲說明的例子，在此即不重複。有些屬於工具書、譯著等專著也附於本節中例舉；本節所述但舉書爲主。

對於二史寫出的通論著作，有以地方或區域史角度而作的，如金毓黻《東北通史》，有在中國通史裏必須述及的遼、金史部份，此則不需列出。以近古史爲時段而併諸國（朝）史爲書的，有金毓黻《宋遼金史》，陶晉生《中國近古史》，王明蓀《宋遼金元史》，程光裕、鄭均《中國近古史》，楊樹森、穆鴻

〔註22〕初步所見這些人物遼代爲太祖、太宗、聖宗、興宗、道宗、天祚帝、耶律大石、述律后、承天后、宣懿后、蕭意辛、（耶律氏）楚材、希亮、鑄、底里特、履、留哥、休哥、屋質、倍、羽、庶成、儼、蕭韓家奴、室昉、韓昉、韓氏、胡瑰、高模幹，金代人物有太祖、熙宗、海陵王、世宗、章宗、宗幹、宗弼、宗翰、楊朴、婁室、希尹、蒲察通、紇石烈良弼、完顏勗、完顏壽、完顏承暉、宇文虛中、任詢、梁肅、劉祁、虞仲文、李石、王庭筠、趙秉文、白樸、竇漢卿、元好問、劉完素、張子和、馬丹陽、張元素。

利《遼金夏金元史》。類似的著作是在工具書的條目中，如《中國歷史大辭典》有《遼金夏元》卷，《中國大百科全書·中國歷史·遼宋夏金史》。斷代為史或以民族史單獨成書者，姚從吾有《遼史講義》、《金史講義》，陳述有《契丹史論證稿》，陶晉生有《女眞史論》，林旅芝有《契丹興亡史》，楊樹森有《遼史簡編》，張正明有《契丹史略》，舒焚有《遼史稿》，張博泉有《金史簡編》，孫進已等有《女眞史》，何俊哲等有《金朝史》，王愼榮、趙鳴岐有《東夏史》，魏良弢有《西遼史研究》（寧夏人民出版社，1987 年）。

在史料校訂、補正、整理方面，除前文所述外，較著者如馮家昇《遼史證誤三種》，羅繼祖《遼史校刊記》，陳漢章《遼史索隱》，黃寶實《金史校勘》，陳述《金史拾補五種》，而其耗力至鉅的《遼史補注》尚待刊行。至於二史本身之校點整理有國防研究院中華大典的校點，鼎文書局、大陸中華書局的校本。其它如陳述《全遼文》，大陸中華書局點校《金文最》，崔文印點校《金史紀事本末》、《大金國志》，羅繼祖、張博泉《鴨江行部志注釋》，張博泉《遼東行部志注釋》，董克昌《大金詔令釋注》，陳垣《道家金石略》，景愛《金代官印集》，李澍田主編《金史輯佚》，張中澍、陳相偉《金碑匯釋》，王愼榮、趙鳴岐編《東夏史料》，陳高華《宋遼金畫家史料》，陳衍《遼詩紀事》、《金詩紀事》，唐圭璋《全金元詞》，姚奠中、賀新群、鄭樹侯等人校點、輯注元好問詩、文等專書。中華書局編遼、金史人名索引，便於讀書、研究。楊家駱《遼史彙編》，將研究資料彙整，極有助於研讀。

訂補二史的單篇著作除前所述及諸家外，尚有羅繼祖作〈遼漢臣世系表〉、吳廷燮作〈遼、金方鎮年表〉，楊家駱〈補遼世表〉、〈金藝文志〉、朱子方〈補遼藝文志〉，李家祺〈補遼史史官篇〉、〈醫師篇〉、蔡美彪作〈遼史外戚表〉。

譯述的專著有金啓孮譯三上次郎《金代女眞研究》，李東源譯外山軍治《金朝史研究》，皆為日本研究金史之大家，較早的有陳捷、陳清泉譯箭內亙《遼金糺軍及金代兵制考》，馮承均譯牟里《東蒙古遼代舊城探考記》，單篇論文譯過居龍藏、野上俊靜、羽田亨、松井、島田正郎、田村實造、津田左右吉等，其餘英、美、法、蘇、韓各國相關論文亦有譯注。王承禮曾主編《遼金契丹女眞史譯文集》收錄譯文十八篇可為代表。各種譯文時或散見於期刊雜誌之中，但為數不多，大抵以日人著作較多；亦有以中文寫就者。

論文集之編輯成書早期大陸雜誌即將於該刊發表之論文分類（斷代）輯成專書，如《宋遼金史研究論集》等三冊，漢聲出版社亦出書一冊，中華叢

書編審會有《宋史研究集》而收遼、金之研究論文，北京中華書局有《宋遼金史論叢》，遼寧人民出版社有《遼金史論文集》，上海古籍、吉林文史等出版社共出有《遼金史論集》八輯，另有數種研討會之會議論文集，張博泉編《金史論稿》三冊，于寶林編《女眞文字研究論文集》。至於個人之論文集專書有毛汶、姚從吾、張博泉、陶晉生、王民信、李則芬、王明蓀等人。

　　附帶再提及的是考古文物的資料，這方面相當龐雜，前面已約略言及。大體上都靠大陸工作者的辛勤而來，研究上多屬於發掘、調查報告，也有并同考察研究而成的論文，初步估計約七、八百篇，這對於作研究自有極大的助益，成爲研究工作的重要資料源，自當需要繼續努力。

　　在研究團體與機構方面，除去一般政府、研究機構中所屬外，大陸上近年成立遼金及契丹女眞史研究會，契丹族史研究會，元好問學會學等，有其研究工作進行，亦有專業刊物，如《遼金及契丹女眞研究》之刊行，十分難得。臺灣則附屬於其他團體中，早期有阿爾泰歷史語言學會但未持續進行，宋史座談會、中國邊政協會包容了二史之研討，有《中國邊政》期刊發行。

七、結　語

　　民國以來遼金二史的研究，從整體的大方向來看，有從北方或少數民族的朝代這個觀點，有從附屬於宋朝相關的政權這個觀點來從事研究，又有以北亞民族的征服王朝立場而言者。不同的觀點對研究的方向與課題有所影響，如以宋朝爲主體遼金爲從副，則所重在宋代史的發展，論及雙方關係史時對遼、金的資料及分析較易忽略，論證的結果也傾向於解決解宋史的問題；若以稍早的中國通史之作即爲明顯例子。金毓黻力揭「三史兼治，乃能相得益彰」，姚從吾提出「國史擴大綿延的看法」，即爲矯正舊有史觀並調整研究方向的作法。在大陸上到近十餘年來才有所轉變，不但予遼、金、夏與宋同等分別敍述，也開始注重其個別的研究，及於討論各朝的歷史地位等。臺灣在這方面遠不如大陸的「歧視狀況」，或因史學研究較具開放性、學習訓練與方法論之不同有以致之。

　　評價歷史地位、作用、社會經濟性質、民族關係定位、戰爭性質等等的討論，是大陸上研究的方向與課題，相關的論文與討論也多。臺灣並不以此方向爲重，只在個別研究題目中作應有的析論，不必然要爭論出一定需有何種性質、地位等等。大陸這種研究方向應是受政治風氣影響，幾乎使得學術

教條化，促使歷史研究的方向與課題往往固定、刻板。近十餘年來因大陸改革開放政策之故，歷史研究也隨之較「開放」，雖然還見討論性質之類的論點，這種情形已略有改變，似乎並不刻板地要作為研究的重要方向與課題。

從前面粗略地分析二史各方面的研究來看，除了考古之外，政治、社會為研究的主要方向，其課題在於政治制度、民族與社會、政治結構、外交、戰爭關係等。由稍早的考訂證補到政治、社會的研究，而近十餘年來這個方向仍在持續中，但研究課題已多樣化，如軍事組織制度、人口問題、婦女、家庭、城市、禮俗生活等，由對統治階層、軍國大事的注重漸及於平民社會乃至弱勢團體這個方向。經濟史是較新的研究方向，過去多附在社會性質中，近年較能單獨地對待來探討一些經濟問題。

在文教方面也是較新的研究方向，除了語文、文學、漢化保有相當長的持續研究外，史地、宗教、科舉、藝術等方面漸受到重視。考古文物特別有助於文化研究，不斷地發掘可以添加許多新材料與新課題，而文化方面所涉頗廣，課題也多，過去許多地方受到忽略，可待成為未來的新課題。如近年來對醫學人物的重視，除科技史研究的意義外，也有社會文化的意義，其中仍有探討之地。

在資料整理、譯著方面，大體上通論性二史皆有成就，專史的著作尚不多，譯文（書）也略少，龐雜的考古資料宜進一步整理刊布。全遼文的繼續增補，全金文的有待努力，餘如金史研究資料（如遼史彙編）整輯（筆者已有初步編目資料），專業刊物之發行等，應都是未來努力的方向。

一般檢討二史之研究，提出注意的幾個方向，如研究基礎、根底薄弱有待加強，注意縱橫向的比較研究，新知識理論的充實，擴大資料運用，加強訊息與評價工作等。這些說法可能也適用於其他史學研究，但對遼、金二史而言，的確需特別重視。二史的研究在大陸上起步稍晚，近十餘年來始略具氣候，其人才、資料較為充份，此為其有利之條件，但在史學方法、人文社會科學理論上並不整齊，政治環境影響學術研究，此為值得注意之處。臺灣在二史的研究大的限制即資料不足，尤其以考古與文物上的問題，全賴大陸的資料始得運用，其次是人才問題，研究者甚少，有待開發倡導，也因此二史的研究成果在量上是遠不如大陸的。

（原刊於國史館，《中華民國史專題第四屆研討會論文集》，1998 年）

散　論

宋元時期的分裂、統一與正統

一、征服與滲透造成的分裂

　　由宋到元這一段時期中，從政治上的分裂與統一來看，包括了幾個朝代或政權，遼（907 至 1125），北宋（960 至 1126），楚（1127），齊（1130 至 1137），南宋（1127 至 1279），金（1115 至 1234），元（1271 至 1368），夏（1038 李元昊稱帝至 1227）。其中張邦昌的楚，是靖康之難北宋亡國時由金人所立的臨時政權，要「世輔王室、永作臣」，當金兵撤退後，張邦昌自去帝號，歷時僅月餘而結束，其實際地盤僅黃河南岸汴京一帶，因此沒有什麼實質作用。劉豫的齊國也為金所扶立，受冊封為子皇帝，並且要「世修子禮」，地盤在山東、、河北、河南、陝西一帶。劉豫積極攻取南宋，有代宋統治中國之意，但由於戰事的失利以及金人政策之改變，齊國終遭撤廢的命運。

　　西夏王室始自黨項的拓跋思恭（有謂為鮮卑族），他是唐末的藩鎮定難軍節度使，地盤有銀、夏、綏、宥、靜五州，在今陝西北部、河西與其西長城一帶。思恭因平黃巢有功，賜姓李，封夏國公，他的後人就世代據有這塊地盤。夏的建國與五代十國各國的建立相似，是以藩鎮的武力割據地方而成。由於地緣之故，夏與華北的五代各朝有戰爭及外交關係，接著是與遼、宋相涉，其間與宋的戰爭為多，造成後來宋仁宗時西北的大患，而當時夏的後盾就是遼國。李元昊稱帝前，其父德明時代，地盤已擴張至靈、涼、甘三州，往寧夏、甘肅延伸，外交上是「北倚契丹，東事趙宋」，並受兩國冊封為王。元昊稱帝與遼、宋對峙，也與兩國有長期的和、戰關係。迨金滅遼、北宋後，又轉而成與金、南宋間的三角關係，但大體與金的關係較密。及蒙古興起後，終為成吉思汗所滅。

宋元時期遼、夏、金、元等朝都是非漢族所建立的，但在這幾朝統治之下都有漢族在內。元代治有全中國固不必說，夏所治漢人較少，遼有燕雲十六州之漢人，金則有淮河以北之漢人，以傳統舊說而言，就是「胡漢雜揉」的朝代；這其中有民族的衝突與融和在內。北宋領土自西北至北方，處於夏、遼二國之包圍，南宋偏安淮南，處於金、夏二國之壓境，很像兩晉南北朝之時。東晉南朝雖有朝代興替，但南方仍是一統，五胡及北朝則分裂多於一統。兩宋以趙宋皇室之政權而言，可說始終維持一統，未曾改朝換代，也從來沒有分裂過，楚與齊是金所立，為金國統治範圍內所分割立國。靖康之難是京城為敵所陷，徽、欽蒙塵是元首為敵所俘，當時淮南半壁仍為宋有，河北、山東、河南、陝西等地，尚不乏宋軍駐鎮攻守，徽宗之子、欽宗之弟康王趙構猶以兵馬大元帥在外，一月後即帝位（高宗），以此而言，南、北宋如東、西晉，並不算亡國。直到忽必烈（元世祖）時破臨安、俘恭帝，以至帝昺蹈海而亡，宋朝才算結束。

我們可以說宋代是始終處在遼、夏、金、元等「外族」的困擾之中，它的國運也受到這些外族之興替的影響。陳寅恪有〈外族盛衰之連環性及外患與內政之關係〉的專論，這種理論也適用於宋代。西方學者魏復古（K. A. Wittfogel），他將遼、金、元、清及北魏與其前後的北方外族朝廷，看作是中國史上的征服與滲透朝代（Dynasties of Conquest and Infiltration），其餘則是典型的中國朝代（Typically Chinese Dynasties）。日本學者田村實造認為五胡及南北朝時期是民族移動時期，而遼金元時期是征服王朝時期，同時他又指出從遼朝佔有雲十六州到元朝退出中國，加上清代共達七百年之久，佔了秦統一中國以後的三分之一時間。這兩種說法的優缺點且不去討論它，但顯示出非漢族在國史中的比重卻是個事實，至少兩宋即幾乎與遼、金並存亡，而代之興起的元朝，是第一次中國由非漢族所全部統一的朝代；其次則是清代了。

二、國格的爭取與決定

討論宋元時期的分裂及統一，民族問題是值得重視的，這與兩晉南北朝時期頗為相似，故而前述外國學者的觀點，就特別注重這兩大段時期。民族問題可以透過許多層面及角度來作觀察，其中與本文主旨相關的有以下幾個方向：

首先就最高統治者皇帝的身份及國家的地位來看。遼建國先於宋半個世

紀多，當時爲五代時期，故與五代各朝關係密切。遼太祖耶律阿保機曾與梁通使，兩國間是平等往來，稍早晉王李克用也與阿保機會盟於雲州，約爲兄弟，故而後來李克用之子存勗（後唐莊宗）死時，姚坤奉使告哀於契丹，阿保機在談話中，再三稱李存勗爲「吾兒」，稱唐朝皇帝爲「河南天子」或「漢土天子」，又以唐朝爲「中國」，《冊府元龜》，新、舊《五代史》、《通鑑》等史籍都記載此事，可知阿保機以契丹爲別於「中國」之外國，而兩國帝王復有私人結盟之誼。原來胡人領袖間結盟私誼爲一習俗，通常互稱爲「諳達」或「安答」，即使胡漢間也有結盟的故事，如《漢書》〈匈奴傳〉中說：高祖以劉敬往匈奴和親，並「約爲兄弟」，文帝時也屢申此兄弟之盟，乃至於《晉書》中記載，西晉末年時，匈奴右賢干劉宣勸劉淵起兵之際，猶說：「昔我先人與漢約爲兄弟」，不論是兩國的兄弟之盟，或兩帝王的兄弟之誼，都不失爲平等對待的關係。兄弟之盟另一個例子就是著名的澶淵之盟，當時遼帝爲聖宗，但主持大政的是其母承天太后，宋帝則爲眞宗，在盟約（誓書）中明定宋給遼的歲幣及邊界的劃定；而遼聖宗以宋眞宗爲兄，眞宗則以叔母禮事承天太后；同時彼此以南朝、北朝相稱，這也算是雙方平等的國際條約了。

　　不平等的關係最著名的是石敬瑭與遼太宗，石敬瑭是人盡皆知的兒皇帝，不過爲人義子在胡人的習慣中並不爲恥，通常還往往是看重的表示，而五代時收義子之風也特別盛行，遼太宗收石敬瑭爲義子其實並不爲過，但若以輩份而論，就有需注意之處。敬瑭爲後唐明宗（李嗣源）之婿，明宗據《新五代史》及《通鑑》所說爲李克用養子，而遼太祖與李克用結爲兄弟，則遼太宗耶律德光爲太祖之子，與石敬瑭爲明宗之婿則敬瑭低遼太宗一輩，尚可以父禮事之，即使如此，石敬瑭年齡要大德光十一歲哩！石敬瑭在歷史上的遺臭應不在此，在於稱臣以及割盧龍一道與雁門以北之地（即燕雲十六州）予遼，稱臣是自降國格，非父子私誼可比；割地影響太大，除去十六州的土地、資源與人民外，重要的是失去五關之險，即渝關（今山海關）、松亭關（今喜峰口）、古北口、居庸關、金坡關（今紫荊關），這使得華北門戶洞開，毫無國防可言；敵騎南下，易如走馬，也帶給後代沉重的負擔以及無窮的困擾。石敬瑭之侄重貴（晉出帝）繼立，對遼稱孫而不稱臣，稱孫是私誼的承認，不稱臣是國格的提高，原因是國內反遼情緒的高漲，《新五代史》中說：「高祖（石敬瑭）取天下不順，常以此慚」，這話是不錯的。當晉出帝擺出爭取國格的態度後，遼太宗乃決意干涉。雙方數次戰爭的結果，遼太宗滅晉而入主

中原，在做了月餘的皇帝後退回本國。五代中遼視梁、唐來使為「聘使」，晉、漢及南唐則稱「來貢」，可見其間關係之不同。

宋高宗時期，宋金之間的國交也不平等。靖康之禍後，南宋艱苦抗金，但一意求和；至紹興十二年（1142）和議成立，其中除「貢」歲幣外，明定宋是奉表稱臣於金，受冊封而為帝，「許備藩方，世世子孫謹守臣節」；故南宋的國格在此時是低於金一等的屬國。在孝宗北伐後的和議（乾道元年，西元1165 年）中，宋的國格略為上升，如歲幣不稱「貢」，二國文書平行，宋不奉表，金不稱詔，但金、宋明定為叔姪之國，金的國書是「叔大金皇帝致書於宋皇帝」，宋的國書是「姪宋皇帝某謹再拜致書於大金聖明仁孝皇帝闕下」，雖是略低一輩，但已非臣屬之國了。到開禧北伐（1205 至 1207）後的金宋議和，雙方成為伯姪之國，因為事件由宋引起，且宋軍不利而求和，所以由原來的叔姪變成伯姪關係了。

由上面的例子看來，在分裂的時代裡，國家的領袖及其國之間有著不同的關係與地位，大凡不能自立而靠他力支持者，不是屈於兒皇帝就是要稱臣奉表，如孝宗雖有符離（安徽宿縣北）之敗，但勇於北伐的氣勢，終究免除了過去臣屬的地位，可見實力與志氣和雙方的地位有很大關係，決非一廂情願的想法就可達成。

三、國土分裂下的種族和地方差異──人民的認同與反抗

在分裂的土地上，一般平民的想法又是如何呢？最好的一個例子是燕雲十六州之地的漢人，以及在各種情形之下留於遼國的漢人。早在遼太祖初起的時候，就有許多漢人投奔往國外契丹之地，《通鑑》上說「燕人苦劉守光殘虐，軍士多歸契丹」，劉守光是割據幽燕地區的藩鎮，兵士不堪其苦，寧願投奔異域外國。《新五代史》中記載：阿保機率漢人耕織，立漢制城郭，使漢人能安身立命而不思歸。又指出中原人士亡入契丹的有工藝匠、翰林、教坊、藝人、秀才、乃至僧、道、宦者在內。《遼史》〈太祖本紀〉中記載許多因戰爭掠奪而被俘的人口，這些流亡或降俘的漢人，也有一些漢人官僚來治理，如康默記、韓延徽、韓知古等人。在動亂的時代裡，因避難而赴異域的情形，在歷史中是屢見不鮮的，至於被掠奪或如燕雲十六州被割捨，實在是人們的苦難與無奈。

遼朝因有大量的漢民與漢地後，就有了「兩元政治」的產生，《遼史》稱「以國制治契丹，以漢制待漢人」，是「因俗而治，得其宜矣」，簡單地說，

這像是「一國兩制」吧？在這種政治之下，漢人的豪門世家與科舉新貴生活優裕而擁有特權，一般平民生活較苦。宋遼通使往來後，有許多行程錄、出使記之類的記載，其中不難看出遼國漢人生活的狀況。宋人田況有《儒林公議》一書，他父、祖都北居於遼，隨之南歸後記下所知遼國的狀況，其中說漢人在遼統治之下，初雖有不樂附者，但歲月久後，老輩盡逝，新少的後人便習以為常，遂至投效遼朝而與宋對立，這實是無可奈何之事。這種說法的確解答了許多問題。遼非漢族，但有相當程度的漢化，從太祖以來就致力於收撫漢人，兩國南北對立，不論是和、戰，未有不注重人心向背的。和盟之後，透過使臣、貿易兩國平等往來，雙方豈有不競爭、比美之意？遼國之漢人以漢制治理，可說是相當尊重漢人了；遼所用的這套辦法，也足以維持其立國二百餘年。

由於競爭比美，宋遼雙方也維持和平百餘年，在北國的漢人生活相當安定，人才甚多，而史書上也極少有漢人叛亂的事件，遼朝立國二百餘年，得到漢人支持是可以確定的。當然遼朝仍有對漢人的防制之心，但漢人參政是不可免的趨勢，不過多在燕雲十六州的漢地，在軍權上漢人則遠不如契丹人，這也是遼朝統治的基本重點。漢人對遼朝的認同，固因政策上的開明以及與宋的爭勝比美而促成，然則華北地區的環境因素也值得注意。蓋唐代夷夏觀念本淡，而唐末五代的華北是胡漢雜跱之區，五代的皇室中即有三朝出自外族，是漢族亦深染胡風，然外族也頗漢化，故而「民族主義」並非特別強烈、普遍。再者處於動亂的時代，外族的表現未必就比漢族來得遜色，前述的燕京藩鎮劉仁恭，不正是人們苦其虐政而投奔契丹嗎？同樣的情形也發生在遼末，當宋金聯盟攻遼後，宋人曾一度收復燕雲數地，照同屬漢族的民族感情來說，當地漢人應戮力王室，固邊據守，奈何金兵一出，漢人則紛紛輸誠，重要的原因在於宋朝接收大員之失策，以致失去燕地人心之故，當地人們之視契丹、女真不異於宋，既對宋失去向心力，則寧附金也不親宋了。

金據華北，元則有全中國，和遼之統治燕雲不同；金、元都是以武力攻城滅國來達成，燕雲地區之入遼則是「中國」自願割讓所致，這或是兩宋遺民的反抗遠甚於遼代漢人的原因，也是金、元對漢族壓制較重之故。遼金元三代的統一或局部的統一，就漢族本身而言，遼代有世家與進士間的齟齬，金代有燕人與中原人的對立，元代有北人與南人之爭。兩宋也各自有其南、北人的問題。這裡都顯示出從分裂到一統時難於避免的糾紛。趙宋政權源自華北

之五代，南征統一各國；南宋則以華北之殘局，播遷江南而立足。遼之漢人世家源於遼初，進士則多爲燕雲之地的後起新秀。金之燕人即遼之燕人，中原漢人則爲北宋遺民。元代北人是金代華北漢人，南人爲南宋之民。分裂或隔閡，在政治、社會、文化上都能產生相當的差異，心理上也有不同的負擔。

四、正統是否必須以統一爲前題——多統與一統的紛爭經驗

在分裂對立之時，彼此都自認以及互認爲國，有其獨立自主的地位，除去石敬瑭、劉豫（張邦昌不計）自甘奉命、政治常受干預外，夏與南宋對其他政權稱臣，只是名義上的屬國，仍有其完整的主權。中國人的觀念認爲天下爲天下人之天下；疆土可有大小，國家可以分合；但在分裂時期各國都不免要以正統自居，而以恢復、統一爲理想，實際上有的付諸行動、有的則遷就於現實。

恢復燕雲十六州始終爲北宋之國策，如同南宋之北伐一般，北宋的考慮似僅在國防問題上，以滅遼、夏始爲統一的想法恐怕是沒有的。周世宗北伐欲收復燕雲之地，仍是基於國防的考慮，宋初對於遼、夏二敵概以夷狄視之，這是傳統的觀念，大約也不把它們放在中國之內。但澶淵之盟的精神可直追漢文帝與匈奴之約，成爲兄弟盟國的關係，北宋名臣如韓琦、富弼都有這種看法，富弼說：遼與夏都得有中國之地、用中國之力，讀中國書，行中國之制等，「二敵所爲，皆與中國等」，而且都有中國所不及之長，故而應以中國的勁敵對待，不當以上古夷狄視之。富弼的說法是實際而客觀的。歐陽修也有類似的看法，他對傳統「修文德以來之」的觀念提出懷疑，認爲文德修不修與外族之來不來沒有必然關係，重要的是本身要有實力。宋人自居於中國正統，殆無疑義，但對遼、夏也能從實際、客觀處正視，因之也能用以調和理想，能爭則爭，不能爭也不勉強。

宋人視遼爲敵國，遼也以天下可並容數國，不過在地位上有所不同。若再從正式的文書中來看，則更爲明顯。如《高麗史》中記遼聖宗封高麗王冊文說：

> 漢重呼韓，位列侯王之上；周遵熊繹，世開土宇之封，朕法古
> 爲君……。

這是以中國帝王對待邊裔之國的態度，遼道宗與天祚帝也對高麗自稱正統，情形是一樣的。但遼卻未曾對宋自稱正統，而屢說北、南兩朝（國）《續

資治通鑑長編》中記載遼興宗對宋仁宗稱「兩朝事同一家」，對宋神宗稱「雖境分二國，而義若一家」，對宋哲宗稱「二國敦一睦」，這是說天下一家，但分爲兩國，所謂兄弟叔侄之國，雙方可和平相處，可競爭比勝，但無須爭什麼正統而都可以爲正統，所以《遼史》中記載，道宗時，劉輝對歐陽修《五代史》列遼於四夷之書法頗爲不滿，他上書說「臣請以趙氏初起事蹟詳附國史」作爲反制。

積極爭取正統的是金朝，金初歷史之發展頗爲順利，滅遼及北宋，迫南宋稱臣納貢，以金爲上國；可謂兩統皆爲金所取代。依《金史》所載，海陵王以「天下一家，然後可以爲正統」，再綜合其他資料來看，他有極強烈的以統一天下乃爲正統的心理，當時他認天下有四國，除金之外爲高麗、西夏、南宋，而這三國都是稱臣之屬國，但他仍要征伐統一，故而在《三朝北盟會編》及《建炎以來繫年要錄》中，記載海陵帝攻南宋時用的是「綏撫南服」，南宋稱臣，金自以入主中國，南宋當然就要成爲「南服」了。在他之前的熙宗，與南宋的和戰正繼續之中，據《大金國志》所載，當時熙宗已明示立劉豫以守的「南夏」，康王（宋高宗）所守的江南；兩地之民都是金朝「南北之赤子」。南宋到孝宗以後才被金正式承認爲平等的地位，成叔侄或伯姪之國，有如遼之於北宋，天下中可有兩國，而兩國如一家。

金攻北宋之初就有爭取合法地位的表現，自稱乃「弔民伐罪」、「惟實天所授」，在《大金集禮》中有宗弼爲太祖及祖宗們上諡號的兩篇議論，他解釋太祖諡號中說：「肇啓皇圖、傳序正統，謂之興運，……拯世利民、底寧區夏，謂之定功」，這是說太祖撫定中國（區夏）以救民，自是開正統大業。他又在上祖宗諡號時說女眞的先世是「與殷周之興無異，伐罪弔民，無敵於天下，則與湯武比德，……大寶終歸於正統」等等，什麼羲黃、唐虞全都比附上去，一路下來，就是「終歸於正統」了。總之，在章宗開始討論德運之前，類似以正統自居的說法很多。至於章宗時德運之議則前後達二十四年之久，至宣宗時方歇。

「德運」本是傳統的五德終始之說，《大金德運圖說》記載了章、宣二朝的德運討論。章宗時對金的德運有三種看法，其一、主金德，以爲繼唐的土德，或不論所繼，只是金德。其二、主木德，以繼遼之水德爲木德。其三、主土德，以繼宋之火德爲土德。章宗本人主張繼唐、宋，但繼唐難行，則主繼宋，當時正在修纂的《遼史》也因不主繼遼而停修了。到宣宗時又陸續進

行討論，議論中有改宋德爲土，而土生金，故金德可與金之國號相合；但也有不主張繼宋，批評宋是不正、不統等。從德運的討論中可看出金代漢化的層次及其以正統自居的心理。

　　宋人也有許多對正統問題的議論，不過都是討論宋以前分裂及統一時期的正統問題，並不直接涉及遼、金，但對當代卻有暗示的政治作用。如宋得國於後周，歐陽修與司馬光都要認五代爲正統；南宋偏安，則朱熹要以蜀漢爲三國時之正統等。元代統一中國，始終以正統自居，但因修史問題，正統再次爲爭議的論題。

　　據《文獻通考》中說：元世祖設國史院，以王鶚修遼、金二史，加上南宋亡後，又命史臣修三史，後來在仁宗、明宗時也屢次下詔修史，終以義例未定而不成。所謂義例之未定，就是因爲分裂時代的正統難定。元人之論正統，不少與宋人一樣地討論宋以前的問題，直接涉及宋遼金三史的編修而論及當代正統問題的，有修端、楊維楨、王理、王禕等。修端〈辯遼宋金正統〉一文中指出兩點：其一、有主張仿《晉書》體例，以宋爲正統而立帝紀，將遼、金等外族之據地，入之於載記。他不同意這種觀點，理由是遼立國早於宋五十餘年，金則初與宋無涉，是繼滅遼後與宋爲敵國者。其二、提出並立修史如南《宋史》。王禕的〈正統論〉提出朱熹的「無統」說法，以爲唐亡後之五代都非正統，北宋乃居正合一爲正統，南宋不能合天下於一，金則不得居天下之正，於是正統乃絕，自遼併於金，金併於元，元又併南宋，故元爲正統。這是說元不承宋遼金三朝，是合三國而復正統。楊維楨的〈正統辯〉是批評主修三史的脫脫所裁斷「三國各與正統，各繫其年號」而作，簡單地說，他認爲中華之正統不在遼、金，應在於宋，元在平宋時就繼了正統，同時又提出「道統者，治統之所在」的觀點，所謂道統就是繼堯舜周孔而來的理學，自然在宋而不在遼金，元繼宋之道統，治統也就非元莫屬了。這是充滿了漢族立場的說法，又以文化爲依歸，將道統與治統合而成的正統論。

　　正統問題不論在分裂或統一的時代都有爭論，在統一的時代，問題較不複雜，通常只討論繼何統，因而也論及前代的正統；在分裂的時代裡，則還需要努力去肯定自身的正統。天下一家可以是如兄弟之國的一家，也可以是如君臣之國的一家，當然也可以是統一的一家。

（原刊於《歷史月刊》，第 5 期，1988 年）

河中之戰

一、碎　葉

　　兔兒年（1219 年，己卯）在中亞吹河河畔集結了一支蒙古大軍，這是由成吉思汗自中國北部率領而來的遠征軍。吹河即垂河（楚河），亦即唐時所稱之碎葉水，當地有碎葉城，為唐時安西都護府下的四鎮之一。開元七年（719）突厥十姓可汗阿史那獻請居其祖宗之地，於是位於最西方的碎葉遂不在安西四鎮之中。其實在武后天授元年（690）時，碎葉已為突騎施可汗烏質勒所攻取，以為大牙帳之所在，弓月城（新疆綏定、鞏哈一帶）及伊麗水（伊黎河）為其小牙帳之地；頗有代西突厥與唐爭西域霸權之勢。後娑葛繼烏質勒與唐對抗，唐安西都護牛師獎抑且戰歿，於是唐以阿史那獻為十姓可汗，置軍焉耆，以謀取娑葛，然「獻終以娑葛（當為其後繼者蘇祿之誤）彊狠不能制，亦歸死長安」。碎葉城據《通典》所載，毀於北庭節度使王正見之軍，但碎葉水一帶復為葛邏祿所據。唐代最後一次兵臨中亞地區，是高仙芝與大食帝國的怛羅斯之戰（751），但唐軍兵敗，此後不復進圖中亞。

　　蒙古進西域之前，中亞一帶為耶律大石所建之西遼帝國所據，此即西方所稱之黑契丹（Khara Khitan）。十二世紀的三十年代，遼為新興的女真所滅，其宗室耶律大石西走，至鄂爾渾河一帶召集各部，得精兵萬餘，立帳單于庭，繼續西向發展，可能獲得回鶻人之資助，出阿爾泰山往新疆西北，又在葉密立河（額敏河，塔城附近）稱汗建基，當時所建的城子到十三世紀後期仍在，元代奉使西域的劉郁即經過此地區，稱之為「葉瞞城」。

　　耶律大石往西繼續擴張，遂與稱霸中亞的塞爾柱（Seljuk）突厥發生衝突。中、西亞地區為黑衣大食的回教帝國，名義上以在巴格達的「哈里發」（Khalif）

為帝國之主，實際上各地形同自立之國。塞爾柱突厥為十一世紀興起之強大勢力；在此前與其他突厥人同受僱為傭兵，參與各種內、外戰爭，逐漸成為帝國舉足輕重者。當托格茹（Toghrul）受封為「蘇丹」時，他不只為忽兒珊（呼羅珊 Khorasan）之國王，也成為帝國東方的實際統治者。所稱的塞爾柱即為托格茹之祖父。

耶律大石西進，物資日益豐富，軍勢日盛，銳氣百倍，至撒馬爾干（尋思干，Samarkend）與西域諸國組成之十萬大軍相戰，西域聯軍由當地國王馬哈木德（Mahmud）之軍，與塞爾柱蘇丹桑節兒（Sanjar）所領之各國軍組成。稍前，馬哈木德曾在錫爾河上游浩罕（Kokend，忽氈、苦盞）之地為遼軍所敗，故而一面退守本土，做最後的保衛戰，一面求援於桑節兒，召集大軍來助。耶律大石在浩罕得勝後，控制了拔汗那（Fergana）一帶，遂向西推進至撒馬爾干，西域聯軍雖多，但大石以為「彼軍雖多而無謀，攻之則首尾不救」，自領中軍出擊，配合左、右翼各二千五百騎，三軍俱進，西域聯軍大敗，「殭屍數十里」，桑節兒退返本土忽兒珊，遼軍似未進襲，但西略起兒漫（Kermaneh），並在當地受推為葛兒罕，又有漢式天祐皇帝之號，改元延慶。

延慶三年，大石引兵東歸，至碎葉水畔，「得善地，遂建都城」，此即為西遼國都虎思·斡耳朵（Khus Ordo），西方史料上稱之為八剌沙袞（Balasagun），其地為唐代西突厥之裴羅將軍城，距碎葉故城（托克馬克 Tokmak）東南四十里之遙，今天山山脈往西延伸之空蓋阿拉山（Kungeiala）尾之谷地，碎葉故城北有羯丹山，「十姓可汗每立君長於此」，故城既毀，遂營建裴羅將軍城，大約山谷間皆如劉郁所說「土平民夥，溝洫映帶」，果然為「善地」。新都規模頗大，「乘馬行自旦至日中始周匝」。

大石東歸至碎葉水後，改元康國，然其志在「期復大業，以光中興」，於是整頓軍馬，以都元帥蕭斡里剌領兵七萬「東征」，但軍行萬餘里無所得，牛馬多死，乃勒兵而還。東方新疆地區也為西遼所收服，喀什噶爾（疏附）、和闐、葉爾羌（莎車）、別失八里（孚遠北），著名的畏吾兒（西川回鶻）亦臣服於其下。大約西遼的疆域西起阿母河，東至畏吾兒，南方到骨咄（噴赤河一帶）臨興都庫什山，北方由也兒的石河（額爾濟斯河）、塔爾巴哈台、巴勒克什湖、至鹹海一帶。西遼以碎葉水為中心，建立起稱霸於中亞之帝國。

在蒙古軍西進中亞之前，當地的局勢已有變化。耶律大石之後傳五代至末帝直魯古，臣服於西遼的河中（Maverannahar）、花剌子模（Khwar-izm）、

古兒（Ghor）等國皆有異志，亦有擴張之野心。西元一二〇〇年，西遼助花剌子模擊退入侵之古兒人，致花剌子模逐漸強大，而開始抵制西遼。西遼在中亞之統治早招致當地各國人民之厭倦，主要是對西遼派駐之行政官員及收稅官的反感，他們被形容爲殘暴而非法之惡徒，西遼面臨統治者與被治者之間的矛盾，也面臨與各國統治者間的衝突。當此之際，爲蒙古所逐的乃蠻王子屈出律逃到了西遼。

直魯古對屈出律異常禮遇，不但嫁女給這落難王子，還准許乃蠻部隊及隨屈出律而來的篾兒乞軍入居境內，一時別失八里等地都有乃蠻的勢力，後來屈出律即憑藉此力量與中亞反遼的勢力結合，篡奪了西遼之政權。

西元一二一一年，屈出律俘獲直魯古，以之爲太上皇，奪取西遼政權，接著派兵往新疆鎮壓不服之地，爲達到此目的，不惜於秋收時節，燒毀當地之穀物，至發生大饑饉，民生困苦。在宗教上則強迫伊斯蘭教徒改宗佛教，並處死反抗之教長，招致人們普遍之怨恨。西元一二一八年，蒙古軍順利進入新疆並攻西遼本土，即是運用了反壓迫及宗教自由作爲號召。

二、河　中

河中地區因位錫爾、阿母兩河之中而來，此兩河皆源於天山山脈西支及帕米爾高原，西流入鹹海，但阿母河後改道不入鹹海而入裏海。錫爾河隋唐時稱藥殺水，上游爲眞珠河（又稱質河，今名納林河 Naryn），元時通稱錫爾河爲忽章（忽氈）河。阿母河在西方古稱 Oxus，史、漢書稱之爲媯水，《隋唐書》稱烏滸水；元時稱暗木或阿梅河。古波斯時以阿母河之東爲「河外」之地，似說明河以東非其所居之所，漢唐聲勢最強時即介於「河外」地區。西遼人入西域循「河外」而來，但其實際統治地區亦止於河中，未能西踰。

西遼入中亞係乘哈剌汗朝（Karak-hanids）之衰微；其屢受東方哈剌魯（Khurluk）及西北康里（Khangli）之侵擾，而後哈剌魯臣服取代哈剌汗朝之西遼，康里仍獨立於西北。河中地區屬哈剌汗朝西支，兵敗後亦降服於西遼，西遼置河中府，但仍以其王居原地以治之，北方花剌子模受兵威所及，亦納款稱臣。

花剌子模原爲波斯北方之一省，唐時稱貨利習彌伽或稱火尋，元代所稱回回國或西域國即指此。其開國主爲塞爾柱突厥宮廷之奴訥失，的斤（Noosch Tekin），因功受封爲花剌子模首長，其子忽都不丁・摩訶末（Coutb-ud-din

Mohammed）襲位，並擁有「沙」（Shah，波斯語「王」之意）之號，其子阿即思（Atsiz）當耶律大石進兵河中時，向西遼稱臣而脫離塞爾柱突厥之蘇丹；同時乘機侵取蘇丹之地。自奪取忽兒珊西部至西元一一九四年塞爾柱王朝為花剌子模所滅，大食帝國之哈里發因授其王為首相之職，於是東方回教世界開始產生新的局勢。

西元一二〇〇年阿剌哀丁·摩訶末（Ala-ud-din Mohammed）嗣位為花剌子模王，仍沿舊例稱臣於西遼，並得西遼之助擊敗古兒王朝，取得巴里黑（Balkh，阿富汗北邊）、也里（Herat 赫拉特）等重鎮，不久即併吞古兒王國；開始脫離臣服西遼之地位。

摩訶末與乃蠻王子屈出律合謀，雙方夾擊西遼並瓜分其土。河中王斡思蠻（Osman）既厭惡西遼之重稅，復請婚不遂，乃依靠花剌子模反遼，於是摩訶末以回教聖戰為名，出兵布哈拉（Bokhara，亦稱不花剌）。西遼直魯古以河中不服，出兵撒馬爾干，初獲勝時，東方屈出律已發動叛變，直魯古撤軍東返，擊退屈出律。摩訶末立時進軍撒馬爾干，連同斡思蠻揮兵向東，渡過錫爾河，大敗遼軍於塔剌思（Talas）河。潰散之遼軍退回虎思·斡耳朵，復陷入自相殘殺之中，而屈出律乘機奪取了西遼之政權。

摩訶末控制河中之地，斡思蠻心生悔意，殺花剌子模官民而叛，摩訶末舉兵擊殺之，並遷都於撒馬爾干，於是河中之地成為花剌子模之中心所在，而摩訶末在回教世界中也獲得極高聲望。

花剌子模與屈出律之東方疆界，照先前密約所定，當在錫爾河一線。摩訶末向南發展，征服古兒王朝後又取得哥疾寧（Chazni）之地，使印度河以西為其國土；接著向西方回教世界之主哈里發挑戰。稍前摩訶末併吞河中及古兒國之時，以勢盛於前朝塞爾柱，乃要求哈里發立為蘇丹，並置官守於巴格達，有取代塞爾柱攝大食帝國政事之意，哈里發納昔兒（Nassir）未予允准，引起摩訶末之出兵。

納昔兒之前的阿拔斯（Abbasid）朝哈里發，在塞爾柱突厥時期已無實權可言，大約在公眾祈禱與貨幣中列名等二項，為公認君主權行使，此外皆受制於蘇丹之手。故爭權奪地殆為哈里發所努力之目標，使諸王內鬥及推倒強權為其進行之策略。花剌子模與古兒國之戰係受此影響，而哥疾寧城中獲得納昔兒之文書，有喻古兒國與西遼聯兵夾擊之語，此皆說明哈里發當時之用心，也激起摩訶末廢立之企圖。

摩訶末透過教長會議後的裁決書（fethva）宣告廢立納昔兒，認阿里（Ali）之後裔爲哈里發，並進兵巴格達執行裁決。西進途中擊敗今台伯利士（Tabriz）爲中心之亞塞拜然（Azer-baijan）二國，迫使此支持納昔兒之二國納貢稱藩。接著摩訶末進駐伊朗西部之哈馬丹（Hamadan），此地爲塞爾柱朝之政教中心——波斯伊拉克地區，再往西則進入伊拉克。西元一二一七年，哈里發遣司教至此作最後之折衝；摩訶末已如弓之在弦，會談自不可能成功。花剌子模大軍西向發動攻擊，時值初秋，但卻降雪甚厚，致摩訶末士馬大多凍斃，復遭邀擊，全軍幾乎盡歿，時人皆以爲天譴之故；而此際蒙古大軍在東方已準備進入西域了。

三、西 征

蒙古西征是世界史上之大事，究竟那一年的什麼戰爭是爲西征之始？這要從蒙古興起後的發展來作考慮。西元一二〇六年成吉思可汗建號立國，西元一二一一年南進攻金，西元一二一五年可汗返回蒙古本土，策劃經略西域。這三階段間皆有四、五年之隔，但形勢卻有明顯之演進。西元一二〇六年之前多在蒙古本土之「境內」發展，亦即是草原爭霸，屬於游牧民族之間的統合過程，時漠北猶稱臣於金，但金已臨國勢衰退之時，對北方國防但取「修北邊壕塹，立堡塞」之守勢，大約北疆無侵擾，金亦不及顧草原形勢之發展。故成吉思可汗滅克烈王汗後，接著於西元一二〇四、西元一二〇五年攻滅蒙古西邊杭愛山、阿爾泰山一帶之南、北乃蠻，此前，蒙古與乃蠻已間有衝突，重要的是反可汗之部族如篾兒乞等皆投奔乃蠻，在西方形成反對派之大本營，故乃蠻之戰對蒙古而言將不可免。雖然蒙古擊滅乃蠻，但乃蠻餘眾由其王子屈出律率領西走入新疆之北，其中亦包括篾兒乞領袖脫脫等部眾；這是後來蒙古繼續西進之主因。往新疆除越阿爾泰山如屈出律所走之路線外，殆爲河西走廊之路，當時河西一帶正控制於西夏之手。西元一二〇五年蒙古軍初攻西夏邊境，或者即爲試探性之攻擊，而王汗之子桑昆曾流亡過西夏，也是蒙古出兵之藉口。

西元一二〇七年蒙古以西夏未稱臣之故再度進擊，但未深入而退。西北方之經營則未嘗稍退，當地有許多「林木中百姓」，在今貝加爾湖沿岸、唐努烏梁海、葉尼塞河一帶許多部族皆望風而降，如此對新疆北方外緣可謂肅清。次年，蒙古軍即越阿爾泰山直攻在也兒的石（Irtish，額爾濟斯）河一帶屈出

律等之營地，篾兒乞脫脫戰死，其子忽突及屈出律西撤走免。西元一二○九年，蒙古三攻西夏，西夏軍奮力抗戰，蒙古軍由賀蘭山夷門關口入圍其國都中興府（寧夏銀川），西夏求援於金而不得，夏主李安全終納女請和。蒙古對西夏之征伐至迫其降服，除取得物資之收穫外，有很大戰略上之價值，對西方而言，可藉此打通往西域之傳統道路，對南方而言，可以完成向金國之戰略包圍，一年餘後，蒙古果然展開攻金之戰。而蒙古對西北、西南兩面之逐年攻勢，在新疆之畏吾兒頗受震動，此種近迫之壓力，終使畏吾兒在西元一二○九年殺西遼派駐之少監，倒向了蒙古。在伊黎河一帶的哈剌魯，也向由北疆追剿屈出律而南下的蒙古軍輸誠。在阿力麻里（Alima-likh，伊寧一帶）哈剌魯的一支，不服屈出律之號令，後來在蒙古出征西遼時亦降於成吉思可汗。

西元一二一一年蒙古攻金以前，勢力已進入北疆而與西遼相接。屈出律正忙於篡奪西遼，參與中亞政權紛爭，接著鎮壓南疆西遼之舊屬。西元一二一五年秋成吉思可汗由征金戰役中返回蒙古本土，蓋因屈出律在西方之隱憂難忘，同時篾兒乞忽突之殘部乘蒙古南進而復返阿爾泰山一帶，再加上西北禿馬惕（Tumed）部之叛變；使可汗有蕩平西域之意。

蒙古軍進兵至中亞主要之考慮即如上述。禿馬惕之叛導因於萬戶豁兒赤之屢徵美女之故，後前往召撫之斡亦剌惕（Oirad）部長被俘，而出征之名將博爾忽復遭伏兵所殺，接著抗命參戰之乞力吉思（Kirgiz）人隨之叛變，蒙古在前數年爭得之西北優勢恐有動搖之險，屈出律等或可躡後而至。成吉思可汗為徹底解除因本土戰爭延伸出去的西北問題，乃決意再對阿爾泰山以西用兵。蒙古第一軍以長於山地戰之朵兒伯・朵黑申出征禿馬惕人，第二軍以速不台出征篾兒乞人，第三軍以哲別出征西遼，又命皇長子朮赤為三軍之總預備部隊，同時經略乞力吉思之地。

蒙古幾路大軍皆全盤獲勝，不惟馬禿惕、乞力吉思等部皆被征服，兵威所及至鄂畢河、烏拉爾河附近部族皆來降，這些諸多林木百姓部族都成為朮赤帳下之屬臣，蒙古更確立了西北戰略上之優勢。對西遼之進兵，使南疆地區皆紛紛響應，西遼之外藩盡失，屈出律立時陷於本土作戰之境地，哲別又得西遼降人曷思麥里之嚮導，終擒殺屈出律於巴達哈傷（Badakh-shan，興都庫什、巴達克山一帶）。速不台得可汗御賜「鐵輪車」追剿篾兒乞人，至吹河擊破之；時朮赤援軍亦來會合，繼續追襲至康里境地，將其餘眾消滅；因花剌子模引兵干涉而退。其時為西元一二一七至一二一八年。

　　由西元一二○四至一二一八年的十五年間，蒙古逐漸西進入中亞地區，可以說是草原戰爭之延續，由蒙古本土之爭霸擴張而成之結果；乃蠻、篾兒乞等反蒙古勢力之消滅，始得爲草原部族戰爭之結束，也可解釋爲北疆、西域霸權之確立。至於南方對金之攻戰，西方對花剌子模等西征之戰，當爲帝國之擴張戰爭。故而蒙古之西征實始於西元一二一九年的河中之戰。

　　蒙古初無西征花剌子模之意，如前所述西方之戰事乃由於本土安全及「國防」之考慮。當蒙古攻金消息傳至中亞時，花剌子模曾派使團於西元一二一五年到達中都，得到成吉思汗通商、結好之允諾；同時派使團攜重禮回訪，大約於西元一二一八年初到達河中，也得到摩訶末締好之許。當時摩訶末正西征哈里發喪師而返之際，不久即得知西遼國亡之訊，乃勒兵戒備於錫爾河畔，及聞蒙古軍進入康里之地，摩訶末親自領兵北進往毡的（Jand 錫爾河下游，今哈薩克共和國之克茲爾奧達 Kzyl-Orda 附近），不久即與蒙古軍相遇。尤赤雖示其任務並無與敵對之意，且欲分贈戰利品，但爲摩訶末所拒，蒙古軍遂被迫迎戰。康里地在鹹海、裏海之北，爲花剌子模祖居故地，皇室舅家多出自此，且爲主要之兵源所在；其軍中武力及貴族將領甚多爲康里人；蒙古軍進至此地，顯然有侵犯國土之嫌。

　　此次雙方初度接戰並非計畫中之安排，但戰事似乎相當激烈，蒙古軍先擊潰敵方左翼，直薄摩訶末之中軍，幸花剌子模王子札蘭丁（Jala-al-Din）亦擊敗對方之左翼。雙方激戰一日而勝負不分；夜裡，蒙古軍怡然撤走。摩訶末自謂未嘗遇此等敵手；尤赤也回報戰情於可汗。

　　或在雙方交戰前後，發生蒙古四百餘商隊被殺之事。由於雙方言明通商、締好，故有商隊至訛答（Otrar，在錫爾河中游）貿易，該城長官以間諜罪將之處死；應該是獲得摩訶末之允許，耶律楚材說：「西伐之意，殆由此耳」。成吉思可汗準備以武力爲後盾，遣使交涉，措辭極爲強硬，並要求交出凶手。掌摩訶末以殺辱使者作爲回覆後，東西二強間之大戰於焉爆發。

四、霜　降

　　蒙古進軍中亞皆由其本土西走，無法由西夏所控制之河西而行。蒙古本土通新疆之路，依唐時通回紇道可知，往東其一由北庭都護府（孚遠一帶），東行經蒲類鎮（奇臺）、蒲類縣（老奇臺），東北行經郝遮、鹽泉二鎮，至北塔山南之特羅堡（野馬泉一帶），北上踰阿爾泰山經科布多一帶入蒙古。其二

爲特羅堡之分支，沿北塔山南緣東行，經阿拉格泊（Alag Nur）踰吉奇吉奈（Gichigene）山，東北行至和林。若以耶律大石西走之途來看，係翻越阿爾泰山中、北段至額爾古納河，渡河至塔城一帶之額敏河流域，乃蠻之屈出律及篾兒乞之脫脫當亦循此路而走，由額敏河西行即入巴勒喀什湖一帶之海呷立，西南可近碎葉水。又渡額爾濟斯河、烏倫古（Urung）河南下，穿越北疆沙漠邊緣可達唐時之北庭，即接上西通碎葉之路。蒙古進軍西域多沿耶律大石至額爾古納河之路，由北或南、或西南、或西行往中亞地區。

蒙古大軍集碎葉地境之前，歷經一番極爲艱險之路徑。由於花剌子模爲中亞霸主，蒙古未敢輕敵，動員之兵糧、戰備物器等應爲最龐大一次。扈從西征的耶律楚材說所見的情形是：

> 車張如雲，將士如雨；馬牛被野，兵甲赫天；煙火相望，連營萬里；千古之盛，未嘗有也。

由乃蠻舊壤之烏里雅蘇台一帶出發，過阿爾洪山傍山西行，往阿爾泰山東北越山。出發時間爲西元一二一九年六月之夏，即乘秋冬嚴寒之前翻山越嶺，然據耶律楚材的記錄是：

> 道過金山，時方盛夏，山峰飛雪，積冰千尺許；上命鑿冰爲道以度師。

六月出師猶如此，史稱「禡旗之際，雨雪三尺」。鑿冰開道乃前行之工兵，由三皇子窩闊台領導，車輛又「命百騎挽縣轅以上，縛輪以下」，可知行軍之不易。楚材有詩曰：「雪壓山峰八月（當係六月之誤）寒，羊腸樵路曲盤盤」，大約通過今蘇聯境之阿剌亦（Arai）山口，至「金山前畔水西流」的額爾古納河附近，渡河，再渡烏倫古河南行，開始進入北疆沙蹟之地，穿越最短距離之白骨甸，抵達天山（元人稱之爲陰山）邊奇臺一帶，西行至別失八里，到此接唐代北庭都護府之西域通路。西行過倫台縣（阜康一帶）再西行過不剌城（博樂西南一帶），到達賽里木湖（Sairam lake，賽藍湖）。

長春眞人邱處機往中亞見成吉思可汗時，所行之途亦如上所述，他稱賽里木湖爲「天池」，「方圓幾二百里，雪峰環之，倒影池中」，沿湖南下度松關（松樹頭），大約沿今三臺過塔拉肯山口，沿途由二皇子察合台之工兵營造橋四十八座，自是一番「鑿石理道，刊木爲橋」的浩大工程，此即所謂「三太子修金山，二太子修陰山」。全軍之工兵營由二位太子領軍，至山路之險峻，氣候之嚴酷，工程之艱難，耶律楚材及邱處機皆有長詩以詠嘆。出關南下至

阿力麻里（Almalik 伊寧一帶），有附庸城邑八、九，或即爲西突厥之弓月城境，該地有杏類小蘋果「林檎」之特產，「西人目林檎曰阿里馬」，其他果樹、五穀之種植，一如中原。往西行出伊黎河即爲中亞地區。

原來出征西北部族及西遼之蒙軍，當大兵出發時即在該地，大致在海呷立、碎葉、納林河一帶，擔任全軍之掩護。除去道路艱險外，蒙古已掌握西北戰略之優勢，故一路順利西進無阻，碎葉西遼舊都當爲總集結點，在此亦完成了攻擊準備。其作戰構想及部署如下：

由虎思·斡耳朵往西即爲通河中之要地怛羅斯，河中地區實則分布著廣大的紅沙漠，重要城鎮皆在沙漠邊緣沿兩河一線，浩罕、塔什干爲錫爾河上游重鎮，向前突出如犄角，撒馬爾干居此二鎮之後方，形成略如向東方之後三角形，阿母河上游之特米爾（Termez），扼河中南方之渡口，居撒馬爾干之背，由此可至阿富汗北忽兒珊地區。錫爾河中游有訛答剌城，居中策應東方吹河流域，以及南方之塔什干、浩罕等地。下游近鹹海地方有氈的城，爲通往康里之要道及往中亞乞力吉思之重鎮。

阿母河下游有舊都玉龍傑赤（Ur-genj），漢時爲康居小王奧鞬城，傍臨與裏海間之黑沙漠，爲監視後方之門戶。相當於中游地方但未臨河的紅沙漠邊緣，有重鎮布哈拉（Bukhara，布哈爾），此爲回教古城，居於新舊二都之間，爲貿易商城，通波斯之要地，又與特米爾控扼撒馬爾干西面門戶。

大體而言，白虎思·斡耳朵至特米爾一線以東率多山地，除河流外，尚有帕米爾高原、興都庫什山之連綿；線以西則多沙漠，故由東往西之通道可謂固定，因此花剌子模方面即依之作正面部署，以擋來犯敵軍之正攻。

蒙古兵力約十二萬左右，花剌子模兵力當不少於十五萬。成吉思可汗之作戰原則常表現出的是：正面吸引或監視敵人，並隱藏主力之企圖，以主力迂迴直攻目標；有時亦配合另一部之迂迴，對目標形成鉗形攻勢，以達成奇襲之功。故隱密、迅速、有力爲迂迴之效果。

河中之戰的蒙古軍分爲三個軍團，正面攻擊部隊爲皇子軍團，總兵力約三萬餘，北面迂迴部隊爲可汗兵團，兵力約五萬，南面迂迴部隊爲哲別軍團，兵力約近三萬，簡列如下：

1. 皇子軍團：一軍——尤赤、畏吾兒部（阿力麻里、哈剌魯等軍或在此部）。

二軍——察合台、窩闊台部。

三軍——阿剌黑、速亦客禿、塔孩等部。

2. 可汗軍團：成吉思可汗、拖雷、速不台等部。

3. 哲別軍團：哲別部。

皇子軍團爲東面攻向河中之大軍，除掃蕩錫爾河沿岸各城鎮外，還掩藏主力軍之眞正企圖，其第一軍主攻下游重鎮毡的，下游地區之清除爲其初期任，而後溯河往上，會合第二、三軍。第二軍之目標爲中游之訛答剌，並清除中游敵軍，溯上游往會三軍。第三軍沿納林河清除拔汗那地區，目標爲上游之別納克忒（塔什千南）、浩罕。三軍會師即在浩罕，所形成之東面大軍再往西直攻撒馬爾干。

可汗軍團爲主力部隊，全軍西行時隱密目的，俟正面三軍發動錫爾沿線攻勢時，即可吸引敵方之注意，悄然渡河（錫爾河）穿過紅沙漠北方，迂迴攻擊布哈拉，然後出撒馬爾干之背，掩襲而至，是北面迂迴軍。

哲別軍團爲南方迂迴之鉗形攻勢部隊，越帕米爾高原，繞過錫爾河戰線之後，由阿母河源而下，出撒馬爾干之東南。哲別係由新疆走天山南道至疏勒而出，或由碎葉地區潛越阿賴嶺（Alai）而出則不能確定。

可汗之戰略構想是在河中即徹底殲滅敵國；東面正攻，北、南迂迴，不留對方之生存空間。河中往西、往南可通伊朗、阿富汗、印度，西北走可沿裏海往欽察之地，運動腹地甚廣，若無法一舉殲滅，將致耗戰時日，或重蹈乃蠻屈出律之故事。但迂迴的兩軍團皆有艱險，哲別所走之地至爲險惡，恐怕從無大軍能由此往河中區者，若進兵成功，必出敵人意料之外，正可以發揮奇襲之效。可汗軍團之度紅沙漠地區亦爲如此，但另有一大冒險問題存在，即舊都玉龍傑赤由摩訶末之太后禿兒罕駐守，形成迂迴部隊後方之威脅，若發動攻擊，勢必驚擾布哈拉地方，則主力奇襲之功全失。不過可汗戰前已分析過情報，知禿兒罕爲康里人，她與族人結合操縱朝政，尤其康里之將領依附者頗多，造成對摩訶末政權之威脅，新舊二都之分立，母子二人之不合，正給予蒙古大好時機。可汗允與禿兒罕締交通好，並贈以呼兒珊之地，禿兒罕果然未動聲色，使蒙古大軍順利逼進布哈拉。

西元一二一九年霜降之秋，蒙古軍在錫爾河全線發動攻擊。尤赤軍掃蕩下游各城，如昔格納黑（Sighnakh）、八兒眞（Barchin）等地，毡的城守將西逃往舊都而去，蒙古軍攻城而破，接著鄰近之養吉干（Yendguikend）亦爲所破，尤赤軍之初期任務達成。第二軍所攻目標正爲殺害蒙古商旅之哈亦兒汗

所鎮守，抵抗異常堅強，苦戰六月之久，蒙古方面有漢軍薛塔剌海之砲工兵，築地道攻下外城，內城死守至傷亡殆盡而陷，哈亦兒汗被俘處死。第三軍於浩罕也受到堅強抵抗，驍將帖木兒滅里（Temur Melik）以兵千人駐河中島寨，兩岸矢石皆不能及，此島寨與浩罕城相為犄角。後一、二軍集結合攻，運石填河，結舟為橋，終使帖木兒棄城亡走。

摩訶末稱雄中亞，決非平庸之輩，雖不免自大，初視蒙古一如東方游牧小國，大約以弓馬強勝而無戰略可言，且蒙古軍艱險遠來，士馬已疲，其攻擊將為正面迎來，故加強正面之防禦，待攻擊頓挫，則出主力作戰，必可擊潰敵軍；此雖採守勢，但戰略上並不算錯。摩訶末致命之處是蒙古南、北兩面之迂迴軍團的出奇不意。當錫爾河沿岸戰況未明之際，哲別軍團突出現於阿母河上游由南來，接著可汗軍團已由後方直薄布哈拉，此時摩訶末始明蒙古軍之真正意圖，決心及時抽身以免圍殲之命，於是南走特米爾，往忽兒珊暫駐；這還是他果決之判斷，先放棄河中戰場，再圖恢復。

可汗軍圍攻布哈拉二萬守軍，為免耗時硬攻，乃開缺引敵軍出圍，至阿母河畔悉數殲滅，又以砲兵攻擊內城，康里守軍終與城俱亡。接著即將展開河中之戰的最後一役——撒馬爾干之戰。可汗一面掃蕩撒馬爾干外圍城鎮，待東、南二軍團之齊集，一面遣哲別、速不台急追摩訶末。西元一二二〇年五月，撒馬爾干開城出降；河中之戰前後歷時八個月左右。

五、尾　聲

哲別、速不台奉命緊追摩訶末，沿途轉戰各地，銳不可當。摩訶末後死於裏海島中，其子札蘭丁繼續領導抗戰。蒙古軍擴張戰果，一面偏北繞裏海、越高加索山，擊敗欽察人，攻入俄羅斯，至一二二三年底開始東返；一面偏南於阿富汗、伊朗各地征服，及於北印度而返。西元一二二四年，成吉思可汗由河中東歸，以朮赤駐鎮花剌子模；繼續其撫剿工作。

自八世紀中葉以後，中國本土對中亞之勢力影響逐漸退弱，九世紀末至十二世紀末時，僅有少許商旅或貢使之到來，其時北亞洲情勢已有轉變，成為遼、金、夏、土蕃等與西域地方有所交通，但勢力皆僅觸及新疆，唯後來西遼建國，始控制新疆及中亞地區，不過卻是獨立於當地的一國，並非由中國國土上擴張出去的勢力；斯時蒙新交界一帶即為代表中國北方政權之金朝與中亞西遼帝國之界地，南方之宋則更不與焉！而後金朝勢力漸退至陰山、

內蒙古一線，蒙古西部有乃蠻，新疆各地一如河中、花剌子模臣屬西遼。十三世紀初，花剌子模雄霸中、西亞而有東窺之圖。蒙古也正統一漠北，締造了較遼、金更為典型之北亞游牧帝國，其西向發展漸改變了前此四、五百年來之形勢。就中國國土上延伸勢力至中亞地區並取得中亞之霸權而言，河中一戰是具有關鍵性之地位；尤其在亞洲大陸東、西勢力之消長上。

其次，河中戰後再度打開了中國直接與西方世界之交通，而蒙古在中亞之控制勢力超越匈奴與突厥，亦超越了漢、唐，同時此戰又直接為後來的二次西征舖路。進而言之，蒙古第一次西征的關鍵之役－河中戰後，中、西亞之世界秩序已面臨改變之時刻，後來第二次西征即循此役的北路，再次征服中亞各國以及俄羅斯，至於歐洲之中心地帶，締造成欽察、察合台汗國。第三次西征即循此役的西南路，繼續征服阿富汗、伊朗、伊拉克以至於敘利亞之境，其結果為伊兒汗國之建立。簡言之，河中之戰影響到蒙古之西方擴張及發展，同時與三大汗國之形成有關——一個新的東方世界秩序。

其三，河中之戰的結果，帶進了除新疆以外的西域人，他們在各方面都豐潤了元代的國際色彩，尤其在軍、政兩方面最為顯著。軍隊上有各族西域人組成之衛軍，政治上形成了西域集團，一方面造成蒙古與西域之聯合（蒙古、色目），以治理漢人、南人；一方面也造成了西域法與漢法在帝國中的競爭及摩擦。大概可以說是國史上第一次受西方影響較重的時代。

其四，西方之通路由河中之戰所打開，促成東、西間各方面之直接交流。除去回教世界各文明之傳入，如天文、醫學、地理、語文、藝術等學術科技之交流，宗教上亦有循此途而入中國者，過去的絲路因西征後開始再度活躍起來，這些在中西交通史上都有極多的記載。陸路交通的一面，因而促進東、西之來往，自唐以後之衰退或間斷，至此恢復而猶有勝之。

其五，蒙古軍中除步、騎兵外，又有砲、工兵軍種，河中之戰是各兵種協同作戰之戰例。由全程作戰之經過來看，蒙古將各兵種之特性、戰力等都發揮得淋漓盡致，難怪雄主如摩訶末亦不免敗亡，無論就戰術、戰略上言，河中之戰可為戰史上之典範。而蒙古之國勢為南方對金，西方對中亞之局，其能發動兩面作戰也是歷史上頗為突出之處。

（本文除參考史書資料外，亦參酌嚴耕望先生，《唐代交通圖考》，李則芬先生，《成吉思汗新傳》二書。原刊於《歷史月刊》，第 35 期，1990 年）。

遼金元史教學之淺見

一、前　言

　　在大學歷史系裡，遼金元史這門課的安排並未始終一致。這是歷史系中冷門的課程，研究者亦少，故而有些歷史系未能經常開課講授，而在開課的名稱上也存在著分歧。有的將宋遼金史分爲一課程，元史則單獨成一課程，有將遼、金、元史皆分開，各別單獨爲一課程，也有將宋遼金元史整合爲一門課程者；而遼金元史與宋史分開爲二課程的安排是較常見的。雖然各種分類爲課都有其安排之理由，也足見這門課在歷史的時序上及朝代關係上是較爲複雜的。

　　遼金元史與兩宋在時間上處於同一時代，除去後來元代統一之外，大部份都是在分裂時期。兩宋爲漢族所建立之傳統朝代，而遼、金、元則分別爲契丹、女眞、蒙古所建之非漢族政權，故而遼金元史既在時間上必與兩宋關係密不可分，又有所謂「征服王朝」內部的民族關係，加上契丹、女眞、蒙古其民族本身之歷史發展問題等，可顯現出遼金元三個朝代在歷史上的複雜性，它與南北朝的分裂時期頗爲相似，但卻又有一個統一的元代出現。

二、課程的設計與內容

（一）課程設計之基礎

　　就分裂時期的對立關係而言，遼、金與兩宋關係較密切，時間也較長，元與南宋僅有三十餘年之對立。遼之立國早於趙宋建國半世紀餘，它與整個五代持期重疊並立，故言遼宋關係之前，尙須論及遼與五代之關係；也仍舊是一分裂時期。繼五代之後，遼與北宋對峙百餘年，這期間南、北二朝的和

戰，交通往來等構成宋遼關係史之課題。女眞興起後，相繼滅遼及北宋，後與南宋對峙達百年餘，形勢上類似遼與北宋之關係，又是一南、北二朝的問題；而其間還有西方的西夏問題。及蒙古南下滅金，攻略南宋，南宋支撐不久即亡，造成元代之一統。分裂與對峙之關係，是遼金元史課程設計上的一大重點。

其次，建立遼、金、元政權的三個民族，其本身歷史的發展，尤其是早期（先世）之歷史，也是本課程需要講述之處。契丹建立遼朝以前，在南北朝時代就有其民族具體之歷史，至唐末建國之初已有四百餘年，這段相當長遠的歷史實不宜略而不言。女眞建國於十二世紀之初，而其早期活動至少可溯自十世紀之始，其間達二百年之久，也不該從缺擱置。蒙古民族可自十一世紀起講論，但其先世之資料猶可上溯百年之長。總之，不論疏略，各民族之歷史皆不止於其建國前後而已。在這些民族早期歷史的發展中，可見其本身的社會情況，文化及經濟之狀態等，也可看到它們與其他民族間的活動關係，同時以之比較其建國後的演變等等。

遼、金、元三代皆爲非漢族建立之朝代，但其領域治下，都有多少不等之漢人，其間的「胡漢」關係如同北朝之歷史，則其國內之民族觀念、夷夏觀念、文化涵化等問題，自不免爲這三代歷史上的課題，環繞此一課題所衍生於政治、社會、經濟、法律、制度等，都構成了這時期歷史發展不可分割的部份。

（二）課程內容之安排

以上所敘述的可以作爲本課程緒論的一部份，此外，緒論中壐加上本課程國內外研究之概侃，基本參考書之說明，以及課程之安排等。課程的內容大體分爲幾個大單元（章），每個大單元可爲幾節來講述，而每節中又分爲幾個項目；務使章、節、項目清晰明白，俾便同學筆記的整理。現以《遼史》部份的幾個大單元爲例：

1. 契丹民族早期之歷史
2. 契丹之建國及其發展
3. 遼代後期之內外局勢
4. 遼代之社會與文化
5. 遼代之制度

在第一單元裡以民族歷史發展及活動爲主，第二、三單元以政治、外交

關係史為主，第四、五單元以其民族本身以及與漢人、漢文化間的關係為主。其餘金、元二代大體也依這種安排來講述。

三、教材與方法

本課程的教材與方法是要求學生配合來實施的，通過史料、論文、參考書之介紹與閱讀，以及作業之分配可以看出其中之概要。

（一）參考書部份

這部份是以通論性為主，在正式講授課程內容之前就先行介紹，如金毓黻《宋遼金史》，姚從吾《遼朝史》、《金朝史》、《元朝史》，陶晉生《女眞史論》、《中國近古史》，陳述《契丹史論證稿》，韓儒林《元朝史》，張博泉《金史簡編》，楊樹森《遼史簡編》，李則芬《元史新講》，張正明《契丹史略》，舒焚《遼史稿》，何俊哲等《金朝史》等，這些都略述其大要及特點所在，以供同學參考並選擇閱讀，同時要求同學所任擇一書讀畢後，於上學期停課前繳一篇讀書心得或書評，為其閱讀之作業，列之為上學期的期中考成績。至於下學期期中考之成績，則以正式的讀書報告來考核。

其他專題性的專書，以分類例舉的方式介紹，如陳述《契丹社會經濟史稿》，李幹《元代社會經濟史稿》，王可賓《女眞國俗》，孫克寬《元代漢文化之活動》，蕭啓慶《西域人與元初政治》等等。這些專書若為專題通論性者，多在講課前先行列出，供學生以後檢閱。若為專題但非通論者，則放在課程相關的內容時，再隨時列出作為參考。

（二）論文部份

首先介紹論文集，將有關本課程集成專書性的論文作一說明，如姚從吾《東北史論叢》，陶晉生《宋遼關係史研究》，蕭啓慶《元代史新探》等，但其細目則不備舉。

其餘各種論文是隨課程進行來介紹，將相關論文在課程裡要求學生配合研讀。如講到契丹汗位的繼承問題時，就選出楊志玖〈阿保機即位考〉，陳述〈論契丹之選汗大會與帝位繼承〉，姚從吾〈契丹君位繼承問題的分析〉等三篇論文，作為學生研讀之作業，並於下次上課時，利用三十至四十分鐘時間驗收，方法是抽點二、三位同學，扼要講述此三篇論文論證之重點，比較其間之問題與結果，同時還徵詢其他同學提出問題、與之討論等，這些都作成

記錄，是平時成績的主要依據。

依專題性質開列的相關論文，一方面是課程上所需的教材，也是學生配合研讀、討論的作業。除去考試時間外，大約每週或隔週都能實施一次，估計每學期學生可研讀二十餘篇之論文。這些論文既是與課程有關的專題，故而在期末考時，必有近一半的考題是在這些指定閱讀論文之中，如此，除學生上課時準備發言外，又需爲筆試成績而研讀之。

（三）史料部份

這部份運用的方法與前述論文部份相同，都是在配合課程的原則下來進行，以課堂講授時隨時介紹開列出。基本的史書資料也附作介紹，如記遼史的葉隆禮《契丹國志》，記金史的宇文懋昭《大金國志》，記元史的柯紹忞《新元史》，屠寄《蒙兀兒史記》等。其餘與史書相關的考論之作，則以提示性的方法列出，如趙翼《廿二史劄記》，錢大昕《廿二史考異》，厲鶚《遼史拾遺》施國祁《金史詳校》，汪輝祖《元史本證》等等。

其他的史料都以配合課程爲主，如論及遼道宗宣懿皇后事件，則以王鼎《焚椒錄》爲主要依據，論及晚金國情時，則以劉祁《歸潛志》爲主要史料，論及早期蒙古之歷史，則以《蒙古祕史》、《蒙韃備錄》、《黑韃事略》等爲重要之參考教材。

史料除去在課程上作爲教材外，也對這些做過大略的介紹，同學透過所得知的說明，可以找到原書來看。通常在期末考的試題中，往往會出現有關史料的解說，這樣可促使同學不只隨堂聽聽這些書名而已，不但要知道這些書，而且進一步要找來翻閱。

（四）讀書報告

本課程在上、下學期各有一篇讀書報告，分別爲二學期的期中考成績。

1、書評：此即爲前述上學期之作業。在首次上課時先就書評寫作之學術性意義、規則、方法等作說明分析，再由同學來實際寫作完成。同時也要求學生能看看他人的書評，作爲參考。但也可以讀書心得替代書評。

2、論文：此即爲下學期的正式讀書報告。同樣地，先由寫作計畫之擬訂，工具書、論著目錄之查閱，資料蒐集與運用之方法，論文撰寫過程等加以講解，俾便同學能有遵循之基礎，以順利完成其作業。通常要求同學們以「小題小作」爲原則，但能得到務實的訓練爲目的。同學在課餘也可就寫作問題

提出討論。

讀書報告的論文有時因學分的安排而有所調整。筆者曾乏承數校之遼金元史課程，有的學校一年是四學分，有的就定爲六學分。上述的論文繳交是用於四學分時數，若有六學分的課時，則對學生讀報告的要求不同。即同學們須在下學期期中考前將報告寫完初稿，當期中考後開始上課時，每週利用一節課時間，由二人在課堂上對同學報告其初稿。每人分配廿五分鐘，報告十分鐘，討論十五分鐘，如同論文發表。如此，一則使同學有練習發表論文及討論之機會，二則也可使其報告內容更加充實。

四、問題與檢討

本課程的講述覺得困擾與不足之處，大略有下述數點：

其一爲語文上的問題。契丹、女眞、蒙古三民族皆有其自身之民族語文，就古蒙文可解讀而言，它出現在中文資料裏係對音轉譯，若自解讀之標點符號，斷句或不成問題，但其原義往往難知，除註解外，必須再透過譯語類的工具來查對，徒增困擾。再者，古蒙文雖可學習得知，由漢譯還原，大體尙能解決其義，間有古今音之異，仍存在待確證的詞字。總之，學習一種語文實非易事。至於契丹、女眞語文，迄今仍無可靠之完全解讀，雖然中外學者們有不少努力的研究成果，尤以大陸學者用力最多，但其間爭議頗多，缺乏可靠的公論，故而涉及語文之資料及運用，產生極大之不便。個人以爲契丹、女眞文字宜就現有之研究結果，配合電腦科技加以整理，或許能有新的見地，同時鼓勵同學學習；這應該是值得嘗試的方向。

其二爲文物研究上及教學上的問題。在台灣研究遼金元三代之文物有極大之侷限性，目前除去文字與少量的拓片外，全需依賴大陸所發表的資料，在這方面應是眾所共喻而不待贅言的。尤其本課程的資料，在台灣能得到的實爲稀少，唯儘量蒐求大陸地區之資料作研究及教學上之用。當然，近年來已開放大陸之行，蒐求資料較諸以往方便得多，若能親往文物遺址舊蹟考察，相信會有自己的研究成果，然後施之於教學，將使課程更能豐富。

其三是社會環境與政府施政的問題。簡言之是政府與社會都未對人文教育有適度之重視。當功利、浮淺之風盛行之時，就說明了人文學術及教育環境之惡劣，這不只是本課程教學上要面臨的大環境，也是所有人文學科同樣遭遇到的大問題。這問題不是本文短短數語能交待清楚，也非少數人大聲疾

呼所能改變的，但它的重要性是不容置疑且需亟早解決的。在這裡只能將問題提出，供作思考。

五、結　語

　　本課程的教學是根據個人以為這一段時期歷史發展的特色而做的考量，除去一般斷代史所當敘述的各方面外，在內容上增加了契丹、女真、蒙古三個民族的民族史，以及它們的社會與文化，同時著重與漢族間的關係，如此，大體勾勒出本課程教學的方向。過去大漢主義的歷史、文化觀察實在不合乎「歷史」，而本課程正是對這問題提供一個思考的教材。將民族與文化加強了相當的比重，又將分裂時期的歷史作了對等的觀察，這樣的看法希望學界做為參考。

　　　　　　（原刊於政治大學，《歷史學系課程教學研討會論文集》，1993 年）